Komponenten des Zinsfußes in Unternehmensbewertungskalkülen

Betriebswirtschaftliche Studien Rechnungs- und Finanzwesen, Organisation und Institution

Herausgegeben von
Prof. Dr. Dr. h.c. Wolfgang Ballwieser, München
Prof. Dr. Christoph Kuhner, Köln
Prof. Dr. Dr. h.c. Dieter Ordelheide †, Frankfurt

Band 74

Peter Lang
Frankfurt am Main · Berlin · Bern · Bruxelles · New York · Oxford · Wien

Jörg Wiese

Komponenten des Zinsfußes in Unternehmens-bewertungskalkülen

Theoretische Grundlagen und Konsistenz

Peter Lang
Europäischer Verlag der Wissenschaften

Bibliografische Information Der Deutschen Bibliothek
Die Deutsche Bibliothek verzeichnet diese Publikation in der Deutschen Nationalbibliografie; detaillierte bibliografische Daten sind im Internet über <http://dnb.ddb.de> abrufbar.

Zugl.: München, Univ., Diss., 2006

D 19
ISSN 1176-716X
ISBN 3-631-55219-X

www.peterlang.de

Geleitwort

Bei Unternehmensbewertungen mit Hilfe von Barwertkalkülen ist häufig der Zins die umstrittenste Größe. Kleine Änderungen von ihm erzeugen oft große Wirkungen. Er wird in praxi meist komponentenhaft aufgebaut, indem ausgehend vom risikolosen Basiszins Risikozuschläge, Wachstumsabschläge und persönliche Steuern erfaßt werden. Hierbei wird selten konsistent vorgegangen, weil die Komponenten aus verschiedenen Modellwelten stammen. Die Arbeit von Herrn Dr. Wiese besteht darin, ein umfassendes Rahmenmodell zu suchen, das die Würdigung der in praxi mehr oder minder gegriffenen Komponenten erlaubt. Trotz zahlreicher Vorarbeiten, die Detailprobleme behandeln, fehlt eine Gesamtsicht. Diese wird um so dringender, als z.B. die Wirtschaftsprüfer in jüngerer Zeit die Zuwendung zum CAPM verstärken. Dieses ist in der Grundversion ein einperiodiges Modell ohne Steuern. Wie es sich in einen mehrperiodigen Kalkül einfügen läßt, wobei nicht nur sichere, sondern stochastische Wachstumsraten und persönliche Steuern zu erfassen sind, ist ein offenes Problem. Ihm widmet sich die vorliegende Arbeit, die große theoretische wie praktische Bedeutung hat.

Ein Höhepunkt der Arbeit ist die Erfassung persönlicher Steuern unter unsicheren Erwartungen. Herr Wiese knüpft an Modellierungen von Long und König an, erweitert diese und berücksichtigt das für Deutschland geltende Steuersystem. Er erarbeitet die Bedingungen für eine Identität der Vorsteuer- und Nachsteuer-Effizienz von Portfolios, behandelt das einperiodige Steuer-CAPM und analysiert die Bedingungen für eine wiederholte Anwendung dieses Modells in einem Mehrperiodenkalkül. Hierzu ist notwendig, daß die Dividendenpolitik keinen Einfluß auf die Gleichgewichtsrendite der Wertpapiere ausübt. „Welche Bedingungen in anderen Steuersystemen, mithin bei Relevanz der Dividendenpolitik herrschen müßten, ist nach wie vor unklar.“ (S. 123) Die Integration stochastischer Dividendenrenditen dürfte schwierig werden. Statt mehrfach das Einperioden-Steuer-CAPM anzuwenden, wäre die Entwicklung eines Mehrperioden-CAPM geboten. Selbst wenn man diese engen Voraussetzungen akzeptiert, ist die Besteuerung der Kursgewinne gegenüber dem in Deutschland herrschenden System unrealistisch, weil sie periodisch stattfinden müßte, während der Investor dies vermeiden will. Eine Erweiterung des CAPM in diesem Sinne ist bisher nicht bekannt.

Der Verfasser kann u.a. weiterhin zeigen, daß auch bei der Verwendung typisierender Annahmen, etwa über den Steuersatz, ein ungelöstes Problem verbleibt und insofern die Vorgehensweise der Wirtschaftsprüfer in IDW S1 eine theoretisch saubere Grundlage vermissen läßt.

Abschnitt 5 in Kapitel C ist das mit der komplexesten Modellierung, weil es Kapitalstruktureinflüsse, Wachstumsabschlag und persönliche Steuern unter unsicheren Erwartungen erfaßt. Die Modellierung folgt dem Ansatz von Löffler und Fama, wird aber um persönliche Steuern und die Wachstumsannahme erweitert. Sie muß bei einer wertorientierten Finanzierungspolitik wegen des Steuerkeils im deutschen System Präferenzen des Investors für Zahlungen des unverschuldeten oder des verschuldeten Unternehmens berücksichtigen. Der Verfasser geht mit seinen Ergebnissen u.a. über Miles/Ezzell und Dinstuhl, aber auch Drukarczyk und Ballwieser hinaus. Er zeigt, daß strukturell die Ergebnisse von Miles/Ezzell und Löffler erhalten bleiben, aber wegen der Integration persönlicher Steuern der Ausschüttungsdifferenzeffekt mit zu berücksichtigen ist. Er zeigt zugleich, daß die Verarbeitung des Steuerkeils im deutschen Rechtssystem mit dem Steuer-CAPM nicht kompatibel ist. Es ergibt sich insofern modelltheoretisch eine Bruchstelle, für die eine Lösung fehlt (S. 161 f.).

Nach der wertorientierten Finanzierungspolitik wird die autonome Finanzierungspolitik, die buchwertorientierte und die zahlungsstromorientierte Finanzierungspolitik behandelt. Der Verfasser erweitert hier nicht nur neueste Literatur, sondern verweist auch auf die beschränkte Aussagekraft der darin erzielten Ergebnisse.

Die Arbeit beweist hohes theoretisches Niveau auf einem praktisch bedeutsamen und derzeit erneut im Fluß befindlichen Gebiet. Die herausragende Leistung des Verfassers besteht darin, durch Vorgehen vom einfachen zum komplexen Kalkül einen roten Faden zu spinnen, die Gemeinsamkeiten und Unverträglichkeiten der Ansätze herauszuarbeiten und diese durch Verallgemeinerung der Überlegungen oder Integration neuer Komponenten, insbesondere verschiedener Steuersysteme, zu erweitern. Er bewältigt diese anspruchsvolle Arbeit nicht nur auf knapp 200 Textseiten, sondern belegt durch seine Argumentation auch sein herausragendes didaktisches Geschick. Ich wünsche der Arbeit eine große Resonanz und dem Verfasser die Weiterbeschäftigung mit diesem Thema, wo immer sie erfolgen mag.

München, Januar 2006 Wolfgang Ballwieser

Vorwort

Diese Arbeit entstand während meiner Tätigkeit als wissenschaftlicher Mitarbeiter am Seminar für Rechnungswesen und Prüfung der Ludwig-Maximilians-Universität München und wurde Anfang des Jahres 2006 vom Promotionsausschuss der Fakultät für Betriebswirtschaft als Dissertation angenommen.

An vorderster Stelle gilt mein Dank meinem akademischen Lehrer und Doktorvater Prof. Dr. Dr. h.c. *Wolfgang Ballwieser*. Er hat mein Interesse an der Promotion während meiner Studienzeit begründet und die Entstehung der Arbeit stets mit größtem Interesse und konstruktiver Kritik gefördert. Die durch ihn geschaffene, von zahlreichen (nicht nur fachlichen) Freiräumen getragene Atmosphäre am Lehrstuhl wird mir unvergesslich bleiben. Herrn Prof. Dr. *Bernd Rudolph* danke ich herzlich für die freundliche Übernahme des Korreferats.

Ich hätte mir nicht vorstellen können, die Arbeit ohne den „prägenden" Hintergrund zu schreiben, den mir meine Kollegen am Lehrstuhl gegeben haben. Ihnen gilt mein Dank für die gute Zusammenarbeit. Mit Blick darauf danke ich zuvorderst den Dres. MBR *Christian Schaffer*, *Peter Gampenrieder* und *Michael Dobler*, die mich mit ehrlichem Rat und jeder Menge (teils etwas eigenem) Humor auch über die gemeinsame Zeit am Lehrstuhl hinaus nie haben vergessen lassen, was neben Wissenschaft und Praxis wirklich wichtig im Leben ist. *Raimo Reese* danke ich für zahlreiche überaus grundlegende Anregungen. Mit sehr fruchtbaren Diskussionen haben mir *Stephan Rosarius* und *Christian Wappenschmidt* bei kleineren und größeren Problemen oft Klarheit gegeben. Den Kollegen *Gerhard Kurz* und *Michael Seifert* danke ich stellvertretend für alle studentischen Hilfskräfte, die meine Arbeit mit großem Einsatz unterstützt haben.

Meinen Eltern *Helga* und Dr. *Hans-Ulrich Wiese* danke ich von ganzem Herzen dafür, dass sie mir das Studium ermöglicht haben und mir – ebenso wie mein Bruder *Jens* – während meiner Promotion Vertrauen, Zuspruch und jegliche Unterstützung haben zuteil werden lassen. Meiner Familie ist diese Arbeit gewidmet.

München im Januar 2006 Jörg Wiese

Inhaltsverzeichnis

Abkürzungsverzeichnis

a.	auch
a.A.	anderer Ansicht
AKU	Arbeitskreis Unternehmensbewertung des Instituts der Wirtschaftsprüfer in Deutschland e.V.
Aufl.	Auflage
Bd.	Band
CAPM	Capital Asset Pricing Model
c.p.	ceteris paribus
d.h.	das heißt
EStG	Einkommensteuergesetz
e.V.	eingetragener Verein
Fn.	Fußnote(n)
FS	Festschrift
gem.	gemäß
Hrsg.	Herausgeber
IDW	Institut der Wirtschaftsprüfer in Deutschland e.V.
Jg.	Jahrgang
m.a.W.	mit anderen Worten
m.w.N.	mit weiteren Nachweisen
n.F.	neue Fassung
o.Jg.	ohne Jahrgang
S.	Satz/Seite(n)
Sp.	Spalte(n)
tsm	Tax Shield-Multiplikator bei Präferenz für Zahlungen des unverschuldeten Unternehmens
tsm^v	Tax Shield-Multiplikator bei Präferenz für Zahlungen des verschuldeten Unternehmens
Tz.	Textziffer(n)
u.a.	und andere/unter anderem
u.U.	unter Umständen
vgl.	vergleiche
Vol.	Volume
WACC	Weighted Average Cost of Capital
z.B.	zum Beispiel

Verzeichnis der Zeitschriftenabkürzungen

A & F	Accounting & Finance
ABR	Accounting and Business Research
AER	American Economic Review
Ann. M. Stat.	Annals of Mathematical Statistics
BB	Betriebs-Berater
BFuP	Betriebswirtschaftliche Forschung und Praxis
BJE	Bell Journal of Economics (bis 1974 Bell Journal of Economics and Management Science)
BJEconMSc	Bell Journal of Economics and Management Science (ab 1975 Bell Journal of Economics)
DB	Der Betrieb
DBW	Die Betriebswirtschaft
DStR	Deutsches Steuerrecht
Ec	Econometrica
EJ	Economic Journal
FAJ	Financial Analysts Journal
FB	Finanz Betrieb
FM	Financial Management
HBR	Harvard Business Review
IDW-FN	IDW-Fachnachrichten
JACF	Journal of Applied Corporate Finance
JBFA	Journal of Business Finance & Accounting
JBankF	Journal of Banking & Finance
JEL	Journal of Economic Literature
JEP	Journal of Economic Perspectives
JET	Journal of Economic Theory
JF	Journal of Finance
JFE	Journal of Financial Economics
JFQA	Journal of Financial and Quantitative Analysis
JFR	Journal of Financial Research
JoB	Journal of Business
JPE	Journal of Political Economy
MSc	Management Science
NTJ	National Tax Journal
OEP	Oxford Economic Papers
QJE	The Quarterly Journal of Economics
QREB	Quarterly Review of Economics and Business

RESt	Review of Economic Studies
REStat	Review of Economics and Statistics
RFS	Review of Financial Studies
RiF	Research in Finance
sbr	Schmalenbach Business Review
ST	Der Schweizer Treuhänder
WiSt	Wirtschaftswissenschaftliches Studium
WISU	Das Wirtschaftsstudium
WPg	Die Wirtschaftsprüfung
ZBB	Zeitschrift für Bankrecht und Bankwirtschaft
ZfB	Zeitschrift für Betriebswirtschaft
zfbf	Schmalenbachs Zeitschrift für betriebswirtschaftliche Forschung (bis 1963 ZfhF)
ZfhF	Zeitschrift für handelswissenschaftliche Forschung (ab 1964 zfbf)

Symbolverzeichnis

Im Folgenden werden alle häufig verwandten Symbole aufgeführt. Symbole, die nur innerhalb eines Kapitels oder sporadisch benötigt werden, werden im Text erläutert.

A	Steigungsparameter
B	Achsenabschnitt
c_t	Konsum in t
C	intertemporaler Konsumstrom
$\operatorname{cov}(\cdot)$	Kovarianz
D	Dividende
E	Menge der effizienten Portfolios vor Steuern
$E(\cdot)$	Erwartungswertoperator
EBIT	Earnings before Interest and Taxes
$\overline{EK}$	deterministisches Basiseinkommen
EK	Marktwert des Eigenkapitals
EK^B	Buchwert des Eigenkapitals
$F(\cdot)$	Menge der effizienten Portfolios nach Steuern
FK	Marktwert des Fremdkapitals
FK^B	Buchwert des Fremdkapitals
H	Einkommen aus einem Wertpapierportfolio
i	Laufindex (Wertpapiere)
I	Einservektor
I_t	Informationsstand im Zeitpunkt t
j	Laufindex (Wertpapiere)
k	Laufindex (Investoren)
k_t	Gewogener Kapitalkostensatz, Weighted Average Cost of Capital für Periode t
K	Wertebereich von k
$l(\cdot)$	Funktion des Einkommensteuersatzes in Abhängigkeit des zu versteuernden Einkommens
ℓ	Verschuldungsgrad
L	Lagrangefunktion
m/m_0	gegebene Bruttorendite auf ein Portfolio/auf das Minimum-Varianz-Portfolio
m'/m'_0	gegebene Nettorendite auf ein Portfolio/auf das Minimum-Varianz-Portfolio
M	Index für das Marktportfolio

N	Wertebereich von i, j
p^0	Stückpreis für ein Wertpapier in t = 0
q	Stückpreis für ein risikoloses Wertpapier in t = 1
$\hat{q}$	Ausschüttungsquote
$Q(\cdot)/\hat{Q}(\cdot)$	Präferenzfunktional
r_f	risikoloser Zinssatz
$\bar{r}$	gesamte erwartete Bruttorendite auf ein Wertpapier/Portfolio
$\bar{r}'$	gesamte erwartete Nettorendite auf ein Wertpapier/Portfolio
r_f	risikoloser Zinssatz
r_u	unternehmensintern erzielte Rendite
r_u'	unternehmensintern erzielte Rendite nach Unternehmenssteuern
$S(\cdot)$	Sicherheitsäquivalent
s	Mischsatz für Unternehmenssteuern bei hälftiger Abzugsfähigkeit der Dauerschuldzinsen von der gewerbeertragsteuerlichen Bemessungsgrundlage
s_c	Mischsatz für Unternehmenssteuern
$s_e/\hat{s}_e$	Einkommensteuersatz
s_e'	marginaler Einkommensteuersatz
$\bar{s}_e$	durchschnittlicher Einkommensteuersatz
T	Planungshorizont
$T(\cdot)$	Tangentialportfolio nach Steuern
$t_k/\hat{t}_k$	globale Risikotoleranz eines Investors k
$u(\cdot)$	Periodenrisikonutzenfunktion, univariate Risikonutzenfunktion
$U(\cdot)$	Gesamtrisikonutzenfunktion, multivariate Risikonutzenfunktion
V_t	Unternehmenswert in t
V_t^ℓ	Wert des verschuldeten Unternehmens in t
V_t^u	Wert des unverschuldeten Unternehmens in t
$\bar{V}$	erwartetes Nettoendvermögen
$Var(\cdot)$	Varianz
w	deterministische Wachstumsrate
$\tilde{w}$	stochastische Wachstumsrate
w_1', w_2'	Lagrangemultiplikatoren
W	riskant zu verausgabendes Vermögen

$x/\underline{x}$	riskant investierter Budgetanteil/Vektor der riskant investierten Budgetanteile (Portfolio)
X/X^0	Anzahl an Wertpapieren, die ein Entscheider in t = 1/t = 0 hält
$\tilde{X}$	stochastischer Cashflow/Zahlungsüberschussverteilung
x_{r_f}	risikolos investierter Budgetanteil
$\underline{x}^T$	transponierter Vektor der riskant investierten Budgetanteile
Y	bilanzieller Gewinn
z	Risikozuschlag
z_1', z_2'	Lagrangemultiplikatoren
ZVE	zu versteuerndes Einkommen
ZVE′	zu versteuerndes Einkommen nach Steuern
β	Beta-Faktor gemäß CAPM
γ	Steuersatz für Einkünfte aus Kursgewinnen
δ	deterministische Dividendenrendite eines Wertpapiers
$\underline{\delta}$	Vektor der deterministischen Dividendenrenditen eines Portfolios
$\Delta/\hat{\Delta}$	Substitute
$\tilde{\varepsilon}$	Zufallsvariable mit Erwartungswert in Höhe von null
$\theta_{\gamma_k}/\theta_{\tau_k}/\theta_{\hat{s}_{ek}}$	präferenzgewichtete marktdurchschnittliche Steuersätze
$\hat{\theta}_{\gamma_k}/\hat{\theta}_{\tau_k}/\hat{\theta}_{\hat{s}_{ek}}$	präferenzgewichtete marktdurchschnittliche Steuersätze
κ	Zeitindex
λ	Lagrangemultiplikator
μ	Erwartungswert
$\tilde{\pi}/\bar{\pi}$	stochastischer Stückpreis für ein Wertpapier in t = 1/dessen Erwartungswert
$\tilde{\rho}/\bar{\rho}$	stochastische Kursrendite vor persönlichen Steuern/deren Erwartungswert
$\underline{\rho}$	Vektor der stochastischen Kursrenditen der Wertpapiere eines Portfolios
$\underline{\bar{\rho}}$	Vektor der erwarteten Kursrenditen der Wertpapierte eines Portfolios
σ/σ^2	Standardabweichung, Kovarianz/Varianz
ς	Binärvariable aus {0;1}
$\underline{\Sigma}$	Kovarianzmatrix der Aktienrenditen
τ	Steuersatz für Dividendeneinkünfte
υ	Binärvariable aus {0;1}
ϕ	Marktpreis des Risikos

$\Phi / \hat{\Phi}$	Steuerkorrekturfaktor
$\Psi / \hat{\Psi}$	Steuerkorrekturfaktor
ϖ	Barwert des Steuervorteils aus Fremdfinanzierung
$\Omega / \hat{\Omega}$	Substitute
Ω'	Zustandsraum
$\in$	Element aus
∞	unendlich

Abbildungsverzeichnis

Tabellenverzeichnis

A. Problemstellung

Der Kalkulationszinsfuß ist der sensible Punkt im Rahmen der Unternehmensbewertung. Bereits kleine Veränderungen seines Wertes können bei unveränderter Überschussgröße vergleichsweise starke Ausschläge des Unternehmenswertes nach sich ziehen. Der Kapitalkostensatz[1] setzt sich aus mehreren Komponenten zusammen: Der risikolose Basiszinssatz erfährt dadurch Modifikationen, dass er um Risikozuschläge erhöht und u.U. um Wachstums- oder Geldentwertungsabschläge[2] vermindert wird. Daneben müssen grundsätzlich persönliche Steuern berücksichtigt werden.[3] Diese Komponenten und ihr Zusammenspiel werden überlagert durch Einflüsse unterschiedlich geplanter Finanzierungsstrukturen.[4]

Will man zu theoretisch begründbaren Unternehmenswerten gelangen, so muss zum einen jeder Bestandteil des Zinsfußes theoretisch fundiert abgeleitet werden. Zum anderen müssen sämtliche Elemente und die hinter ihnen stehenden expliziten und impliziten Modellannahmen im System konsistent zueinander sein. Letztgenannter Aspekt steht im Mittelpunkt der vorliegenden Arbeit.

Die Fragestellung eröffnet ein weites Forschungsgebiet, welches nur scheinbar gut erschlossen ist. Zwar sind die Werteffekte, die sich aus der Verbindung der Zinsfußelemente ergeben, hinreichend diskutiert.[5] Diese Diskussion erfolgt jedoch regelmäßig unter der meist impliziten *Annahme*, dass die Kombinationen der Zinsfußbestandteile zulässig sind oder zumindest keine Konsistenzprobleme aufwerfen. Ziel dieser Arbeit ist es zum einen, zu klären, unter welchen Bedingungen diese Annahme berechtigt ist. Zum anderen gilt es zu untersuchen, inwieweit in der Literatur verbreitete Modelle im Lichte des Konsistenzpostulats zu modifizieren sind.

---

1 Im Rahmen dieser Arbeit werden Kapitalkosten grundsätzlich als erwartete Renditen verstanden. Diese inhaltliche Interpretation darf unter der Annahme vorgenommen werden, dass die Kapitalkosten aus Sicht des Bewertungszeitpunkts deterministisch bekannt sind. Vgl. *Kruschwitz/Löffler* [Theory, 2006], S. 5-7 und S. 22-25; *Kruschwitz/Löffler* [Zugang, 2005], S. 26-27; a. *Wilhelm* [Kapitalkosten, 2004], S. 3 und S. 5. Die in Kapitel B.3.2.2 diskutierten Bedingungen für die wiederholte Anwendung des einperiodigen CAPM gewährleisten dies. Vgl. *Laitenberger* [Rendite, 2006], S. 82-86.

2 Vgl. *Ballwieser* [Geldentwertung, 1988], S. 801-810; *Ballwieser* [Kalkulationszinsfuß, 1997], S. 2393-2394; *Mandl/Rabel* [Unternehmensbewertung, 1997], S. 189-201; *IDW* [IDW S 1, 2000], Tz. 101-104; *Drukarczyk* [Unternehmensbewertung, 2003], S. 501-516.

3 Vgl. etwa *Ballwieser* [Steuern, 1995], S. 19-21; *Siegel* [Steuern, 1997], S. 2389.

4 Vgl. z.B. *Wallmeier* [Kapitalkosten, 1999], S. 1476-1480.

5 Vgl. u.a. *Ballwieser* [Unternehmensbewertung, 2004], S. 113-177; *Dinstuhl* [Unternehmensbewertung, 2003], S. 43-129; *Drukarczyk* [Unternehmensbewertung, 2003], S. 209-314 und S. 501-516.

Antworten auf diese Fragen hängen grundsätzlich vom Modellrahmen ab, in dem man sich bewegt. Im Verlauf dieser Arbeit soll dies das Capital Asset Pricing Model (CAPM)[6] sein. Als Grund hierfür kann nicht gelten, dass dieser Kalkül frei von (berechtigter) Kritik sei.[7] Dem CAPM kann jedoch zugute gehalten werden, dass bisher kein alternatives Kapitalmarktmodell konzipiert wurde, welches die Realität besser beschreibt und zugleich ebenso handhabbar ist: Der Rückgriff auf die Arbitragetheorie hinterlässt eine Lücke, die inhaltlich erst durch das CAPM oder vergleichbare Kalküle zu füllen ist.[8] Die ebenfalls unter der Bedingung der Arbitragefreiheit anwendbare risikoneutrale Bewertung leidet unter vergleichbaren Problemen. Der Ansatz, Risikozuschläge über *Bernoulli*-Sicherheitsäquivalente abzuleiten, die durch die Überschussverteilungen impliziert werden, ist in jüngster Zeit heftig kritisiert worden.[9] Unklar ist gegenwärtig, wie sich das für die Existenz des risikolosen Zinssatzes vorauszusetzende Kapitalmarktumfeld für eine hinreichend große Klasse an Risikopräferenzen in das Verfahren einpassen lässt. Der Diskussion über die Risikoberücksichtigung in Kapitel B.3 ist breiter Raum zu geben, da die Wahl des konkreten Modellrahmens den gesamten Bewertungskalkül und die zu erarbeitenden Implikationen wesentlich prägt.

Um zu prüfen, unter welchen Bedingungen sich die Elemente des Kapitalkostensatzes widerspruchsfrei miteinander verbinden lassen, ist in Kapitel B zunächst Grundlagenarbeit zu leisten. So sind die hinter den Zinsfußkomponenten stehenden Prämissen und Modelle zunächst isoliert darzustellen und zu würdigen. Mit Blick auf den Basiszinssatz ist insbesondere zu klären, wie dieser zu operationalisieren und auf welche Weise Laufzeitäquivalenz herzustellen ist. Da es sich bei der Unternehmensbewertung grundsätzlich um mehrperiodige Kalküle handelt, das CAPM in seiner Grundform jedoch ein Einperiodenmodell darstellt, ist bei seiner Diskussion besonderes Augenmerk auf jene Bedingungen zu richten, unter denen es sich wiederholt anwenden lässt. Die von *Fama* erarbeiteten Bedingungen[10] bilden einen zentralen Baustein für den weiteren Verlauf der Arbeit. Auf die Analyse originärer Mehrperiodenversionen des CAPM wird verzichtet, da diese zum Teil auf restriktiveren Annahmen als das Einperiodenmodell beruhen[11] und aufgrund ihrer Komplexität in praxi keine Anwendung finden. Die in Kapitel B.5 getroffenen Annahmen über das Steuersystem sind für sich gesehen unkritisch. Allerdings legt das Halbeinkünfteverfahren eine Abkehr von der in praxi

---

6 Vgl. *Sharpe* [Prices, 1964]; *Lintner* [Valuation, 1965]; *Lintner* [Risk, 1965]; *Mossin* [Equilibrium, 1966]; *Rudolph* [Kapitalkosten, 1979], S. 84-125.

7 Vgl. etwa *Ballwieser* [Verfahren, 1998], S. 5; *Hachmeister* [Unternehmenswertsteigerung, 2000], S. 171-176; jüngst a. *Matschke/Brösel* [Unternehmensbewertung, 2005], S. 31-32, die auf *Hering* [Investitionstheorie, 2003], S. 289-296, aufbauen.

8 Vgl. *Kürsten* [Grundlagen, 1997], S. 75 und S. 84-85.

9 Vgl. insbesondere *Kürsten* [Theoriedefizit, 2002], S. 137-142.

10 Vgl. *Fama* [Uncertainty, 1977].

11 Vgl. *McDougall* [Models, 1981], S. 38.

häufig zugrunde gelegten Vollausschüttungshypothese nahe.[12] Teilweise Thesaurierung erzeugt steuerlich bedingtes Wachstum.[13] Zu diskutieren ist, in welchem Verhältnis dieses steuerinduzierte mit dem preis- oder mengenbedingten Wachstum steht, welches dem in Kapitel B.4 dargestellten *Gordon/Shapiro*-Modell[14] zugrunde liegt. Kapitalstruktureinflüsse sind im Rahmen dieser Arbeit erst im Verbund mit risikoangepassten Kapitalkosten, mithin unter unsicheren Erwartungen, interessant, da sich die Finanzierungspolitiken gerade im Risikogehalt der Fremdkapitalbestände und damit der Steuervorteile aus der Fremdfinanzierung unterscheiden. Die Diskussion unterschiedlicher Finanzierungspolitiken bleibt daher Kapitel C.5 vorbehalten.

Kapitel C stellt den Kern der Arbeit dar. Hier werden die in Kapitel B dargestellten Zinsfußelemente sukzessive unter dem Primat der Konsistenz miteinander verbunden. Ziel ist es, die Bedingungen offen zu legen, unter welchen derartige Kombinationen erlaubt sind, und entsprechende Bewertungsmodelle abzuleiten, denen widerspruchsfreie Annahmen zugrunde liegen. Zunächst ist zu untersuchen, welchen Einfluss die Einführung unsicherer Erwartungen auf die übrigen Zinsfußkomponenten ausübt. So wird gezeigt, dass das einperiodige CAPM in seiner Struktur nicht erhalten bleibt, wenn stochastische Veränderungen des Basiszinses im Zeitablauf zulässig sind (Kapitel C.2). Daher wird im Rahmen der Arbeit grundsätzlich von deterministisch veränderlichen Basiszinssätzen ausgegangen.

Weitere Konsistenzprobleme wirft das in der Literatur verbreitete *Gordon/Shapiro*-Modell auf, welches die Gleichgewichtsrendite des Standard-CAPM mit einer deterministischen Wachstumsrate verbindet.[15] Der Wachstumskalkül leitet sich zum einen aus einem mehrperiodigen Cashflow-Prozess ab, so dass bei Verwendung des einperiodigen CAPM die Bedingungen herrschen müssen, unter denen es wiederholt angewendet werden darf. Zum anderen wurde das *Gordon/Shapiro*-Modell unter sicheren Erwartungen gewonnen. In der unsicheren Welt des CAPM Sicherheit bezüglich der Wachstumsrate anzunehmen, ist widersprüchlich.[16] Es soll daher – über die Literatur hinausgehend – untersucht werden, welche Gestalt das Kapitalmarktmodell unter der Annahme *unsicheren* preis- oder mengenbedingten Wachstums annimmt (Kapitel

[12] Vgl. *Wagner/Jonas/Ballwieser/Tschöpel* [Grundsätze, 2004], S. 894; *Sigloch* [Steuern, 2003], S. 137; *Laitenberger/Tschöpel* [Vollausschüttung, 2003], S. 1365; *Schmidbauer* [Steuern, 2002], S. 214-216; *Locarek-Junge/Berge/Kaden* [Unternehmenssteuerreform, 2002], S. 721; *Gorny/Rosenbaum* [Risikozuschläge, 2002], S. 864-865; *Kohl/Schulte* [IDW S 1, 2000], S. 1159; *Hötzel/Beckmann* [Einfluss, 2000], S. 698. Kritisch hierzu *Schwetzler* [Ausschüttungsäquivalenz, 2005], S. 611-613.

[13] Vgl. *Laitenberger/Tschöpel* [Vollausschüttung, 2003], S. 1360-1365.

[14] Vgl. grundlegend *Gordon/Shapiro* [Analysis, 1956], S. 105-106.

[15] Vgl. etwa *Dinstuhl* [Unternehmensbewertung, 2003], S. 121.

[16] Vgl. *Ballwieser* [Unternehmensbewertung, 2004], S. 104; *Ballwieser* [Geldentwertung, 1988], S. 800.

C.3.2). Dieses Wachstum prägt den Zusammenhang *zwischen* den Perioden. Dagegen bleiben die Auswirkungen stochastischen inflationsbedingten Wachstums *innerhalb* des einperiodigen CAPM außer Acht.[17]

Der Integration persönlicher Steuern in das CAPM ist aufgrund der damit verbundenen Komplexität weiter Raum zu geben. Zudem hat die Thematik erhebliche praktische Relevanz, da die berufsständischen Grundsätze der Wirtschaftsprüfer zur Durchführung von Unternehmensbewertungen mittlerweile die Anwendung eines vereinfachten Steuer-CAPM vorsehen.[18] Zunächst wird untersucht, unter welchen Bedingungen Steuern in der Weise irrelevant sind, dass die Bruttorendite des Standard-CAPM im Umfeld differenzierter Steuern strukturell erhalten bleibt.[19] Dies ist immer dann zu fordern, wenn – wie in der Literatur verbreitet – die risikoadjustierte Bruttorendite des CAPM um einen persönlichen (Misch-)Steuersatz gemindert wird.[20] Derartige Bedingungen wurden bislang nur für zwei differenzierte Steuersätze erarbeitet[21] und sollen in Kapitel C.4.1 auf ein System mit drei Steuersätzen erweitert werden. Da diese Äquivalenzbedingungen in der Regel nicht erfüllt sein werden, gilt es, in Kapitel C.4.2 ein CAPM unter der Annahme differenzierter Steuern abzuleiten. Hierzu ist das von *Brennan* unter der Annahme zweier differenzierter Steuersätze entwickelte Modell für deutsche Verhältnisse auf ein Regime mit drei Steuersätzen auszuweiten, sofern man unterstellt, dass Kursgewinne unversteuert bleiben.[22] Da das *Brennan*sche CAPM auf restriktiven Prämissen beruht, soll in Kapitel C.4.2.2 geprüft werden, welche Form das Modell annimmt, wenn Kreditaufnahme- und Leerverkaufsbeschränkungen sowie – über den Stand der Literatur hinausreichend – stochastische Dividendenrenditen unterstellt werden. Aufbauend darauf wird erstmals untersucht, unter welchen zusätzlichen Prämissen insbesondere für das Steuersystem die von *Fama* für das Standard-CAPM erarbeiteten Anforderungen für die wiederholte Anwendung des einperiodigen Kalküls analogisiert werden können (Kapitel C.4.2.3). Im Anschluss daran soll in Kapitel C.4.2.5 diskutiert werden, welche Vorzüge und Schwächen das Steuer-CAPM für Zwecke der Unternehmensbewertung aufweist.

---

17 Vgl. zu entsprechenden Modellversionen *Roll* [Price, 1973], S. 915 und S. 920-923; *Chen/Boness* [Inflation, 1975], S. 470-474; *Friend/Landskroner/Losq* [Inflation, 1976], S. 1288-1293; *Mehta/Curley/Fung* [Inflation, 1984], S. 53-54. Zur Würdigung einiger dieser Ansätze vgl. *Aders* [Inflation, 1998], S. 104-107.

18 Vgl. *IDW* [IDW S 1, 2005], Tz. 101-102 und S. 716-718.

19 Im Allgemeinen verändern differenzierte persönliche Steuern die Struktur der Gleichgewichtsbeziehung, wie in Kapitel C.4.2 gezeigt wird.

20 Vgl. etwa *Baetge/Niemeyer/Kümmel* [DCF-Verfahren, 2005], S. 316.

21 Vgl. *Long* [Taxation, 1977], S. 25-53; *König* [Besteuerung, 1990], S. 63-87; *Chen* [Rules, 1986], S. 7-16.

22 Formal erhält man ein Modell mit drei differenzierten Steuersätzen mit der Besonderheit, dass der Satz für Kursgewinne gleich null ist.

Die in Kapitel C.4.2.3 erstmals erarbeiteten Bedingungen stellen einen zentralen Baustein für die in Kapitel C.5 vorzunehmende Ableitung von Bewertungsmodellen unter Einschluss alternativer Finanzierungsstrategien dar. Hier werden die in den Kapiteln C.2 bis C.4 erarbeiteten Ergebnisse zu konkreten Bewertungskalkülen zusammengeführt. Neben den üblicherweise dargestellten Strategien autonomer und wertorientierter Finanzierung[23] sollen mit der Orientierung an Cashflows oder Buchwerten auch Verschuldungspolitiken analysiert werden, die erst seit jüngerer Zeit diskutiert werden.[24] Da die Analyse in Kapitel C.5 zum einen auf den Gedanken von *Modigliani/Miller*[25], zum anderen auf dem Steuer-CAPM beruht, soll abschließend basierend auf den von *Hamada*[26] für das Standard-CAPM angestellten Überlegungen geprüft werden, ob sich in dieser Modellwelt die Theoreme von *Modigliani/Miller* beweisen lassen (Kapitel C.5.5).

Andere als die genannten Zinsfußmodifikationen – wie etwa Immobilitäts- oder Fungibilitätszuschläge oder Rechtsformzuschläge wegen persönlicher Haftung[27] – werden nicht betrachtet. Für derartige Anpassungen ist im Zinssatz kein Raum, da es für sie an theoretischen Referenzmodellen fehlt.[28]

Mit der im Mittelpunkt der Arbeit stehenden Konsistenzanalyse soll ein Beitrag zur theoretischen Fundierung von Unternehmensbewertungsverfahren geleistet werden, ohne die Anwendbarkeit des Kalküls außer Acht zu lassen. Dabei werden keineswegs alle Widersprüche im Annahmengerüst diskutiert.[29] Betont sei, dass die Ergebnisse der Konsistenzanalyse nicht allgemeiner sein können als der mit dem CAPM zugrunde gelegte Modellrahmen. Bewegt man sich in einem anderen Modellumfeld, so ist zu vermuten, dass man zu anderen Ergebnissen gelangen wird.

---

23 Vgl. z.B. *Richter* [Verschuldungsgrad, 1998], S. 380-386.

24 Vgl. *Kruschwitz/Löffler* [Theory, 2006], S. 79-92.

25 Vgl. *Modigliani/Miller* [Cost, 1958]; *Modigliani/Miller* [Correction, 1963].

26 Vgl. *Hamada* [Analysis, 1969], S. 16-20.

27 Vgl. *Moxter* [Grundsätze, 1983], S. 159-162; *Helbling* [Steuern, 1998], S. 422-431; *Mandl/Rabel* [Unternehmensbewertung, 1997], S. 214-218; *Großfeld* [Anteilsbewertung, 2002], S. 132-134; *Barthel* [Ableitung, 2003], S. 1182-1186; *Gampenrieder/Behrendt* [Sinnhaftigkeit, 2004], S. 87-90.

28 Vgl. *Mandl* [Anforderungen, 1999], S. 54-55; *Ballwieser* [Komponenten, 2002], S. 742; *Ballwieser* [Unternehmensbewertung, 2004], S. 99; *Gampenrieder/Behrendt* [Sinnhaftigkeit, 2004], S. 88-89.

29 So wäre es in einer Welt unsicherer Erwartungen etwa konsequent, ausfallgefährtetes Fremdkapital vorauszusetzen. Vgl. hierzu jüngst wieder *Kruschwitz/Löffler/Lodowicks* [Bewertung, 2005]. Hiervon wird jedoch abstrahiert.

B. Komponenten des Zinsfußes in der Unternehmensbewertung

1. Funktionen des Zinsfußes

Hinter dem Kalkulationszinsfuß verbirgt sich die interne Rendite der bestmöglichen, zur Unternehmenstransaktion alternativen Geldverwendungsmöglichkeit.[30] Der Bewerter kennt seine konkrete Höhe streng genommen erst, nachdem er eine Programmplanung durchgeführt hat.[31] Hierzu sind Konsum-, Spar-, Investitions- und Finanzierungsentscheidungen unter Berücksichtigung von Zeit- und Risikopräferenzen über sämtliche Perioden des Planungshorizonts simultan zu treffen.[32] Könnte der Entscheider diese Aufgabe bewältigen, so hätte er das Bewertungsproblem gelöst und bedürfte des Zinssatzes nicht mehr.[33] Der mit Programmplanungen verbundene prohibitive Datenbeschaffungsaufwand führt indes dazu, dass sie praktisch nicht umsetzbar sind.[34] Zu verwenden ist die Kapitalwertmethode.

Mit der Diskontierung verfolgt man das Ziel, „zu verschiedenen Zeitpunkten anfallende Zahlungen aus bestimmten Projekten vergleichbar zu machen“[35], um das zu bewertende Unternehmen einem Vergleichsobjekt gegenüberstellen zu können.[36] Hiermit sind zwei Funktionen des Zinssatzes angesprochen: Zum einen gilt es, die zeitliche Dimension des Zahlungsstroms auszuschalten, so dass die Barwerte bei sicheren Erwartungen allein hinsichtlich ihrer Höhe vergleichbar sind (Diskontierungsfunktion, finanzmathematische Funktion).[37] Da jeder beliebige Zinssatz diese Funktion erfüllt[38], muss neben die Diskontierungs- die Vergleichsfunktion treten, mit der es gelingt, „sämtliche im Entscheidungsbereich des Investors liegenden Kapitalanlagemöglichkeiten vergleichbar zu machen.“[39] Zu suchen ist nach einem Vergleichsobjekt mit „gleichwertigen“ Entnahmeerwartungen, um von dessen bekannten Preis auf den gesuchten Preis des Bewertungsobjekts schließen zu können.[40] Erst diese zweite, ökonomische Funktion entscheidet über die konkrete Höhe des zu verwendenden Kapitali-

---

30 Vgl. *Ballwieser/Leuthier* [Grundprinzipien, 1986], S. 606; *Ballwieser* [Unternehmensbewertung, 2004], S. 14; *Moxter* [Bestimmung, 1961], S. 187-188; *Schwetzler* [Zinsen, 2002], Sp. 2183.

31 Vgl. *Ballwieser/Leuthier* [Grundprinzipien, 1986], S. 607. Zur Programmplanung vgl. *Jaensch* [Modell, 1966], S. 661-678; *Sieben* [Investitionsmodelle, 1967], S. 142-147; *Laux* [Unsicherheit, 1971], S. 528-540; a. *Matschke/Brösel* [Unternehmensbewertung, 2005], S. 117-134.

32 Vgl. *Moxter* [Grundsätze, 1983], S. 143; *Wiese* [Fundierung, 2003], S. 291, m.w.N.

33 Vgl. *Moxter* [Programmieren, 1963], S. 298-299; *Ballwieser* [Unternehmensbewertung, 2004], S. 14.

34 Vgl. *Mandl/Rabel* [Unternehmensbewertung, 1997], S. 132-133.

35 *Moxter* [Programmieren, 1963], S. 297.

36 Vgl. *Moxter* [Grundsätze, 1983], S. 123-124.

37 Vgl. *Münstermann* [Wert, 1970], S. 65-66; *Moxter* [Grundsätze, 1983], S. 125 und S. 129.

38 Vgl. *Moxter* [Grundsätze, 1983], S. 125; a. *Obermaier* [Zins, 2004], S. 94.

39 *Münstermann* [Wert, 1970], S. 66; vgl. a. *Moxter* [Grundsätze, 1983], S. 129.

40 Vgl. *Moxter* [Grundsätze, 1983], S. 123-124; *Moxter* [Bedeutung, 1992], S. 52.

sierungssatzes.[41] Zwar ist letzterer überflüssig, sofern man den Preis für die gleichwertigen Cashflows kennt. Anstatt jedoch die Cashflows und den Preis der relevanten Alternative zu explizieren, greift man direkt auf das Verhältnis beider Größen – den Kapitalisierungssatz – zurück.[42]

2. Basiszinssatz

Der Basiszinsfuß stellt jene Rendite dar, die der Entscheider im Bewertungszeitpunkt bei zur Unternehmenstransaktion alternativer, laufzeitäquivalenter Anlage in risikolose Wertpapiere erzielen kann.[43] Die risikolose Alternativinvestition zeichnet sich durch Abwesenheit von Ausfall-, Termin- und Währungsrisiken aus.[44] Ein Schuldner, dessen Papiere (quasi[45]) risikolos bezüglich Höhe, Zeitpunkt und Währung sind, ist der Staat.[46] Mit der Bestimmung des risikolosen Zinsfußes sind insbesondere folgende Problembereiche[47] verbunden:

1) Wie sind der Zins und die Zinsstruktur zu operationalisieren?
2) Wie lässt sich Laufzeitäquivalenz herstellen?
3) Wie kann die Zinsstruktur empirisch gemessen werden?

Während auf den letzten Punkt nicht eingegangen wird[48], sollen die beiden ersteren Aspekte im Folgenden vertieft werden. Als Basiszins kommen in Betracht:[49]

a) der Effektivzins lang laufender Kuponanleihen am Bewertungsstichtag für den gesamten Planungszeitraum[50],

---

41 Vgl. *Moxter* [Grundsätze, 1983], S. 125; *Leuthier* [Interdependenzproblem, 1988], S. 136-139.
42 Vgl. *Moxter* [Grundsätze, 1983], S. 9; *Leuthier* [Interdependenzproblem, 1988], S. 138, m.w.N.
43 Vgl. *Drukarczyk* [Unternehmensbewertung, 2003], S. 352; *Widmann/Schieszl/Jeromin* [Unternehmensbewertung, 2003], S. 800; *Schwetzler* [Zinsänderungsrisiko, 1996], S. 1082.
44 Vgl. *Ballwieser* [Unternehmensbewertung, 2004], S. 83; *Ballwieser* [Zins, 2003], S. 23; *Widmann/Schieszl/Jeromin* [Unternehmensbewertung, 2003], S. 800.
45 Vgl. *Moxter* [Grundsätze, 1983], S. 146.
46 Vgl. *Wilhelm/Brüning* [Fristigkeitsstruktur, 1992], S. 272-273
47 *Dinstuhl* [Unternehmensbewertung, 2003], S. 26, apostrophiert die Bestimmung des risikolosen Zinssatzes als unproblematisch. Dies greift zu kurz.
48 Vgl. aber für das von der Deutschen Bundesbank verwandte Messverfahren *Svensson* [Rates, 1994], S. 5-8, in Erweiterung von *Nelson/Siegel* [Curves, 1987]. Einen knappen Überblick über weitere Verfahren gibt *Wilhelm* [Zinsstruktur, 2001], Sp. 2361-2362. Zu einer empirischen Untersuchung des deutschen Marktes vgl. *Wilhelm/Brüning* [Fristigkeitsstruktur, 1992], S. 272-280.
49 Vgl. *Ballwieser* [Unternehmensbewertung, 2004], S. 83.
50 Vgl. *Siepe* [Kapitalisierungszinssatz, 1998], S. 326.

b) der Zinssatz aus a) in einer ersten Planungsphase und eine Anschlussverzinsung in der bis in die Unendlichkeit reichenden zweiten Phase[51],
c) ein Mittelwert aus den beiden unter b) gewonnenen Sätzen für den gesamten Planungszeitraum[52],
d) ein Vergangenheitsdurchschnitt für ewig[53] oder
e) spot rates in der ersten Planungsphase und eine Anschlussverzinsung für die zweite Phase.

Legt man den Zins nach den Vorschlägen a) bis c) fest, so ist es grundsätzlich konzeptionell konsequent, möglichst lang laufende Anleihen zu verwenden, um über einen möglichst langen künftigen Zeitraum auf Markterwartungen zurückzugreifen.[54] Zur Zeit sind dies Anleihen mit Laufzeiten um 30 Jahre. Ein Rückgriff auf sie weist gegenüber den zehnjährigen Anleihen auch den Vorteil auf, dass Schätzfehler bei der Festsetzung der Anschlussverzinsung c.p. geringere Auswirkungen auf den Unternehmenswert zeitigen.[55] Allerdings ist bei den 30jährigen Anleihen sicherzustellen, dass in ausreichendem Maße Handel stattfindet, um die Verlässlichkeit der Zinsinformationen zu gewährleisten. Die Frage, ob dem Marktsegment gegenwärtig eine ausreichende Liquidität bescheinigt werden kann, wird von der Literatur unterschiedlich beantwortet.[56]

Sämtlichen Vorschlägen mit Ausnahme von e) ist gemeinsam, dass sie über Ausschnitte oder die volle Länge des Planungszeitraums konstante Zinssätze zugrunde legen. Damit wird – zumindest für Teile des Planungshorizonts – implizit unterstellt, dass die Zinssätze in Abhängigkeit der Restlaufzeit der Anleihen nicht differieren, mithin eine flache Zinsstruktur vorliegt. Dies läuft der Realität zuwider.[57] Vorschlag d) ist darüber hinaus methodisch inkonsequent, da die künftigen finanziellen Überschüsse mit vergangenen Alternativrenditen verglichen werden. Gegen ihn spricht die Extrapolationsproblematik: Warum sollten sich die Verhältnisse der Vergangenheit in die Zukunft

---

51 Vgl. *IDW* [Wirtschaftsprüfer-Handbuch, 2002], S. 104, Tz. 292; *Widmann/Schieszl/Jeromin* [Unternehmensbewertung, 2003], S. 800-803.

52 Vgl. *Wenger* [Störfaktor, 2003], S. 484-487; *Ballwieser* [Zins, 2003], S. 28-31; *Widmann/Schieszl/Jeromin* [Unternehmensbewertung, 2003], S. 803.

53 Vgl. *Baetge/Krause* [Unternehmensbewertung, 1994], S. 449-450; *Stehle* [Risikoprämie, 2004], S. 920-921; *IDW* [Wirtschaftsprüfer-Handbuch, 2002], S. 104, Tz. 293.

54 Vgl. *Drukarczyk* [Unternehmensbewertung, 2003], S. 354-355; *Ballwieser* [Unternehmensbewertung, 2004], S. 85.

55 Vgl. *Ballwieser* [Unternehmensbewertung, 2004], S. 85.

56 Vgl. *Widmann/Schieszl/Jeromin* [Unternehmensbewertung, 2003], S. 800-801; a.A. *Wenger* [Störfaktor, 2003], S. 482, mit Verweis auf starken außerbörslichen Handel.

57 Vgl. *Steiner/Uhlir* [Wertpapieranalyse, 2001], S. 20-21; *Drukarczyk* [Unternehmensbewertung, 2003], S. 356; *Ballwieser* [Unternehmensbewertung, 2004], S. 83.

fortschreiben lassen?[58] Überdies ergeben sich in Abhängigkeit des betrachteten Untersuchungszeitraums unterschiedliche historische Zinssätze, so dass Vorgehen d) desweiteren von subjektiven Einschätzungen des Bewerters abhängig ist. Letzteres relativiert gewisse Objektivierungsvorteile, die historischen Renditen zugute gehalten werden könnten.

Diese Probleme lassen sich vermeiden, wenn man Spotsätze verwendet. Bei nicht flachen Zinsstrukturen sind spot rates die den zeitverschiedenen (sicheren oder sicherheitsäquivalenten[59]) Unternehmensüberschüssen gegenüberzustellenden theoretisch korrekten Alternativrenditen mit entsprechender Laufzeit.[60] Der Spotsatz ${}_0r_{f,t}$ lässt sich definieren als jener periodenbezogene Zinssatz, den Investoren für Nullkuponanleihen mit einer Laufzeit vom Bewertungsstichtag t = 0 bis t erzielen können.[61] Im weiteren Verlauf der Arbeit werden spot rates zugrunde gelegt.[62] Gegen die Spotsätze kann nicht eingewandt werden, sie wiesen gegenüber Kuponanleihen den Nachteil einer kürzeren Laufzeit auf: Sofern Kuponanleihen mit Laufzeiten von zehn bis etwa 30 Jahren vorhanden sind, lassen sich über dieselben Laufzeiten spot rates rekonstruieren.[63] Dies geschieht, indem etwa (kupontragende) Staatsanleihen in eine Reihe von Nullkuponanleihen zerlegt werden, die die Kapital- und Zinsansprüche getrennt voneinander verbriefen (Anleihe-Stripping). Eine zehnjährige Kuponanleihe beispielsweise wird zerlegt in einen Kapital-Strip als Zerobond sowie zehn Zins-Strips als einzeln handelbare Nullkuponanleihen mit Laufzeiten von einem bis zehn Jahren.[64] Auch kann grundsätzlich nicht argumentiert werden, die Verwendung des durch die Umlaufsrendite festverzinslicher Wertpapiere konkretisierten intertemporal konstanten „landesüblichen" Zinssatzes führe nur zu geringen Fehlern gegenüber dem Rückgriff auf laufzeitabhängige spot rates: Die Umlaufsrendite stellt einen gewogenen Durchschnitt der

---

[58] Vgl. *Ballwieser* [Zins, 2003], S. 24; *Ballwieser* [Komponenten, 2002], S. 738; *Wenger* [Störfaktor, 2003], S. 483-484; *IDW* [Wirtschaftsprüfer-Handbuch, 2002], S. 104, Tz. 293.

[59] Vgl. zur Definition des Sicherheitsäquivalents die Kapitel B.3.1.1, B.3.3.1 sowie C.3.2.1.1.

[60] Vgl. *Steiner/Uhlir* [Wertpapieranalyse, 2001], S. 33-34; *Schwetzler* [Zinsänderungsrisiko, 1996], S. 1083 und S. 1093-1095; *Drukarczyk* [Unternehmensbewertung, 2003], S. 356; *Ballwieser* [Zins, 2003], S. 24; *Schultze* [Methoden, 2003], S. 256; *Gebhardt/Daske* [Bestimmung, 2005], S. 650-652; *Jonas/Wieland-Blöse/Schiffarth* [Basiszinssatz, 2005], S. 649-650. *IDW* [IDW S 1, 2005], Tz. 127, verweist mittlerweile auch auf das Konstrukt der Zinsstrukturkurve. Vgl. dazu a. *AKU* [Basiszinssatz, 2005], S. 555-556.

[61] Vgl. *Steiner/Uhlir* [Wertpapieranalyse, 2001], S. 20; *Drukarczyk* [Unternehmensbewertung, 2003], S. 356; *Kruschwitz* [Kalkulationszinsfuß, 2001], Sp. 1192.

[62] Dabei wird der Einfachheit halber bei ${}_0r_{f,t}$ der Index 0 unterdrückt.

[63] Vgl. *Svensson* [Rates, 1994], S. 2-5; *Perridon/Steiner* [Finanzwirtschaft, 2004], S. 191-193; *Betsch/Groh/Lohmann* [Finance, 2000], S. 12-13; *Deutsche Bundesbank* [Monatsbericht, 1997], S. 17-22; *Scheurle* [Anleihen, 1997], S. 1839; *Jaschke/Stehle/Wernicke* [Arbitrage, 2000], S. 445.

[64] Vgl. *Deutsche Bundesbank* [Monatsbericht, 1997], S. 18; *Obermaier* [Zins, 2004], S. 162-163; *Hielscher* [Investmentanalyse, 1996], S. 21 und S. 315-316.

Renditen sowohl unterschiedlicher Arten von Anleihen als auch unterschiedlicher Laufzeiten dar.[65] Auch wenn man die Aggregation über die Anleihearten gedanklich ausblendet, führt die zeitliche Durchschnittsbildung dazu, dass mit der Umlaufsrendite andere (falsche) Unternehmenswerte gewonnen werden als mit Hilfe von spot rates.[66] Das Ausmaß des dabei begangenen Fehlers ist nicht allgemein abschätzbar.

Zur Operationalisierung des risikolosen Zinses im Sinne von spot rates sowie der Zinsstruktur unterstellt man einen idealtypischen Markt, auf dem festverzinsliche Wertpapiere von Schuldnern ohne Bonitätsrisiken gehandelt werden.[67] Die durch diese Papiere j (j = 1,...,N) in den Zeitpunkten t (t = 1,...,T) verbrieften Zahlungen Z_{jt} sind sicher. Der Markt, auf dem die Titel gehandelt werden, sei arbitragefrei.[68] Besteht ein Portfolio $\underline{x}$ aus x_j Stücken der Papiere j, so fließen dem Eigner von $\underline{x}$ die Überschüsse

$$z_t(\underline{x}) = \sum_{j=1}^{N} x_j \cdot Z_{jt} \quad (t \in T; t > \kappa) \tag{B.2.1}$$

zu. Um $\underline{x}$ zu erwerben, muss der Investor im Zeitpunkt κ Mittel in Höhe von

$$p_\kappa(\underline{x}) = \sum_{j=1}^{N} P_{j\kappa} \cdot x_j \tag{B.2.2}$$

entrichten. Dabei bezeichnet $P_{j\kappa}$ den auf den Titel j und $p_\kappa(\underline{x})$ den auf das gesamte Portfolio bezogenen Preis. Da auf dem Markt Arbitrage nicht möglich ist, darf es keine $\underline{x}$ geben, welche zugleich die Eigenschaften $z(\underline{x}) \geq 0 \; \forall \, t \in T, t > \kappa$ und $p_\kappa(\underline{x}) < 0$ aufweisen.[69] Damit risikofreie Arbitragegewinne ausgeschlossen sind, muss vielmehr aus $z(\underline{x}) \geq 0 \; \forall \, t \in T, t > \kappa$ stets $p_\kappa(\underline{x}) \geq 0$ folgen.[70] Ist dies gewährleistet, so lässt sich über den Dualitätssatz der linearen Programmierung zeigen, dass nicht negative Zahlen q_t existieren, welche die Eigenschaft

---

65 Vgl. *Schwetzler* [Zinsänderungsrisiko, 1996], S. 1094.

66 Vgl. zu einem Beispiel *Schwetzler* [Zinsänderungsrisiko, 1996], S. 1094-1095.

67 Vgl. hierzu und im Folgenden *Wilhelm* [Zinsstruktur, 2001], Sp. 2358-2360; *Wilhelm/Brüning* [Fristigkeitsstruktur, 1992], S. 261-264. Für eine Formulierung auf Grundlage stochastischer Diskontierungsfaktoren vgl. *Wilhelm* [Rates, 1996], S. 3-4; *Wilhelm* [Unternehmensbewertung, 2005], S. 634-635.

68 Die Ergebnisse von *Jaschke/Stehle/Wernicke* [Arbitrage, 2000], S. 449-460, lassen bezweifeln, dass diese Annahme in der Realität erfüllt ist. Vgl. a. *Wilhelm* [Zinsstruktur, 2001], Sp. 2360; *Wilhelm/Brüning* [Fristigkeitsstruktur, 1992], S. 260 und S. 268.

69 Vgl. *Wilhelm* [Zinsstruktur, 2001], Sp. 2359-2360; *Dermody/Prisman* [Arbitrage, 1993], S. 68-69; *Spremann* [Zins, 1989], S. 921-927.

70 Zu einer schwächeren Bedingung für die Arbitragefreiheit unter Berücksichtigung von Transaktionskosten vgl. *Dermody/Prisman* [Arbitrage, 1993], S. 71-73; *Jaschke/Stehle/Wernicke* [Arbitrage, 2000], S. 446-447.

$$P_{j\kappa} = \sum_{t \in T} q_t \cdot Z_{jt} \qquad \forall\, j \in N; t \geq \kappa \qquad \text{(B.2.3)}$$

aufweisen.[71] Interpretiert man q_t als Diskontierungsfaktor, der die Spotsätze enthält $\left(q_t = \left(1 + {}_0r_{f,t}\right)^{-t}\right)$, so ist mit (B.2.3) zum einen der Barwertkalkül, zum anderen die arbitragetheoretisch fundierte Fristigkeitsstruktur der Zinssätze abgeleitet worden. Letztere ist durch den Vektor $\underline{q} = (q_1, ..., q_T)$ auf der Menge der Zahlungszeitpunkte t (t = 1,...,T) gekennzeichnet.[72]

Diese Überlegungen befreien den Bewerter indes nicht von der Problematik, im Rahmen der Vorgehen b), c) und e) eine Verzinsung jenseits des Planungshorizonts T zu ermitteln, um dem Postulat der Laufzeitäquivalenz[73] gerecht zu werden. Faktisch ist T in (B.2.3) gegenwärtig auf (höchstens) rund 30 Jahre begrenzt.[74] Legt man in der ersten Planungsphase Spotsätze zugrunde, so ist es zur Lösung des Problems denkbar, einen Vergangenheitsdurchschnitt für lang laufende Anleihen als Anschlussverzinsung festzusetzen[75], was den Bewerter jedoch wiederum auf die Extrapolationsproblematik zurückwirft.[76] Diese wird zwar nicht gänzlich umgangen, jedoch abgeschwächt, wenn die spot rate für die längste Laufzeit für den Anschlusszeitraum verwandt wird. In diesem Fall prägen nicht die Verhältnisse der Vergangenheit, sondern zumindest jene des Stichtags den Zinssatz in der zweiten Phase. Dieses Vorgehen trägt den Vorteil in sich, dass Konsistenz zwischen den im Wege des Anleihe-Stripping gewonnenen Spotsätzen und der Anschlussverzinsung herrscht: Für den Detailplanungszeitraum und die Anschlussverzinsung können *dieselben* stichtagsbezogenen 30jährigen Anleihen verwandt werden. Daher wird dieser Weg hier präferiert. Zuletzt ist denkbar, dass modelltheoretische Überlegungen zur Zinsstruktur Anhaltspunkte für eine Schätzung der Anschlussverzinsung liefern könnten.[77] Inwieweit diese Ansätze brauchbar sind, hängt insbesondere davon ab, wie gut die zur Modellierung der Dynamik der Spot- oder

---

71 Vgl. *Wilhelm/Brüning* [Fristigkeitsstruktur, 1992], S. 264-268; *Wilhelm* [Zinsstruktur, 2001], Sp. 2360; *Hodges/Schaefer* [Model, 1977], S. 244.

72 Vgl. *Jaschke/Stehle/Wernicke* [Arbitrage, 2000], S. 445.

73 Vgl. etwa *Ballwieser* [Unternehmensbewertung, 2004], S. 82-83; a. *Pedell* [Cost, 2004], S. 64.

74 Für Zinsswaps liegen Strukturkurven bereits über bis zu 50 Jahren vor. Vgl. *Gebhardt/Daske* [Bestimmung, 2005], S. 653.

75 Vgl. *Drukarczyk* [Unternehmensbewertung, 2003], S. 355.

76 Vgl. *Ballwieser* [Unternehmensbewertung, 2004], S. 86.

77 Vgl. *Schwetzler* [Zinsänderungsrisiko, 1996], S. 1091. Entsprechende Modelle stammen etwa von *Vasicek* [Structure, 1977], S. 177-184, *Cox/Ingersoll/Ross* [Structure, 1985], S. 387-405, *Heath/Jarrow/Morton* [Rates, 1992], S. 79-87, *Hull/White* [Models, 1993], S. 236-250, *Ahn/Gao* [Dynamics, 1999], S. 725-744, oder *Wilhelm* [Rates, 1996], S. 9-21, m.w.N.; ferner *Franke/Härdle/Hafner* [Statistik, 2001], S. 162-164.

Terminzinssätze unterstellten stochastischen Prozesse die Realität beschreiben.[78] Diese Frage darf bislang als offen angesehen werden.

3. Risikokorrektur

3.1 Rückgriff auf die *Bernoulli*-Theorie

3.1.1 Einperiodenfall

Die Erfassung der Prognoseunsicherheit ist die wohl strittigste Thematik im Rahmen der Unternehmensbewertung. Die Diskussion über geeignete Verfahren zur Risikoberücksichtigung ist keineswegs abgeschlossen.[79] Im Rahmen dieser Arbeit wird Risiko als die Mehrwertigkeit von Überschusserwartungen[80] aufgefasst und synonym mit dem Begriff der Unsicherheit verwandt. Den verschiedenen theoretischen Ansätzen zur Risikoerfassung ist gemeinsam, dass sie „gegriffene" Risikozu- oder -abschläge zu vermeiden suchen. Gesucht ist nach theoretisch fundierten Risikokorrekturfaktoren. Hierzu benötigt man geeignete Referenzmodelle. Als solche können die *Bernoulli*-Theorie[81] („subjektivistischer" Ansatz), das CAPM („objektivierter" Ansatz)[82] oder die risikoneutrale Bewertung[83] dienen.

Orientiert sich der Entscheider an der *Bernoulli*-Theorie, so muss er seine Risikonutzenfunktion u kennen. Mit deren Hilfe lassen sich die stochastischen Überschüsse $\tilde{X}$ einer Periode t zunächst über die Umweltzustände auf ihr Sicherheitsäquivalent

$$S\left[\tilde{X}_t\right] = u^{-1}\left[E\left[u\left(\tilde{X}_t\right)\right]\right] \qquad \text{(B.3.1)}$$

---

78 Vgl. *Wilhelm* [Rates, 1996], S. 2.

79 Vgl. die Kapitel B.3.1.3, B.3.2.3 und B.3.3.3.

80 Vgl. *Hirshleifer* [Risk, 1961], S. 113; *Kromschröder* [Risiko, 1979], S. 18; *Moxter* [Grundsätze, 1983], S. 117; *Ballwieser* [Komplexitätsreduktion, 1990], S. 156-157; in diesem Sinne weiterhin *Ballwieser* [Wahl, 1981], S. 101; *Mandl/Rabel* [Unternehmensbewertung, 1997], S. 212-213. Ein alternativer Risikobegriff zielt allein auf negative Abweichungen vom Erwartungswert. Vgl. dazu, dieser Definition nicht folgend, *Hirshleifer* [Risk, 1961], S. 113, und *Drukarczyk* [Unternehmensbewertung, 2003], S. 75-76. Dies ist für Zwecke der Unternehmensbewertung zu eng.

81 Vgl. *Ballwieser* [Wahl, 1981], S. 101-102. Zur axiomatischen Fundierung der Gedanken von *Bernoulli* [Theorie, 1738] vgl. grundlegend *Neumann/Morgenstern* [Spieltheorie, 1967], S. 24-29 und S. 642-657. Zu ähnlichen Axiomensystemen vgl. etwa *Marschak* [Behavior, 1950]; *Friedman/Savage* [Measurability, 1952]; *Fishburn* [Utility, 1967]. Für einem vergleichenden Überblick vgl. *Schneeweiß* [Entscheidungskriterien, 1967], S. 73-77.

82 Vgl. Kapitel B.3.2; kritisch zu dieser Gegensatzbildung *Ballwieser* [Marktorientierung, 2001], S. 22-24.

83 Vgl. Kapitel B.3.3.

verdichten.[84] Das Sicherheitsäquivalent ist anschließend mit dem risikolosen Zinssatz r_f auf den Bewertungszeitpunkt (t = 0) zu diskontieren (*Sicherheitsäquivalentmethode*). Im Einperiodenfall ergibt sich der Unternehmenswert V_0 als[85]

$$V_0 = \frac{S\left[\tilde{X}_1\right]}{1+r_f}. \tag{B.3.2}$$

Das Risiko wird mithin im Zähler durch einen Abschlag vom Erwartungswert erfasst.[86] Alternativ lässt es sich im Nenner durch einen Risikozuschlag verarbeiten. Zu diskontieren ist dann der Erwartungswert $E\left[\tilde{X}_t\right]$ der Überschussverteilung mit dem um einen Risikozuschlag z adjustieren Basiszinssatz (*Risikozuschlagsmethode*):[87]

$$V_0 = \frac{E\left[\tilde{X}_1\right]}{1+r_f+z_1}. \tag{B.3.3}$$

Die Risikozuschlagsmethode ist nur scheinbar eine Alternative zur Sicherheitsäquivalentmethode. Um z bestimmen zu können, muss $S\left[\tilde{X}_t\right]$ bekannt sein. Dies zeigt sich, wenn (B.3.2) und (B.3.3) gleichgesetzt werden:[88]

$$z_1 = \left(\frac{E\left[\tilde{X}_1\right]}{S\left[\tilde{X}_1\right]} - 1\right) \cdot \left(1+r_f\right). \tag{B.3.4}$$

(B.3.4) kennzeichnet den exakten, durch die *Bernoulli*-Theorie fundierten und durch die Überschussverteilung implizierten Risikozuschlag. Er – und mit ihm die Risikozuschlagsmethode – ist jedoch überflüssig, da man direkt Sicherheitsäquivalente diskontieren könnte, sofern sie bekannt sind.[89] Dennoch präferiert die Praxis die Risikozuschlags- gegenüber der Sicherheitsäquivalentmethode. Ist im konkreten Fall die Nutzenfunktion des Entscheiders unbekannt, so lassen sich über (B.3.4) immerhin Obergrenzen für z gewinnen, indem $S\left[\tilde{X}_t\right]$ durch den Mindestwert der Überschussvertei-

---

[84] Vgl. *Moxter* [Grundsätze, 1983], S. 149; *Schwetzler* [Unsicherheit, 2000], S. 469. Zur Definition des Sicherheitsäquivalents vgl. etwa *Schneeweiß* [Entscheidungskriterien, 1967], S. 62; *Drukarczyk* [Unternehmensbewertung, 2003], S. 80; *Bitz* [Entscheidungstheorie, 1981], S. 88.

[85] Vgl. *Ballwieser* [Methoden, 1993], S. 156; *Schwetzler* [Unsicherheit, 2000], S. 469.

[86] Vgl. *Laux* [Entscheidungstheorie, 2005], S. 216.

[87] Vgl. *Ballwieser* [Wahl, 1981], S. 102; *Ballwieser* [Methoden, 1993], S. 157; *Drukarczyk* [Unternehmensbewertung, 2003], S. 81. Ausgegangen sei von risikoaversen Entscheidern mit $S\left[\tilde{X}_t\right] < E\left[\tilde{X}_t\right] \forall\, t$.

[88] Vgl. *Ballwieser* [Wahl, 1981], S. 102.

[89] Vgl. *Ballwieser* [Wahl, 1981], S. 102.

lung $M[\tilde{X}_t]$ ersetzt wird. Wegen $M[\tilde{X}_t] \leq S[\tilde{X}_t]$ ist ein höherer als der maximale Risikozuschlag

$$z_{max} = \left(\frac{E[\tilde{X}_1]}{M[\tilde{X}_1]} - 1 \right) \cdot (1 + r_f) \qquad \text{(B.3.5)}$$

logisch nicht begründbar.[90]

3.1.2 Mehrperiodenfall

Bei der Unternehmensbewertung ist regelmäßig vom Mehrperiodenfall auszugehen. Um exakte oder maximale Risikozuschläge zu gewinnen, kann man sich weiterhin auf die erforderliche Identität der Bewertungsergebnisse nach der Sicherheitsäquivalent- und der Risikozuschlagsmethode stützen. Zu beachten ist indes, dass Nebenbedingungen für die Identität der diskontierten Erwartungswerte und Sicherheitsäquivalente erforderlich sind, die

- entweder von den *unbedingten* periodenbezogenen Verteilungen oder
- von den *bedingten* periodenbezogenen Verteilungen

einzuhalten sind. Welche Identität in den Nebenbedingungen zu fordern ist, hängt von der Aggregationsreihenfolge der Überschüsse über die Zustände und die Zeit ab. Betrachtet seien zwei Methoden:[91]

1) Zunächst werden die *unbedingten* Verteilungen einer Periode auf einen Stellvertreterwert und anschließend durch Diskontierung über die Zeit zum Unternehmenswert verdichtet (Aggregationsfolge 1).
2) Alternativ können die *bedingten* Verteilungen in t zu Sicherheitsäquivalenten zusammengefasst, um eine Periode diskontiert und zu den Überschüssen der Vorgängerknoten in t-1 addiert werden. Die resultierenden bedingten Verteilungen in t-1 werden erneut auf ihr Sicherheitsäquivalent reduziert und nach dem gleichen Vorgehen schrittweise auf t = 0 bezogen (rekursives Vorgehen; Aggregationsfolge 2).

---

[90] Vgl. *Ballwieser* [Wahl, 1981], S. 103-104; *Ballwieser* [Unternehmensbewertung, 2001], Sp. 2087; *Hachmeister* [Unternehmenswertsteigerung, 2000], S. 257-259.

[91] Weitere Verfahren sind denkbar. Unterschiedliche Aggregationsreihenfolgen führen grundsätzlich zu unterschiedlichen Unternehmenswerten. Vgl. *Ballwieser* [Möglichkeiten, 1980], S. 68-69; *Drukarczyk* [Unternehmensbewertung, 2003], S. 107-116; *Siegel* [Unsicherheit, 1994], S. 462-474.

Die Notwendigkeit, die genannten Nebenbedingungen zu beachten, zeigt sich bei der Gleichsetzung der Risikozuschlags- mit der Sicherheitsäquivalentmethode im Mehrperiodenkontext:

$$V_0 = \sum_{t=1}^{T} \frac{S\left[\tilde{X}_t\right]}{\left(1+r_f\right)^t} = \sum_{t=1}^{T} \frac{E\left[\tilde{X}_t\right]}{\left(1+r_f+z_t\right)^t}. \qquad \text{(B.3.6)}$$

Ohne weitere Einschränkungen resultieren keine eindeutigen z.[92] Will man diese erhalten und legt Aggregationsverfahren 1 zugrunde, so kann man

$$\frac{S\left[\tilde{X}_t\right]}{\left(1+r_f\right)^t} = \frac{E\left[\tilde{X}_t\right]}{\left(1+r_f+z_t\right)^t} \quad \forall\, t \qquad \text{(B.3.7)}$$

oder

$$\frac{S\left[\tilde{X}_t\right]}{\left(1+r_f\right)^t} = \frac{E\left[\tilde{X}_t\right]}{\left(1+r_f\right)^{t-1}\left(1+r_f+z_t\right)} \quad \forall\, t \qquad \text{(B.3.8)}$$

fordern.[93] Aus (B.3.7) folgt der Risikozuschlag

$$z_t = \left[\left(\frac{E\left[\tilde{X}_t\right]}{S\left[\tilde{X}_t\right]}\right)^{\frac{1}{t}} - 1\right] \cdot \left(1+r_f\right), \qquad \text{(B.3.9)}$$

der in (B.3.6) einzusetzen und somit über t Perioden wiederholt anzuwenden ist.[94] Aus (B.3.8) resultiert der Zuschlag (B.3.4), wobei z mit dem Zeitindex t zu versehen ist:

$$z_t = \left(\frac{E\left[\tilde{X}_t\right]}{S\left[\tilde{X}_t\right]} - 1\right) \cdot \left(1+r_f\right). \qquad \text{(B.3.10)}$$

---

[92] Vgl. *Ballwieser* [Methoden, 1993], S. 157-158. Bei $\tilde{X}_t$ handelt es sich um die *un*bedingten Überschussverteilungen aus Sicht des Bewertungszeitpunktes. Im Folgenden wird mit intertemporal konstanten risikolosen Zinssätzen gerechnet. Wie Kapitel B.2. gezeigt hat, ist dies nur mit Vereinfachungsgründen zu rechtfertigen.

[93] Vgl. *Ballwieser* [Unternehmensbewertung, 2001], Sp. 2087-2088. *Kruschwitz* [Risikozuschläge, 2001], S. 2412, übersieht mit Blick auf Nebenbedingung (B.3.7), dass der Risikozuschlag einen Zeitindex trägt. Vgl. dazu a. zutreffend *Schwetzler* [Risiko, 2002], S. 390-391.

[94] *Kruschwitz* [Risikozuschläge, 2001], S. 2412, spricht von einer Risikoadjustierung, die „häppchenweise" erfolgt.

Verwendet man (B.3.10), so darf z_t nur einmalig angesetzt werden. (B.3.10) korrespondiert folglich mit der Bewertungsgleichung[95]

$$V_0 = \sum_{t=1}^{T} \frac{E\left[\tilde{X}_t\right]}{\left(1+r_f\right)^{t-1}\left(1+r_f+z_t\right)}. \qquad \text{(B.3.11)}$$

Die Anforderungen (B.3.7) und (B.3.8) sind restriktiver als notwendig. Ausgehend von (B.3.6) ist es ausreichend, wenn die Identität der Summen durch geeignete z gesichert wird.[96] Diese z haben lediglich zu gewährleisten, dass das gesamte, in einem Zustandsbaum enthaltene Risiko vollständig verarbeitet wird.[97] Sowohl die durch (B.3.9) als auch die durch (B.3.10) gekennzeichneten z_t gewährleisten dies.[98] Unter Umständen ergeben sich Schwierigkeiten bei der Interpretation von (B.3.9) und (B.3.10). (B.3.9) bringt eine Vermischung von Zeit- und Risikoeffekt mit sich.[99] Dies vermeidet der Zuschlag (B.3.10), der den Vorteil hat, dass die Risikokorrektur „verursachungsgerecht", mithin unbeeinflusst von Zeiteffekten, erfolgt.[100] Allerdings kann ein z_t gemäß (B.3.10) zu sehr hohen – weil nur einmalig anzuwendenden – Risikozuschlägen führen.[101] Beide Effekte sind formal bedingt. Da beide Verfahren zum identischen Unternehmenswert führen, erscheint die Intuition zweitrangig.

Entscheidet man sich für Aggregationsfolge 2, so ist für ein z gemäß (B.3.9) kein Raum. Ausgehend von der letzten Periode t sind zu (B.3.10) strukturgleiche, allerdings auf *bedingte* Verteilungen unter dem Informationsstand I der jeweiligen Vorgängerperioden zu beziehende Risikozuschläge

---

95 Vgl. etwa *Drukarczyk* [Unternehmensbewertung, 2003], S. 342. Den Risikozuschlag (B.3.10) im Rahmen von Modell (B.3.6), mithin wiederholt, zu verwenden, ist nur unter restriktiven Bedingungen über den Zustandsbaum sowie die Nutzenfunktion des Entscheiders erlaubt. Vgl. *Drukarczyk* [Unternehmensbewertung, 2003], S. 347. Dieser Spezialfall wird hier nicht behandelt, da man grundsätzlich fragen darf, weshalb die *wiederholte* Anwendung eines konstanten, aus der Gleichsetzung (B.3.8) gewonnenen und damit nur *einmalig* anzusetzenden, Zuschlags gefordert werden sollte. Schließlich wird man im ersten Schritt die Überschüsse prognostizieren, durch die im zweiten Schritt die Risikozuschläge impliziert werden. Wer die Verwendung konstanter Risikozuschläge (B.3.10) fordert, geht den zweiten Schritt vor dem ersten und kauft sich damit enge Anforderungen an die Überschussverteilungen ein.

96 Vgl. a. *Ballwieser* [Methoden, 1993], S. 158.

97 Vgl. a. *Wilhelm* [Risikoprämien, 2002], S. 1-5.

98 Es lässt sich daher keine Aussage darüber treffen, welcher der beiden Risikozuschläge – (B.3.9) oder (B.3.10) – „sachgerecht" (*Hachmeister* [Diskontierung, 1998], S. 26) oder „sachlich gerechtfertigt" (*Kruschwitz* [Risikozuschläge, 2001], S. 2412) und welcher dies nicht ist.

99 Vgl. *Robichek/Myers* [Decisions, 1965], S. 83-86; *Kromschröder* [Risiko, 1979], S. 20; *Ballwieser* [Komplexitätsreduktion, 1990], S. 171; *Schwetzler* [Unsicherheit, 2000], S. 472; *Wilhelm* [Unternehmensbewertung, 2005], S. 642-643.

100 Vgl. *Wilhelm* [Unternehmensbewertung, 2005], S. 641 und S. 642-645. Insoweit ist *Hachmeister*, [Unternehmenswertsteigerung, 2000], S. 258, zu widersprechen, der der Rechnung gemäß (B.3.8), (B.3.10) und (B.3.11) die theoretische Begründbarkeit abspricht.

$$z_{t,\cdot} = \left(\frac{E\left[\tilde{X}_t \middle| I_{t-1,\cdot}\right]}{S\left[\tilde{X}_t \middle| I_{t-1,\cdot}\right]} - 1 \right) \cdot \left(1 + r_f\right) \qquad \text{(B.3.12)}$$

anzusetzen. Zur Verdeutlichung sei folgender Zustandsbaum betrachtet:

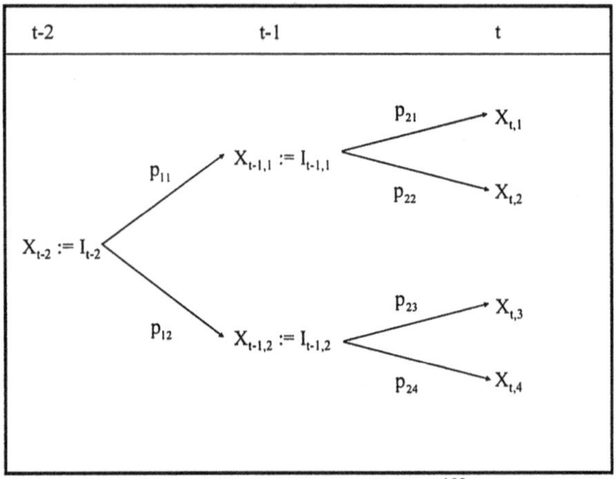

Abbildung 1: Zustandsbaum[102]

Geht man vereinfachend von dieser Binomialverteilung aus, so ergibt sich der Risikozuschlag in den Perioden $\kappa = t-1,\ldots,0$ als[103]

$$z_{\kappa,\cdot} = \left(\frac{E\left[X_{\kappa,1} + \frac{S\left[\tilde{X}_{\kappa+1} \middle| I_{\kappa,1}\right]}{\left(1+r_f\right)}; X_{\kappa,2} + \frac{S\left[\tilde{X}_{\kappa+1} \middle| I_{\kappa,2}\right]}{\left(1+r_f\right)} \right]}{S\left[X_{\kappa,1} + \frac{S\left[\tilde{X}_{\kappa+1} \middle| I_{\kappa,1}\right]}{\left(1+r_f\right)}; X_{\kappa,2} + \frac{S\left[\tilde{X}_{\kappa+1} \middle| I_{\kappa,2}\right]}{\left(1+r_f\right)} \right]} - 1 \right) \cdot \left(1 + r_f\right). \qquad \text{(B.3.13)}$$

---

101 Vgl. zu einem Beispiel *Ballwieser* [Unternehmensbewertung, 2001], S. 2088.

102 Quelle: Eigene Darstellung. Die Größen $p_{\iota,\cdot}$ bezeichnen die Eintrittswahrscheinlichkeiten der Überschussrealisationen.

103 Mit $\left(r_f + z_{\kappa,\cdot}\right)$ zu diskontieren ist der Erwartungswert in (B.3.13). Liegen n-Punkt-Verteilungen vor, so sind Zähler und Nenner in (B.3.13) jeweils um die diskontierten Sicherheitsäquivalente und die entsprechenden Zahlungen im Vorgängerknoten des Zustandsbaums zu erweitern.

Betrachtet man in *Abbildung 1* allein die Verteilung $\tilde{X}_t$ und nimmt für die Überschüsse in t-1 an, dass sie beliebig klein, aber unterschiedlich hoch sind $\left(X_{t-1,1} \rightarrow 0 \neq X_{t-1,2} \rightarrow 0\right)$[104], dann lassen sich Aussagen über die Auflösung des in $\tilde{X}_t$ enthaltenen Risikos im Zeitablauf treffen.[105] Wie sich das Risiko auflöst, entscheidet sich daran, ob die periodischen Verteilungen intertemporal stochastisch unabhängig oder abhängig voneinander sind. Bei Unabhängigkeit wird unterstellt, dass sämtliche bedingten Verteilungen in einem Zeitpunkt die gleiche Gestalt haben, unabhängig davon, welche Umweltzustände in den Vorgängerperioden eingetreten sind $\left(\tilde{X}_t \middle| I_{t-1,1} = \tilde{X}_t \middle| I_{t-1,2}\right)$. In diesem Fall kommt es zu einer *„schlagartigen"* Risikoauflösung im Übergang von t-1 auf t. Demgegenüber unterscheiden sich bei Abhängigkeit die bedingten Verteilungen voneinander $\left(\tilde{X}_t \middle| I_{t-1,1} \neq \tilde{X}_t \middle| I_{t-1,2}\right)$; welche der bedingten Verteilungen in t relevant sein wird, hängt davon ab, welcher Umweltzustand in der Vorperiode t-1 eingetreten ist. Das Risiko löst sich *allmählich* über die Perioden t bis t = 0 auf.[106] Diese vorerst nur intuitiv behaupteten Effekte gelten indes nicht für jedes Risikomaß.[107]

Die Analyse zeigt, dass das rekursive Verfahren der Aggregationsfolge 1 überlegen ist. Vorgehen 1 betrachtet nur *unbedingte* periodische Verteilungen. Die intertemporalen stochastischen Verknüpfungen der *bedingten* Verteilungen – und die entsprechenden Formen der Risikoauflösung im Zeitlauf – müssen unbeachtet bleiben. Dass diese Unterscheidung aus Sicht von t = 0 indes notwendig ist, um Risikozuschläge verursachungsgerecht anzusetzen, zeigt sich an der isolierten Betrachtung der Verteilung $\tilde{X}_t$ in *Abbildung 1*. Liegen unabhängige Verteilungen vor, so ergibt sich aus (B.3.13) bei beliebiger zum Ursprung konkav verlaufender Nutzenfunktion (Risikoaversion) $z_{\kappa,\cdot} = 0 \; \forall \; \kappa \leq t-1$[108]: Da sich bei Unabhängigkeit die um eine Periode diskontierten bedingten Sicherheitsäquivalente entsprechen, gilt in allen Perioden $\kappa \leq t-1$ wegen $X_{t-1,\cdot} \rightarrow 0$ für den Zähler von (B.3.13) $E[a\,;a] = a$ und für den Nenner $S[a\,;a] = a$. Dagegen resultiert für abhängige Verteilungen, mithin bei Divergenz der bedingten diskontierten Sicherheitsäquivalente, $E[a\,;b] = c$ und $S[a\,;b] = d$ mit c > d, also

---

[104] Damit werden abhängige Überschussverteilungen unterstellt, wobei der Einfluss der Überschüsse $X_{t-1,1}$ und $X_{t-1,2}$ auf den Unternehmenswert vernachlässigbar ist.

[105] Der Begriff „resolution of uncertainty" geht zurück auf *Robichek/Myers* [Problems, 1966], S. 729. Vgl. a. *Robichek* [Risk, 1969], S. 517.

[106] Vgl. *Drukarczyk* [Unternehmensbewertung, 2003], S. 340 und S. 344; *Schwetzler* [Unsicherheit, 2000], S. 474-475.

[107] Vgl. Kapitel B.3.1.3.2.

[108] Es ist allein für die sich im Übergang von t-1 auf t auflösende Unsicherheit ein Risikozuschlag z_t anzusetzen.

$z_{\kappa,\cdot} > 0$.[109] Dieser Unterscheidung kann nur die rekursive Methode Rechnung tragen.[110]

3.1.3 Würdigung

3.1.3.1 Kritik an der theoretischen Fundierung der Sicherheitsäquivalentmethode

Der Rückgriff auf die *Bernoulli*-Theorie zur Ableitung von Risikozuschlägen ist nicht unumstritten. Die Kritik stützt sich erstens auf empirische Untersuchungen, bei denen das reale Entscheidungsverhalten der Probanden von den Axiomen der Theorie abwich.[111] Diese Problembereiche seien im Folgenden ausgeblendet. Den empirisch beobachtbaren Verstößen gegen die Axiomatik zum Trotz hat sich bislang kein besseres präskriptives Kriterium durchsetzen können[112], auch wenn sich in jüngerer Zeit die Darstellungen der Prospect Theory[113] häufen. Daneben besteht die Gefahr eines induktiven Fehlschlusses: Wird reales, die Axiomatik der *Bernoulli*-Theorie verletzendes Verhalten zur Grundlage einer neuen Theorie erwählt, so fußt diese u.U. systematisch auf inkonsistenten Entscheidungen. Zweitens richten sich theoretische Argumente gegen die beschriebene Ableitung von Risikozuschlägen im Wege der Diskontierung von Sicherheitsäquivalenten. Letzterer Aspekt sei im Folgenden diskutiert.

---

109 Dies folgt unmittelbar aus der Definition risikoaversen Verhaltens. Vgl. *Schneeweiß* [Entscheidungskriterien, 1967], S. 63. Will man die bedingten (diskontierten) Sicherheitsäquivalente a und b durch weitere Diskontierung auf den Bewertungszeitpunkt befördern, so ist wegen deren unterschiedlicher Höhe ein Risikozuschlag angebracht. Vgl. *Drukarczyk* [Unternehmensbewertung, 2003], S. 344-345. Gleiches gilt für den Fall, dass die bedingten (diskontierten) Sicherheitsäquivalente gleich hoch sind, jedoch $X_{t-1,\cdot} > 0$ gilt.

110 *Bamberg/Dorfleitner/Krapp* [Abhängigkeitsstruktur, 2004], S. 102 und S. 104, behaupten, dass für die Sicherheitsäquivalentmethode intertemporale stochastische Abhängigkeiten der Überschüsse irrelevant seien. Dies ist irreführend, da diese Beobachtung nicht mit der Sicherheitsäquivalentmethode, sondern allein mit der von den Autoren verwandten Aggregationsreihenfolge 1 zusammenhängt, die Abhängigkeiten unbeachtet lässt. Wie gesehen, kann die Sicherheitsäquivalentmethode jedoch auch im Rahmen des rekursiven (von den Autoren nicht betrachteten) Vorgehens angewendet werden, wo stochastische Abhängigkeiten relevant sind.

111 Vgl. etwa *Allais* [Risque, 1953]; *Ellsberg* [Risk, 1961]; *Kahneman/Tversky* [Analysis, 1979], S. 263-273; *Machina* [Utility, 1982], S. 287-289. Einen guten Überblick geben *Drukarczyk* [Konsumpräferenz, 1970], S. 165-171; *Drukarczyk* [Entscheidungsrechnung, 1975], S. 68-117; *Schoemaker* [Utility, 1982], S. 541-552. Für einen Überblick über weitere Studien vgl. *Fischer* [Entscheidungslehre, 2004], S. 66-83.

112 Vgl. *Diedrich* [Konzeptionen, 1996], S. 636-637. *Bamberg* [Unsicherheitstheorie, 2002], Sp. 2002, bezeichnet das *Bernoulli*-Prinzip als „unverzichtbares ‚Arbeitspferd'" für volks- oder betriebswirtschaftliche Fragestellungen.

113 Vgl. grundlegend *Kahneman/Tversky* [Analysis, 1979], S. 274-289; *Weber/Langer* [Aversion, 2005], S. 28-37; *Weber/Langer* [Theory, 2001], S. 718-725; *Bank/Gerke* [Finanzierung, 2005], S. 81-90.

Kürsten argumentiert, dass es die Axiomatik der *von Neumann/Morgenstern*schen Erwartungsnutzentheorie[114] lediglich erlaubt, unsichere Alternativen, deren Realisationen in genau einem Zeitpunkt eintreten, anhand der *Risiko*präferenzen des Entscheiders zu vergleichen. Zusätzlich vorhandene *Zeit*präferenzen kann die Erwartungsnutzentheorie nicht strukturerhaltend in die reellen Zahlen abbilden. Deshalb sei ein als diskontiertes Sicherheitsäquivalent gemäß (B.3.2) und (B.3.6) ermittelter Unternehmenswert ohne empirischen Gehalt.[115] Um dennoch intertemporale Aspekte erfassen zu können, werden die Überschussverteilungen der Perioden t = 0,…,T zu einer mehrattributiven Verteilung der Dimension T+1 zusammengefasst. Diese muss der Entscheider anhand der mehrattributiven Nutzenfunktion $U\left(\tilde{X}_0, \tilde{X}_1, ..., \tilde{X}_T\right)$ allein entsprechend seiner *Risiko*präferenz beurteilen. Als Unternehmenswert komme das mehrattributive Sicherheitsäquivalent

$$V_0 = U^{-1}\left[E\left[U\left(0, \tilde{X}_1, ..., \tilde{X}_T\right)\right]\right] := S\left(\tilde{X}_1, ..., \tilde{X}_T\right) \qquad \text{(B.3.14)}$$

in Betracht.[116] Um (B.3.14) auf eine (B.3.6) entsprechende Struktur als Summe periodenbezogener Sicherheitsäquivalente zu bringen, bedarf es der zusätzlichen Additivitätsvoraussetzung

$$U\left(\tilde{X}_0, \tilde{X}_1, ..., \tilde{X}_T\right) = \sum_{t=0}^{T} \alpha_t u_t\left(\tilde{X}_t\right), \qquad \text{(B.3.15)}$$

wobei α_t als Skalierungsfaktoren dienen und u_t die Periodennutzenfunktionen repräsentieren.[117] Ist (B.3.15) erfüllt, so lässt sich weiterhin zeigen, dass die Periodennutzenfunktionen in jedem Zeitpunkt *identisch* und *linear* sein müssen. Da lineare Risikonutzenfunktionen risikoneutrales Verhalten ausdrücken, resultiert aus (B.3.9), (B.3.10), (B.3.12) und (B.3.13) stets $z_t = 0$. Die Sicherheitsäquivalentmethode scheint damit unbrauchbar zur Gewinnung von Risikozuschlägen zu sein.

Gegen die (formal korrekten) Resultate *Kürstens* sprechen folgende Argumente, die das Referenzmodell (B.3.14) als fragwürdig erscheinen lassen:[118]

---

[114] Vgl. Fn. 81.

[115] Vgl. *Kürsten* [Theoriedefizit, 2002], S. 137-138.

[116] Vgl. hierzu und im Folgenden *Kürsten* [Theoriedefizit, 2002], S. 139-141; a. *Wiese* [Fundierung, 2003], S. 289-290; *Kruschwitz* [Fragen, 2002], S. 15-16.

[117] (B.3.15) impliziert, dass die Zahlungsverteilungen die enge Bedingung der additiven Nutzenunabhängigkeit erfüllen. Vgl. *Fishburn* [Independence, 1965], S. 38-43. Dies ist unabhängig davon, wie die α_t inhaltlich ausgestaltet sind.

[118] *Drukarczyk* [Unternehmensbewertung, 2003], S. 339, meint, *Kürstens* Kritik greife einen Sachverhalt auf, der seit dem Beitrag von *Allais* [Risque, 1953] diskutiert werde. Dies kann deshalb nicht

1) In der Abzinsung müssen keine Zeitpräferenzen zum Ausdruck kommen.[119] Dann besteht keine Notwendigkeit, das Bewertungsproblem wie in (B.3.14) zu formulieren.
2) Der Zinssatz fehlt im Modell (B.3.14). Insofern findet kein Alternativenvergleich statt, wie er bei der Unternehmensbewertung anzustellen ist.[120]
3) In praxi ist kaum vorstellbar, dass sich die mehrattributive Nutzenfunktion empirisch gewinnen lässt.[121]

zu 1) *Kürsten*s Argument, ein diskontiertes Sicherheitsäquivalent sei keine gemessene Größe, basiert auf einer Gleichsetzung von Zins und Zeitpräferenz. Im Rahmen der Unternehmensbewertung wird jedoch explizit nicht mit einer Zeitpräferenzrate, sondern mit dem risikolosen Zins diskontiert.[122] Beim Zinssatz, der als Tauschverhältnis für verfügbares Einkommen in unterschiedlichen Zeitpunkten zu begründen ist[123], handelt es sich um eine Größe, die das Entscheidungsfeld vervollständigt. Demgegenüber ist die Zeitpräferenz Bestandteil des Zielplanes des Entscheiders.[124] Wenn Zeitpräferenzen aus dem Kalkül ausgeblendet werden, so werden periodische Verteilungen zunächst anhand von Risikopräferenzen auf Sicherheitsäquivalente verdichtet. Anschließend werden sie mit dem risikolosen Zins in die Gegenwart transformiert, ohne dass damit eine Zeitpräferenz zum Ausdruck kommt.[125]

zu 2) Das Referenzmodell (B.3.14) enthält keinen Zinssatz. Insoweit handelt es sich um einen rein subjektiven Ansatz.[126] Abgebildet wird lediglich die auf Risikopräferenzen beruhende Indifferenzrelation zwischen einem sicheren, in $t = 0$ zu

---

richtig sein, weil *Allais* Antinomien *innerhalb* der Erwartungsnutzentheorie untersucht, während *Kürsten* [Theoriedefizit, 2002], S. 137-139, die *von Neumann/Morgenstern*sche Erwartungsnutzentheorie als gegeben voraussetzt.

[119] Vgl. *Wiese* [Fundierung, 2003], S. 290-292; *Diedrich* [Sicherheitsäquivalentmethode, 2003], S. 284-285; grundlegend *Fisher* [Zinstheorie, 1932], S. 51-52 und S. 198-202; *Hirshleifer* [Decision, 1958], S. 337; *Lehmann* [Zeitpräferenz, 1975], S. 81 und S. 101-102.

[120] Vgl. *Moxter* [Grundsätze, 1983], S. 10-12; *Ballwieser* [Geldentwertung, 1988], S. 798; *Wiese* [Fundierung, 2003], S. 292-293; *Kruschwitz/Löffler* [Bewertung, 2003], S. 1336-1337; *Dyckhoff* [Sicht, 2003], S. 2; *Bamberg/Dorfleitner/Krapp* [Abhängigkeitsstruktur, 2004], S. 102.

[121] Vgl. *Wiese* [Fundierung, 2003], S. 293; *Eisenführ/Weber* [Entscheiden, 1993], S. 269-270; *Kruschwitz* [Nutzenfunktionen, 2004], S. 293.

[122] Vgl. *Diedrich* [Sicherheitsäquivalentmethode, 2003], S. 284; *Drukarczyk* [Unternehmensbewertung, 2003], S. 80.

[123] Vgl. *Wilhelm/Brüning* [Fristigkeitsstruktur, 1992], S. 268.

[124] Vgl. *Schildbach/Sieben* [Entscheidungstheorie, 1990], S. 103-106; *Wiese* [Fundierung, 2003], S. 290-291.

[125] Vgl. *Wiese* [Fundierung, 2003], S. 290-291; *Diedrich* [Sicherheitsäquivalentmethode, 2003], S. 284-285.

[126] Vgl. *Kruschwitz/Löffler* [Bewertung, 2003], S. 1336.

vereinnahmenden Betrag und einem Strom künftiger unsicherer Überschussverteilungen. Die bei der Unternehmensbewertung zu stellende Frage lautet anders: Gefragt wird nach jenem sicheren Betrag, der dem Entscheider bei bestmöglicher alternativer Anlage den gleichen Nutzen stiftet wie der aus dem Unternehmen fließende Entnahmestrom.[127]

zu 3) Probleme bei der empirischen Erhebung der mehrattributiven Nutzenfunktion sowie der Skalierungsfaktoren α_t erachtet *Kürsten* als gering, da geeignete Verfahren dafür vorlägen.[128] Zu bedenken ist jedoch, dass der Ermittlungsaufwand überproportional mit der Anzahl der Attribute steigt.[129] Darüber hinaus handelt es sich hier bei den Attributen um *Zeitpunkte*. Die zeitverschiedenen Verteilungen allein anhand von *Risiko*präferenzen beurteilen und dabei *Zeit*präferenzen gänzlich außer Acht lassen zu müssen, dürfte in praxi nicht wenige Entscheider überfordern.

Während Kritikpunkt 3) nicht weiter verfolgt wird, sind die anderen beiden Argumente näher zu betrachten. Die Abspaltung der Zeitpräferenzen vom risikolosen Zins (Argument 1)) einerseits sowie die Integration des Zinssatzes – und des hinter ihm stehenden Kapitalmarktumfelds – in den Kontext der Erwartungsnutzentheorie (Argument 2)) andererseits gelingt modelltheoretisch nur unter mehr oder weniger restriktiven Bedingungen. Will man die im Folgenden darzustellenden und zu würdigenden Ansätze einordnen, so kann man die Beiträge von *Diedrich* und *Dyckhoff* Argument 1) zuordnen, während *Kruschwitz/Löffler, Wilhelm* sowie *Bamberg/Dorfleitner/Krapp* primär Argument 2) verfolgen.[130] Zunächst sei Argument 2) betrachtet.

Kruschwitz/Löffler formulieren im Zweiperiodenkontext die mehrperiodige Nutzenfunktion

$$U\left(X_0,\tilde{X}_1,\tilde{X}_2\right)=u\left(C_0\right)=u\left(X_0\right)+\hat{\delta}_1\cdot E\left[u\left(\tilde{X}_1\right)\right]+\hat{\delta}_2\cdot E\left[u\left(\tilde{X}_2\right)\right], \qquad (B.3.16)$$

---

127 Vgl. *Moxter* [Grundsätze, 1983], S. 10-12; *Wiese* [Fundierung, 2003], S. 292-293.

128 Vgl. *Kürsten* [Grenzen, 2003], S. 308, mit Verweis auf *Keeney/Raiffa* [Decisions, 1993], S. 297-310.

129 Vgl. *Eisenführ/Weber* [Entscheiden, 1999], S. 269-270; *Keeney/Raiffa* [Decisions, 1993], S. 298.

130 Vgl. *Diedrich* [Sicherheitsäquivalentmethode, 2003]; *Dyckhoff* [Sicht, 2003]; *Dyckhoff* [Unternehmensbewertung, 2005]; *Kruschwitz/Löffler* [Bewertung, 2003]; *Wilhelm* [Unternehmensbewertung, 2005]; *Bamberg/Dorfleitner/Krapp* [Abhängigkeitsstruktur, 2004]; *Bamberg/Dorfleitner/Krapp* [Unsicherheit, 2003]. Diese Zuordnung kann nur von den Schwerpunkten dieser Beiträge ausgehen. Den Arbeiten ist gemeinsam, dass sie die Argumente 1) und 2) modelltheoretisch vermengen (müssen).

durch die das Sicherheitsäquivalent C_0 definiert ist.[131] Dabei repräsentiert u eine in allen Zeitpunkten identische *von Neumann/Morgenstern*-Nutzenfunktion. Die Parameter $\hat{\delta}_t$ werden als subjektive Zeitpräferenzraten aufgefasst und erfüllen eine ähnliche Funktion wie die Skalierungsfaktoren α_t im *Kürsten*schen Ansatz. Zusätzlich wird die Existenz eines auf einem unvollständigen Kapitalmarkt herrschenden risikolosen Zinssatzes r_f vorausgesetzt.[132] Wie die Annahme eines Einheitszinses mit einem unvollständigen Markt vereinbar ist[133], wird nicht erläutert. Die Definitionsgleichung (B.3.16) für das Sicherheitsäquivalent wird um Geldaufnahme- und -anlagemöglichkeiten Z und Y erweitert, die mit r_f verzinslich sind. Im Unterschied zu der in den Kapiteln B.3.1.1 und B.3.1.2 gekennzeichneten Sicherheitsäquivalentmethode sind die Beträge Z und Y Argumente der Nutzenfunktion:[134]

$$\begin{aligned} & u\left(C_0+Y_0^*\right)+\hat{\delta}_1\cdot E\left[u\left(Y_1^*-(1+r_f)Y_0^*\right)\right]+\hat{\delta}_2\cdot E\left[u\left(-(1+r_f)Y_1^*\right)\right]= \\ & u\left(X_0+Z_0^*\right)+\hat{\delta}_1\cdot E\left[u\left(\tilde{X}_1+Z_1^*-(1+r_f)Z_0^*\right)\right]+\hat{\delta}_2\cdot E\left[u\left(\tilde{X}_2-(1+r_f)Z_1^*\right)\right]. \end{aligned} \qquad \text{(B.3.17)}$$

Die obere Zeile der Gleichung (B.3.17) erfasst die Nutzenbeiträge des mehrperiodigen Sicherheitsäquivalents C_0 sowie der Geldanlage Y unter Berücksichtigung von Zinseinkünften. Die untere Zeile drückt den Nutzen der Kapitalherkunft in Form der Unternehmensüberschüsse X und Geldaufnahmen Z aus. Die Sicherheitsäquivalente, die sich aus (B.3.17) ergeben, werden den entsprechend der Erwartungsnutzentheorie nach *von Neumann/Morgenstern* gewonnenen Sicherheitsäquivalenten aus (B.3.1) gegenübergestellt. Dabei zeigt sich, dass die „klassische" Sicherheitsäquivalentmethode nur bei Nutzenfunktionen mit konstanter absoluter Risikoaversion[135] zu gleichen Ergebnis-

---

[131] Vgl. *Kruschwitz/Löffler* [Bewertung, 2003], S. 1337-1338.

[132] Gelten darf $\hat{\delta}_t \neq r_f$.

[133] Vgl. hierzu a. *Kürsten* [Grenzen, 2003], S. 309-310.

[134] Vgl. *Kruschwitz/Löffler* [Bewertung, 2003], S. 1338. Der Index * steht für die *optimierten* Geldaufnahmen Z^* und -anlagen Y^*. Die durch Y^* und Z^* gekennzeichnete Finanzierungspolitik ist annahmegemäß aus Perspektive von t = 0 bekannt und deterministisch. *Laitenberger* [Bewertung, 2004], S. 1105-1110, kritisiert, dadurch würden die künftigen Handlungsmöglichkeiten des Investors am Kapitalmarkt unrealistisch eingeschränkt. Vielmehr müsse es dem Akteur gestattet sein, Kapitalmarkttransaktionen auch in beliebigen Zeitpunkten t > 0, unter dem dann vorliegenden Informationsstand, durchzuführen. Folglich seien Y^* und Z^* stochastisch zu modellieren. Da die dann zulässigen Handlungsoptionen grundsätzlich einen positiven Wert haben, erzeuge die Rechnung von *Kruschwitz/Löffler* systematisch Unterbewertungen. Die Kritik *Laitenberger*s führt für Zwecke der Unternehmensbewertung nicht weiter: Sie vernachlässigt, dass Unternehmen aus Sicht von t = 0 zu bewerten sind. In t = 0 können künftige Informationsstände nicht bekannt sein.

[135] Vgl. grundlegend *Pratt* [Aversion, 1964], S. 125; *Arrow* [Approach, 1963], S. 26; *Arrow* [Aversion, 1971], S. 94; a. *Hakansson* [Functions, 1970], S. 592. *Ross* [Measures, 1981], S. 622-633, kritisiert, dass die *Arrow-Pratt*-Maße in vielen Situationen zu schwach sind, um das Entscheidungsverhalten unter Unsicherheit vollständig zu charakterisieren.

sen gelangt wie der durch (B.3.16) und (B.3.17) gekennzeichnete „semi-subjektive“ Ansatz.[136]

Auch *Wilhelm* integriert die Dispositionsmöglichkeiten der Entscheider am Kapitalmarkt explizit in die Sicherheitsäquivalentmethode. Er setzt unvollständige Möglichkeiten zum Spanning voraus und unterstellt eine exponentielle Nutzenfunktion. Unter diesen Annahmen erweitert er den Ansatz von *Kruschwitz/Löffler* um nicht marktfähiges Einkommen und Transaktionen mit riskanten Wertpapieren.[137] Im Ergebnis setzt sich der Unternehmenswert aus zwei Komponenten zusammen: Zum einen aus dem Marktwert duplizierbarer Cashflows, zum anderen aus einem diskontierten Sicherheitsäquivalent, das durch Rückgriff auf individuelle Präferenzen zu gewinnen ist.[138]

Bamberg/Dorfleitner/Krapp gehen zunächst von der zu (B.3.14) ähnlichen Beziehung

$$u^{-1}\left[E\left[U\left(X_0,\tilde{X}_1,\ldots,\tilde{X}_T\right)\right]\right] := S\left(X_0,\tilde{X}_1,\ldots,\tilde{X}_T\right) \tag{B.3.18}$$

aus, wobei U eine multivariate, u aber eine univariate Nutzenfunktion kennzeichnet.[139] Sodann wird die Existenz eines risikolosen Zinssatzes gefordert. Mit Hilfe dieses Zinssatzes ist es möglich, den Zahlungsstrom präferenzerhaltend zu modifizieren. Gefordert wird, dass die multiattributive Nutzenfunktion U „kapitalmarktkompatibel“, d.h. hinsichtlich derartiger Transformationen insensitiv ist, und mithin die Finanzierungspolitik nicht bewertungsrelevant ist.[140] Gezeigt wird, dass diese Forderung genau durch den als Sicherheitsäquivalent s des stochastischen Kapitalwerts der Überschüsse errechneten Unternehmenswert

$$V_0 = s = u^{-1}\left[E\left[u\left(\sum_{t=0}^{T}\frac{\tilde{X}_t}{(1+r_f)^t}\right)\right]\right] \tag{B.3.19}$$

erfüllt wird. Wie in *Kürstens* Ansatz ist (B.3.19) nur dann kompatibel mit der Berechnung des Unternehmenswertes als Summe diskontierter Periodensicherheitsäquivalente entsprechend (B.3.6), wenn die univariate Risikonutzenfunktion u des Entscheiders linear ist. Demgegenüber besitzt (B.3.19) den Vorteil, dass U Risikoaversion ausdrü-

---

136 Vgl. *Kruschwitz/Löffler* [Bewertung, 2003], S. 1340 und S. 1342-1344.

137 Vgl. *Wilhelm* [Unternehmensbewertung, 2005], S. 648-652.

138 *Wilhelm* [Unternehmensbewertung, 2005], S. 651 und S. 653-654, verweist jedoch darauf, dass das Sicherheitsäquivalent nur bei Ausblendung des nicht marktfähigen Einkommens aus der Erwartungsnutzentheorie gewinnbar ist.

139 Vgl. *Bamberg/Dorfleitner/Krapp* [Unsicherheit, 2003], S. 4.

140 Vgl. *Bamberg/Dorfleitner/Krapp* [Unsicherheit, 2003], S. 4-5; *Bamberg/Dorfleitner/Krapp* [Abhängigkeitsstruktur, 2004], S. 107.

cken, mithin nichtlinear sein kann. Allerdings wird nicht deutlich, weshalb man die Kapitalmarktkompatibilität von Nutzenfunktionen fordern und die damit einhergehenden Restriktionen in Kauf nehmen sollte.[141] Zwar wird dadurch die explizite Modellierung von Geldaufnahmen und -anlagen in der Nutzenfunktion vermieden. Konsequenz von (B.3.19) ist jedoch eine einmalige Risikoadjustierung, die Barwerte konsumtiv verwendbarer Mittel derart einer Bewertung unterzieht, als stünden diese Barwerte in $t = 0$ tatsächlich zum Konsum zur Verfügung.[142] Dies erscheint zumindest begründungsbedürftig.

Das gleiche Ergebnis wie *Kruschwitz/Löffler* erzielen *Diedrich* und *Kürsten*, allerdings mit unterschiedlichen Annahmen und Begründungen. *Diedrich* legt eine weniger restriktive Axiomatik als diejenige von *von Neumann/Morgenstern* zugrunde und setzt die Existenz von r_f als Bestandteil des Entscheidungsfeldes des Bewertungssubjekts voraus, ohne das hinter r_f stehende Kapitalmarktumfeld näher zu charakterisieren.[143] Er fordert unter anderem, dass die periodenbezogenen Sicherheitsäquivalente 1) von Zahlungen anderer Perioden und 2) von (sicheren) Zahlungen der gleichen Periode unabhängig sind.[144] Geht man von additiv separablen Nutzenfunktionen aus, so ist Anforderung 2) nur bei exponentiellen Periodennutzenfunktionen erfüllt. *Diedrich* erachtet die Anforderung 2) als nicht zwingend. Dagegen zeigt *Kürsten*, dass sie aus der Forderung nach einem arbitragefreien Kapitalmarkt folgt, der für die Existenz von r_f vorauszusetzen ist.[145]

Eine interessante Erweiterung der Gedanken von *Diedrich* bietet *Dyckhoff* an.[146] Er übernimmt grundsätzlich die Axiomatik *Diedrichs* und zeigt, dass diese die Separabilität von Risiko- und Zeitpräferenzen erlaubt.[147] Damit ist folgende Dekomposition der *Kürsten*schen mehrattributiven Nutzenfunktion

---

141 So muss auch die Nutzenfunktion von *Kruschwitz/Löffler* [Bewertung, 2003] linear sein, wenn sie kapitalmarktkompatibel sein soll. Vgl. *Bamberg/Dorfleitner/Krapp* [Unsicherheit, 2003], S. 7.

142 Vgl. *Drukarczyk* [Unternehmensbewertung, 2003], S. 116; zu weiterer Kritik des auf *Bretzke* [Berücksichtigung, 1976], S. 161-164, zurückgehenden Vorgehens vgl. *Ballwieser* [Möglichkeiten, 1980], S. 69-70.

143 Vgl. *Diedrich* [Sicherheitsäquivalentmethode, 2003], S. 282-284. r_f basiert damit nicht auf den Präferenzen der Bewertungssubjekte.

144 Vgl. *Diedrich* [Sicherheitsäquivalentmethode, 2003], S. 283 und S. 285.

145 Vgl. *Kürsten* [Grenzen, 2003], S. 309-310. Die Annahme der Arbitragefreiheit ist unverträglich mit der Prämisse unvollständiger Kapitalmärkte, die *Kruschwitz/Löffler* [Bewertung, 2003], S. 1338, treffen.

146 Vgl. *Dyckhoff* [Sicht, 2003], S. 4-11.

147 Untersucht wird also, unter welchen Bedingungen Risikopräferenzen allein bei der Bildung von Periodensicherheitsäquivalenten entsprechend (B.3.1) verarbeitet werden und Zeitpräferenzen – davon abgekoppelt – deterministisch in den Kalkül einfließen.

$$U\left(\tilde{X}_0,\tilde{X}_1,...,\tilde{X}_T\right)=W\left(S_0\left(\tilde{X}_0\right),S_1\left(\tilde{X}_1\right),...,S_T\left(\tilde{X}_T\right)\right) \quad \text{(B.3.20)}$$

erlaubt, wobei W eine intertemporale Wertfunktion über eine Folge von periodischen Sicherheitsäquivalenten $S_t\left(\tilde{X}_t\right)$ ist. Unter einer zusätzlichen Bedingung hinsichtlich der Zeitpräferenz lässt sich (B.3.20) additiv darstellen mit[148]

$$W(\underline{X})=w_0\left(S_0\left(\tilde{X}_0\right)\right)+w_1\left(S_1\left(\tilde{X}_1\right)\right)+...+w_T\left(S_T\left(\tilde{X}_T\right)\right). \quad \text{(B.3.21)}$$

Über (B.3.20) und (B.3.21) lässt sich der Unternehmenswert – analog zu den Überlegungen *Kürstens* – gewinnen als[149]

$$V_0=w_0^{-1}\left[w_1^{-1}\left(u_1^{-1}\left[E\left(u_1\left(\tilde{X}_1\right)\right)\right]\right)+...+w_T^{-1}\left(u_T^{-1}\left[E\left(u_T\left(\tilde{X}_T\right)\right)\right]\right)\right]. \quad \text{(B.3.22)}$$

Auf die Form der Sicherheitsäquivalentmethode entsprechend (B.3.6) lässt sich (B.3.22) nur bringen, wenn 1) alle Perioden*wert*funktionen w_t linear sind. Jene Wertfunktionen müssen spezielle Eigenschaften aufweisen: So ist 2) zu unterstellen, dass die „reine Zeitpräferenz" *stationär*, also durch intertemporal konstante Zeitpräferenzraten $\zeta_t=\zeta\,\forall\, t$ gekennzeichnet ist, und 3) die „zeitliche Verteilungspräferenz" mit $w\left(S\left(\tilde{X}_t\right)\right)=S\left(\tilde{X}_t\right)\forall\, t$ *linear* ist.[150] Da in (B.3.6) mit dem risikolosen Zinssatz und nicht mit der Zeitpräferenzrate ζ diskontiert wird, ist 4) $\zeta=r_f$ zu fordern.[151] Während die in den Nutzenfunktionen u_t verkörperten Risikopräferenzen nahezu beliebig ausgestaltet sein können, müssen die Zeitpräferenzen den gekennzeichneten Restriktionen gehorchen.

---

[148] Vgl. *Dyckhoff* [Sicht, 2003], S. 7. $\underline{X}$ ist der Vektor der im Zeitlauf auftretenden Überschussverteilungen, w_t repräsentiert die *Perioden*wertfunktionen.

[149] Vgl. *Dyckhoff* [Sicht, 2003], S. 10. In den Unternehmenswert fließen somit – anders als beim *Kürsten*schen Ansatz – nicht nur Risikopräferenzen über die Nutzenfunktion u_t, sondern über w_t auch Zeitpräferenzen ein.

[150] Die reine Zeitpräferenz drückt aus, ob ein Entscheider die Überschüsse lieber früher oder später vereinnahmen möchte. Die zeitliche Verteilungspräferenz gibt Auskunft darüber, wie er die Überschüsse zwischen den Perioden – gleich oder ungleichmäßig – verteilt sehen möchte. Vgl. *Dyckhoff* [Zeitpräferenz, 1988], S. 1003. Zur Stationaritätsannahme vgl. *Fishburn/Rubinstein* [Time, 1982], S. 681-682.

[151] Vgl. *Dyckhoff* [Sicht, 2003], S. 10. Damit ist für periodenspezifische risikolose Zinssätze kein Raum.

Dass letztere oft erfüllt sind, ist nicht anzunehmen.[152] Man könnte zwar auf die Idee kommen, die Sicherheitsäquivalentmethode in der von *Dyckhoff* vorgestellten Form zu verwenden und die Zeitpräferenzen als durch r_f typisiert anzusehen. Hierfür spricht, dass Zeitpräferenzen bei der Unternehmensbewertung ohnehin üblicherweise und mit guten Gründen ausgeblendet werden.[153] Jedoch sind im betrachteten streng subjektiven Umfeld keine Finanzmarkttransaktionen erlaubt.[154] Expliziert man das hinter r_f stehende Kapitalmarktumfeld, so wird man – auch im Modellrahmen *Dyckhoffs* – erneut auf Risikoeinstellungen zurückgeworfen, die nur durch exponentielle Nutzenfunktionen abgebildet werden.[155]

Die Kritik an der „traditionellen" Sicherheitsäquivalentmethode kann nicht ignoriert werden. Will man die dargestellten Ansätze würdigen, so ist zunächst nach dem Bezugsrahmen zu fragen, welcher der Unternehmensbewertung angemessen ist. Unterschieden werden kann grundsätzlich zwischen einer rein individualistischen, einer „semi-subjektiven" und einer reinen Marktlösung.[156] Der rein individualistische Ansatz ist für Zwecke der Unternehmensbewertung ungeeignet, da er den Zinssatz und damit Handlungsalternativen zur Unternehmenstransaktion ignoriert.[157] Ebenso abzulehnen ist für realistische Bewertungssituationen die reine Marktlösung. Um zu ihr zu gelangen, müssen insbesondere die aus dem Bewertungsobjekt fließenden Zahlungsströme durch Portfoliostrategien am Kapitalmarkt duplizierbar sein.[158] Gerade Unternehmenstransaktionen können jedoch neue Risikoallokationsmöglichkeiten schaffen, die nicht am Markt reproduzierbar sind.[159]

---

152 Vgl. *Dyckhoff* [Sicht, 2003], S. 11. So äußern etwa *Fishburn/Rubinstein* [Time, 1982], S. 681, die Stationaritätsannahme sei durch kein überzeugendes psychologisches Argument gedeckt.Vgl. a. *Eisenführ/Weber* [Entscheiden, 2003], S. 300.

153 Begründet wird dies zum einen mit der Notwendigkeit zur Komplexitätsreduktion, um die praktische Anwendbarkeit des Kalküls gewährleisten zu können. Vgl. *Wiese* [Fundierung, 2003], S. 291, m.w.N. Zum anderen ist zu bezweifeln, dass befriedigende theoretische Konzepte zur Einbeziehung von Zeitpräferenzen, insbesondere bei Entscheidungen unter Unsicherheit, vorliegen. Vgl. *Eisenführ/Weber* [Entscheiden, 2003], S. 292.

154 Vgl. *Wilhelm* [Unternehmensbewertung, 2005], S. 653.

155 Vgl. *Dyckhoff* [Sicht, 2003], S. 11-12.

156 Die Klassifizierung folgt *Wilhelm* [Unternehmensbewertung, 2005], S. 637-653; a. *Bamberg/Dorfleitner/Krapp* [Abhängigkeitsstruktur, 2004], S. 101. Alle drei Ansätze erlauben die Ableitung von (unterschiedlich spezifizierten) Sicherheitsäquivalenten.

157 Dies betrifft die von *Kürsten* [Theoriedefizit, 2002], S. 138-139, und *Dyckhoff* [Sicht, 2003], S. 8-10, herangezogenen Referenzmodelle.

158 Vgl. *Wilhelm* [Unternehmensbewertung, 2005], S. 637-638. Die Grenzpreise des Käufers und Verkäufers fallen dann zusammen, wenn zusätzlich unbegrenzte Leerverkäufe zulässig sind; vgl. a. bereits *Ross* [Valuation, 1978], S. 458-474.

159 Vgl. *Ballwieser* [Ansatz, 1994], S. 1393; *Nietert* [Unternehmensbewertung, 2005], S. 545; zu weiteren Einschränkungen des Ansatzes vgl. *Bamberg/Dorfleitner/Krapp* [Abhängigkeitsstruktur, 2004], S. 111-112; *Dyckhoff* [Unternehmensbewertung, 2005], S. 5-6.

Die Unternehmensbewertung kann daher nur den Mittelweg zwischen diesen beiden Polen einschlagen. Allerdings führen die Versuche, das Entscheidungsfeld um den auf dem Kapitalmarkt herrschenden risikolosen Zinssatz zu bereichern, bislang – mit Ausnahme des Ansatzes von *Bamberg/Dorfleitner/Krapp* – zur exponentiellen Nutzenfunktion und damit zu weit reichenden Einschränkungen der zulässigen Risikopräferenzen.[160] Die betrachteten Ansätze lösen sich in zweierlei Hinsicht von der „traditionellen" Sicherheitsäquivalentmethode: Zum einen werden breitere, über die Erwartungsnutzentheorie klassischer Prägung hinausgehende Axiomensysteme formuliert[161], zum anderen wird die Definition von Sicherheitsäquivalenten dahingehend erweitert, dass die zu bewertenden Unternehmenserträge um risikolose Geldanlagen oder -aufnahmen modifiziert werden können. Während ersteres aus Sicht der Praxis fruchtbar sein kann, bringt letzterer Weg eine erhöhte Komplexität mit sich. Dies spricht gegen den Portfolioaspekte berücksichtigenden Ansatz von *Wilhelm*.[162] Jedoch sollten sich auch die Versuche, die entscheidungstheoretische Basis der Sicherheitsäquivalentmethode zu verbreitern, auf die Suche nach einer Axiomatik beschränken, die möglichst viele Klassen von *Risiko*präferenzen zulässt. Die zusätzliche Einbeziehung von *Zeit*präferenzen durch die Beiträge *Dyckhoffs* führt dagegen zu einer Verkomplizierung der Problemstruktur.[163]

Will man somit Risikozuschläge auf Grundlage subjektiver Sicherheitsäquivalente gewinnen, so ist dies – nach gegenwärtigem Stand der Forschung – nur unter restriktiven Bedingungen möglich. Ob man die Sicherheitsäquivalentmethode deshalb als unbrauchbar kennzeichnet, hängt nicht zuletzt von den verfügbaren Alternativen ab. So kann nicht übersehen werden, dass auch der im weiteren Verlauf der Arbeit verfolgte Rückgriff auf Marktmodelle gravierende Beschränkungen bei der Abbildung der Realität mit sich bringt.[164]

---

160 Dies gilt auch für den nicht näher betrachteten Vorschlag von *Dyckhoff* [Sicht, 2003], S. 13-18, sich bei der Bewertung auf eine „Referenzalternative" zu stützen. Im Ergebnis kann der Entscheider zwar für die Cashflows aus der Referenzalternative beliebige Risikopräferenzen aufweisen. Hinsichtlich der (primär interessierenden) Unternehmenserträge muss er jedoch über eine konstante absolute Risikoaversion verfügen. Vgl. zu den Implikationen konstanter absoluter Risikoaversion *Bamberg/Spremann* [Implications, 1981], S. 206-212.

161 Vgl. die Ansätze von *Diedrich* [Sicherheitsäquivalentmethode, 2003], *Dyckhoff* [Sicht, 2003], bei denen die Sicherheitsäquivalente allein über die Unternehmensüberschüsse definiert sind.

162 Vgl. Fn. 137. Vgl. a. *Bamberg/Dorfleitner/Krapp* [Abhängigkeitsstruktur, 2004], S. 102.

163 Vgl. Fn. 153. Dass die Arbeit von *Dyckhoff* [Sicht, 2003] aus theoretischer Sicht Klarheit in die Diskussion bringt, wird damit nicht bestritten.

164 Vgl. etwa *Wiese* [Fundierung, 2003], S. 293-294, m.w.N.; in diesem Sinne a. *Dirrigl* [Fundament, 2003], S. 151. Vgl. ausführlich Kapitel B.3.2.3.

3.1.3.2 Kritik am Begriff der Risikoauflösung im Zeitablauf

Neben der „traditionellen" Sicherheitsäquivalentmethode ist der in Kapitel B.3.1.2 aufgezeigte Zusammenhang zwischen Risikoauflösung und intertemporalen stochastischen Verknüpfungen von Überschussverteilungen von *Kürsten* als unzutreffend gekennzeichnet worden: Die Auflösung des Risikos habe nichts mit Ab- und Unabhängigkeitseigenschaften von Zahlungsprozessen zu tun. Mache man den Begriff der Risikoauflösung daran fest, ob und wie sich die *bedingte* Varianz $\text{Var}\left(\tilde{X}_t \middle| I_{\hat{t}}\right)$ $\hat{t} = 0,1,...,t-1$ einer Überschussverteilung im Zeitablauf vermindert, so zeigte sich, dass sich das so gemessene Risiko im Falle abhängiger Verteilungen nicht vermindern muss, sondern erhöhen kann.[165]

Es lässt sich jedoch zeigen, dass ein mit den Prämissen der in Kapitel B.3.1.2 dargestellten Sicherheitsäquivalentmethode verträgliches Risikomaß existiert, das den dort behaupteten Zusammenhang zwischen den stochastischen Eigenschaften der Ertragsverteilungen und den Formen der Risikoauflösung für beliebige streng konkave Periodennutzenfunktionen herstellt. Dieses Risikomaß ist die Differenz zwischen der Risikoprämie der unbedingten und dem Erwartungswert der Risikoprämien der bedingten Überschussverteilungen.[166] Die Risikoprämie RP_t der unbedingten Verteilung $\tilde{X}_t$ ist definiert als[167]

$$RP\left[\tilde{X}_t \middle| I_0\right] = E\left[\tilde{X}_t \middle| I_0\right] - S\left[\tilde{X}_t \middle| I_0\right]. \tag{B.3.23}$$

Für risikoaverse Entscheider mit $u'\left(\tilde{X}_t\right) > 0, u''\left(\tilde{X}_t\right) < 0$ gilt $RP_t\left[\tilde{X}_t\right] > 0$. Man kann nun beweisen, dass unter den getroffenen Prämissen im Falle *abhängiger* Verteilungen im Fall eines Binomialbaums stets

165 Vgl. *Kürsten* [Theoriedefizit, 2002], S. 134-135.

166 Vgl. *Wiese* [Fundierung, 2003], S. 297.

167 Vgl. *Pratt* [Aversion, 1964], S. 124-125; *Arrow* [Aversion, 1971], S. 95-96; *Bamberg/Coenenberg* [Entscheidungslehre, 2002], S. 96. Die Risikoprämie findet sich im Zähler der in den Kapiteln B.3.1.1 und B.3.1.2 definierten exakten Risikozuschläge wieder und ist insoweit kompatibel mit der dort diskutierten Sicherheitsäquivalentmethode. Dass ausschließlich die Risikoprämie gemäß (B.3.23) mit der Erwartungsnutzentheorie vereinbar sei, wie von *Obermaier* [Zins, 2004], S. 259, behauptet, ist unrichtig. Der folgenden Formalisierung liegt *Abbildung 1* auf S. 18 zugrunde, wobei der Zeitpunkt t-2 auf t = 0 normiert wird.

$$RP\left[\tilde{X}_t \middle| I_0\right] - E\left[\left(E\left[\tilde{X}_t \middle| I_{t-1,1}\right] - S\left[\tilde{X}_t \middle| I_{t-1,1}\right]; E\left[\tilde{X}_t \middle| I_{t-1,2}\right] - S\left[\tilde{X}_t \middle| I_{t-1,2}\right]\right)\right] > 0,$$

$$RP\left[\tilde{X}_t \middle| I_0\right] - E\left[RP_{t|I_{t-1,1}}; RP_{t|I_{t-1,2}}\right] > 0 \qquad (B.3.24)$$

gilt[168], was eine *allmähliche*[169] Auflösung des in $\tilde{X}_t$ enthaltenen Risikos mit Fortschreiten der Zeit um eine Periode anzeigt. Bei unabhängigen Verteilungen folgt mit

$$RP\left[\tilde{X}_t \middle| I_0\right] - E\left[RP_{t|I_{t-1,1}}; RP_{t|I_{t-1,2}}\right] = 0 \qquad (B.3.25)$$

eine *„schlagartige"* Risikoauflösung im Übergang von t-1 auf t.[170] Gegen diesen Vorschlag kann eingewendet werden, dass

1) es sich bei (B.3.23) und damit bei (B.3.24) um kein objektives Risikomaß handelt, weil die Risikoprämie (B.3.23) Vermögenseffekte enthält,
2) zeitliche Risikoauflösung im Zeitpunkt t = 0 und damit ohne die Veränderung des Informationsstandes I_0 gemessen wird und dass
3) bei Verwendung anderer Risikomaße, etwa der Verlustwahrscheinlichkeit, andere als die festgestellten Risikoauflösungsprozesse zu finden sind, so dass das hier definierte Risikoauflösungsmaß bereits innerhalb seiner eigenen Konzeption keine Aussicht auf Generalisierbarkeit habe.[171]

Einwand 1) trifft zu, stellt aber keinen Nachteil des Risikoauflösungsmaßes (B.3.24) dar, da objektive Risikomaße wie die Varianz einem Akteur erst dann eine Entscheidungsunterstützung liefern können, nachdem er das objektive Risiko über seine Nutzenvorstellungen auf seiner Präferenzebene konkretisiert hat.[172] So wird gleiches objektives Risiko von risikoaversen Entscheidern anders wahrgenommen als von risikofreudigen, während es für risikoneutrale Individuen irrelevant ist. Aus dieser Sicht kann es nicht problematisch sein, wenn die Risikomessung von Vermögenseffekten geprägt ist.[173]

---

168 Vgl. *Wiese* [Fundierung, 2003], S. 302-303. Der dort geführte Beweis lässt sich auf N-Punkt-Verteilungen ausweiten.

169 Eine „gleichmäßige" (*Schwetzler* [Unsicherheit, 2000], S. 475; vgl. *Ballwieser* [Methoden, 1993], S. 158) Risikoauflösung lässt sich mit (B.3.24) nicht grundsätzlich belegen.

170 Vgl. *Wiese* [Fundierung, 2003], S. 301-302.

171 Vgl. zu allen drei Punkten *Kürsten* [Grenzen, 2003], S. 311-313.

172 Vgl. *Wiese* [Fundierung, 2003], S. 299-300.

173 Möchte man diese ausschalten, so muss der Bewerter über eine exponentielle Nutzenfunktion verfügen. Vgl. *Kürsten* [Grenzen, 2003], S. 301. Wie in Kapitel B.3.1.3.1 dargestellt wurde, ist die

Einwand 2) verkennt, dass Unternehmen aus Sicht des Bewertungszeitpunktes $t = 0$ zu bewerten sind. Für einen Vergleich bedingter Varianzen unter den Informationsständen heutiger und *künftiger* Perioden ($t > 0$) ist insoweit kein Raum.[174] Erfasst man das Risiko aus Perspektive von $t = 0$, so ist zu beachten, dass im Falle stochastisch abhängiger Verteilungen ein intertemporaler Risikoverbund zwischen diesen Verteilungen vorliegt[175], der eine isolierte Risikoberücksichtigung in einzelnen Zeitpunkten des Planungszeitraums unzweckmäßig erscheinen lässt.[176] Eine solche, etwa auf $\mathrm{Var}(\tilde{X}_t | I_{\hat{t}})$ beruhende Konzeption negiert, dass von $t = 0$ aus gesehen sämtliche, mithin nicht nur bedingte, Realisationen einer Verteilung $\tilde{X}_t$ in die Risikomessung einzugehen haben.

Dass sich der im Laufe der Zeit verändernde Informationsstand in (B.3.24) nicht widerspiegeln kann, ist richtig, da zwei ($t = 0$)-Erwartungswerte miteinander verglichen werden. Dass deshalb der ökonomische Gehalt von (B.3.24) gering sei[177], trifft nicht zu. Ökonomisch drückt eine positive Erwartungswertdifferenz in (B.3.24) ein im Übergang von $t = 0 := \kappa$ auf $\kappa+1$ noch nicht abgebautes erwartetes Restrisiko aus, das sich erst in $\kappa+2$ auflöst und durch entsprechende Risikozuschläge zu verarbeiten ist.[178] Das Risikoauflösungsmaß (B.3.24) gibt damit eine Anleitung für eine aus Sicht des Bewertungszeitpunktes verursachungsgerechte Zuweisung von Risikozuschlägen zum intertemporalen Cashflow-Prozess.

Einwand 3) ist haltlos, da er die hier vertretene Konzeption von Risikoauflösung durch eine andere Konzeption zu entkräften versucht. Die für einen Binomialprozess formulierten Ergebnisse (B.3.24) und (B.3.25) lassen sich für n-Punkt-Verteilungen verallgemeinern.[179] Es sollte klar sein, dass eine solche Generalisierung nur auf Grundlage der hier getroffenen Annahmen behauptet wird. Dass andere Risikomaße wie die Verlustwahrscheinlichkeit andere Ergebnisse erzeugen können, ist unstrittig, widerlegt aber (B.3.24) nicht.[180] Auch die Kritik, bei unabhängigen Verteilungen löse sich das

---

Sicherheitsäquivalentmethode nach derzeitigem Erkenntnisstand ohnehin nur von Entscheidern mit dieser Nutzenfunktion anwendbar.

174 Vgl. *Wiese* [Fundierung, 2003], S. 298; darauf aufbauend a. *Obermaier* [Risikoauflösung, 2005], S. 37-38.

175 Vgl. *Wiese* [Fundierung, 2003], S. 298; *Bamberg/Dorfleitner/Krapp* [Abhängigkeitsstruktur, 2004], S. 102.

176 Vgl. *Köth* [Differenzierungsmöglichkeiten, 1979], S. 38-39; darauf aufbauend *Wiese* [Fundierung, 2003], S. 298.

177 Vgl. *Kürsten* [Grenzen, 2003], S. 312.

178 Vgl. das Zahlenbeispiel bei *Wiese* [Fundierung, 2003], S. 298, sowie *Abbildung 1* auf S. 18.

179 Vgl. zum Beweis *Wiese* [Fundierung, 2003], S. 301-303.

180 Mit der von *Kürsten* [Grenzen, 2003], S. 312, zum vermeintlichen Gegenbeweis herangezogenen Verlustwahrscheinlichkeit wird das hier zugrunde gelegte Konzept der Risikoprämie verlassen.

Risiko gemäß (B.3.25) stets und für alle, auch zur Risikomessung ungeeignete Maße wie die negative Varianz, „schlagartig“ auf, ist wenig erhellend. Es muss zum einen unklar bleiben, weshalb man im Kontext der Unternehmensbewertung Risiko etwa mit negativen Varianzen[181] messen sollte. Zum anderen trifft die Kritik *Kürstens* auch seinen eigenen Vorschlag, Risikoauflösung über die Entwicklung von $\operatorname{Var}\left(\tilde{X}_t \middle| I_{\hat{t}}\right)$ zu messen.[182]

Ebenso wie *Kürsten* greift auch *Wilhelm* auf bedingte Varianzen zurück, um die Risikoauflösung zu messen. Er knüpft Risikoauflösung an die Entwicklung des Maßes

$$\operatorname{Var}\left(\tilde{X}_t\right)=\sum_{\hat{t}=1}^{t}\operatorname{Var}\left(E\left(\tilde{X}_t \middle| I_{\hat{t}}\right)-E\left(\tilde{X}_t \middle| I_{\hat{t}-1}\right)\right),\ \hat{t}=1,\ldots,t \qquad \text{(B.3.26)}$$

im Zeitablauf. Es erlaubt eine additive Zerlegung des gesamten, in der unbedingten Verteilung $\tilde{X}_t$ enthaltenen Risikos, das mit Fortschreiten der Zeitpunkte $\hat{t}$ abgebaut wird.[183] Anhand von (B.3.26) lässt sich erneut eine „schlagartige“ Risikoauflösung für unabhängige Verteilungen feststellen, während bei additiv wachsenden Cashflows ein allmählicher Abbau des Risikos konstatiert werden kann.[184] Das Maß hat den Vorteil, eine verursachungsgerechte Risikoadjustierung zu gewährleisten.[185] Es weist aber zugleich den Nachteil auf, dass für die Zuweisung der Risikokorrekturfaktoren zum Cashflow-Prozess künftige Informationsstände $I_{\hat{t}}$ bekannt sein müssen, die dem Entscheider im Bewertungszeitpunkt nicht zugänglich sind. Ein praktischer Nutzen von (B.3.26) für die Gewinnung von Risikozuschlägen ist damit nicht erkennbar.

Eine Widerlegung von (B.3.24) und (B.3.25) ist damit nicht erreicht, da gerade *nicht* „konsequent im Kontext von *Wieses* Konzeption zeitlicher Risikoauflösung“ (*Kürsten* [Grenzen, 2003], S. 312; im Original kursiv) argumentiert wird.

181 Vgl. *Kürsten* [Grenzen, 2003], S. 312.

182 *Kürsten* [Theoriedefizit, 2002], S. 135, stellt bei einer Risikomessung über $\operatorname{Var}\left(\tilde{X}_t \middle| I_{\hat{t}}\right)$ eine schlagartige Risikoauflösung fest. Vgl. in diesem Sinne a. *Schwetzler* [Ende, 2002], S. 152-153.

183 Vgl. *Wilhelm* [Unternehmensbewertung, 2005], S. 645-647; einen ähnlichen Ansatz verfolgt *Laitenberger* [Rendite, 2006], S. 86-95.

184 Vgl. *Wilhelm* [Unternehmensbewertung, 2005], S. 647-648.

185 Vgl. *Wilhelm* [Unternehmensbewertung, 2005], S. 647-648.

3.2 Rückgriff auf das CAPM

3.2.1 Einperiodenfall

Als alternativer Ansatz zur Gewinnung risikoadjustierter Kalkulationszinssätze für die Unternehmensbewertung dient häufig das CAPM, das die Preisbildung für riskante Wertpapiere an einem stilisierten Kapitalmarkt im Gleichgewicht erklären soll.[186] Das CAPM fußt auf der normativen Portfolio Selection-Theorie von *Markowitz*, die Rationalitätspostulate an das Verhalten einzelner Entscheider unter Unsicherheit stellt.[187] Nach *Markowitz* sollten sich die Anleger bei ihrer Portfoliowahl vom (maximalen) Erwartungswert μ und der (c.p. minimalen) Varianz σ^2 der Wertpapierportfoliorenditen leiten lassen. Zentral ist der Gedanke der Diversifikation: Solange die Wertpapierrenditen nicht vollständig positiv miteinander korreliert sind, weist das aus zwei effizienten Portfolios zusammengestellte effiziente Gesamtportfolio stets eine geringere Varianz auf als die summierten Einzelpositionen.[188] Zentrale Implikation der Portfolio-Theorie ist das Separationstheorem von *Tobin.*[189] Danach ist die *Struktur* des aus riskanten Anlagen bestehenden Portfolios bei Vorliegen einer risikolosen Anlage- und Verschuldungsmöglichkeit unabhängig vom Grad der Risikoaversion des Entscheiders.

Zur Ableitung des CAPM wird vorausgesetzt, dass sich alle Investoren entsprechend der Portfolio-Theorie verhalten; letztere wird mithin als Erklärungsmodell interpretiert.[190] Im Einzelnen liegen dem Kapitalmarktmodell folgende Annahmen zugrunde:[191]

---

[186] Vgl. etwa *Rudolph* [Theorie, 1979], S. 1039; *Hachmeister* [Unternehmenswertsteigerung, 2000], S. 161. Auf die Ableitung des Modells wird hier verzichtet. Vgl. dazu Fn. 34, sowie *Merton* [Derivation, 1972], S. 1851-1871; *Jensen* [Markets, 1972], S. 359-362.

[187] Vgl. *Markowitz* [Selection, 1952]; *Markowitz* [Portfolio, 1959], S. 129-187; *Hirshleifer* [Uncertainty, 1965], S. 518-523; a. *Hakansson* [Growth, 1971], S. 518-520.

[188] Vgl. *Markowitz* [Selection, 1952], S. 89-90; *Rudolph* [Theorie, 1979], S. 1040-1041. Fixiert man die Varianz, so ergibt sich analog ein „Ertragsverbundeffekt" oder „Erfolgsverbund". Vgl. *Ballwieser* [Unternehmensbewertung, 2004], S. 13. Zur Ausweitung des Diversifikationsgedankens auf stabile *Pareto*-Verteilungen vgl. *Fama* [Portfolio, 1965], S. 405-418; *Fama* [Return, 1971], S. 31-33.

[189] Vgl. *Tobin* [Preference, 1958], S. 71-85, für *Bernoulli*-Entscheider mit quadratischen Nutzenfunktionen oder normalverteilte Wertpapierrückflüsse. Allgemeinere Darstellungen für Akteure mit hyperbolischer absoluter Risikoaversion finden sich bei *Cass/Stiglitz* [Separability, 1970], S. 127-149. Eine allgemeine Charakterisierung der Verteilungen der Wertpapierrenditen, die Separation erlauben, liefert *Ross* [Fund, 1978], S. 257-276. Vgl. a. *Kürsten* [Grundlagen, 1997], S. 80; *Franke* [Separation, 1983], S. 239-240; *Rudolph* [Bedeutung, 1983], S. 263. Der Grad der Risikoscheu drückt sich in dem Ausmaß aus, in dem der Anleger Mittel zum risikolosen Zins anlegt oder aufnimmt.

[190] Vgl. *Jensen* [Markets, 1972], S. 358; *Hachmeister* [Unternehmenswertsteigerung, 2000], S. 161.

[191] Vgl. grundlegend *Sharpe* [Prices, 1964], S. 427-433; *Lintner* [Valuation, 1965], S. 15-16; *Lintner* [Risk, 1965], S. 590-601; *Mossin* [Equilibrium, 1966], S. 769-775; zur vergleichenden Analyse

1) Es gibt einen vollkommenen Kapitalmarkt sowie einen vollkommenen risikolosen Kreditmarkt[192], einschließlich einer beliebigen Teilbarkeit der gehandelten Titel und unbegrenzter Leerverkaufsmöglichkeiten.
2) Die Anleger sind risikoavers und maximieren ihren erwarteten Nutzen des Endvermögens, indem sie riskante Titel anhand des Erwartungswerts und der Varianz der Wertpapierrenditen auswählen.[193]
3) Sämtliche Anleger haben homogene Erwartungen über die Erwartungswerte, Varianzen und Kovarianzen der Wertpapierrenditen.
4) Es wird eine gegebene endliche Menge marktfähiger Wertpapiere gehandelt.
5) Der Planungshorizont erstreckt sich über eine Periode.[194]

Aus der *Tobin*-Separation lässt sich über Prämisse 3) universelle, also marktweite Separation ableiten.[195] Im Gleichgewicht ist der Markt geräumt und sämtliche Entscheider fragen Bruchteile des aus allen riskanten Titeln bestehenden Marktportfolios nach. Unter diesen Annahmen ergibt sich der Renditeerwartungswert $\bar{r}_j$ des Wertpapiers j im Gleichgewicht aus der linearen Beziehung[196]

$$\bar{r}_j = r_f + \beta_j \cdot (\bar{r}_M - r_f), \quad \beta_j = \frac{\sigma_{jM}}{\sigma_M^2}, j = 1, \dots, N, \tag{B.3.27}$$

wobei $\bar{r}_M$ den Erwartungswert der Rendite des Marktportfolios und σ_M^2 deren Varianz bezeichnet. Der β-Wert ist ein Maß für die Reagibilität von $\tilde{r}_j$ auf Veränderungen von

dieser Modelle vgl. *Rudolph* [Kapitalkosten, 1979], S. 84-125. Die Äquivalenz der Modelle weisen *Stone* [Risk, 1970], S. 117-136, und *Fama* [Comments, 1968], S. 34-40, nach. Vgl. a. *Treynor* [Theory, 1961], S. 15-21; *Laux* [Ertragsteuern, 1969], S. 106-107; *Hax/Laux* [Investitionstheorie, 1969], S. 270-276.

192 Vgl. *Franke* [Separation, 1983], S. 241; *Wilhelm* [Finanztitelmärkte, 1983], S. 14-15.

193 Vgl. *Fama* [Comments, 1968], S. 29-30. Die funktionale Verknüpfung zwischen dem Erwartungswert und der Varianz kann von Anleger zu Anleger variieren und ist nicht konkretisiert. Jedoch sind sämtliche Entscheider ungesättigt und varianzavers. Vgl. *Kruschwitz* [Finanzierung, 2004], S. 175-176.

194 Zur Bedeutung der Länge und der Annahme eines identischen einperiodigen Planungshorizonts für alle Investoren vgl. *Jensen* [Risk, 1969], S. 186-191, *Lee* [Horizon, 1976], S. 356-359, und *Levhari/Levy* [Horizon, 1977], S. 93-95.

195 Vgl. *Ross* [Fund, 1978], S. 255, sowie *Franke* [Separation, 1983], S. 250, der auf S. 254 weiterhin zeigt, dass universelle *Tobin*-Separation auch das Vorliegen der *Fisher*-Separation impliziert. Zu letzterer vgl. *Fisher* [Zinstheorie, 1932], S. 195-264, für den Sicherheitsfall und *Rudolph* [Bedeutung, 1983], S. 273-278, bei unsicheren Erwartungen.

196 *Beja* [Structure, 1971], S. 363-365, zeigt, dass das CAPM (B.3.27) in seiner Struktur weitgehend durch Bedingungen der Arbitragefreiheit vorgeprägt ist. Vgl. hierzu a. *Wilhelm* [Verhältnis, 1981], S. 894-899. Umgekehrt formuliert schließt das CAPM eine Leerstelle, welche die Arbitragetheorie bei der inhaltlichen Spezifikation des Diskontierungsfaktors hinterlässt. Vgl. *Kürsten* [Grundlagen, 1997], S. 75 und S. 84-85.

$\tilde{r}_M$ und drückt das systematische, nicht diversifizierbare Risiko aus.[197] Als Risikomaß dient folglich nicht die Varianz der Rendite des Wertpapiers j, sondern – neben σ_M^2 – deren Kovarianz σ_{jM} mit der Rendite des Marktportfolios. Somit wird Risiko in Abhängigkeit von der Einbettung des Titels j in das stochastische Kapitalmarktumfeld gemessen.[198]

Existiert – abweichend von Prämisse 1) – keine Möglichkeit, Geld zu r_f aufzunehmen oder anzulegen, so folgt statt (B.3.27):[199]

$$\bar{r}_j = \bar{r}_Z + \beta_j \cdot (\bar{r}_M - \bar{r}_Z), \quad j = 1, \ldots, N; \bar{r}_M > \bar{r}_Z. \qquad \text{(B.3.28)}$$

$\bar{r}_Z$ gibt die erwartete Rendite des Portfolios Z an, dessen Rückflüsse unkorreliert mit jenen des Marktportfolios sind.

Die Modelle (B.3.27) und (B.3.28) sind einperiodig formuliert. Fraglich ist daher, ob und unter welchen Bedingungen das CAPM dem mehrperiodigen Problem der Unternehmensbewertung gerecht werden kann. Dies zu klären ist Anliegen des folgenden Kapitels.

3.2.2 Mehrperiodenfall

Verwendet man – wie in der Literatur verbreitet[200] – das einperiodige CAPM (B.3.27) im Mehrperiodenkontext, so sind folgende Fragen zu beantworten:

1) Welche Restriktionen resultieren aus der wiederholten Anwendung des CAPM für die Eingangsparameter von (B.3.27) und welche Implikationen ergeben sich daraus für die Zählergröße des Bewertungskalküls?
2) Welche Bedingungen müssen gelten, damit sich das mehrperiodige Optimierungsproblem in eine Kette einperiodiger Entscheidungen zerlegen lässt?

---

197 Vgl. *Rudolph* [Kapitalkosten, 1979], S. 97-98; *Wilhelm* [Risiko, 2001], S. 89-90; *Kruschwitz* [Finanzierung, 2004], S. 200; *Spremann* [Portfoliomanagement, 2003], S. 256. Welche Variablen in (B.3.27) im Modell endogen bestimmt werden und welche exogen gegeben sind, zeigt *Wallmeier* [Aktienrenditen, 1997], S. 62-64.

198 Vgl. *Jensen* [Markets, 1972], S. 362; *Ross* [Status, 1978], S. 886; *Rudolph* [Kapitalkostenkonzepte, 1986], S. 893; *Kruschwitz* [Nutzenfunktionen, 2004], S. 295. Hierin liegt ein wesentlicher Unterschied zu der in Kapitel B.3.1 diskutierten Ableitung von Risikozuschlägen auf Grundlage der *Bernoulli*-Theorie.

199 Vgl. grundlegend *Black* [Equilibrium, 1972], S. 450; a. *Fama* [Return, 1971], S. 44-49.

200 Vgl. etwa *Mandl/Rabel* [Unternehmensbewertung, 1997], S. 369; *Mandl/Rabel* [Unternehmensbewertung, 2002], Sp. 2011-2012; *Nowak* [Unternehmensbewertung, 2003], S. 29; *Schultze* [Methoden, 2003], S. 103.

Antworten auf Frage 1) finden sich bei *Fama*. Setzt man (B.3.27) wiederholt an, so müssen intertemporal konstante oder zumindest deterministische Renditeforderungen unterstellt werden.[201] Zwingend ist Sicherheit über die Entwicklung des risikolosen Zinses und des Marktpreises des Risikos $\phi_t = \left(\bar{r}_{M,t} - r_{f,t}\right)/\sigma^2_{M,t}$ vorauszusetzen.[202] Dann kann Unsicherheit lediglich aus den Werten $E\left(\tilde{X}_t\right)$ und $cov\left(\tilde{X}_t, \tilde{r}_{M,t}\right)$ resultieren.[203] Es lassen sich nun zwei Fälle unterscheiden: Erstens kann man annehmen, dass in den Perioden 0 bis t-1 keine Erwartungsänderungen bezüglich $E\left(\tilde{X}_t\right)$ und $cov\left(\tilde{X}_t, \tilde{r}_{M,t}\right)$ eintreten. In diesem Fall erhält man für den Zahlungsstrom $\tilde{X}_t$ in Analogie zu (B.3.11) den Wert[204]

$$V_0 = \frac{E_0\left(\tilde{X}_t\right)}{\left(1+\bar{r}_{j,t}\right)\cdot\prod_{\kappa=1}^{t-1}\left(1+r_{f,\kappa}\right)}, \qquad \text{(B.3.29)}$$

wobei $\bar{r}_{j,t}$ der Diskontierungssatz gemäß (B.3.27) für jene Periode t ist, in der sich der Überschuss $\tilde{X}_t$ realisiert.

Zweitens lässt sich Unsicherheit über die Entwicklung von $E_{t-1}\left(\tilde{X}_t\right)$ und $cov\left(\tilde{X}_t, \tilde{r}_{M,t}\right)$ im Zeitablauf einführen. Dies lässt sich erreichen, indem die Erwartungsänderung der Investoren über die Zufallsvariable $\tilde{\varepsilon}_t$ mit $E\left(\tilde{\varepsilon}_t\right)=0$ beschrieben wird. Eine in t auftretende Überschussverteilung weicht dann in folgender Weise von ihrem Erwartungswert unter dem Informationsstand in t-1 ab:

$$\tilde{X}_t = \left(1+\tilde{\varepsilon}_t\right)\cdot E_{t-1}\left(\tilde{X}_t\right). \qquad \text{(B.3.30)}$$

---

201 Vgl. *Fama* [Uncertainty, 1977], S. 4 und S. 23. Vgl. zur Begründung a. Kapitel C.2.2. Betrachtet wird im Folgenden nur eine Überschussverteilung $\tilde{X}_t$. Zu Bedingungen, unter welchen sich diese nicht durch sequentielle, sondern durch nur einmalige Anwendung des CAPM bewerten lässt, vgl. *Kazemi* [Valuation, 1991], S. 224-229.

202 Vgl. *Fama* [Uncertainty, 1977], S. 8-9. Vgl. ferner *Drukarczyk* [Politik, 1993], S. 280-283.

203 Vgl. *Haley* [Rates, 1984], S. 349.

204 Vgl. *Fama* [Uncertainty, 1977], S. 9; a. *Hachmeister* [Diskontierung, 1998], S. 26; *Laux* [CAPM, 1999], S. 247. Dabei ist $E_0\left(\tilde{X}_t\right)$ der Erwartungswert von $\tilde{X}_t$ aus Perspektive von t = 0. Im Unterschied zu der strukturgleichen Beziehung (B.3.11) werden periodenspezifische risikolose Zinssätze vorausgesetzt und nur eine Überschussverteilung betrachtet.

Für die Erwartungswerte der Überschüsse zeitlich benachbarter Zeitpunkte gilt dann:[205]

$$\tilde{E}_{t-1}\left(\tilde{X}_t\right)=\left(1+\tilde{\varepsilon}_{t-1}\right)\cdot E_{t-2}\left(\tilde{X}_t\right). \tag{B.3.31}$$

Da bei wiederholter Anwendung von (B.3.27) keine Unsicherheit über die risikoadjustierten Renditeforderungen $\overline{r}_{j,t}$ bestehen darf, muss aus Sicht von $0 \leq \hat{t} < t-1$ neben ϕ_t und $r_{f,t}$ auch die in $\overline{r}_{j,t}$ enthaltene Kovarianz $\text{cov}\left(\tilde{\varepsilon}_t, \tilde{r}_{Mt}\right)$ deterministisch sein. In $\hat{t}$ darf einzig $E_{t-1}\left(\tilde{X}_t\right)$ unsicher sein.[206] Unter diesen Voraussetzungen lässt sich der Unternehmenswert als[207]

$$V_0 = \frac{E_0\left(\tilde{X}_t\right)}{\prod_{\kappa=1}^{t}\left(1+\overline{r}_{j,\kappa}\right)} \tag{B.3.32}$$

schreiben, wobei die $\overline{r}_{j,\kappa}$ aus (B.3.27) stammen.[208] Der in der Literatur zu findende Ansatz intertemporal konstanter Kapitalkosten setzt weiterhin voraus, dass ϕ_t, $r_{f,t}$ und $\text{Cov}\left(\tilde{\varepsilon}_t;\tilde{r}_{Mt}\right)$ nicht nur deterministisch, sondern konstant sind.[209]

Der wiederholte Ansatz konstanter Kapitalkosten aus dem einperiodigen CAPM lässt die Zählergröße des Kalküls nicht unberührt. Betrachtet sei eine in t anfallende Entnahmeverteilung aus Sicht des Bewertungszeitpunktes t = 0. Sie setzt sich zusammen aus dem Erwartungswert $E_0\left(\tilde{X}_t\right)$ sowie den im Zeitlauf hinzutretenden Erwartungsänderungen:[210]

---

205 Vgl. *Fama* [Uncertainty, 1977], S. 10; a. *Hachmeister* [Diskontierung, 1998], S. 26; *Schwetzler* [Unsicherheit, 2000], S. 476. *Fama* [Discounting, 1996], S. 425-426, zeigt, dass die in (B.3.31) multiplikativ eingeführte Unsicherheit allein kompatibel mit der wiederholten Verwendung des CAPM ist.

206 Vgl. *Fama* [Uncertainty, 1977], S. 11.

207 Vgl. *Fama* [Uncertainty, 1977], S. 14; *Hachmeister* [Diskontierung, 1998], S. 26. Für einen Ansatz mit mehreren zeitverschiedenen Überschussverteilungen vgl. *Haley/Schall* [Decisions, 1979], S. 200-202.

208 Ein ähnliches Ergebnis erzielen *Myers/Turnbull* [News, 1977], S. 322-324. Vgl. dazu Kapitel C.3.2.1.1.

209 Vgl. *Fama* [Uncertainty, 1977], S. 17; *Haley/Schall* [Decisions, 1979], S. 201.

210 Vgl. *Fama* [Discounting, 1996], S. 424; *Hachmeister* [Diskontierung, 1998], S. 27.

$$\tilde{X}_t = E_0\left(\tilde{X}_t\right)\cdot\left(1+\tilde{\varepsilon}_1\right)\cdot\left(1+\tilde{\varepsilon}_2\right)\cdot\ldots\cdot\left(1+\tilde{\varepsilon}_t\right),$$

$$\tilde{X}_t = E_0\left(\tilde{X}_t\right)\cdot e^{\tilde{\varepsilon}_1+\tilde{\varepsilon}_2+\ldots+\tilde{\varepsilon}_t}. \qquad \text{(B.3.33)}$$

Wie gesehen, erlaubt dieser Martingal-Prozess[211] eine Bewertung entsprechend (B.3.32). Da die Exponentialfunktion in (B.3.33) konvex verläuft, ist $\tilde{X}_t$ eine konvexe Funktion der kumulierten Erwartungsänderungen. Es resultiert bei normalverteilten einperiodigen Renditen[212] und Anpassungsvariablen $\tilde{\varepsilon}$ eine rechtsschiefe Verteilung von $\tilde{X}_t$. Die Schiefe der Verteilung ist umso stärker ausgeprägt, je weiter $\tilde{X}_t$ von $t = 0$ entfernt ist.[213] Setzt man mithin (B.3.27) wiederholt an, so muss die durch (B.3.33) implizierte mit der vom Bewerter geplanten Überschussverteilung abgeglichen werden.[214] Nur wenn die implizierten mit den geplanten Überschüssen übereinstimmen, führt die wiederholte Verwendung des Einperioden-CAPM zu konsistenten Ergebnissen. Die Bedingungen hierfür sind eng.[215]

Bislang wurde implizit unterstellt, dass durch die Aneinanderreihung einperiodiger Kalküle auch langfristig optimale Entscheidungen induziert werden. Dies ist jedoch an Bedingungen geknüpft, die im Folgenden erarbeitet werden sollen. Hierzu wird angenommen, dass ein Investor den Nutzen

$$U_{t+1}\left(c_{1-\kappa},\ldots,c_1,\ldots,c_{t+1}\middle|I_{t+1}\right) \qquad \text{(B.3.34)}$$

seines intertemporalen Konsumstroms $C_t = \left(c_{1-\kappa},\ldots,c_1,\ldots,c_t\right)$ über seine in $1-\kappa$ beginnende und in t+1 endende Lebenszeit maximiert.[216] I_t kennzeichnet den Informationsstand des Akteurs in t. Dieser hat in jeder Periode zu entscheiden, welchen Betrag $W_t - c_t$ seines Vermögens W_t er in Wertpapiere i (i = 1,...,N) investiert. Dabei hat er aus Sicht von t = 1 zu berücksichtigen, dass sämtliche seiner Entscheidungen die künftigen Konsumniveaus $c_2,\ldots,c_{t+1}$ beeinflussen. Optimale Entscheidungen in $t=1$ lassen sich für alle I_t und W_t rekursiv, ausgehend von t, über die Beziehung

---

211 Zur Definition von Martingalen vgl. etwa *Williams* [Martingales, 1991], S. 94; *Franke/Härdle/Hafner* [Statistik, 2001], S. 78-80; *Bingham/Kiesel* [Valuation, 2004], S. 147-148.

212 Fordert man die Anbindung des μ-σ-Kriteriums an das *Bernoulli*-Prinzip, so kann man (u.a.) normalverteilte Renditen voraussetzen. Vgl. hierzu ausführlich Kapitel B.3.2.3.

213 Vgl. *Fama* [Discounting, 1996], S. 420; *Hachmeister* [Diskontierung, 1998], S. 27.

214 Vgl. *Hachmeister* [Diskontierung, 1998], S. 33.

215 Vgl. zusammenfassend *Hachmeister* [Unternehmenswertsteigerung, 2000], S. 164.

216 Vgl. *Fama* [Decisions, 1970], S. 165; *Fama/Miller* [Theory, 1972], S. 324; *Jensen* [Markets, 1972], S. 372; *Elton/Gruber* [Period, 1974], S. 292. Der Konsumbetrag c_{t+1} wird vererbt.

$$U_t\left(C_{t-1}, W_t \middle| I_t\right) \equiv \max_{c_t, \underline{H}} \int_{I_{t+1}} U_{t+1}\left(C_t, W_{t+1} \middle| I_{t+1}\right) dF_{I_t}\left(I_{t+1}\right) \qquad \text{(B.3.35)}$$

unter Beachtung der Restriktionen

$$\begin{aligned} &0 \le c_t \le W_t, \\ &\sum_{i=1}^{N} h_i = W_t - c_t, \\ &\underline{H} \ge 0 \end{aligned} \qquad \text{(B.3.36)}$$

gewinnen.[217] Dabei ist $\underline{H} = (h_1,...,h_N)$ der Vektor der bis zum Zeitpunkt t+1 in Wertpapiere investierten Beträge und $F_{I_t}(I_{t+1})$ die Verteilungsfunktion von I_{t+1} bei gegebenem I_t. Die Funktion $U_t\left(C_{t-1}, W_t \middle| I_t\right)$ gibt den maximalen Erwartungsnutzen des Lebenszeitkonsums eines Akteurs an, der sich im Umweltzustand I_t in Periode t befindet, einen vergangenen Konsum von C_{t-1} realisiert hat und über ein Vermögen W_t verfügt. Es lässt sich zeigen, dass wenn die Gesamtnutzenfunktion (B.3.34) Risikoaversion zum Ausdruck bringt, also streng konkav zum Ursprung und monoton steigend verläuft, die periodenbezogenen Funktionen $U_t\left(C_{t-1}, W_t \middle| I_t\right)$ in allen t über die gleichen Eigenschaften verfügen.[218]

Dieses Ergebnis hat jedoch kaum normativen Gehalt. Zwar lässt sich das Maximierungsproblem (B.3.34) in eine Kette einperiodiger Probleme zerlegen; zu deren Lösung müssen indes optimale Entscheidungen für alle künftigen Perioden getroffen werden.[219] Insoweit enthält auch (B.3.35) ein mehrperiodiges Entscheidungsproblem. Das CAPM gemäß (B.3.27) lässt sich über (B.3.35) noch nicht rechtfertigen: Trifft der Akteur Entscheidungen in t, so ist der in der Vergangenheit realisierte Konsum $\hat{C}_{t-1}$ bekannt. Mithin kann er anhand der Funktion

$$v_{t+1}\left(c_t, W_{t+1} \middle| I_{t+1}\right) = U_{t+1}\left(\hat{C}_{t-1}, c_t, W_{t+1} \middle| I_{t+1}\right) \qquad \text{(B.3.37)}$$

disponieren. Im Gegensatz zu den Annahmen des CAPM ist die Nutzenfunktion v_{t+1} in (B.3.37) abhängig vom Zustand I_{t+1}.[220] Um ein Entscheidungsproblem zu erhalten, das kompatibel mit dem CAPM ist, muss I_{t+1} aus (B.3.37) eliminiert werden. Hierzu

---

217 Vgl. *Fama* [Decisions, 1970], S. 165; *Fama/Miller* [Theory, 1972], S. 324.

218 Vgl. *Fama* [Decisions, 1970], S. 166 und S. 171-173; *Fama/Miller* [Theory, 1972], S. 326.

219 Vgl. *Fama* [Decisions, 1970], S. 166-167; *Long* [Decisions, 1972], S. 168; *Elton/Gruber* [Period, 1974], S. 294.

220 Vgl. *Fama* [Pricing, 1996], S. 443; *Elton/Gruber* [Period, 1974], S. 295; *Wilhelm* [Finanztitelmärkte, 1983], S. 28.

ist anzunehmen, dass die Akteure sämtliche künftigen Investitions- und Konsummöglichkeiten als gegeben ansehen und zustandsunabhängige Präferenzen aufweisen.[221] (B.3.37) entspricht dann formal einem einperiodigen Entscheidungsproblem. Dass v_{t+1} bei einer konkaven Gesamtnutzenfunktion ebenfalls konkav ist, sagt jedoch nichts über die konkrete Form von v_{t+1} aus. Insbesondere kann nicht angenommen werden, dass die aus (B.3.37) stammenden v_{t+1} den in Einperiodenmodellen angenommenen Nutzenfunktionen gleichen müssen.[222]

Greift man auf die von *Fama* erarbeiteten Bedingungen für die wiederholte Anwendbarkeit des einperiodigen CAPM zurück, so wird unterstellt, dass die Akteure myopisch handeln, mithin ihre Entscheidungen allein am Erwartungswert und an der Varianz der Portfoliorenditen *der jeweiligen Periode* ausrichten und die weitere Zukunft außer Acht lassen[223] (Frage 2)). Dies ist nur unter relativ engen Prämissen optimal.[224] So erfordert die Berechnung des Unternehmenswertes als Summe periodenbezogener diskontierter Sicherheitsäquivalente oder Erwartungswerte – wie im individualistischen Ansatz – die Additivitätsvoraussetzung (B.3.15) mit den damit verbundenen Restriktionen.[225] Um Bedingungen zu gewinnen, unter denen eine kurzsichtige Bewertung bei additiv separablen Nutzenfunktionen möglich ist, sind neben der Zustandsunabhängigkeit der Nutzenfunktion weitere einschränkende Annahmen über die Risikopräferenzen der Investoren oder über die Verteilungen der Wertpapierrenditen zu treffen.[226]

---

221 Vgl. *Fama* [Decisions, 1970], S. 169; *Fama/MacBeth* [Tests, 1974], S. 49; *Stapleton/Subrahmanyam* [Equilibrium, 1978], S. 1078; *Constantinides* [Uncertainty, 1980], S. 73.

222 Vgl. *Elton/Gruber* [Period, 1974], S. 295-296; *Elton/Gruber* [Process, 1975], S. 102.

223 Vgl. zur Definition myopischen Verhaltens etwa *Mossin* [Policies, 1968], S. 223.

224 Vgl. *Franke* [Separation, 1983], S. 242.

225 Vgl. *Kürsten* [Theoriedefizit, 2002], S. 139-140; *Wilhelm* [Finanztitelmärkte, 1983], S. 65; a. Fn. 117.

226 Auf die Fülle dieser Bedingungen wird im Folgenden nicht eingegangen. Vgl. hierzu etwa *Mossin* [Policies, 1968], S. 223-228; *Hakansson* [Risk, 1969]; *Hakansson* [Policies, 1971], S. 331-334; *Hakansson* [Theory, 1971], S. 868-874; *Elton/Gruber* [Period, 1974], S. 296-299; *Elton/Gruber* [Criteria, 1974], S. 232-242; *Elton/Gruber* [Process, 1975], S. 106-108; *Ross* [Model, 1975], S. 136-139; *Rubinstein* [Case, 1976]; *Stapleton/Subrahmanyam* [Equilibrium, 1978], S. 1090-1092; *Ballwieser* [Kassendisposition, 1978], S. 241-243; *Franke* [Conditions, 1984], S. 431-433 und S. 434-435.

3.2.3 Würdigung

Ein Vorzug des CAPM ist im Rückgriff auf Markterwartungen bei der Bestimmung der risikoadjustierten Kapitalkosten zu sehen.[227] Daneben spricht seine Geschlossenheit für das Modell.[228] Schließlich erlaubt der Kalkül eine einfache Aggregierbarkeit individueller Risikoeinstellungen[229], die im individualistischen Ansatz nicht ohne weiteres möglich ist.[230]

Allerdings ist das Modell Gegenstand schwer wiegender Kritik. Sie richtet sich erstens generell gegen die Erklärungsfähigkeit neoklassischer gleichgewichtstheoretischer Modelle.[231] Zweitens besteht das logisch nicht auflösbare Problem, dass die Notwendigkeit zur Bewertung von Unternehmen in Gleichgewichtssituationen wegfällt.[232] Drittens ist die empirische Bewährung des CAPM skeptisch zu beurteilen.[233] Zuletzt sind die dem Modell zugrunde liegenden Annahmen allesamt realitätsfern.[234] Es wurden zahlreiche Modellvarianten erarbeitet, welche die Annahmen 1) und 3) bis 5) aufheben.[235] Ihnen ist gemeinsam, dass die lineare Beziehung zwischen $\bar{r}_j$ und dem systematischen Risiko auch unter weicheren Prämissen grundsätzlich erhalten bleibt.[236] Die Praxis bevorzugt indes das Standard-CAPM (B.3.27).[237] Grund dafür dürften er-

---

227 Vgl. *Ballwieser* [Marktorientierung, 2001], S. 23; *Hachmeister* [Unternehmenswertsteigerung, 2000], S. 162.

228 Vgl. *Rudolph* [Theorie, 1979], S. 1038.

229 Vgl. *Ballwieser* [Ermittlung, 2001], S. 33.

230 Vgl. *Arrow* [Choice, 1963], S. 22-60; *Tschöpel* [Risikoberücksichtigung, 2004], S. 149-158.

231 Vgl. im Überblick *Hachmeister* [Unternehmenswertsteigerung, 2000], S. 174-176; a. *Hachmeister* [Finanzierung, 1996], S. 268; *Matschke/Brösel* [Unternehmensbewertung, 2005], S. 39-41; *Hering* [Unternehmensbewertung, 2006], S. 181-185.

232 Vgl. *Ballwieser* [Komplexitätsreduktion, 1990], S. 175-176; *Ballwieser/Coenenberg/Schultze* [Unternehmensbewertung, 2002], Sp. 2420; *Hachmeister* [Unternehmenswertsteigerung, 2000], S. 172; *Rockel* [Verpflichtungen, 2004], S. 80; *Tschöpel* [Risikoberücksichtigung, 2004], S. 71.

233 Streng genommen ist das CAPM nicht testbar. Vgl. *Roll* [Tests, 1977], S. 130. Zu möglichen Testverfahren vgl. *Jensen* [Markets, 1972], S. 363-371. Einen Überblick über deutsche Studien geben *Hachmeister* [Unternehmenswertsteigerung, 2000], S. 187-189, und *Zimmermann* [Schätzung, 1997], S. 43-44; für den US-amerikanischen Markt vgl. *Copeland/Weston/Shastri* [Theory, 2005], S. 164-171. Dies wird nicht vertieft.

234 Vgl. etwa *Ballwieser* [Marktorientierung, 2001], S. 23; *Ballwieser* [Verfahren, 1998], S. 83; *Mandl/Rabel* [Unternehmensbewertung, 1997], S. 308-309; *Krag/Kasperzak* [Grundzüge, 2000], S. 93.

235 Vgl. im Überblick *Turnbull* [Imperfections, 1977], S. 328-332; *Rudolph* [Theorie, 1979], S. 1051; *Elton/Gruber* [Market, 1984], S. 911-922; *Copeland/Weston/Shastri* [Theory, 2005], S. 159-164. Dies wird nicht vertieft. Vgl. aber zur Integration persönlicher Steuern in das CAPM Kapitel C.4.2.

236 Vgl. *Turnbull* [Imperfections, 1977], S. 331-332.

237 Vgl. *Ballwieser* [Verfahren, 1998], S. 83; *Ballwieser* [Marktorientierung, 2001], S. 23.

hebliche Datenbeschaffungsprobleme bei der Implementierung der erweiterten Modelle sein.[238]

Fordert man weiterhin, dass die nach dem μ-σ-Prinzip urteilenden Marktteilnehmer entsprechend dem axiomatisch verankerten *Bernoulli*-Prinzip entscheiden, so sind etwa normalverteilte[239] Wertpapierrenditen oder quadratische Nutzenfunktionen[240] oder lineare Risikoklassen[241] vorauszusetzen. Die Normalverteilungsannahme kollidiert mit der Tatsache, dass Renditen am Kapitalmarkt nicht kleiner als -1 oder Rückflüsse von Aktien nicht (unendlich) negativ werden können.[242] Die Quadratfunktion ist allein im aufsteigenden Ast der Parabel sinnvoll verwendbar und verletzt jenseits des Maximums die Monotoniebedingung für Nutzenfunktionen.[243] Über lineare Risikoklassen erreicht man Kompatibilität zwischen dem *Bernoulli*- und dem μ-σ-Kriterium nur für spezielle μ-σ-Kombinationen oder bei Vorliegen einer einzigen riskanten Anlageform.[244] Ob man das μ-σ-Prinzip indes der *Bernoulli*-Theorie unterordnen sollte, ist strittig. So werden beide Kriterien teils als alternative, gleichberechtigte Ansätze zur Bewältigung von Entscheidungen unter Unsicherheit angesehen.[245] Für diese Position spricht, dass man sich der genannten Einschränkungen entledigen kann, zumal sich das μ-σ-Prinzip auch präferenztheoretisch begründen lässt.[246]

Ein weiteres gravierendes, wenn auch relativ wenig diskutiertes Problem des CAPM liegt darin, dass die Existenz und Eindeutigkeit der Gleichgewichte (B.3.27) oder (B.3.28) ohne weitere Annahmen nicht sichergestellt ist.[247] Um die Existenz der Gleichgewichte zu gewährleisten, sind restriktive Zusatzannahmen über die Nutzen-

---

238 Vgl. etwa mit Blick auf die Erfassung persönlicher Steuern im CAPM Kapitel C.4.2.5.3.

239 *Owen/Rabinovitch* [Class, 1983], S. 748-751, und *Chamberlain* [Distributions, 1983], S. 187-194, zeigen, dass das μ-σ- auch dann mit dem *Bernoulli*-Kriterium kompatibel ist, wenn elliptische oder sphärisch symmetrische Verteilungen vorliegen, deren Klassen die Normalverteilung als Spezialfall enthalten. Vgl. a. *Löffler* [Paradox, 2001], S. 44-47; *Berk* [Conditions, 1997], S. 253.

240 Vgl. grundlegend *Markowitz* [Selection, 1952]; *Tobin* [Preference, 1958], S. 74-76; a. *Schneeweiß* [Entscheidungskriterien, 1967], S. 96-98; *Laux* [CAPM, 1999], S. 228; *Laux* [Entscheidungstheorie, 2005], S. 202-213.

241 Vgl. *Schneeweiß* [Entscheidungskriterien, 1967], S. 121-127; *Meyer* [Models, 1987], S. 422-426; *Löffler* [Paradox, 2001], S. 47-51.

242 Vgl. *Elton/Gruber* [Relatives, 1974], S. 1265; *Löffler* [Paradox, 2001], S. 47; *Prokop* [Bewertung, 2003], S. 95.

243 Vgl. *Markowitz* [Portfolio, 1959], S. 288-289; *Hirshleifer* [Uncertainty, 1965], S. 521; *Schneeweiß* [Entscheidungskriterien, 1967], S. 98; *Löffler* [Paradox, 2001], S. 43-44; *Franke/Hax* [Finanzwirtschaft, 2003], S. 309-310.

244 Vgl. *Löffler* [Paradox, 2001], S. 49-51. Für letzteren Fall bedarf es keines CAPM.

245 Vgl. *Löffler* [Paradox, 2001], S. 50-51, m.w.N.; *Löffler* [Criterion, 1996], S. 532; *Nielsen* [Equilibrium, 1990], S. 226. A.A. z.B. *Kürsten* [Grundlagen, 1997], S. 80, der das *Bernoulli*-Prinzip als axiomatisch besser gestützt als das μ-σ-Kriterium ansieht.

246 Vgl. *Löffler* [Criterion, 1996], S. 532-534.

247 Vgl. *Nielsen* [Uniqueness, 1988], S. 332-335; a. *Kruschwitz* [Finanzierung, 2004], S. 194-196.

funktionen der Investoren oder die Verteilungen der Portfoliorenditen zu treffen. So lässt *Hart* in einem sehr allgemein gehaltenen CAPM lediglich nichtnegative Wertpapierrenditen zu. Er zeigt, dass ein Gleichgewicht existiert, sofern die risikoaversen Akteure in ausreichendem Maße in ihrer Erwartung über die Gestalt der Renditeverteilungen übereinstimmen.[248] Die Erwartungen der Investoren dürfen umso heterogener sein, je stärker ihre Risikoscheu ausgeprägt ist. Die Annahme nichtnegativer Renditen ist indes inkompatibel mit dem CAPM. Ohne einschränkende Verteilungsannahmen zeigt *Nielsen*, dass bei Vorliegen einer risikolosen Anlagemöglichkeit ein globales Gleichgewicht existiert, wenn sämtliche Marktakteure homogene Erwartungen über die erwarteten Wertpapierrenditen haben und ihre Risikoaversion mit der Standardabweichung der Portfoliorenditen gegen ∞ läuft.[249]

Im CAPM (B.3.28) ohne risikolose Anlageform können Sättigungseffekte auftreten, die einer Existenz des Gleichgewichts entgegenstehen können. Derartige Effekte lassen sich aus dem negativen Zusammenhang zwischen der erwarteten Portfoliorendite und deren Standardabweichung im Präferenzfunktional der Investoren konstruieren: Da die Entscheider im CAPM ohne risikolose Anlage gezwungen sind, ihr gesamtes Budget in riskante Titel anzulegen, kann das Portfolio ab einem gewissen Punkt mit Risiko „kontaminiert" werden.[250] Dies kann bewirken, dass sich die Entscheider schlechter stellen, wenn sie zu ihrem gegebenen Portfolio eine weitere Position mit positiven erwarteten Rückflüssen hinzunehmen.[251] Einzelne Akteure werden dann nicht bereit sein, ihr gesamtes Budget zu verausgaben. Damit ist es u.U. vorteilhaft, wenn die Akteure einen Teil ihrer Anfangsausstattung vernichten. Diese widersinnige Implikation kann im CAPM mit risikoloser Anlagemöglichkeit (B.3.27) nicht auftreten, weil die Investoren stets ungesättigt im risikolosen Wertpapier sind.[252] Unterstellt man dagegen bei Abwesenheit des risikolosen Titels normalverteilte Renditen, so sind derartige Sättigungseffekte stets immanent.[253] Bei homogenen Erwartungen ist die Existenz des Gleichgewichts gewährleistet, wenn das Verhältnis des Erwartungswerts zur Standardabweichung der Portfoliorenditen von den Marktteilnehmern als hinrei-

---

[248] Vgl. *Hart* [Existence, 1974], S. 299-310. Eine risikolose Anlage kann, muss aber nicht vorliegen. Ähnliche Existenzbeweise stammen von *Werner* [Existence, 1987], S. 1410, und *Nielsen* [Asset, 1989], S. 469-473, die negative Wertpapierrenditen erlauben.

[249] Vgl. *Nielsen* [Existence, 1990], S. 229. Homogene Erwartungen sind bereits eine Prämisse des CAPM. Vgl. Kapitel B.3.2.1. Für das Resultat von *Nielsen* ist indes nicht vorauszusetzen, dass die Investoren in ihrer Schätzung über die Kovarianzmatrix der Renditen übereinstimmen.

[250] Vgl. grundlegend und anschaulich *Bierwag/Grove* [Curves, 1966], S. 340-342, die von „contamination by risk" sprechen. Vgl. a. *Löffler* [Konsumption, 1996], S. 21-22.

[251] Vgl. *Nielsen* [Asset, 1989], S. 467.

[252] Vgl. *Laitenberger* [Demand, 1999], S. 87.

[253] Vgl. *Nielsen* [Selection, 1987], S. 1374-1376; *Laitenberger* [Demand, 1999], S. 87. Der Sättigungspunkt ist dort erreicht, wo der marginale Nutzenzuwachs aus den zusätzlichen erwarteten Rückflüssen nicht mehr ausreicht, um den Investor für das erhöhte Risiko zu kompensieren.

chend groß beurteilt wird.[254] Demgegenüber zeigt *Allingham*, dass ein Gleichgewicht existiert, wenn sämtliche Titel „wünschenswert“ im Sinne positiver erwarteter Wertpapier- und Portfoliorenditen sind und alle Investoren über eine hinreichend kleine Risikoaversion verfügen.[255]

Wenn die Gleichgewichte (B.3.27) und (B.3.28) existent sind, so ist noch nicht gewährleistet, dass sie eindeutig sind. Vielmehr besteht die Möglichkeit, dass ein Titel bei gegebenen Erwartungen, Nutzenfunktionen und Anfangsausstattungen der Marktteilnehmer unterschiedliche Preise, Renditen und Beta-Werte aufweisen kann.[256] So kann man zeigen, dass im CAPM mit risikoloser Anlage bei gleichen Eingangsparametern beliebig viele Gleichgewichte möglich sind.[257] Offen ist dann, welches Gleichgewicht das für die Unternehmensbewertung relevante sein soll.

Eindeutige Gleichgewichtspreise lassen sich in Beziehung (B.3.27) bei normalverteilten Rückflüssen etwa dann feststellen, wenn die Investoren Nutzenfunktionen mit abnehmender absoluter Risikoaversion besitzen und das Portfolio zumindest eines Investors bekannt ist, das dieser im Gleichgewicht hält.[258] Alternative Bedingungen liegen in quadratischen Risikonutzenfunktionen oder solchen mit konstanter absoluter Risikoaversion bei beliebig verteilten Wertpapierrenditen.[259] Demgegenüber findet *Dana* eindeutige Gleichgewichte, indem sie konkave, additiv separable μ-σ-Nutzenfunktionen unterstellt.[260]

Das Vorliegen mehrdeutiger Gleichgewichte ist im CAPM ohne risikolose Anlage der Regelfall.[261] Um Eindeutigkeit zu erreichen, lässt sich unterstellen, dass sämtliche Investoren Nutzenfunktionen mit konstanter absoluter Risikoaversionsfunktion aufweisen, wobei die Wertpapierrenditen normalverteilt sind.[262]

---

[254] Vgl. *Nielsen* [Existence, 1990], S. 229-230.

[255] Vgl. *Allingham* [Theorems, 1991], S. 1173; ähnlich *Laitenberger* [Demand, 1999], S. 96-102. Ein entgegengesetztes Resultat erzielt *Nielsen* [Equilibrium, 1990], S. 317-324, indem er den Investoren große Risikoaversion zugesteht.

[256] Vgl. *Nielsen* [Uniqueness, 1988], S. 329 und S. 332.

[257] Vgl. *Bottazzi/Hens/Löffler* [Functions, 1998], S. 203-204.

[258] Vgl. *Nielsen* [Uniqueness, 1988], S. 332-336. Fraglich erscheint indes, ob letztere Voraussetzung mit einem Gleichgewichtsmodell vereinbar ist.

[259] Vgl. *Hens/Laitenberger/Löffler* [Remarks, 2002], S. 124 und S. 129.

[260] Vgl. *Dana* [Existence, 1999], S. 173.

[261] Vgl. *Hens/Laitenberger/Löffler* [Remarks, 2002], S. 130-131; *Laitenberger* [Demand, 1999], S. 104-108. Das Modell findet für Zwecke der Unternehmensbewertung jedoch keinen Einsatz.

[262] Vgl. *Allingham* [Theorems, 1991], S. 1173; *Nielsen* [Equilibrium, 1990], S. 319-323; *Laitenberger* [Demand, 1999], S. 108.

Die Ausführungen zeigen, dass das CAPM nach gegenwärtigem Stand der Forschung nur in Ausnahmen eindeutige Gleichgewichte erzeugt. Die genannten Bedingungen für die Existenz und Eindeutigkeit der Gleichgewichte sind teils nicht miteinander kompatibel. Es ist offen, welche der Anforderungen am wenigsten restriktiv sind. Jedoch wird ersichtlich, dass das Annahmenbündel des CAPM um weitere, restriktive Prämissen zu ergänzen ist. Eindeutige Gleichgewichte benötigt man, will man sich nicht mit mehrdeutigen Unternehmenswerten zufrieden geben. Weitere Facetten erhält das Problem der Existenz und Eindeutigkeit, wenn Steuern in das CAPM integriert werden. Dies wird in Kapitel C.4.2.5.1 vertieft.

Dem von *Fama* im Mehrperiodenkontext untersuchten CAPM[263] lässt sich entgegenhalten, es exogenisiere Modellgrößen wie den risikolosen Zins, die ihrer Natur nach modellendogen sind.[264] Allerdings erhebt *Fama* nicht den Anspruch, ein originäres Mehrperiodenmodell abzuleiten; es sollen vielmehr die Bedingungen geklärt werden, unter denen die in praxi verbreitete[265] wiederholte Anwendung des einperiodigen CAPM erlaubt ist.[266] Diese Voraussetzungen sind äußerst eng. Zu ihnen zählt gerade die zwangsläufige (und realitätsferne) Exogenisierung (realistischerweise) endogener Variablen. Dass Kapitalmarktmodelle, die von vornherein unter der Annahme eines mehrperiodigen Planungshorizonts abgeleitet werden und folglich Interdependenzen zwischen den Perioden beachten, eine andere, u.U. realitätsnähere Gestalt haben[267], wird damit nicht bestritten.

Die aufgezeigten Kritikpunkte sollen einer unreflektierten Verwendung des CAPM für Zwecke der Unternehmensbewertung entgegenwirken. Die Kritik am CAPM kann indes nicht dazu führen, das Kapitalmarktmodell grundsätzlich abzulehnen. Machte man sie sich zu Eigen, so stünde man zugleich in der Pflicht, ein ähnlich handhabbares Kapitalmarktmodell anzubieten, das die Realität besser als das CAPM beschreibt. Dies ist bislang nicht gelungen.[268]

---

263 Vgl. *Fama* [Uncertainty, 1977], *Fama* [Discounting, 1996] sowie Kapitel B.3.2.2.

264 Vgl. *Wilhelm* [Finanztitelmärkte, 1983], S. 107-108.

265 Vgl. Fn. 200.

266 Vgl. *Fama* [Uncertainty, 1977], S. 3.

267 Vgl. zu entsprechenden Modellen etwa *Merton* [Model, 1973], S. 868-883; *Brennan* [Approach, 1973], S. 663-669; *Long* [Inflation, 1974], S. 136-149; *Rubinstein* [Valuation, 1976], S. 408-416; *Stapleton/Subrahmanyam* [Equilibrium, 1978], S. 1078-1090; *Stapleton* [Portfolio, 1971], S. 96-117. Zu deren Diskussion *Ross* [Status, 1978], S. 896-898.

268 Vgl. *Ballwieser* [Verfahren, 1998], S. 83; *Spremann* [Portfoliomanagement, 2003], S. 262; *Dinstuhl* [Unternehmensbewertung, 2003], S. 31. Da die von *Ross* [Arbitrage, 1976], S. 346-356, *Ross* [Risk, 1977], S. 194-210, und *Ross* [Valuation, 1978], S. 458-464, entwickelte Arbitrage Pricing Theory die Existenz mehrerer Risikofaktoren unterstellt, wird sie teils als Alternative zum oder Verallgemeinerung des CAPM angesehen. Vgl. etwa *Schultze* [Methoden, 2003], S. 276; *Koller/Goedhart/Wessels* [Valuation, 2005], S. 317; *Bäzner/Timmreck* [Überblick, 2004], S. 17; kritisch dazu *Wallmeier* [Aktienrenditen, 1997], S. 92. Es lässt sich indes zeigen, dass bei Arbitrage-

3.3 Risikoneutrale Bewertung

3.3.1 Einperiodenfall

Ein alternativer Ansatz zur Verarbeitung der Unsicherheit im Bewertungskalkül liegt in der risikoneutralen Bewertung. Anstatt die Risikoaversion durch Abschläge von den erwarteten Überschüssen oder Zuschläge auf den risikolosen Zinssatz zu berücksichtigen, kann diese auch erfasst werden, indem die Wahrscheinlichkeiten adjustiert werden: Negative Ergebnisse werden bei der Erwartungswertbildung mit höheren, positive mit geringeren als den subjektiven, „tatsächlichen" oder „realen" Wahrscheinlichkeiten gewichtet.[269] Hieraus ergibt sich ein Sicherheitsäquivalent oder ein mit risikoneutralen Wahrscheinlichkeiten berechneter Erwartungswert. Bezeichnet Q dieses risikoneutrale Wahrscheinlichkeitsmaß[270], so lässt sich (B.3.3) auch als[271]

$$V_0 = \frac{E_Q\left[\tilde{X}_1\right]}{1 + r_f} \qquad \text{(B.3.38)}$$

formulieren. Da der Erwartungswert $E_Q\left[\tilde{X}_1\right]$ unter Q ein Sicherheitsäquivalent darstellt, ist es mit dem risikolosen Zins zu diskontieren. Q muss in allen Zuständen ω des Zustandsraums Ω' strikt positiv sein $\left(Q(\omega) > 0 \ \forall \ \omega \in \Omega'\right)$ und ist in den hier unterstellten arbitragefreien vollkommenen Märkten existent und eindeutig.[272]

---

freiheit die Existenz mehrerer Faktoren überflüssig ist, da diese sich auf einen *einzigen* Faktor zurückführen lassen. Formal gelangt man damit zum (Einfaktor-Modell) CAPM. Während der Beta-Wert im CAPM als systematisches Risiko interpretierbar ist, ist der entsprechende Faktor in der Arbitrage Pricing Theory inhaltlich unbestimmt. Vgl. *Gilles/LeRoy* [Arbitrage, 1991], S. 225-226; *Kruschwitz/Löffler* [APT, 1997], S. 649-650; *Hachmeister* [Unternehmenswertsteigerung, 2000], S. 227; a. *Dreyer* [Bewertung, 2004], S. 169.

269 Vgl. grundlegend *Cox/Ross/Rubinstein* [Approach, 1979], S. 235-236; ferner *Kruschwitz/Löffler* [Theory, 2006], S. 22; *Richter* [Growth, 2002], S. 137-138; *Richter* [Rules, 2001], S. 182-183; *Richter* [Mergers, 2005], S. 18-19; *Hull* [Options, 2000], S. 205-209; *Zimmermann* [Pricing, 1998], S. 66-69; *Kürsten* [Grundlagen, 1997], S. 77-78.

270 Vgl. *Arrow* [Role, 1971], S. 122-133; Q wird teils auch als äquivalentes Martingalmaß bezeichnet. Vgl. *Nietert/Wilhelm* [Arbitrage, 1998], S. 12; *Nietert* [Arbitrage, 2001], S. 206; *Keiber* [Modelle, 2004], S. 423-424; *Zimmermann* [Pricing, 1998], S. 35.

271 Vgl. *Kruschwitz/Löffler* [Theory, 2006], S. 24; *Richter* [Wertgrenzen, 2003], S. 61. Ob der Risikozuschlag in (B.3.3) auf Grundlage der in Kapitel B.3.1 diskutierten Verdichtung von Ertragsbandbreiten oder auf Basis des CAPM bestimmt wird, ist unerheblich.

272 Vgl. grundlegend *Ross* [Valuation, 1978], S. 458-464; *Harrison/Kreps* [Martingales, 1979], S. 388-399; a. *Pliska* [Finance, 1997], S. 11; *Kruschwitz/Löffler* [Theory, 2006], S. 28; *Richter* [Unternehmenswert, 2004], S. 369; *Nietert/Wilhelm* [Arbitrage, 1998], S. 11-12; *Zimmermann* [Pricing, 1998], S. 34; *Kelleners* [Multiplikatoren, 2004], S. 69-74.

3.3.2 Mehrperiodenfall

Anders als im Einperiodenfall ist es bei mehrperiodigem Planungshorizont angebracht, mit bedingten Erwartungen zu rechnen. Zentrales Konzept zur Formalisierung der Entwicklung des Informationsstands im Zeitablauf $T=(0,1,2,...)$ auf Ω' und dem Wahrscheinlichkeitsraum P ist die Filtration $\mathbb{F}=\{F_t : t\in T\}$.[273] F_t bezeichnet den in t verfügbaren Informationsstand. Da dem Bewerter Information mit fortschreitendem t zuwächst und er annahmegemäß keine Fakten vergisst, gilt $F_t \subset F_\kappa$, für $\kappa \geq t$.[274] Unter diesen Voraussetzungen lässt sich der Unternehmenswert allgemein über die unter dem Informationsstand F_t bedingten Erwartungswerte mit[275]

$$\tilde{V}_t = \sum_{\kappa=t+1}^{T} \frac{E_Q\left[\tilde{X}_\kappa \middle| F_t\right]}{\left(1+r_f\right)^{\kappa-t}} \tag{B.3.39}$$

berechnen, wenn vereinfachend ein konstantes r_f unterstellt wird.

3.3.3 Würdigung

Das Konzept der risikoneutralen Bewertung erlaubt es, relativ einfache Bewertungsgleichungen zu formulieren, die als sinnvoller Ausgangspunkt für konkretere Kalküle dienen können. So werden Sicherheitsäquivalente mit r_f diskontiert, was einer etwaigen, in Kapitel B.3.1.2 angesprochenen Vermischung von Risiko- und Zeiteffekt vorbeugt. Daneben weist der Ansatz den Vorzug auf, dass er ohne das enge Annahmengerüst der in den Kapiteln B.3.1 und B.3.2 dargestellten Modelle zum Unternehmenswert führt.[276]

Dass letzterer Aspekt indes nur einen Scheinvorteil darstellt, zeigt ein Blick auf (B.3.38) oder (B.3.39). Beide Bewertungsgleichungen enthalten zwei Unbekannte: den Unternehmenswert als gesuchte Größe und das Wahrscheinlichkeitsmaß Q. Wie der Bewerter bei gegebenen subjektiven Wahrscheinlichkeiten und ohne Kenntnis von V_t

---

273 Vgl. hierzu und im Folgenden *Duffie* [Models, 1988], S. 130-137; *Duffie* [Theory, 1992], S. 21-22 und S. 223-225; *Williams* [Martingales, 1991], S. 93; *Kruschwitz/Löffler* [Theory, 2006], S. 9-13. F_t entspricht dem in Kapitel B.3.1.2 eingeführten, dort jedoch nicht näher definierten Informationsstand I_t.

274 Vgl. *Bingham/Kiesel* [Valuation, 2004], S. 75-76.

275 Vgl. *Kruschwitz/Löffler* [Theory, 2006], S. 27; *Kruschwitz/Löffler* [Zugang, 2005], S. 29.

276 Zur Konstituierung des Konzepts bedarf es allein der Annahme arbitragefreier Kapitalmärkte. Vgl. *Keiber* [Modelle, 2004], S. 424.

zu Q gelangen soll, ist im Allgemeinen offen.[277] Um die subjektiven Wahrscheinlichkeiten in Q zu überführen, müssen die Risikoeinstellungen der Marktteilnehmer expliziert werden.[278] Ob dies über das durch die Überschussverteilung implizierte *Bernoulli*-Sicherheitsäquivalent, das CAPM oder andere Ansätze geschieht, ist hier nicht entscheidend. Eine konkrete Schätzung von Q ist bislang auf Spezialfälle wie den Binomialbaum beschränkt.[279] Solange dies in allgemeineren Situationen nicht ohne Rückgriff auf ein Entscheidungen unter Unsicherheit abbildendes Modell wie etwa das CAPM gelingt, ist der Ansatz inhaltlich leer und es muss offen bleiben, warum man den Umweg über die risikoneutrale Bewertung gehen sollte.

Einen weiteren Schwachpunkt des Ansatzes offenbart Gleichung (B.3.39), in der mit bedingten Erwartungen gerechnet wird: Unternehmen sind aus Perspektive von $t = 0$ zu bewerten. Es ist aus dieser Perspektive unklar, welcher Informationsstand F_t sich in t einstellen wird.[280] Hätte man diese Kenntnis, so wäre das Bewertungsproblem trivial. Insoweit ist der Ansatz zwar theoretisch elegant, für Zwecke der Unternehmensbewertung jedoch nicht operational und wird daher nicht weiter verfolgt.

4. Wachstumsabschlag

In praxi und in Teilen der wissenschaftlichen Literatur wird der Basiszinsfuß oftmals um einen Wachstumsabschlag vermindert. Ursachen des Wachstums werden in Mengenveränderungen sowie Preissteigerungen gesehen.[281] Eine derartige Kombination

---

277 Ist V_t beobachtbar, so lassen sich hieraus bei Vorgabe etwa eines Binomialmodells die risikoneutralen Wahrscheinlichkeiten gewinnen. Vgl. für den Fall von Optionen *Rubinstein* [Trees, 1994]; *Jackwerth* [Trees, 1999], S. 67-79. Vgl. ferner *Kruschwitz/Löffler* [Zugang, 2005], S. 34.

278 Vgl. *Nietert* [Arbitrage, 2001], S. 205-207; *Richter* [Wertgrenzen, 2003], S. 67. Dies gilt auch, wenn anstelle von risikoneutralen Wahrscheinlichkeiten mit risikoadjustierten Wachstumsraten gerechnet wird. Vgl. hierzu *Richter* [Unternehmenswert, 2004], S. 370-372; *Richter/Helmis* [Risikozuschläge, 2001], S. 8-9.

279 Vgl. *Rubinstein* [Trees, 1994]; *Richter* [Wertgrenzen, 2003], S. 62, Fn. 6, S. 64-69 und S. 71-73; *Richter* [Unternehmenswert, 2004], S. 370-372. Insoweit kann in der risikoneutralen Bewertung kein Konzept gesehen werden, das „die Probleme des CAPM überwindet", wie *Timmreck* [Eigenkapitalkosten, 2004], S. 61, behauptet. Im Binomialbaum lässt sich unter Rückgriff auf das CAPM indes zeigen, dass bei Vorgabe des Erwartungswerts und der Varianz der Wachstumsrate der Cashflows auf die Spezifikation sowohl der subjektiven als auch der risikoneutralen Wahrscheinlichkeiten verzichtet werden kann. Vgl. *Rosarius/Wiese* [Rules, 2005], S. 6-26.

280 Vgl. a. die Diskussion über Risikoauflösung und den Risikoverbund zwischen zeitverschiedenen Überschussverteilungen in Kapitel B.3.1.3.2.

281 Vgl. etwa *Spremann* [Valuation, 2004], S. 67-75; *Mandl/Rabel* [Unternehmensbewertung, 1997], S. 191; *IDW* [IDW S 1, 2000], Tz. 101-103; *Drukarczyk* [Unternehmensbewertung, 2003], S. 502-507; *IDW* [IDW S 1, 2005], Tz. 103-106; *Wagner/Jonas/Ballwieser/Tschöpel* [Grundsätze, 2004], S. 895. Wie Kapitel B.5 zeigen wird, kann Wachstum ferner aus der differenzierten Besteuerung von Thesaurierungen und Ausschüttungen resultieren.

von Zinsfußkomponenten findet sich insbesondere[282] im Endwert von Phasenmodellen.[283] Motive für die Phasenbildung sind in einer mit zunehmender Länge des Detailplanungszeitraums abnehmenden Prognosegenauigkeit und einem zunehmenden Planungsaufwand zu suchen.[284]

Um die Verwendung eines Wachstumsabschlags theoretisch zu fundieren, wird explizit oder zumindest implizit auf das *Gordon/Shapiro*-Modell[285] zurückgegriffen. Letzteres lässt sich gewinnen, indem unendliches geometrisches Wachstum der Überschüsse[286]

$$X_{T+1} = X_T(1+w) \quad \forall\, T = 1, 2, \ldots, \infty \tag{B.4.1}$$

jenseits des Planungshorizonts T unterstellt wird. Der Parameter w gibt die konstante Wachstumsrate der deterministischen Erträge X_t an. Ausgehend von (B.4.1) lässt sich das Wachstumsmodell

$$V_T = \frac{X_{T+1}}{r_f - w} \quad \text{mit } r_f > w \tag{B.4.2}$$

über elementare Schritte[287] aus der Summenformel für unendliche geometrische Reihen ableiten. Zu beachten ist, dass der Zinssatz strikt größer als die positive Wachstumsrate ist.[288] Entspricht der Wachstumsabschlag dem Zinssatz oder übersteigt er ihn, so erhält man unendlich hohe, also ökonomisch unsinnige Unternehmenswerte. Formel (B.4.2) darf dann nicht angewandt werden. Allerdings sind auch negative Wachstumsraten zulässig, sofern ein schrumpfendes Unternehmen abgebildet werden soll.[289]

Bezeichnet Y_{T+1} den Gewinn, X_{T+1} die Dividende und B_T den Buchwert je Aktie, so gilt die Beziehung[290]

---

282 Zu einem Modell mit abschnittsweise konstantem Wachstum vgl. *Spremann* [Valuation, 2004], S. 62-63.

283 Vgl. zu den Phasenmodellen *Mandl/Rabel* [Unternehmensbewertung, 1997], S. 153-157; *Ballwieser* [Unternehmensbewertung, 2004], S. 62-64.

284 Vgl. *Dinstuhl* [Unternehmensbewertung, 2003], S. 115, m.w.N.; *Mandl/Rabel* [Unternehmensbewertung, 1997], S. 153.

285 Vgl. grundlegend *Gordon/Shapiro* [Analysis, 1956], S. 105-106; *Gordon* [Dividends, 1959], S. 103; *Gordon* [Valuation, 1962], S. 43-46; *Gordon* [Policy, 1963], S. 269-271; *Lintner* [Cost, 1963], S. 297-305; *Lintner* [Dividends, 1964], S. 58-60; *Gordon/Gould* [Cost, 1978], S. 1202; *Gordon/Gould* [Equity, 1978], S. 849-850; a. bereits *Williams* [Theory, 1938], S. 87-96.

286 Vgl. *Ballwieser* [Geldentwertung, 1988], S. 801; *Rudolph* [Investitionsrechnung, 1986], S. 612; *Spremann* [Valuation, 2004], S. 50.

287 Vgl. *Brealey/Myers* [Principles, 2003], S. 37-38.

288 Vgl. etwa *Aders* [Inflation, 1998], S. 3.

289 Vgl. *Drukarczyk* [Unternehmensbewertung, 2003], S. 504-507.

290 Vgl. *Gordon* [Dividends, 1959], S. 101-103; *Brennan* [Irrelevance, 1971], S. 1116.

$$w = b' \cdot r_u = \frac{Y_{T+1} - X_{T+1}}{B_T}. \tag{B.4.3}$$

Dabei stellt r_u die unternehmensintern erzielte Rendite auf den Anteil b' der einbehaltenen Gewinne dar. Weil dann $X_{T+1} = (1-b') \cdot Y_{T+1}$ gilt, lässt sich (B.4.2) auch als

$$V_T = \frac{(1-b') \cdot Y_{T+1}}{r_f - b'r_u} \quad \text{mit } r_f > b'r_u \tag{B.4.4}$$

schreiben.[291] Gleichung (B.4.4) verdeutlicht die Abhängigkeit des Wertes von der durch b' formalisierten Ausschüttungspolitik.

Das *Gordon/Shapiro*-Modell wurde unter sicheren Erwartungen abgeleitet. Die ihm zugrundeliegende Annahme unendlichen, konstanten Wachstums ist bereits in dieser Welt idealisierend. Die konsistente Übertragung des Modells auf den Unsicherheitsfall ist an weitere (restriktive) Bedingungen geknüpft, wie Kapitel C.3.2.1 zeigen wird. Da der Fortführungswert oft den überwiegenden Anteil am Unternehmenswert bildet und folglich ein inkonsistentes Modell bei seiner Berechnung zu großen Fehlern führen kann[292], ist derartigen Bedingungen ein besonderes Gewicht beizumessen.

5. Steuern

Steuern dürfen im Rahmen der Unternehmensbewertung zum Zweck der Grenzpreisermittlung grundsätzlich nicht vernachlässigt werden.[293] Unternehmenssteuern sind bei der Cashflow-Ermittlung zu erfassen.[294] Im deutschen Steuersystem fällt hierunter sowohl für (gewerbeertragsteuerpflichtige) Personen- als auch für Kapitalgesellschaften die Gewerbeertragsteuer. Letztere haben zusätzlich Körperschaftsteuer und Solidaritätszuschlag zu entrichten.[295] Der Gewerbeertragsteuersatz s_{Gew} errechnet sich mit $s_{Gew} = \widehat{H}/(2000 + \widehat{H})$, wobei $\widehat{H}$ den Hebesatz der betrachteten Gemeinde bezeichnet. Der definitive Körperschaftsteuersatz s_{KSt} beträgt 25 % und ist um den Solidaritätszu-

---

291 Vgl. *Gordon/Gould* [Cost, 1978], S. 1202.

292 Vgl. *Richter/Drukarczyk* [Wachstum, 2001], S. 636; a. *Dinstuhl* [Unternehmensbewertung, 2003], S. 118-119, m.w.N.; *Stellbrink, Jörn* [Restwert, 2005], S. 57-61.

293 Vgl. etwa *Moxter* [Grundsätze, 1983], S. 177-178; *Leuthier* [Interdependenzproblem, 1988], S. 158-160; *Leuthier* [Besteuerung, 1988], S. 505-508; *Ballwieser* [Steuern, 1995], S. 36; *Kruschwitz/Löffler* [Steuervorteile, 1999], S. 4; *IDW* [IDW S 1, 2000], Tz. 51; *Richter* [Unternehmensbewertung, 2002], S. 326-330; a. bereits *Dean* [Capital, 1954], S. 127.

294 Vgl. *Ballwieser* [Unternehmensbewertung, 2004], S. 100.

295 Vgl. hierzu und im Folgenden *Ballwieser* [Unternehmensbewertung, 2004], S. 115-118; *Husmann/Kruschwitz/Löffler* [Steuern, 2002], S. 26 und S. 30; *IDW* [Wirtschaftsprüfer-Handbuch, 2002], S. 32-33, Tz. 104; *Wameling* [Steuern, 2004], S. 150-168.

schlag in Höhe von 5,5 % auf die Körperschaftsteuer zu erhöhen. Da Dauerschuldzinsen zur Hälfte bei der Berechnung der Gewerbeertragsteuer in Abzug gebracht werden können und letztere die Bemessungsgrundlage der Körperschaftsteuer mindert, lassen sich s_{Gew} und s_{KSt} zum Mischsteuersatz

$$s = 0,5 s_{Gew}\left(1 - s_{KSt}\right) + s_{KSt} \tag{B.5.1}$$

zusammenfassen[296], der in Kapitel C.5 zur Berechnung der Steuervorteile aus Fremdfinanzierung dient. Für den kombinierten Steuersatz s_c der Kapitalgesellschaft gilt damit[297]

$$s_c = s_{Gew}\left(1 - s_{KSt}\right) + s_{KSt} = s_{Gew} + s_{KSt}\left(1 - s_{Gew}\right). \tag{B.5.2}$$

Mit Blick auf die persönlichen Steuern wird im Folgenden von unbeschränkt steuerpflichtigen inländischen Privatpersonen[298] ausgegangen, die im Stande und Willens sind, das zu bewertende Unternehmen aus eigenen Mitteln zu erwerben.[299] „Bewerten heißt vergleichen".[300] Verglichen wird die Unternehmenstransaktion mit der bestmöglichen Handlungsalternative. Persönliche Steuern greifen auf beide Alternativen unterschiedlich zu. In welcher Form dies geschieht, hängt zunächst von der Rechtsform des Bewertungsobjekts ab.

Handelt es sich um eine Personengesellschaft, so hat ein Investor mit einem Satz s_e Einkommensteuer auf Einkünfte aus Gewerbebetrieb zu entrichten, unabhängig davon, ob der Gewinn entnommen wird oder im Unternehmen verbleibt.[301] Rechnet man den Solidaritätszuschlag hinzu, so ergibt sich der im Folgenden zugrunde gelegte Einkommensteuersatz $\hat{s}_e := 1,055 \cdot s_e$.[302] Als Bemessungsgrundlage dient vereinfachend

[296] Vgl. *Ballwieser* [Unternehmensbewertung, 2004], S. 115-118; a. *Schultze* [Halbeinkünfteverfahren, 2005], S. 242. Darstellung (B.5.1) setzt voraus, dass das betrachtete Unternehmen ausschließlich Dauerschulden besitzt.

[297] Vgl. *Schüler* [Bewertung, 2003], S. 363-364.

[298] Die Akteure werden annahmegemäß einzeln veranlagt.

[299] Kreditaufnahmen sind somit nicht erforderlich. Vgl. zu deren Einbeziehung *Husmann/Kruschwitz/Löffler* [Steuern, 2002]. Betont sei, dass das deutsche Steuersystem hier nur idealisiert abgebildet wird. Daneben sind die Steuersätze annahmegemäß intertemporal konstant.

[300] *Moxter* [Grundsätze, 1983], S. 123.

[301] Vgl. *Husmann/Kruschwitz/Löffler* [Steuern, 2002], S. 26-27; *Wiese* [Steuern, 2006], S. 6.

[302] Von der Integration der Kirchensteuer in den Kalkül wird abgesehen. Vgl. dazu *Kruschwitz* [Investitionsrechnung, 2005], S. 122-123. Vorausgesetzt wird, dass die Investoren die Kirchensteuer vermeiden. Vernachlässigt man Details, so wirkt sie wie der Solidaritätszuschlag, der im Weiteren berücksichtigt wird.

der Cashflow des Unternehmens.[303] Dabei ist die Gewerbeertragsteuer in Höhe des 1,8fachen des Gewerbesteuermessbetrags auf die Einkommensteuer anrechenbar.[304]

Für Kapitalgesellschaften wird unterstellt, dass der Überschuss nur aus (Bar-)Dividenden[305] D besteht, die aufgrund des Halbeinkünfteverfahrens mit dem Satz $\tau := 0,5 \cdot \hat{s}_e$ besteuert werden.[306] Etwaige Kursgewinne $V_{t+1} - V_t$ sollen einem Steuersatz γ unterliegen.[307] Die Anlagemöglichkeit zum risikofreien Zinssatz weist die Nachsteuerrendite $r_f \cdot (1 - \hat{s}_e)$ auf.

Im Folgenden soll das in Kapitel B.4 dargestellte Wachstumsmodell unter den hier getroffenen steuerlichen Annahmen abgeleitet werden. Die Analyse erfolgt unter der Prämisse sicherer Erwartungen[308], da die Berücksichtigung von Steuern im Fall unendlichen Wachstums dem Bewerter bereits in Abwesenheit von Unsicherheit diskussionswürdige Annahmen aufnötigt.

Der Nettoüberschuss aus dem Unternehmen im Planungshorizont T berechnet sich mit[309]

$$D_T \cdot (1 - \tau) + V_T - (V_T - V_{T-1}) \cdot \gamma . \qquad \text{(B.5.3)}$$

---

[303] Vgl. zu dieser Annahme a. *Laitenberger* [Einkommensteuer, 2003], S. 1225. Zu Abweichungen von Bemessungsgrundlage und Zahlungsebene vgl. *Drukarczyk* [Unternehmensbewertung, 2003], S. 144-164; *Drukarczyk* [Anmerkungen, 1995], S. 332-334; *Drukarczyk/Richter* [Finanzentscheidungen, 1995], S. 564-566. Der Cashflow ist nach Unternehmenssteuern definiert.

[304] Vgl. *IDW* [Wirtschaftsprüfer-Handbuch, 2002], S. 34, Tz. 105; *Wiese* [Steuern, 2006], S. 6-7, m.w.N.

[305] Die Bardividende entspricht dem ausgeschütteten körperschaftsteuerlichen Gewinn nach Abzug der Körperschaftsteuer. Vgl. a. *Günther* [Implikationen, 2003], S. 354.

[306] Vgl. § 3 S. 1 Nr. 40d EStG.

[307] Die Höhe von γ bleibt im Folgenden unspezifiziert $(0 \le \gamma < 1)$. Im gegenwärtig herrschenden deutschen Steuersystem werden Kursgewinne auf Wertpapiere, die kürzer als ein Jahr gehalten werden (§ 23 I S. 1 Nr. 2 EStG), zum halben persönlichen Einkommensteuersatz $0,5 \cdot \hat{s}_e = \tau$ und damit grundsätzlich gleich wie Dividenden besteuert. Steuerfrei bleiben Kursgewinne nur dann, wenn der Investor weniger als 1 % der Anteile des Bewertungsobjekts hält (§ 17 I S. 1 EStG) und diese nach Ablauf der Spekulationsfrist veräußert oder Kursgewinne unterhalb einer Freigrenze von 512 € realisiert. Vgl. *Drukarczyk/Lobe* [Methoden, 2001], S. 7.

[308] Vgl. zur Ableitung des Modells unter der Prämisse unsicherer Erwartungen *Wiese* [Wachstum, 2005], S. 621-622.

[309] Vgl. hierzu und zur folgenden Herleitung des Modells *O'Brian* [Model, 1991], S. 126-127; *Haugen/Heins* [Effects, 1969], S. 466-467. Die folgenden Ausführungen lehnen sich eng, teils wörtlich an *Wiese* [Wachstum, 2005], S. 619-621, an.

Werden sämtliche Terme in (B.5.3) mit $r_f \cdot (1-\hat{s}_e)$ diskontiert[310], so folgt nach Umstellen

$$V_{T-1} \cdot \left(1 - \frac{\gamma}{\left(1 + r_f \cdot (1-\hat{s}_e)\right)}\right) = \frac{D_T \cdot (1-\tau)}{\left(1 + r_f \cdot (1-\hat{s}_e)\right)} + \frac{V_T \cdot (1-\gamma)}{\left(1 + r_f \cdot (1-\hat{s}_e)\right)}. \tag{B.5.4}$$

Über weitere Umformungen erhält man

$$V_{T-1} = \frac{D_T \cdot (1-\tau) + V_T \cdot (1-\gamma)}{1 + r_f \cdot (1-\hat{s}_e) - \gamma}. \tag{B.5.5}$$

Wird Beziehung (B.5.5) zur Berechnung des Unternehmenswertes aus Sicht des Bewertungszeitpunkts herangezogen, so ist V_0 eine Funktion der Größen V_1 und D_1. Zieht man zur Berechnung von V_1 wiederum (B.5.5) und die darin enthaltenen Größen V_2 sowie D_2 heran und setzt den Prozess bis ∞ fort, so resultiert

$$V_0 = \sum_{t=1}^{\infty} \frac{D_t \cdot (1-\tau) \cdot (1-\gamma)^{t-1}}{\left(1 + r_f \cdot (1-\hat{s}_e) - \gamma\right)^t}. \tag{B.5.6}$$

Da im *Gordon/Shapiro*-Modell $D_{t+1} = D_t \cdot (1+w)$ gilt, reduziert sich (B.5.6) zu[311]

$$V_0 = \frac{D_1 \cdot (1-\tau)}{r_f \cdot (1-\hat{s}_e) - w \cdot (1-\gamma)}. \tag{B.5.7}$$

Darstellung (B.5.7) fußt auf der Annahme, dass die über die Wachstumsrate w formalisierten Wert- oder Kurssteigerungen periodisch vereinnahmt werden, so dass sie dem Steuersatz γ unterliegen.[312] Diese Prämisse erscheint wenig realitätsgerecht, da steuerminimierende Akteure nicht geneigt sein werden, die Steuerlast jährlich in Kauf zu nehmen.

Daher wird teils argumentiert, Kursgewinnsteuern sollten im Kalkül unberücksichtigt bleiben. In diesem Fall fällt indes die Abhängigkeit des Unternehmenswertes von der Besteuerung unter gewissen Annahmen weg. Vorauszusetzen ist hierfür, dass die Dividenden nicht mit der Rendite auf festverzinsliche Einkünfte r_f, sondern mit einer Ge-

---

310 *O'Brian* [Model, 1991], S. 127, leitet das Modell unter unsicheren Erwartungen ab und zeigt, dass die mit T indizierten Größen mit einem anderen Diskontierungssatz abzuzinsen sind als V_{T-1}, da der Unternehmenswert aus Perspektive von T-1 sicher ist.

311 Vgl. *Haugen/Heins* [Effects, 1969], S. 467; *O'Brian* [Model, 1991], S. 125; *Wilhelm* [Kapitalkosten, 2004], S. 15.

312 Vgl. zu den Voraussetzungen für eine steuerfreie Vereinnahmung von Kursgewinnen Fn. 307.

samtrendite diskontiert werden, die sich aus einer Kursrendite ρ und einer Dividendenrendite δ zusammensetzt. Da w als Rendite aus Unternehmenswertsteigerungen zu interpretieren ist ($w = \rho$), vereinfacht sich (B.5.7) in diesem Fall zu[313]

$$V_0 = \frac{D_1 \cdot (1-\tau)}{\rho + \delta \cdot (1-\tau) - w} = \frac{D_1}{\delta}. \tag{B.5.8}$$

Ergebnis (B.5.8) ist trivial, wenn man akzeptiert, dass die Dividenden nicht mit r_f, sondern mit der Summe aus ρ und δ abzuzinsen sind. Es stellt sich unabhängig davon ein, ob ρ und damit w besteuert werden oder nicht.

Wurden bislang nur Mengen- und Preiserhöhungen als Quellen des Wachstums mit w angesehen, so soll im Folgenden gezeigt werden, dass Wachstum auch aus der teilweisen Thesaurierung von Gewinnen resultieren kann. Ursächlich hierfür ist die unterschiedliche steuerliche Behandlung von einbehaltenen und ausgeschütteten Gewinnbestandteilen im Halbeinkünfteverfahren.[314] Ein Bewertungskalkül, der dieses steuerlich bedingte Wachstum isoliert abbildet, liegt vor.[315] Im Folgenden soll gezeigt werden, wie dieser Kalkül zusätzlich um mengen- und preisbedingtes Wachstum ergänzt werden kann.

Bezeichnet $\hat{q}$ $(0 < \hat{q} < 1)$ die intertemporal konstante Ausschüttungsquote auf den Gewinn, so wird der Betrag $\hat{q} \cdot Y_t \cdot (1-s_c)$ ausgeschüttet.[316] Der thesaurierte Betrag $(1-\hat{q}) \cdot Y_t \cdot (1-s_c)$ wird annahmegemäß unternehmensintern angelegt und verzinst sich mit der Rendite nach Unternehmenssteuern $r_u' = r_u \cdot (1-s_c)$[317], so dass er den Überschuss $r_u' \cdot (1-\hat{q}) \cdot Y_t \cdot (1-s_c)$ generiert. Diese Überschüsse werden in den sich anschließenden Perioden jeweils mit dem Anteil $\hat{q}$ ausgeschüttet und mit $(1-\hat{q})$ einbehalten.

313 Vgl. *Laitenberger* [Unternehmensbewertung, 2000], S. 548-549; *Laitenberger/Bahr* [Einkommensteuer, 2002], S. 704; zusammenfassend *Löffler* [Dividenden, 2001], S. 593.

314 Aufgrund dieser Ungleichbehandlung gilt das Theorem von der Irrelevanz der Ausschüttungspolitik für den Unternehmenswert nicht. Vgl. hierzu *Miller/Modigliani* [Policy, 1961], S. 413, S. 428-429 und S. 431-432; a. bereits *Modigliani/Miller* [Finance, 1959], S. 665.

315 Vgl. *Laitenberger/Tschöpel* [Vollausschüttung, 2003], S. 1360-1365; *Wagner/Jonas/Ballwieser/Tschöpel* [Grundsätze, 2004], S. 895-897.

316 Vgl. hierzu und im Folgenden *Laitenberger/Tschöpel* [Vollausschüttung, 2003], S. 1361. Der Steuersatz s_c für Kapitalgesellschaften errechnet sich gemäß Gleichung (B.5.2).

317 Die Thesaurierung selbst ist folglich wertneutral. Vgl. *Wagner/Jonas/Ballwieser/Tschöpel* [Grundsätze, 2004], S. 895; a. *Coenenberg/Schultze* [Ertragswertmethode, 2003], S. 125-127.

Die ausgeschütteten Erträge aus der Thesaurierung entwickeln sich damit vor persönlichen Steuern als[318]

$$\hat{q}\cdot r_u' \cdot (1-\hat{q})\cdot Y_1 \cdot (1-s_c)+$$
$$\hat{q}\cdot r_u' \cdot (1-\hat{q})\cdot Y_1 \cdot (1-s_c)\cdot (1+r_u'\cdot(1-\hat{q}))+ \qquad \text{(B.5.9)}$$
$$\hat{q}\cdot r_u' \cdot (1-\hat{q})\cdot Y_1 \cdot (1-s_c)\cdot (1+r_u'\cdot(1-\hat{q}))^2+\ldots$$

Auf Grundlage von (B.5.9) lässt sich der Wert V_{t-1}^{Th} der aus der Gewinneinbehaltung fließenden Ausschüttungen mit

$$V_{t-1}^{Th}=\frac{\hat{q}\cdot r_u' \cdot (1-\hat{q})\cdot Y_t \cdot (1-s_c)\cdot(1-\tau)}{r_f\cdot(1-\hat{s}_e)-r_u'\cdot(1-\hat{q})} \quad \text{mit } r_f\cdot(1-\hat{s}_e)>r_u'\cdot(1-\hat{q}) \qquad \text{(B.5.10)}$$

berechnen, wobei zu beachten ist, dass die Ausschüttungen mit τ zu belasten sind.[319] Beziehung (B.5.10) gibt jenen Wertbeitrag an, den ein *einzelner* periodischer Überschuss bei unendlicher Wiederanlage mit der Quote $(1-\hat{q})$ erbringt. Im Folgenden wird – in Erweiterung der Gedanken von *Laitenberger/Tschöpel* – angenommen, dass die Ausschüttungen von Periode zu Periode mit einer konstanten Rate $w\cdot(1-\gamma)$ wachsen. In Kombination mit der Prämisse einer intertemporal konstanten Ausschüttungsquote $\hat{q}$ führt diese Annahme dazu, dass neben der Ausschüttung auch die thesaurierten Beträge und folglich auch die Gewinne mit der gleichen Rate $w\cdot(1-\gamma)$ wachsen. Mithin erhöht sich der Gewinn Y_t in (B.5.10) – und mit ihm der gesamte Wertbeitrag (B.5.10) – von Periode zu Periode um den Faktor $(1+w\cdot(1-\gamma))$. Aggregiert man über sämtliche bis zum Planungshorizont thesaurierten Beträge und bezieht diese auf t = 0, so resultiert aus (B.5.10) mit[320]

$$V_0^{Th}=\frac{\dfrac{\hat{q}\cdot r_u' \cdot (1-\hat{q})\cdot Y_1 \cdot (1-s_c)\cdot(1-\tau)}{r_f\cdot(1-\hat{s}_e)-r_u'\cdot(1-\hat{q})}}{r_f\cdot(1-\hat{s}_e)-w\cdot(1-\gamma)} \qquad \text{(B.5.11)}$$

der gesamte Wertbeitrag aus allen reinvestierten Mitteln.

---

318 Vgl. *Laitenberger/Tschöpel* [Vollausschüttung, 2003], S. 1361. $r_u'\cdot(1-\hat{q})$ fungiert damit als (intertemporal konstante) Wachstumsrate.

319 Vgl. zur Ableitung von (B.5.10) Anhang 1.

320 Die Ableitung von (B.5.11) verläuft analog zu jener von (B.5.10) in Anhang 1 und wird daher nicht explizit durchgeführt.

Zusätzlich zum Zinseszins aus Gewinneinbehaltungen (B.5.11) fließen den Anteilseignern die Ausschüttungen $\hat{q} \cdot Y_t \cdot (1-s_c)$ der laufenden Periode zu, die ebenfalls um τ zu kürzen sind. Deren Wertbeitrag V_0^A ermittelt sich nach der Beziehung

$$V_0^A = \frac{\hat{q} \cdot Y_1 \cdot (1-s_c) \cdot (1-\tau)}{r_f \cdot (1-\hat{s}_e) - w \cdot (1-\gamma)} \qquad \text{(B.5.12)}$$

und damit entsprechend (B.5.7). In (B.5.12) kommt kein steuerlich bedingtes Wachstum zum Tragen; dieses wird lediglich über (B.5.10) abgebildet. Der gesuchte Unternehmenswert V_0 ergibt sich als Summe von V_0^{Th} und V_0^A:[321]

$$V_0 = \frac{\hat{q}Y_1(1-s_c)(1-\tau) \cdot \left[1 + \frac{r_u'(1-\hat{q})}{r_f(1-\hat{s}_e) - r_u'(1-\hat{q})}\right]}{r_f(1-\hat{s}_e) - w(1-\gamma)} \quad \text{mit } r_f(1-\hat{s}_e) > w(1-\gamma). \qquad \text{(B.5.13)}$$

Die Bewertungsgleichung (B.5.13) zeigt, dass die Ertragskomponenten aufgrund unterschiedlicher Ursachen wachsen: Während die periodische Ausschüttung allein dem Wachstum mit $w \cdot (1-\gamma)$ unterliegt, wachsen die Erträge aus der Anlage einbehaltener Mittel sowohl mengen- oder preis- als auch steuerlich bedingt mit $r_u' \cdot (1-\hat{q})$. Folglich wachsen nicht – wie intuitiv durch Analogisierung der Überlegungen von *Laitenberger/Tschöpel* vermutet werden könnte – die *gesamten* Unternehmenserträge mit $w \cdot (1-\gamma)$ *und* $r_u' \cdot (1-\hat{q})$, sondern nur deren durch (B.5.11) abgebildeter Anteil.[322] Die gesamten Unternehmenserträge nehmen folglich *nicht* mit der Summe aus $w \cdot (1-\gamma)$ und $r_u' \cdot (1-\hat{q})$ zu: Gedanklich zu unterscheiden sind zwei Effekte: Durch die Thesaurierung wird ein Zinseffekt erzeugt. Diese Erträge werden anteilig mit der Quote $\hat{q}$ ausgeschüttet und mit $(1-\hat{q})$ einbehalten. Der ausgeschüttete Anteil wächst preis- oder mengenbedingt mit $w(1-\gamma)$. Der einbehaltene Anteil der durch die unternehmensinterne Verzinsung frei werdenden Mittel erzeugt zusätzlich ein Wachstum mit der Rate $r_u'(1-\hat{q})$. Der Zusammenhang zwischen den hier angestellten Überlegungen und jenen

---

321 Vgl. analog ohne systematisches Wachstum mit $w(1-\gamma)$ *Laitenberger/Tschöpel* [Vollausschüttung, 2003], S. 1364. *Knoll* [Rente, 2005], S. 1121-1123, bestätigt Ergebnis (B.5.13).

322 *Wagner/Jonas/Ballwieser/Tschöpel* [Grundsätze, 2004], S. 895, bemerken hierzu, der thesaurierungsbedingte Wachstumsabschlag trete „gegebenenfalls zu dem schon bislang verwendeten Wachstumsabschlag", mithin neben den mengen- und preisbedingten Abschlag. Wie die Bezüge zwischen beiden Abschlägen sind, lassen sie indes offen.

von *Laitenberger/Tschöpel* wird deutlich, wenn man w = 0 setzt. In diesem Fall reduziert sich (B.5.13) zu ihrer Darstellung.[323]

Die Bewertungsgleichung (B.5.13) steht im Widerspruch zu den Überlegungen von *Schwetzler*, der argumentiert, dass aufgrund der – auch in IDW S 1 n.F. vorgesehenen[324] – kapitalwertneutralen Wiederanlage der Thesaurierungsbeträge zu r_u' „die Möglichkeit von werterhöhenden Erweiterungsinvestitionen [...] ausgeschlossen“[325] sei.[326] Daneben zeigt (B.5.13), dass die Schlussfolgerung von *Beyer/Gaar* unzutreffend ist, wonach bei gleichzeitiger Annahme steuerlich sowie preis- oder mengenbedingten Wachstums das *Gordon/Shapiro*-Modell nicht anwendbar sei.[327]

Da der Steuerbilanzgewinn von Personengesellschaften unabhängig von Einbehaltung oder Entnahme der persönlichen Steuer unterliegt[328], haben diese Unternehmen grundsätzlich keine Möglichkeit, thesaurierungsbedingtes Wachstum zu erzeugen.[329] Diese bedeutet jedoch nicht, dass Personengesellschaften generell niedrigere Werte als Kapitalgesellschaften aufweisen. Abhängig von den Ausprägungen der in den Kalkül eingehenden Parameter, insbesondere der Ausschüttungsquote, können die Werte von Kapitalgesellschaften auch unter jenen von Personengesellschaften liegen.[330]

6. Fazit

Anliegen von Kapitel B war es, die einzelnen Komponenten des Zinsfußes in Unternehmensbewertungskalkülen isoliert darzustellen und zu würdigen, ohne den Verbund zwischen ihnen zu beachten. Letzteres bleibt der Konsistenzanalyse im folgenden Kapitel C vorenthalten.

Die erste Komponente des Zinsfußes bildet der Basiszinssatz. Er sollte durch spot rates operationalisiert werden. Diese stellen zum einen die theoretisch korrekten Diskontierungssätze für zeitverschiedene Überschüsse dar. Zum anderen sind sie praktisch grundsätzlich nicht schwerer oder leichter erhebbar als die Verzinsung von Kuponan-

---

323 Vgl. *Laitenberger/Tschöpel* [Vollausschüttung, 2003], S. 1361 und S. 1364; ferner a. *Wagner/Jonas/Ballwieser/Tschöpel* [Grundsätze, 2004], S. 897, Gleichung (3.2).

324 Vgl. *Wagner/Jonas/Ballwieser/Tschöpel* [Grundsätze, 2004], S. 895; *Wiese* [Wachstum, 2005], S. 620.

325 *Schwetzler* [Ausschüttungsäquivalenz, 2005], S. 610; a. *Schwetzler* [Wachstum, 2005], S. 1126-1128.

326 Vgl. *Wiese* [Wachstum, 2005], S. 621.

327 Vgl. *Beyer/Gaar* [Neufassung, 2005], S. 249; *Wiese* [Wachstum, 2005], S. 621.

328 Vgl. Kapitel B.5.

329 Vgl. *Wiese* [Wachstum, 2005], S. 621; *Wiese* [Steuern, 2006], S. 18-21.

330 Vgl. *Wiese* [Steuern, 2006], S. 21.

leihen. Liegen letztere für 30 Jahre vor, so gilt das Gleiche für spot rates. Diese werden im weiteren Verlauf der Arbeit zugrunde gelegt. Um die Anschlussverzinsung für die Ermittlung des Endwerts in Phasenmodellen zu bemessen, wird ein Rückgriff auf die am Stichtag erhebbare spot rate mit der längsten Laufzeit im Detailplanungszeitraum vorgeschlagen.

Um die Prognoseunsicherheit im Kalkül zu verarbeiten, wurden drei Ansätze betrachtet. Erstens lassen sich Risikozuschläge über die durch die Überschussverteilung und Risikonutzenfunktion des Entscheiders implizierten, mit dem risikolosen Zinssatz diskontierten Sicherheitsäquivalente gewinnen. Dabei ist nach gegenwärtigem Erkenntnisstand insbesondere offen, wie sich das hinter dem Zinssatz stehende Kapitalmarktumfeld in die Erwartungsnutzentheorie integrieren lässt. Entsprechende Versuche führen bislang grundsätzlich auf die exponentielle Nutzenfunktion und damit auf eine relativ enge Klasse von Risikopräferenzen zurück. Der Ansatz wird daher im Folgenden nicht weiter verfolgt. Zweitens kann die Risikokorrektur über das CAPM erfolgen. Es ist nicht zu übersehen, dass auch dieses Modell mit gravierenden Mängeln behaftet ist: Sämtliche seiner Prämissen sind realitätsfern, die mit ihm formal abgeleiteten Gleichgewichte sind nicht ohne weitere Annahmen existent und eindeutig. Diese Einwände wiegen indes weniger schwer, wenn man sich vergegenwärtigt, dass realitätsnähere und zugleich ähnlich handhabbare Kapitalmarktmodelle nicht vorliegen. Um dem bei der Unternehmensbewertung regelmäßig vorhandenen Mehrperiodenkontext gerecht zu werden, wird im Weiteren von den von *Fama* und *Myers/Turnbull* erarbeiteten Bedingungen ausgegangen, die eine wiederholte Anwendung des Einperiodenmodells erlauben. Dies verlangt, dass die Entwicklung a) des risikolosen Zinses, b) des Marktpreises des Risikos sowie c) der Kovarianz zwischen der die Erwartungsänderung ausdrückenden Zufallsvariable und der Rendite des Marktportfolios aus Sicht des Bewertungsstichtags deterministisch bekannt ist. Es sei nicht bestritten, dass originäre Mehrperiodenversionen des CAPM, welche von vornherein einen mehrperiodigen Planungshorizont zugrunde legen, die Realität potenziell besser abbilden; unbestreitbar ist jedoch zugleich, dass sich diese Modellversionen der praktischen Umsetzbarkeit entziehen. Die risikoneutrale Bewertung stellt keine Alternative zu den anderen beiden Ansätzen dar, da das risikoneutrale Wahrscheinlichkeitsmaß nicht ohne Rückgriff auf ein Referenzmodell gewinnbar ist.

Der Wachstumsabschlag vom Zinssatz lässt sich über das *Gordon/Shapiro*-Modell theoretisch fundieren, mit dessen Hilfe häufig der Endwert in Phasenmodellen berechnet wird. Dieser Kalkül fußt auf der Annahme unendlichen konstanten geometrischen Wachstums. Bereits unter sicheren Erwartungen ist diese Prämisse wenig realistisch, stellt aber angesichts der praktisch vorhandenen Prognoseprobleme bei der Endwertermittlung eine tolerable Vereinfachung dar.

Das Wachstum der Erträge lässt sich inhaltlich über Mengen- oder Preissteigerungen begründen. Werden nach Einkunftsarten differenzierte persönliche Steuern in die Betrachtung einbezogen, so zeigt sich, dass Wachstum bei Kapitalgesellschaften auch einer teilweisen Thesaurierung von Gewinnen entspringen kann. Hintergrund dessen ist die steuerliche Benachteiligung von ausgeschütteten gegenüber einbehaltenen Gewinnbestandteilen. Integriert man beide Quellen des Wachstums simultan in ein Modell, so zeigt sich, dass die einbehaltenen und ausgeschütteten Gewinnbestandteile unterschiedlich wachsen: Der Anteil ausgeschütteter Gewinne wächst nur preis- oder mengenbedingt, während die Thesaurierungsbeträge sowohl preis- oder mengen- als auch steuerlich bedingt zunehmen.

Im folgenden Kapitel C gilt es, die isoliert diskutierten Zinsfußkomponenten zusammenzuführen. Als zentraler Baustein hierfür dient das wiederholt angewandte einperiodige CAPM von *Fama* und *Myers/Turnbull.* Dabei wird der Kalkül sukzessive um die hier betrachteten Komponenten angereichert. Den Abschluss der Analyse bildet die Erfassung von Kapitalstruktureinflüssen. Deren isolierte Diskussion, ohne zuvor die übrigen Zinsfußbestandteile, insbesondere Steuern, in den Kalkül eingearbeitet zu haben, erscheint nicht weiterführend und unterblieb daher in Kapitel B.

C. Konsistenz der Zinsfußkomponenten

1. Strukturierung

In den folgenden Kapiteln soll der Versuch unternommen werden, die Zinsfußkomponenten und die mit ihnen verbundenen expliziten und impliziten Annahmen konsistent miteinander zu verknüpfen. Hierfür soll das CAPM als analytischer Rahmen dienen. Untersucht wird zunächst, inwieweit dieses im Fall eines stochastisch schwankenden risikolosen Zinssatzes Bestand hat (Kapitel C.2). Anschließend soll gezeigt werden, wie sich das Kapitalmarktmodell um einen Wachstumsabschlag erweitern lässt. Da zur Ableitung des *Gordon/Shapiro*-Modells auf einen mehrperiodigen Kalkül zurückzugreifen ist, wird das CAPM von *Fama* und *Myers/Turnbull* verwandt, das eine wiederholte Verwendung des Einperioden-CAPM darstellt (Kapitel C.3). Daraufhin werden in Kapitel C.4 persönliche Steuern in den Kalkül einbezogen. Hierzu wird zunächst im einperiodigen Steuer-CAPM argumentiert, bevor Bedingungen für dessen wiederholte Anwendung bei Vorliegen eines mehrperiodigen Planungshorizonts erarbeitet werden. Abschließend wird der Einfluss alternativer Finanzierungsstrategien auf den Unternehmenswert untersucht (Kapitel C.5). Dabei werden Annahmen über die Kapitalstruktur mit den zuvor erarbeiteten Ergebnissen zusammengeführt. *Tabelle 1* zeigt die thematisierten Kombinationen:

	Basiszins	**Risikokorrektur**	**Wachstum**	**Steuern**	**Kapitalstruktur**
Basiszins	O				
Risikokorrektur	Kapitel C.2	O			
Wachstum	–	Kapitel C.3	O		
Steuern	–	Kapitel C.4	Kapitel B.5 C.5	O	
Kapitalstruktur	–	Kapitel C.5	Kapitel C.5	Kapitel C.5	O

Tabelle 1: Kombinationen von Zinsfußkomponenten[331]

[331] Mit O sind Kombinationen der Zinsfußkomponenten mit sich selbst markiert, während die leeren Zellen Doppelnennungen entsprechen.

Betrachtet man die Menge möglicher Kombinationen der Zinsfußkomponenten, so zeigt sich zum einen, dass insbesondere die Einführung von Unsicherheit die Struktur jener Modelle verändert, denen die übrigen Zinsfußbestandteile entspringen. Zum anderen ist eine Reihe weiterer (mit – gekennzeichneten) Verbindungen denkbar, die teils in Kapitel B diskutiert wurden und für die kein Konsistenzproblem besteht.

2. Stochastischer Basiszins im CAPM

2.1 Modellierung

Bei der Diskussion der Ansätze zur Risikokorrektur in Kapitel B.3 wurde unterstellt, dass der risikolose Zinssatz deterministisch ist. Ebenso wie im individualistischen oder risikoneutralen Bewertungsansatz erscheint die dem CAPM immanente Prämisse unsicherer Erwartungen zunächst unverträglich mit der Annahme eines deterministischen risikolosen Zinssatzes $r_{f,t}$ zu sein.[332] Zu klären ist daher, ob und unter welchen Bedingungen stochastische $r_{f,t}$ mit dem CAPM vereinbar sind.

Im Einperiodenkontext führt Unsicherheit über die risikolose Anlage auf die CAPM-Version (B.3.28) ohne diese Anlageform zurück:[333] Zwischen einer stochastischen „risikolosen“ und einer riskanten Anlageform besteht formal kein Unterschied.

Demgegenüber kann im Mehrperiodenkontext davon ausgegangen werden, dass die Zinssätze periodenspezifisch sind, wobei ihre Veränderungen stochastisch erfolgen.[334] Eine entsprechende Ausarbeitung stammt von *Bogue/Roll*.[335] Sie setzen neben den Annahmen des Standard-CAPM[336] (B.3.27) voraus, dass der risikolose Zins $\tilde{r}_{f,t}$ und folglich auch der Marktpreis des Risikos $\tilde{\phi}_t$ stochastisch ist.[337] Daneben wird unterstellt, dass sich das mehrperiodige Bewertungsproblem als dynamischer Programmierungskalkül formulieren lässt, der durch wiederholte Anwendung des einperiodigen CAPM gelöst werden kann.[338] Dann gilt für den Unternehmenswert in t aus Sicht von t-1 oder eines früheren Zeitpunkts allgemein

[332] Dass $r_{f,t}$ bei wiederholter Anwendung des einperiodigen CAPM deterministisch schwanken darf, wurde bereits in Kapitel B.3.2.2 diskutiert.

[333] Vgl. *Black* [Equilibrium, 1972], S. 446-452.

[334] Ob dies mit den Annahmen des Standard-CAPM kompatibel ist, wird in Kapitel C.2.2 geprüft.

[335] Vgl. *Bogue/Roll* [Markets, 1974], S. 606-608.

[336] Vgl. Kapitel B.3.2.1.

[337] Vgl. hierzu und im Folgenden *Bogue/Roll* [Markets, 1974], S. 607-608.

[338] Vgl. a. *McDougall* [Models, 1981], S. 38-39; *Senbet/Thompson* [Equivalence, 1978], S. 400. Wie Kapitel C.2.2 zeigen wird, ist dies u.U. die härteste Annahme des Modells.

$$\left(\tilde{V}_t \middle| I_{\hat{t}}\right) = \frac{\tilde{E}\left(\tilde{V}_{t+1} \middle| \tilde{I}_t\right) - \tilde{\phi}_t \cdot \widetilde{\mathrm{cov}}\left(\tilde{V}_{t+1}, \tilde{V}_{M,t+1} \middle| \tilde{I}_t\right)}{1 + \tilde{r}_{f,t}}. \tag{C.2.1}$$

Dabei bezeichnet $I_{\hat{t}}$ den Informationsstand in den Zeitpunkten $\hat{t} = 0, 1, ..., t-1$, welcher deterministisch bekannt ist. Folglich ist aus Perspektive von $\hat{t}$ nicht nur der Wert des Unternehmens $\tilde{V}_{t+1}$ und jener des Marktportfolios $\tilde{V}_{M,t+1}$ unsicher, sondern auch die zwischen ihnen herrschende Kovarianz $\widetilde{\mathrm{cov}}(\cdot)$ und der in t eintretende Umweltzu- oder Informationsstand $\tilde{I}_t$. Nimmt man an, dass das Investitionsprojekt nur für zwei Perioden Überschüsse $\tilde{X}_t$ erzeugt, dann wird (C.2.1) wegen $\tilde{V}_2 = \tilde{X}_2$ aus Sicht von $\hat{t} = 0$ zu

$$\tilde{V}_1 \cdot \left(1 + \tilde{r}_{f,1}\right) = \tilde{E}\left(\tilde{X}_2 \middle| \tilde{I}_1\right) - \tilde{\phi}_1 \cdot \widetilde{\mathrm{cov}}\left(\tilde{X}_2, \tilde{V}_{M,2} \middle| \tilde{I}_1\right), \tag{C.2.2}$$

was sich in t = 0 als

$$V_0 \cdot \left(1 + r_{f,0}\right) = E\left(\tilde{V}_1 \middle| I_0\right) - \phi_0 \cdot \mathrm{cov}\left(\tilde{V}_1, \tilde{V}_{M,1} \middle| I_0\right) \tag{C.2.3}$$

darstellt. Bildet man den Erwartungswert über (C.2.2), so ergibt sich mit dem Verschiebungssatz der Kovarianz[339]

$$\begin{aligned} &E\left(\tilde{V}_1 \middle| I_0\right) \cdot E\left(1 + \tilde{r}_{f,1} \middle| I_0\right) + \mathrm{cov}\left(\tilde{V}_1, \tilde{r}_{f,1} \middle| I_0\right) = \\ &E\left(\tilde{X}_2 \middle| I_0\right) - E\left(\tilde{\phi}_1 \cdot \widetilde{\mathrm{cov}}\left(\tilde{X}_2, \tilde{V}_{M,2} \middle| \tilde{I}_1\right) \middle| I_0\right). \end{aligned} \tag{C.2.4}$$

Einsetzen von $E\left(\tilde{V}_1 \middle| I_0\right)$ aus (C.2.4) in (C.2.3) führt auf[340]

$$\begin{aligned} V_0 = &\frac{E\left(\tilde{X}_2 \middle| I_0\right) - E\left(\tilde{\phi}_1 \cdot \widetilde{\mathrm{cov}}\left(\tilde{X}_2, \tilde{V}_{M,2} \middle| \tilde{I}_1\right) \middle| I_0\right)}{\left(1 + r_{f,0}\right) \cdot E\left(1 + \tilde{r}_{f,1} \middle| I_0\right)} - \frac{\mathrm{cov}\left(\tilde{V}_1, \tilde{r}_{f,1} \middle| I_0\right)}{\left(1 + r_{f,0}\right) \cdot E\left(1 + \tilde{r}_{f,1} \middle| I_0\right)} \\ &- \frac{\phi_0 \cdot \mathrm{cov}\left(\tilde{V}_1, \tilde{V}_{M,1} \middle| I_0\right)}{\left(1 + r_{f,0}\right)}. \end{aligned} \tag{C.2.5}$$

---

339 Danach gilt für zwei Zufallsvariablen $\tilde{X}$ und $\tilde{Y}$: $\mathrm{cov}\left(\tilde{X}, \tilde{Y}\right) = E\left(\tilde{X} \cdot \tilde{Y}\right) - E\left(\tilde{X}\right) \cdot E\left(\tilde{Y}\right)$. Vgl. *Berck/Sydsæter* [Manual, 1993], S. 150; *Wilhelm* [Risikoprämien, 2002], S. 1-2.

340 Eine fehlerhafte Darstellung findet sich bei *McDougall* [Models, 1981], S. 39, der für den zweiten Term auf der rechten Seite von (C.2.5) $\mathrm{cov}\left(\tilde{V}_1, \tilde{r}_{f,1} \middle| I_0\right) \cdot \left(1 + r_{f,0}\right)^{-1}$ errechnet.

Erkennbar ist, dass neben den mit dem „β-Risiko" aus dem einperiodigen Modell (B.3.27) vergleichbaren Term $E\left(\tilde{\phi}_1 \cdot \widetilde{cov}\left(\tilde{X}_2, \tilde{V}_{M,2} \middle| \tilde{I}_1\right) \middle| I_0\right)$ zwei weitere Risikoabschläge treten. Der zweite Ausdruck auf der rechten Seite von (C.2.5) resultiert aus den stochastischen Schwankungen des risikolosen Zinses. Die inhaltliche Interpretation des dritten Terms als Prämie für die Übernahme des Risikos, dass Ansprüche am Unternehmen verkauft werden könnten, bevor die letzten Überschüsse aus dem Projekt realisiert sind[341], ist nicht nachvollziehbar. Überzeugender erscheint die näher liegende Begründung als Kovarianzrisiko zwischen den stochastischen Werten des Unternehmens und des Marktportfolios in t = 1. Bei Projekten mit einer Laufzeit von mehr als zwei Perioden erhöht sich die Anzahl der Risikoprämien entsprechend.[342]

2.2 Würdigung

Entscheidend für den Ansatz und die Folgerungen von *Bogue/Roll* ist die ad hoc getroffene Annahme, dass sich das Bewertungsproblem durch wiederholte Anwendung der *einperiodigen* Gleichgewichtsbeziehung (B.3.27) des CAPM lösen lässt. Dass diese Prämisse im Allgemeinen jedoch nicht erfüllt ist, zeigen die Überlegungen von *Merton*.[343] Danach bestehen die Nachfragefunktionen der Akteure nach finanziellen Titeln im Mehrperiodenkontext grundsätzlich aus zwei Komponenten: Zum einen aus der Nachfragefunktion eines Investors, der seinen Nutzen über einen einperiodigen Zeitraum maximiert, zum anderen aus einer Hedging-Komponente. Letztere erfasst die Nachfrage des Akteurs, die zu seiner Absicherung gegen unerwünschte Änderungen des Alternativenraums im Zeitablauf dient.[344] Derartige Verschiebungen in der Menge der möglichen μ-σ-Kombinationen können etwa Folge der hier betrachteten stochastischen Schwankungen des risikolosen Zinssatzes sein.[345] Liegen sie vor, so resultiert im Multiperiodenkontext nicht das Standard-CAPM (B.3.27), sondern eine allgemeinere Gleichgewichtsbeziehung, die zusätzlich das intertemporale Absicherungsverhalten der Investoren abbildet.[346] Eine mögliche Bedingung dafür, dass sich diese zum mehrperiodigen Pendant des Standard-CAPM reduziert, ist ein deterministischer risikoloser

---

341 Vgl. *Bogue/Roll* [Markets, 1974], S. 608.

342 Vgl. *Bogue/Roll* [Markets, 1974], S. 608.

343 Vgl. *Merton* [Model, 1973], S. 875-880.

344 Vgl. *Merton* [Model, 1973], S. 876; a. *Long* [Inflation, 1974], S. 143-146; *Turnbull* [Value, 1977], S. 1131-1132. *Wallmeier* [Aktienrenditen, 1997], S. 87, spricht treffend von vertikaler Diversifikation.

345 Vgl. *Merton* [Model, 1973], S. 878-879.

346 Vgl. zu deren Ableitung *Merton* [Model, 1973], S. 881-882; a. *Merton* [Reexamination, 1977], S. 142-157; zur Diskussion *Wallmeier* [Aktienrenditen, 1997], S. 87-89. Vgl. zu einer ähnlichen Analyse *Laitenberger* [Rendite, 2006], S. 82-86, allerdings nicht im Rahmen des CAPM.

Zinssatz[347], dessen Existenz hier jedoch gerade nicht vorausgesetzt werden soll. Sind stochastische Veränderungen des Zinssatzes zulässig, so ergibt sich das Einperiodenmodell, wenn die Investoren über logarithmische Risikonutzenfunktionen verfügen und folglich myopisch entscheiden können.[348] Alternativ kann unterstellt werden, dass die Schwankungen des Zinses stochastisch erfolgen, aber mit den Rückflüssen aller übrigen Titel unkorreliert sind.[349]

Damit ist das einperiodige CAPM nicht ohne weitere, restriktive Annahmen mit einem stochastisch veränderlichen risikolosen Zinssatz vereinbar. Da im weiteren Verlauf der Arbeit die Grundform des CAPM im Vordergrund steht, wird im Folgenden angenommen, dass der Zinssatz einem deterministischen Pfad folgt.

3. Wachstumsabschlag unter unsicheren Erwartungen

3.1 Kombination von Risikozuschlag und Wachstumsabschlag in der Literatur

Um das in Kapitel B.4 eingeführte Wachstumsmodell (B.4.2) auf den Unsicherheitsfall zu erweitern, wird in der Literatur häufig der deterministische Zahlungsstrom durch den Erwartungswert der unsicheren Überschussverteilung $E\left(\tilde{X}_{T+1}\right)$ ersetzt:[350]

$$V_T = \frac{E\left(\tilde{X}_{T+1}\right)}{\bar{r}_j - w} \quad \text{mit } \bar{r}_j > w. \tag{C.3.1}$$

An die Stelle des risikolosen Zinssatzes in (B.4.2) tritt die risikoadjustierte Renditeforderung $\bar{r}_j$ aus dem einperiodigen CAPM (B.3.27). Die Wachstumsrate w ist deterministisch. Dass es sich bei der Zählergröße um einen Erwartungswert handelt, wird teils vernachlässigt[351], ergibt sich aber aus der Konzeption der Nennergröße als risikoadjustierte Renditeforderung.

---

347 Vgl. *Merton* [Model, 1973], S. 883; *Turnbull* [Value, 1977], S. 1132; a. *Fama* [Uncertainty, 1977], S. 23; *McDougall* [Models, 1981], S. 37.

348 Vgl. *Merton* [Model, 1973], S. 883; *Elton/Gruber* [Period, 1974], S. 298-299; *Elton/Gruber* [Process, 1975], S. 106-108; ferner zu den Bedingungen für die Optimalität kurzsichtigen Verhaltens Fn. 226.

349 Vgl. *Merton* [Model, 1973], S. 883.

350 Vgl. *Aders/Schröder* [Wachstum, 2004], S. 105; *Behm* [Valuation, 2003], S. 9; *Copeland/Koller/Murrin* [Unternehmenswert, 2002], S. 326; *DePamphilis* [Acquisitions, 2003], S. 351-352; *Dinstuhl* [Unternehmensbewertung, 2003], S. 121; *Nowak* [Unternehmensbewertung, 2003], S. 86; *Schmidbauer* [Spiegel, 2003], S. 153; *Spremann* [Valuation, 2004], S. 173; *Steiner/Wallmeier* [Methoden, 1999], S. 2; *IDW* [Wirtschaftsprüfer-Handbuch, 2002], S. 80, Tz. 231.

351 Vgl. nur *Copeland/Koller/Murrin* [Unternehmenswert, 2002], S. 326, die eine „normalisierte Höhe" der Cashflows annehmen.

Im beschriebenen Zustand befriedigt Modell (C.3.1) nicht. Soll der Kalkül (B.4.2) konsistent auf den Unsicherheitsfall übertragen werden, so sind zwei Aspekte zu diskutieren: Zum einen wird die Wachstumsrate w ad hoc eingeführt, indem sie an die Rendite des *ein*periodigen CAPM angefügt wird. Im Gegensatz dazu leitet sich das *Gordon/Shapiro*-Modell aus einem *mehr*periodigen Cashflow-Prozess ab. Um es im Kontext des CAPM gewinnen zu können, ist folglich auf mehrperiodige Versionen des Kapitalmarktmodells überzugehen. Diese müssen Prämissen hinsichtlich der Erwartungsbildung über die Cashflow-Verteilungen sowie der Variation der sonstigen Eingangsparameter im Zeitlauf treffen, welche die Struktur des Wachstumsmodells nicht unbeeinflusst lassen müssen. Zum anderen stammt $\bar{r}_j$ aus einer Welt mit unsicheren Erwartungen, während das Wachstumsmodell unter sicheren Erwartungen abgeleitet wurde. Sicherheit bezüglich w anzunehmen, erscheint inkonsistent.[352] Beiden Fragen nach der Konsistenz der Modellprämissen im Kontext des CAPM hat die Literatur bislang wenig Beachtung geschenkt.[353] Diesem Mangel soll im Folgenden begegnet werden.

3.2 Konsistente Berücksichtigung von Wachstum im CAPM

3.2.1 Modellierung

3.2.1.1 Nicht-stochastisches Wachstum

Mehrperiodenversionen des CAPM lassen sich danach unterscheiden, welche Veränderungen der Eingangsgrößen zugelassen werden. Man kann zwischen Modellen mit stationären und nicht stationären Parametern differenzieren.[354] Im hier betrachteten Umfeld des *Gordon/Shapiro*-Modells ist von stationären Bedingungen auszugehen.[355]

Entsprechende Ausarbeitungen stammen von *Fama* und *Myers/Turnbull*.[356] Während *Myers/Turnbull* das *Gordon/Shapiro*-Modell unter den Annahmen des CAPM explizit

---

352 Vgl. *Ballwieser* [Geldentwertung, 1988]; a. *Baetge/Niemeyer/Kümmel* [DCF-Verfahren, 2005], S. 335; *Drukarczyk* [Unternehmensbewertung, 2003], S. 510.

353 Anders im individualistischen Ansatz, der in Kapitel B.3.1 diskutiert wurde. Vgl. hierzu *Ballwieser* [Geldentwertung, 1988].

354 Vgl. im Überblick *McDougall* [Models, 1981], S. 37-42; *Röder/Müller* [CAPM, 2001], S. 227-228.

355 Vgl. a. die Annahmen von *Rubinstein* [Valuation, 1976], S. 409-410, dessen Ansatz hier nicht betrachtet wird. Bei nicht stationären Eingangsgrößen gelingt die in den Anhängen 1 und 2 durchgeführte Ableitung des Wachstumsmodells nicht. So lässt sich das Wachstumsmodell etwa unter den Prämissen von *Bogue/Roll* [Markets, 1974], S. 608, die von zeitlich veränderlichen Eingangsparametern ausgehen, nicht gewinnen. Vgl. zu deren Kalkül Kapitel C.2. Daher wird der Ansatz von *Campbell/Shiller* [Ratio, 1988], S. 198-202, der von nicht stationären Parametern ausgeht und das *Gordon/Shapiro*-Modell nur als Spezialfall erzeugt, hier nicht diskutiert.

356 Vgl. *Fama* [Uncertainty, 1977], S. 7-17, und Kapitel B.3.2.2; *Myers/Turnbull* [News, 1977], S. 322-327.

ableiten, nimmt *Fama* keinen Bezug auf den Wachstumskalkül. Beiden Ansätzen liegen weitgehend die gleichen Prämissen zugrunde, so dass sie synoptisch dargestellt werden können. Allerdings unterscheiden sie sich in der Modellierung der Erwartungsbildung über die Überschussgröße $\tilde{X}$. Eine Übertragung des von *Fama* unterstellten stochastischen Prozesses auf das Wachstumsmodell soll hier erfolgen. Gezeigt wird, dass sich (C.3.1) mit diesem Prozess, nicht aber mit jenem von *Myers/Turnbull* gewinnen lässt. Zunächst werden deterministische Wachstumsraten vorausgesetzt. Darauf aufbauend wird der Fall stochastischen Wachstums untersucht. Weiterhin wird geprüft, inwiefern die β-Faktoren von exogenem Wachstum beeinflusst werden.

Um Modell (C.3.1) gewinnen zu können, müssen die in Kapitel B.3.2.2 erarbeiteten Bedingungen erfüllt sein, unter welchen sich das einperiodige CAPM wiederholt verwenden lässt. Obwohl dafür eine deterministische Entwicklung des Marktpreises des Risikos ϕ_t und des risikolosen Zinssatzes $r_{f,t}$ hinreichend ist, sind diese Parameter hier als konstant anzunehmen $\left(\phi_t \equiv \phi, r_{f,t} \equiv r_f \; \forall \, t\right)$[357], da von stationären Verhältnissen auszugehen ist. Über die Zufallsvariable $\tilde{\varepsilon}_t$, welche die Erwartungsänderung beschreibt, erhält man (B.3.30):

$$\tilde{X}_t = \left(1+\tilde{\varepsilon}_t\right) \cdot E_{t-1}\left(\tilde{X}_t\right). \tag{C.3.2}$$

Wird zunächst kein systematisches Wachstum der Überschüsse unterstellt $\left(E_{t-1}\left(\tilde{X}_{t+\kappa}\right) = E_{t-1}\left(\tilde{X}_t\right) \forall \, t, \kappa\right)$, so besteht zwischen den Erwartungswerten aus Sicht von t und t-1 der Zusammenhang[358]

$$E_t\left(\tilde{X}_{t+1}\right) = \left(1+\eta \cdot \tilde{\varepsilon}_t\right) \cdot E_{t-1}\left(\tilde{X}_t\right). \tag{C.3.3}$$

η steht für die „Elastizität" der Erwartungen und liegt in der Spanne $0 \leq \eta \leq 1$.[359] *Fama* nimmt mit $\eta = 1$ und $E\left(\tilde{\varepsilon}_t\right) = 0$ einen Martingal-Prozess an.[360] Dagegen modellieren *Myers/Turnbull* die Erwartungsbildung über

$$\tilde{\varepsilon}_t = c' \cdot \tilde{\iota}_t + \tilde{\mu}'_t, \tag{C.3.4}$$

[357] Vgl. *Fama* [Uncertainty, 1977], S. 8-9; *Myers/Turnbull* [News, 1977], S. 322.
[358] Vgl. *Myers/Turnbull* [News, 1977], S. 323.
[359] Vgl. *Myers/Turnbull* [News, 1977], S. 322-323. Dadurch werden adaptive Erwartungen ausgedrückt.
[360] Vgl. *Fama* [Uncertainty, 1977], S. 10; a. *Kelleners* [Multiplikatoren, 2004], S. 20-22.

wobei $\tilde{\mu}'_t$ einen unternehmensspezifischen Störterm und c' eine konstante, unternehmensindividuelle Reagibilität auf die Entwicklung eines gesamtwirtschaftlichen, stationär verteilten Indexes $\tilde{\iota}_t$ ausdrückt.[361]

Die Bewertungsformel für den Wert V_0 in $t = 0$ wird rekursiv, ausgehend von der letzten Periode T gewonnen. Da in T der letzte Cashflow anfällt, folgt $V_T = 0$.[362] Somit lässt sich V_{T-1} unabhängig von der Verteilung der künftigen Werte $\tilde{V}_T$ mit

$$V_{T-1} = \frac{E_{T-1}\left(\tilde{X}_T\right) - \phi \cdot \operatorname{cov}\left(\tilde{X}_T, \tilde{r}_{M,T}\right)}{1 + r_f} \tag{C.3.5}$$

bestimmen.[363] Setzt man (C.3.2) und (C.3.4) in (C.3.5) ein, so erhält man für einen gegebenen Wert von $E_{T-1}\left(\tilde{X}_T\right)$ und bei unkorrelierten $\tilde{\mu}'_T$ und $\tilde{r}_{M,T}$

$$\begin{aligned} V_{T-1} &= \frac{E_{T-1}\left(\tilde{X}_T\right) - \phi \cdot \operatorname{cov}\left(\left(1 + c' \cdot \tilde{\iota}_T + \tilde{\mu}'_T\right) \cdot E_{T-1}\left(\tilde{X}_T\right), \tilde{r}_{M,T}\right)}{1 + r_f} \\ &= \frac{E_{T-1}\left(\tilde{X}_T\right) \cdot \left(1 - \phi \cdot c' \cdot \sigma_{\iota M}\right)}{1 + r_f} \end{aligned} \tag{C.3.6}$$

mit $\sigma_{\iota M} = \operatorname{cov}\left(\tilde{\iota}_T, \tilde{r}_{M,T}\right)$. Da $\tilde{\iota}_T$ annahmegemäß stationär verteilt ist, ist $\sigma_{\iota M}$ konstant.[364] Der Wert V_{T-2} des Zahlungsstroms hängt ab von $\tilde{X}_{T-1}$, $\tilde{V}_{T-1}$ sowie der Erwartungsbildung über $\tilde{V}_{T-1}$ in T-2:[365]

---

361 Vgl. *Myers/Turnbull* [News, 1977], S. 322-323.

362 Vgl. zu dieser Annahme a. *Kruschwitz/Löffler* [Theory, 2006], S. 7-8.

363 Vgl. *Myers/Turnbull* [News, 1977], S. 322; a. *Bierman/Smidt* [Application, 1975], S. 330; *Bogue/Roll* [Markets, 1974], S. 607; *Kruschwitz* [Finanzierung, 2004], S. 302. (C.3.5) ist strukturgleich zur Bewertungsgleichung des einperiodigen CAPM.

364 Vgl. *Myers/Turnbull* [News, 1977], S. 323-324, die $\sigma_{\iota M} > 0$ unterstellen.

365 Vgl. *Myers/Turnbull* [News, 1977], S. 324. *Röder/Müller* [CAPM, 2001], S. 230, Fn. 38, und *McDougall* [Models, 1981], S. 40, fordern unzutreffend eine Korrektur von (C.3.7): Im zweiten Term von (C.3.7) sei $E\left(\tilde{X}_{T-1} \middle| I_{T-2}\right)$ durch $E\left(\tilde{X}_T \middle| I_{T-2}\right)$ zu ersetzen. Dies verkennt, dass sich $E\left(\tilde{X}_T \middle| I_{T-2}\right)$ über (C.3.3) und damit über die durch $\left(1 - \phi\eta c'\sigma_{\iota M}\right)$ ausgedrückte Erwartungsänderung aus $E\left(\tilde{X}_{T-1} \middle| I_{T-2}\right)$ ergibt. Würde man dem Vorschlag folgen, so hätte der Term $\left(1 - \phi\eta c'\sigma_{\iota M}\right)$ in (C.3.7) keine Berechtigung. *Bierman/Smidt* [Application, 1975], S. 322, nehmen die Werte der künftigen Cashflows als gegeben an und zeigen nicht, auf welche Weise sie – wie etwa in (C.3.7) – durch Erwartungsrevisionen zustande kommen. Der Ansatz wird daher nicht weiterverfolgt.

$$V_{T-2} = \frac{E_{T-2}\left(\tilde{X}_{T-1}\right)\cdot\left(1-\phi c'\sigma_{\iota M}\right)}{1+r_f} + \frac{E_{T-2}\left(\tilde{X}_{T-1}\right)\cdot\left(1-\phi c'\sigma_{\iota M}\right)\cdot\left(1-\phi\eta c'\sigma_{\iota M}\right)}{\left(1+r_f\right)^2}. \tag{C.3.7}$$

Substituiert man $q' = \left(1-\phi c'\sigma_{\iota M}\right)/\left(1+r_f\right)$ und $y = \left(1-\phi\eta c'\sigma_{\iota M}\right)/\left(1+r_f\right)$, so ergibt sich der Wert in einem beliebigen Zeitpunkt $T-\kappa$ ($\kappa > 2$) analog zu (C.3.7) mit

$$V_{T-\kappa} = E_{T-\kappa}\left(\tilde{X}_{T-\kappa+1}\right)\cdot q'\cdot\left(1+y+y^2+\ldots+y^{\kappa-1}\right) \tag{C.3.8}$$

und in $t = 0$ mit[366]

$$V_0 = E_0\left(\tilde{X}_1\right)\cdot q'\cdot\sum_{t=0}^{T-1} y^t. \tag{C.3.9}$$

Wird nun geometrisches, konstantes Wachstum mit der Rate w eingeführt, so ist (C.3.3) umzuformen zu

$$E_t\left(\tilde{X}_{t+1}\right) = \left(1+\eta\cdot\tilde{\varepsilon}_t\right)\cdot E_{t-1}\left(\tilde{X}_t\right)\cdot\left(1+w\right) \quad \forall\, t. \tag{C.3.10}$$

Nach wie vor lässt sich der Barwert mit (C.3.9) bestimmen. Lediglich y ist um den Wachstumsfaktor zu $y = \left(1+w\right)\cdot\left(1-\phi\eta c'\sigma_{\iota M}\right)/\left(1+r_f\right)$ zu ergänzen.[367] Wird angenommen, dass der Überschuss unendlich lange wächst, so kann (C.3.9) geschrieben werden als[368]

$$V_0 = \frac{E_0\left(\tilde{X}_1\right)\cdot\left(1-\phi c'\sigma_{\iota M}\right)}{r_f - w + \phi\eta c'\sigma_{\iota M}\cdot\left(1+w\right)}, \tag{C.3.11}$$

was sich in Abwesenheit von Unsicherheit zum *Gordon/Shapiro*-Modell (B.4.2) reduziert.[369]

---

366 Vgl. *Myers/Turnbull* [News, 1977], S. 324.

367 Vgl. *Myers/Turnbull* [News, 1977], S. 325.

368 Vgl. *Myers/Turnbull* [News, 1977], S. 325, die den Beweis für (C.3.11) nicht offen legen. Dieser findet sich in Anhang 2.

369 Um den Endwert zu berechnen, sind die auf die Zeitpunkte t = 0 oder t = 1 bezogenen Größen auf T oder T+1 zu beziehen. Dies bringt kaum Datenbeschaffungsprobleme mit sich, die über die mit (C.3.1) verbundenen hinausgehen, da es sich bei den sonstigen Parametern in (C.3.11) um Konstanten handelt.

In (C.3.11) werden Sicherheitsäquivalente diskontiert. Zur Risikozuschlagsmethode gelangt man, indem (C.3.11) über[370]

$$E_{t-1}\left(\tilde{X}_t\right)\cdot \operatorname{cov}\left(\tilde{\iota}_t,\tilde{r}_{M,t}\right)=\operatorname{cov}\left(\tilde{X}_t\left|I_{t-1},\tilde{r}_{M,t}\right.\right)=V_{t-1}\cdot \operatorname{cov}\left(\tilde{r}_{j,t},\tilde{r}_{M,t}\right) \qquad \text{(C.3.12)}$$

umgeformt wird zu

$$V_0\cdot\left(r_f+c'\phi\cdot \operatorname{cov}\left(\tilde{r}_{j,t},\tilde{r}_{M,t}\right)-w+c'\phi\eta\sigma_{\iota M}\cdot(1+w)\right)=E_0\left(\tilde{X}_1\right). \qquad \text{(C.3.13)}$$

Damit stellt sich das Modell nach der Risikozuschlagsmethode als

$$V_0=\frac{E_0\left(\tilde{X}_1\right)}{r_f-w+c'\phi\cdot \operatorname{cov}\left(\tilde{r}_j,\tilde{r}_M\right)+\phi\eta c'\sigma_{\iota M}\cdot(1+w)} \qquad \text{(C.3.14)}$$

dar. Wird $c' = 1$ unterstellt[371], so kann man (C.3.14) umformen zu

$$V_0=\frac{E_0\left(\tilde{X}_1\right)}{\overline{r}_j-w+\phi\eta\sigma_{\iota M}\cdot(1+w)}, \qquad \text{(C.3.15)}$$

wobei $\overline{r}_j$ die Gleichgewichtsrendite aus dem Standard-CAPM (B.3.27) ist.

Unter den Prämissen von *Fama* nimmt das zu (C.3.11) analoge Wachstumsmodell die Form

$$V_0=\frac{E_0\left(\tilde{X}_1\right)\cdot(1-\phi\sigma_{\varepsilon M})}{r_f-w+\phi\sigma_{\varepsilon M}\cdot(1+w)} \qquad \text{(C.3.16)}$$

an. Dabei ist $\sigma_{\varepsilon M}=\operatorname{cov}\left(\tilde{\varepsilon}_t,\tilde{r}_{M,t}\right)$.[372] Um (C.3.16) zu gewinnen, sind lediglich die Terme $\phi\eta c'\sigma_{\iota M}$ und $\phi c'\sigma_{\iota M}$ in (C.3.11) durch $\phi\sigma_{\varepsilon M}$ zu ersetzen. Leitet man nun die (C.3.14) entsprechende Formulierung der Risikozuschlagsmethode ab, so resultiert mit[373]

---

370 Vgl. analog *Fama* [Uncertainty, 1977], S. 11-13. *Myers/Turnbull* [News, 1977] betrachten die Risikozuschlagsmethode nicht. Der Parameter I_{t-1} in (C.3.12) bezeichnet den Informationsstand aus Sicht von t-1.

371 Damit schwingen die erwarteten Überschüsse in vollem Umfang mit der Entwicklung des Indexes $\tilde{\iota}_t$ mit.

372 $\sigma_{\varepsilon M}$ wird ebenso wie ϕ als konstant angenommen und trägt daher keinen Zeitindex. Dies wird zwar von *Fama* [Uncertainty, 1977], S. 11, nicht unterstellt, muss aber hier vorausgesetzt werden, um das Modell ableiten zu können.

373 Vgl. zur Ableitung von (C.3.17) Anhang 2.

$$V_T = \frac{E\left(\tilde{X}_{T+1}\right)}{\bar{r}_j - w} \tag{C.3.17}$$

Beziehung (C.3.1), wobei $\bar{r}_j$ die erwartete Rendite aus dem einperiodigen CAPM ist.

Im Folgenden wird untersucht, welche Parameter die β-Faktoren und damit das systematische Risiko im Rahmen der herangezogenen Modelle allgemein und speziell bei exogen gegebenem Wachstum prägen. *Myers/Turnbull* folgend wird hierzu der Multiplikator $Q_t' = V_t / E_t\left(\tilde{X}_{t+1}\right)$ eingeführt.[374] Für die zwischen t = 0 und t = 1 anfallende stochastische Rendite $\tilde{r}_{j,1}$ des betrachteten Wertpapiers gilt dann:[375]

$$\begin{aligned} 1+\tilde{r}_{j,1} &= \frac{\tilde{X}_1 + E_1\left(\tilde{X}_2\right)\cdot(1+w)\cdot Q_1'}{E_0\left(\tilde{X}_1\right)\cdot Q_0'} \\ &= \frac{E_0\left(\tilde{X}_1\right)\cdot(1+\tilde{\varepsilon}_t) + E_0\left(\tilde{X}_1\right)\cdot(1+\eta\tilde{\varepsilon}_t)\cdot(1+w)Q_1'}{E_0\left(\tilde{X}_1\right)\cdot Q_0'}. \end{aligned} \tag{C.3.18}$$

Setzt man (C.3.3) in (C.3.18) ein, so erhält man über die Definition von β und unter der Annahme, dass $\tilde{\mu}_T'$ und $\tilde{r}_{M,T}$ unkorreliert sind,

$$\beta_{j,1} = \frac{\left[\left(1+\eta\cdot(1+w)Q_1'\right)/Q_0'\right]\cdot c'\cdot\sigma_{\iota M}}{\sigma_M^2}. \tag{C.3.19}$$

Da im Rentenfall $Q_1' = Q_0'$ ist, folgt aus (C.3.19) und (C.3.11)[376]

$$\beta = \left[\frac{r_f - w + \eta\cdot(1+w)}{\left(1-\phi c'\sigma_{\iota M}\right)}\right]\cdot\frac{c'\cdot\sigma_{\iota M}}{\sigma_M^2}. \tag{C.3.20}$$

Für den von *Fama* unterstellten Erwartungsrevisionsprozess resultiert über analoge Ableitungsschritte die (C.3.20) entsprechende Darstellung mit

$$\beta = \left[\frac{1+r_f}{\left(1-\phi\sigma_{\varepsilon M}\right)}\right]\cdot\frac{\sigma_{\varepsilon M}}{\sigma_M^2}. \tag{C.3.21}$$

---

374 Vgl. *Myers/Turnbull* [News, 1977], S. 325.

375 Vgl. hierzu und im Folgenden *Myers/Turnbull* [News, 1977], S. 325-326.

376 Vgl. zur Ableitung von (C.3.20) Anhang 2.

Offensichtlich ist der β-Wert unter den Annahmen *Famas* im Rentenfall unabhängig von der Wachstumsrate. In der Modellwelt von *Myers/Turnbull* ist dies nur der Fall, sofern $\eta = 1$ ist. Gilt $\eta < 1$, so führt eine Erhöhung der Wachstumsrate zu einer Verminderung von β.[377]

3.2.1.2 Stochastisches Wachstum

Die in den Kapiteln B.4 und C.3.2.1.1 getroffene Annahme deterministischen Wachstums erscheint im stochastischen Umfeld des CAPM wenig realistisch. In Erweiterung der Gedanken von *Myers/Turnbull* kann stattdessen vorausgesetzt werden, dass die Wachstumsrate unsicher, aber unabhängig und stationär verteilt ist, so dass $E(\tilde{w}_t) > 0$ konstant ist.[378] Alle übrigen, in Kapitel 3.2.1.1 getroffenen Prämissen bleiben gleich, wobei stellvertretend der Ansatz von *Fama* betrachtet sei.[379] Unter diesen Voraussetzungen wird (C.3.10) zu

$$E_t\left(\tilde{X}_{t+1}\right) = \left(1+\tilde{\varepsilon}_t\right) \cdot E_{t-1}\left(\tilde{X}_t \cdot \left(1+\tilde{w}_t\right)\right). \tag{C.3.22}$$

Der Unternehmenswert in T-1 ist wie im Fall deterministischen Wachstums unabhängig von der Wachstumsrate und ergibt sich entsprechend (C.3.6). Der Wert V_{T-2} resultiert über (C.3.22) mit

$$\begin{aligned} V_{T-2} = {} & \frac{E_{T-2}\left(\tilde{X}_{T-1}\right) \cdot \left(1-\phi\sigma_{\varepsilon M}\right)}{1+r_f} + \frac{E_{T-2}\left(\tilde{X}_{T-1} \cdot \left(1+\tilde{w}_{T-1}\right)\right) \cdot \left(1-\phi\sigma_{\varepsilon M}\right)}{\left(1+r_f\right)^2} \\ & - \frac{\phi \operatorname{cov}\left[E_{T-2}\left(\tilde{X}_{T-1} \cdot \left(1+\tilde{w}_{T-1}\right)\right) \cdot \left(1-\phi\sigma_{\varepsilon M}\right) \cdot \left(1+\tilde{\varepsilon}_{T-1}\right), r_M\right]}{\left(1+r_f\right)^2}. \end{aligned} \tag{C.3.23}$$

Durch Umformungen erhält man[380]

$$\begin{aligned} V_{T-2} = {} & E_{T-2}\left(\tilde{X}_{T-1}\right) \cdot q' \\ & + \left(E_{T-2}\left(\tilde{X}_{T-1}\right) \cdot \left(1+E_{T-2}\left(\tilde{w}_{T-1}\right)\right) + \operatorname{cov}\left(\tilde{X}_{T-1}, \tilde{w}_{T-1}\right)\right) \cdot q'^2 \end{aligned} \tag{C.3.24}$$

---

[377] Vgl. *Myers/Turnbull* [News, 1977], S. 327.

[378] Vgl. analog *Ballwieser* [Geldentwertung, 1988], S. 805; *Schwetzler* [IDW S 1, 2004], S. 201; *Schwetzler/Piehler* [Besteuerung, 2004], S. 21-22; *Wilhelm* [Kapitalkosten, 2004], S. 14.

[379] Die folgenden Ausführungen gelten analog für das Modell von *Myers/Turnbull*.

[380] Vgl. zur Ableitung von (C.3.24) Anhang 2.

mit $q' = (1-\phi\sigma_{\varepsilon M})/(1+r_f)$. Im Folgenden wird angenommen, dass $\text{cov}(\tilde{X}_{T-1}, \tilde{w}_{T-1}) = 0$ ist. Der Vorteil dieser (harten) Annahme liegt darin, dass man vom Modell mit sicherem zum Modell mit unsicherem Wachstum gelangen kann, indem man den Term w in (C.3.16) und (C.3.17) durch $E_{t-1}(\tilde{w}_t)$ ersetzt. Dies zeigt sich, wenn der Wert V_{T-3} mit

$$\begin{aligned} V_{T-3} &= E_{T-3}(\tilde{X}_{T-2})\cdot q' + E_{T-3}(\tilde{X}_{T-2})\cdot(1+E_{T-3}(\tilde{w}_{T-2}))\cdot q'^2 \\ &\quad + E_{T-3}(\tilde{X}_{T-2}\cdot(1+\tilde{w}_{T-1}))\cdot(1+E_{T-3}(\tilde{w}_{T-2}))\cdot q'^3 \\ &= E_{T-3}(\tilde{X}_{T-2})\cdot q' + E_{T-3}(\tilde{X}_{T-2})\cdot(1+E_{T-3}(\tilde{w}_{T-2}))\cdot q'^2 \\ &\quad + E_{T-3}(\tilde{X}_{T-2})\cdot(1+E_{T-3}(\tilde{w}_{T-1}))\cdot(1+E_{T-3}(\tilde{w}_{T-2}))\cdot q'^3 \end{aligned} \quad \text{(C.3.25)}$$

errechnet wird. Da der Erwartungswert der Wachstumsrate konstant für alle t ist, lässt sich (C.3.25) auch schreiben als

$$V_{T-3} = E_{T-3}(\tilde{X}_{T-2})\cdot q' + E_{T-3}(\tilde{X}_{T-2})\cdot y\cdot q' + E_{T-3}(\tilde{X}_{T-2})\cdot y^2\cdot q' \quad \text{(C.3.26)}$$

mit $y = (1+E(\tilde{w}))\cdot q' = [(1+E(\tilde{w}))\cdot(1-\phi\sigma_{\varepsilon M})]/(1+r_f)$. Allgemein wird daraus (C.3.9) und damit (C.3.16) oder (C.3.17) für den Fall stochastischen Wachstums. Für (C.3.17) erhält man etwa

$$V_T = \frac{E(\tilde{X}_{T+1})}{\bar{r}_j - E_T(\tilde{w})}. \quad \text{(C.3.27)}$$

3.2.2 Würdigung

Die Gleichungen (C.3.14) und (C.3.15) haben wenig mit dem in der Literatur verbreiteten Wachstumsmodell (C.3.1) gemeinsam. Im Gegensatz zu diesem offenbaren sie insbesondere eine Abhängigkeit des Unternehmenswertes von jenen Konstanten, welche die Erwartungsbildung über die Überschussentwicklung zum Ausdruck bringen. Unter den Annahmen von *Myers/Turnbull* zeigt sich mithin, dass die Modellmechanik des mehrperiodigen CAPM dem Bewerter eine Cashflow-Prognose aufzwingt, die nicht mit der in (B.4.1) dargestellten übereinstimmt. Man kann m.a.W. nicht eine Rate w prognostizieren, mit der der Überschuss wächst, und unterstellen, dass dies im Kontext des CAPM zugleich die relevante Rate ist, um die der risikoadjustierte Zinssatz im Bewertungsmodell zu vermindern ist.

Eine mit (C.3.1) vergleichbare Darstellung resultiert nur dann aus (C.3.14) und (C.3.15), wenn $\eta = 0$ oder $c' = 1$ und $\sigma_{\iota M} = 0$ gilt. Diese Annahmen sind nicht nur eng, sondern implizieren zwingend, dass sich die Beziehungen (C.3.11), (C.3.14) und (C.3.15) zum *Gordon/Shapiro*-Modell *unter Sicherheit* reduzieren: Hierzu betrachte man die aus Gleichung (C.3.12) bekannte Beziehung $E(\tilde{X}_t | I_{t-1}) \cdot \sigma_{\iota M} = V_{t-1} \cdot \sigma_{jM}$. Unterstellt man $\sigma_{\iota M} = 0$, so bewirkt dies, dass entweder σ_{jM} oder der Unternehmenswert gleich null ist. Da man ersteres eher unterstellen wird als letzteres, reduziert sich das CAPM (B.3.27) zu $\bar{r}_j = r_f$. Die Annahme $\eta = 0$ impliziert mit (C.3.3), dass $E(\tilde{X}_{t+1} | I_t) = E(\tilde{X}_t | I_{t-1}) \, \forall \, t$ ist. Da ein in t = 0 auftretender Überschuss sicher ist, resultiert $X_0 = E(\tilde{X}_{t+1} | I_t) = E(\tilde{X}_t | I_{t-1}) \, \forall \, t$. Zusammengenommen führt dies auf das Sicherheitsmodell (B.4.2) zurück. Folglich lässt sich das Modell (C.3.1) nicht über den Ansatz von *Myers/Turnbull* rechtfertigen: Eine zu (C.3.1) strukturgleiche Bewertungsformel ist nur unter Prämissen erhältlich, die Sicherheit implizieren und damit den Ansatz von Erwartungswerten im Zähler und risikoadjustierten Zinssätzen im Nenner verbieten.

Verantwortlich für dieses Ergebnis ist der von *Myers/Turnbull* zugrunde gelegte Erwartungsrevisionsprozess. Wie gezeigt wurde, lässt sich Darstellung (C.3.1) unter den Annahmen von *Fama* rechtfertigen. Damit stellt sich die Frage, welchen Annahmen über die Erwartungsbildung im Umfeld des mehrperiodigen CAPM der Vorzug zu geben ist. Hier spricht gegen den Ansatz von *Myers/Turnbull*, dass mit dem gesamtwirtschaftlichen Index $\tilde{\iota}_t$ in (C.3.4) eine Risikoquelle eingeführt wird, die im einperiodigen CAPM keine Rolle spielt. Folglich befindet man sich näher an den Annahmen des Einperioden-CAPM, wenn man – wie *Fama* – unterstellt, dass die Entwicklung der Überschüsse nicht an diesen Index gekoppelt ist.

Schwetzler und *Piehler* nehmen im Rahmen ihrer Ableitung des *Gordon/Shapiro*-Modells bei unsicherem Wachstum ebenfalls Bezug auf *Fama*s Ansatz.[381] Allerdings findet die hier durch (C.3.22) gekennzeichnete Periodenverknüpfung in ihrem Modell allein durch den Faktor $(1 + \tilde{w}_t)$ statt, während der Term $(1 + \tilde{\varepsilon}_t)$ unterdrückt wird. Damit wird lediglich die Unsicherheit erfasst, die im systematischen (Wachstums-)-

381 Vgl. *Schwetzler* [IDW S 1, 2004], S. 201-202; *Schwetzler/Piehler* [Besteuerung, 2004], S. 21-24.

Parameter $\tilde{w}_t$ enthalten ist. Erwartungsrevisionen infolge von unsystematischen[382], durch $\tilde{\varepsilon}_t$ ausgedrückten Verzerrungen bleiben im Gegensatz zu *Fama*s und zum hier vorgestellten Ansatz unberücksichtigt.[383]

Das hier abgeleitete Modell mit unsicherem Wachstum stellt den Bewerter vor das Problem, die Annahme der stochastischen Unabhängigkeit von $\tilde{X}_t$ und $\tilde{w}_t$ begründen zu müssen. Gelingt ihm dies nicht und muss er annehmen, dass stochastische Abhängigkeiten zwischen der Wachstumsrate und den Überschussverteilungen herrschen, so wachsen die Cashflows nicht mit einer konstanten (erwarteten) Wachstumsrate $E_{t-1}(\tilde{w}_t)$. Folglich wäre zu einem Ansatz mit periodenspezifischen Wachstumsraten überzugehen. Dies würde den hier betrachteten Endwertkalkül sprengen. In diesem Fall könnte man die Überschussverteilungen direkt explizit prognostizieren.

4. Persönliche Steuern unter unsicheren Erwartungen

4.1 Äquivalenzbedingungen für die Effizienz von Portfolios vor und nach Steuern

4.1.1 Steuersystem

Das CAPM wurde in seiner Grundform ohne Steuern abgeleitet. Da Steuern bei der Unternehmensbewertung grundsätzlich zu erfassen sind[384], ist fraglich, wie sie sich mit dem Kapitalmarktmodell verbinden lassen und ob dessen Grundaussagen nach Einführung von Steuern erhalten bleiben. Diese Fragen zu beantworten ist Anliegen der folgenden Kapitel.

Gefragt wird zunächst nach Bedingungen, unter denen persönliche Steuern bei der Portfoliowahl der Marktteilnehmer und damit im Standard-CAPM unbeachtlich sind. Analysiert wird, wann Investoren sowohl im Netto- als auch im Bruttokalkül effiziente Portfolios auswählen, indem sie vor wie nach Steuern mit gleich hohen Budgetanteilen in dieselben Wertpapiere investieren.[385] Derartige Äquivalenzbedingungen wurden

---

[382] Unter „unsystematischen" Verzerrungen sei in diesem Kontext verstanden, dass $\tilde{\varepsilon}_t$ im Erwartungswert gleich null ist. Dementsprechend bezeichnet „systematisches" Wachstum eine im Erwartungswert von null verschiedene Wachstumsrate $\tilde{w}_t$.

[383] Einen weiteren Weg, eine Bewertung über (C.3.1) zu rechtfertigen, finden *Richter/Drukarczyk* [Wachstum, 2001], S. 627-630. Dies wird mit harten Annahmen erkauft: So wird auf ein Binomialmodell zurückgegriffen, dessen Sprungwahrscheinlichkeiten gleich und dessen Wachstumsfaktoren für die Überschüsse zueinander reziprok sowie konstant im Zeitlauf sind. Diese Annahmen zielen darauf, intertemporal konstante, dem einperiodigen CAPM entspringende Kapitalkosten verwenden zu dürfen. Vgl. hierzu *Richter* [Rules, 2001], S. 179-184.

[384] Vgl. Fn. 293.

[385] Die Äquivalenzbedingungen zielen somit *nicht* auf die Herstellung der *Unternehmenswert*neutralität der Besteuerung.

von *Long* für das Mitte der 1970er Jahre geltende US-amerikanische und darauf aufbauend von *König* für das Anfang der 1990er Jahre herrschende deutsche Steuerregime erarbeitet.[386] Für ein Steuersystem mit drei differenzierten Steuersätzen fehlt eine derartige Ausarbeitung. Sie soll im Folgenden geleistet werden.[387] Die abzuleitenden Äquivalenzforderungen zeigen, unter welchen Bedingungen die Bruttorendite des Standard-CAPM durch die Einführung von Steuern nicht verändert wird und damit die in der Literatur zu findende Kombination der risikoadjustierten Vorsteuerrendite mit persönlichen (Misch-)Steuersätzen[388] zur Gewinnung von Nettorenditen theoretisch gerechtfertigt werden kann.

Investoren maximieren ihr Einkommen *nach* Steuern.[389] Gefragt wird, unter welchen Bedingungen diese Akteure, die entsprechend den CAPM-Versionen (B.3.27) oder (B.3.28) entscheiden, auch nach Steuern effiziente Portfolios auswählen et vice versa. Analysiert wird mithin, inwieweit Portfolios, die μ-σ-effizient vor Steuern sind, diese Eigenschaft behalten, wenn die Investoren über differenzierte Steuersätze auf Kursgewinne, Dividendeneinkommen sowie Zinseinkünfte verfügen.

Dient das CAPM zur Bestimmung der Alternativrendite, so sind allein Steuerarten zu betrachten, die bei einer Alternativanlage in Wertpapiere mit unsicheren Renditen relevant sind.[390] Neben den Prämissen, die zum CAPM vor Steuern führen[391], werden eine deterministische[392] Dividendenrendite $\delta_j = D_j \cdot \left(p_j^0\right)^{-1}$ und eine stochastische Kursrendite $\tilde{\rho}_j = \left(\tilde{\pi}_j - p_j^0\right) \cdot \left(p_j^0\right)^{-1}$ vor Steuern auf das Wertpapier j $\left(j = 1, \ldots, N\right)$ mit dem Erwartungswert $\overline{\rho}_j$ unterstellt. Bei den Parametern D_j, p_j^0 und $\tilde{\pi}_j$ handelt es sich

386 Vgl. *Long* [Taxation, 1977], S. 25-53; *König* [Besteuerung, 1990], S. 63-87.

387 Die wesentlichen Ergebnisse aus Kapitel C.4.1 basieren auf *Wiese* [Irrelevanz, 2003], S. 7-14.

388 Vgl. *Braun* [Steuern, 2005], S. 247-248, m.w.N; *Baetge/Niemeyer/Kümmel* [DCF-Verfahren, 2005], S. 316; *Maier* [Konsistenz, 2002], S. 75; *Kohl/Schulte* [IDW S 1, 2000], S. 1157; *Ballwieser* [Kalkulationszinsfuß, 1997], S. 2395; *König/Zeidler* [Behandlung, 1996], S. 1101. Oftmals wird auf den nach IDW S 1 typisierten Steuersatz in Höhe von 35 % oder 17,5 % verwiesen. Vgl. dazu *IDW* [Wirtschaftsprüfer-Handbuch, 2002], S. 78-79, Tz. 225, und S. 98, Tz. 282, sowie *IDW* [IDW S 1, 2005], Tz. 53-54.

389 Vgl. etwa *Litzenberger/Ramaswamy* [Effect, 1979], S. 164; *Brennan* [Valuation, 1970], S. 419-420, der diese Annahme nur für den Fall als gerechtfertigt ansieht, dass die Investoren ihre Wertpapiere bis zum Periodenende halten. Dies ist jedoch bereits eine Prämisse des CAPM.

390 Vgl. *Moxter* [Grundsätze, 1983], S. 178; *Ballwieser* [Fragen, 2002], S. 748; *Schultze* [Methoden, 2003], S. 287.

391 Vgl. Kapitel B.3.2.1.

392 Vgl. analog *Brennan* [Valuation, 1970], S. 420; *Long* [Taxation, 1977], S. 27; *Litzenberger/Ramaswamy* [Effect, 1979], S. 166; *Litzenberger/Ramaswamy* [Dividends, 1980], S. 473; *Fung* [Taxes, 1981], S. 406; *Weigel* [Steuern, 1989], S. 116; *König* [Besteuerung, 1990], S. 68; *Elton/Gruber/Brown/Goetzmann* [Analysis, 2003], S. 330; *Wiese* [Unternehmensbewertung, 2004], S. 6.

um die endfällige Dividende sowie die Stückpreise für ein Wertpapier in t = 0 und t = 1.[393] Die Nettodividendenrendite stellt sich aufgrund des Halbeinkünfteverfahrens als $(1-\tau)\cdot\delta_j$ dar. Abhängig von der Realisationsstrategie der Investoren kann zusätzlich die Kursrendite mit einem Steuersatz γ belastet werden, so dass nach Steuern $(1-\gamma)\cdot\overline{\rho}_j$ gilt.[394] Existiert weiterhin eine Anlagemöglichkeit zum risikofreien Zinssatz $r_f = q - 1$[395], so beträgt deren Nachsteuerrendite $(1-\hat{s}_e)\cdot r_f$.[396] Das gekennzeichnete Steuerregime wird im Folgenden bei der Ableitung der Äquivalenzbedingungen sowie des Steuer-CAPM vorausgesetzt.[397]

Vereinfachend wird für Kursgewinne und Zinseinkünfte von proportionaler Besteuerung ausgegangen. Soweit in Kapitel C.4.1.3, C.4.1.4 und C.4.2.2 progressive Steuertarife unterstellt werden, soll dies allein die Dividendenbesteuerung betreffen. Zusätzlich wird unterstellt, dass der durchschnittliche Dividendensteuersatz unabhängig von Zins- und Kursgewinneinkünften ist.

4.1.2 Effiziente Portfolios

Die Menge aller vor (nach) Abzug von Steuern effizienten Portfolios wird als $E\left(F\left(\gamma,\tau,\hat{s}_e\right)\right)$ bezeichnet. Existiert r_f, so halten die Investoren eine Kombination aus

---

393 Betont sei, dass die Dividenden sowie die Wertpapierpreise annahmegemäß aus einer Welt stammen, in der keine Steuern existieren, so dass sie von steuerlichen Einflüssen unbeeinflusst sind. Hierauf wird in Kapitel C.4.2.5.2 zurückgekommen.

394 Zur Kennzeichnung der Steuersätze τ, γ und $\hat{s}_e$ vgl. Kapitel B.5. *Kruschwitz/Löffler* [Bemerkungen, 2004], S. 1179-1184, und *Kruschwitz/Löffler* [Einkommensteuer, 2005], S. 76-77, zeigen, dass die Formulierung einer Nettorendite $\overline{r}'$ als Vorsteuerrendite $\overline{r}$, multipliziert mit dem Komplement eines Steuersatzes τ $\left(\overline{r}' = \overline{r}\cdot(1-\tau)\right)$, zu Arbitragegelegenheiten führen kann. Vgl. a. *Wilhelm* [Kapitalkosten, 2004], S. 19. Umgekehrt formuliert steht hinter dem Ausdruck $\left(\overline{r}' = \overline{r}\cdot(1-\tau)\right)$ die Annahme, dass sich der Unternehmenswert oder Preise durch die Einführung von Steuern nicht verändern. Vgl. *Wilhlem* [Anmerkungen, 2005], S. 1007-1008, der auf S. 1010 zu Recht darauf hinweist, dass *Kruschwitz/Löffler* implizit fordern, dass die Märkte mit und ohne Besteuerung simultan arbitragefrei sein sollen. Da nur Märkte unter Einfluss von Steuern real beobachtbar sind, ist offen, weshalb man zugleich Arbitragefreiheit auf idealisierten Märkten ohne Steuern verlangen soll. Daher wird im Folgenden an der hier vorgenommenen intuitiven und in der Literatur vorherrschenden Definition der Nachsteuerrenditen festgehalten.

395 q ist der Stückpreis für das risikolose Wertpapier in t = 1. In t = 0 beträgt der Preis 1.

396 Da $\overline{\rho}_j$ und – bei Kapitalaufnahme – auch r_f negative Werte annehmen können, führt dies formal zu einer vollständigen und sofortigen Steuerentlastung, was realitätsfern ist, den Kalkül jedoch analytisch handhabbar hält. Vgl. a. *Elton/Gruber* [Market, 1984], S. 921.

397 Steuerliche Freigrenzen werden in Kapitel C.4.1 vernachlässigt. Vgl. zu deren Erfassung jedoch Kapitel C.4.2.1.

dem risikolosen Papier und dem Nachsteuer-Tangentialportfolio $T(\gamma,\tau)$.[398] Ein Portfolio ist *nachsteuer*effizient bei gegebenen Steuersätzen γ, τ und $\hat{s}_e$, wenn es 1) die maximale erwartete Rendite unter den Portfolios mit gleicher oder niedrigerer Varianz und 2) die kleinste Varianz unter allen Portfolios mit gleicher oder höherer erwarteter Rendite aufweist. Als effizient *vor Steuern* lässt sich ein Portfolio kennzeichnen, das *nachsteuer*effizient für $\gamma = \tau = \hat{s}_e = 0$ ist.[399]

Um Bedingungen zu gewinnen, unter denen die differenzierte Besteuerung von Kursgewinnen, Dividenden und Zinseinkünften keinen Einfluss auf die Effizienzeigenschaft von Portfolios hat, bedarf es einer formalen Definition effizienter Portfolios vor und nach Steuern.[400] Existieren N Anlagemöglichkeiten, so lässt sich ein Portfolio durch einen Vektor $\underline{x} \in \mathbb{R}^N$ aus der Menge aller Portfolios $\mathfrak{I}_N$ kennzeichnen mit der Eigenschaft[401]

$$x_1 + \ldots + x_N = \sum_{j=1}^{N} x_j = \underline{x}^T \cdot I = 1, \qquad \text{(C.4.1)}$$

wobei I dem Einservektor und x_j dem für das Wertpapier j verausgabten Budgetanteil entspricht. Ein solches Portfolio ist ohne Existenz der risikolosen Anlage effizient vor Steuern, wenn[402]

$$\underset{\underline{x}}{\text{Min}}\ \underline{x}^T \underline{\Sigma}\, \underline{x} \qquad \text{(C.4.2)}$$

unter Beachtung von

$$\begin{aligned} &\underline{x}^T \underline{\bar{\rho}} + \underline{x}^T \underline{\delta} = m(> m_0), \\ &\underline{x}^T I = 1 \end{aligned} \qquad \text{(C.4.3)}$$

gelöst ist. $\underline{\Sigma}$ steht für die (nicht-singuläre) Kovarianzmatrix der Aktienrenditen, m_0 für die erwartete Rendite des Minimum-Varianz-Portfolios und m für die gegebene Rendite eines Portfolios $\underline{x}_m$. (C.4.2) und (C.4.3) fordern folglich die Minimierung der

---

398 Vgl. *Long* [Taxation, 1977], S. 29.

399 Vgl. *Long* [Taxation, 1977], S. 28; *König* [Besteuerung, 1990], S. 65-66; *Fama* [Decisions, 1970], S. 164.

400 Vgl. hierzu und im Folgenden *König* [Besteuerung, 1990], S. 58 und S. 63-67; *Long* [Taxation, 1977], S. 45-46; *Chen* [Rules, 1986], S. 7.

401 Vgl. etwa *Ross* [Fund, 1978], S. 257. Unterstellt wird, dass im Fall ohne risikolose Anlage keine Sättigungseffekte auftreten. Vgl. hierzu Kapitel B.3.2.3.

402 Vgl. z.B. *Black* [Equilibrium, 1972], S. 447; *Merton* [Derivation, 1972], S. 1852.

Varianz bei gegebener erwarteter Rendite. Ist r_f vorhanden, dann ist das Portfolio $\left(\underline{x}, x_{r_f}\right) \in \Im_{N+1}$ effizient vor Steuern, wenn neben (C.4.2) gilt:

$$\underline{x}^T \underline{\bar{\rho}} + \underline{x}^T \underline{\delta} + x_{r_f} \cdot r_f = m\left(> r_f\right),$$
$$\underline{x}^T I + x_{r_f} = 1. \qquad \text{(C.4.4)}$$

Dabei ist x_{r_f} der in das risikolose Wertpapier investierte Budgetanteil. Um den Einfluss der Besteuerung auf die Renditen der Portfolios zu bestimmen[403], wird ein Portfolio $\left(\underline{x}, x_{r_f}\right) \in \Im_{N+1}$ betrachtet, das bei Fehlen von r_f über $x_{r_f} = 0$ zu $\underline{x} \in \Im_N$ wird. Ein Investor verfügt zum Periodenbeginn über ein Vermögen W, das er in Aktien investieren kann. Somit hält der Akteur $\left(x_j \cdot W\right) / p_j^0$ riskante Wertpapiere des Typs j. Aus dem Portfolio fließt ein Einkommen H mit

$$\begin{aligned} H &= W \cdot x_{r_f} \cdot r_f + \sum_{j=1}^{N} \frac{x_j \cdot W}{p_j^0} \cdot \left(\tilde{\pi}_j - p_j^0 + D_j\right) \\ &= W \cdot \left(\sum_{j=1}^{N} x_j \cdot \left(\tilde{\rho}_j + \delta_j\right) + x_{r_f} \cdot r_f\right) \qquad \text{(C.4.5)} \\ &= W \cdot \left(\underline{x}^T \cdot \underline{\rho} + \underline{x}^T \cdot \underline{\delta} + x_{r_f} \cdot r_f\right). \end{aligned}$$

Addiert man zu H das deterministische und unabhängig von Kapitalmarkttransaktionen anfallende Basiseinkommen $\overline{EK}$, so gelangt man zum gesamten zu versteuernden Einkommen ZVE:[404]

$$ZVE = W \cdot \left(\underline{x}^T \cdot \underline{\rho} + \underline{x}^T \cdot \underline{\delta} + x_{r_f} \cdot r_f\right) + \overline{EK}. \qquad \text{(C.4.6)}$$

Für das ZVE nach Steuern, ZVE′ resultiert:

$$ZVE' = W \cdot \left(\left(1-\gamma\right) \cdot \underline{x}^T \cdot \underline{\rho} + \left(1-\tau\right) \cdot \underline{x}^T \cdot \underline{\delta} + \left(1-\hat{s}_e\right) \cdot x_{r_f} \cdot r_f\right) + \left(1-\hat{s}_e\right) \cdot \overline{EK}. \qquad \text{(C.4.7)}$$

Aus (C.4.7) lässt sich die Portfoliorendite nach Steuern $\tilde{r}'$ auf das eingesetzte Kapital W mit

[403] Vgl. hierzu und im Folgenden *König* [Besteuerung, 1990], S. 67-73.

$$\tilde{r}' = \frac{ZVE'}{W} = \underline{x}^T \cdot \underline{\rho} \cdot (1-\gamma) + \underline{x}^T \cdot \underline{\delta} \cdot (1-\tau) + x_{r_f} \cdot r_f \cdot (1-\hat{s}_e) \qquad (C.4.8)$$

gewinnen. Ihr Erwartungswert $\overline{r}'$ beträgt

$$\overline{r}' = \underline{x}^T \cdot \overline{\underline{\rho}} \cdot (1-\gamma) + \underline{x}^T \cdot \underline{\delta} \cdot (1-\tau) + x_{r_f} \cdot r_f \cdot (1-\hat{s}_e) \qquad (C.4.9)$$

und ihre Varianz $\sigma_{\tilde{r}'}^2$[405]

$$\sigma_{\tilde{r}'}^2 = \underline{x}^T \underline{\Sigma} \underline{x} \cdot (1-\gamma)^2. \qquad (C.4.10)$$

Um die effizienten Portfolios nach Steuern ermitteln zu können, braucht man die partiellen Ableitungen von $\overline{r}'$ und $\sigma_{\tilde{r}'}^2$ nach $\underline{x}$ und x_{r_f}.[406] Für (C.4.9) resultiert

$$\frac{\partial \overline{r}'}{\partial \underline{x}} = \overline{\underline{\rho}} \cdot (1-\gamma) + \underline{\delta} \cdot (1-\tau) \qquad (C.4.11)$$

und

$$\frac{\partial \overline{r}'}{\partial x_{r_f}} = r_f \cdot (1-\hat{s}_e). \qquad (C.4.12)$$

Differentiation von (C.4.10) liefert[407]

$$\frac{\partial \sigma_{\tilde{r}'}^2}{\partial \underline{x}} = 2 \cdot \underline{\Sigma} \underline{x} \cdot (1-\gamma)^2. \qquad (C.4.13)$$

Das betrachtete Portfolio ist – ohne Existenz der risikolosen Anlage r_f – nach Steuern effizient, wenn Konstanten z_1' und z_2' vorhanden sind, welche den Anforderungen

404 Zu ZVE gehören mithin – anders als bei *König* [Besteuerung, 1990], S. 70 – auch Kursgewinne, ausgedrückt durch $W \cdot \underline{x}^T \cdot \underline{\rho}$.

405 Der Term $(1-\gamma)^2$ tritt bei *König* [Besteuerung, 1990], S. 71, nicht auf, da dort Kursgewinne als steuerfrei angenommen werden. Für einen Ansatz mit Kursgewinnsteuern vgl. *Chen* [Rules, 1986], S. 7-11. Zur Ermittlung der Varianz in (C.4.10) vgl. Anhang 3.

406 Vgl. *König* [Besteuerung, 1990], S. 71.

407 Vgl. analog *König* [Besteuerung, 1990], S. 73, der ohne den Faktor $(1-\gamma)^2$ rechnet.

$$\Sigma \underline{x} \cdot (1-\gamma)^2 - z_1' \cdot \left[\overline{\underline{\rho}} \cdot (1-\gamma) + \underline{\delta} \cdot (1-\tau)\right] - z_2' \cdot I = 0,$$

$$\underline{x}^T \overline{r'} = m' \; (> m_0') \tag{C.4.14}$$

gehorchen. Dabei ist m' eine gegebene Nachsteuerrendite eines Portfolios und m_0' jene des mit den Rückflüssen des Marktportfolios unkorrelierten Portfolios. Forderung (C.4.14) lässt sich wie folgt beweisen: Wenn $\underline{x}$ ein effizientes Portfolio vor Steuern ist und keine risikolose Anlage existiert, muss es die Bedingungen (C.4.2) und (C.4.3) erfüllen. Übertragen auf den Nachsteuerfall folgt mit (C.4.10)[408]

$$\underset{\underline{x}}{\text{Min}} \; \underline{x}^T \Sigma \underline{x} \cdot (1-\gamma)^2 \tag{C.4.15}$$

und unter Berücksichtigung von (C.4.3) in Verbindung mit (C.4.9)

$$\underline{x}^T \cdot \overline{\underline{\rho}} \cdot (1-\gamma) + \underline{x}^T \cdot \underline{\delta} \cdot (1-\tau) = m' (> m_0'),$$

$$\underline{x}^T \cdot I = 1. \tag{C.4.16}$$

Zugleich muss $\underline{x}$ vor Steuern Gewähr leisten, dass es positive Konstanten z_1' und z_2' gibt, die den Bedingungen

$$\Sigma \underline{x} - z_1' \cdot (\overline{\underline{\rho}} + \underline{\delta}) - z_2' \cdot I = 0,$$

$$\underline{x}^T \cdot (\overline{\underline{\rho}} + \underline{\delta}) = m \tag{C.4.17}$$

folgen.[409] Anwendung des Lagrangeansatzes[410] auf (C.4.15) und (C.4.16) liefert

$$\underset{\underline{x}}{\text{Min}} \; \underline{x}^T \Sigma \underline{x} \cdot (1-\gamma)^2 - 2z_1' \cdot \left[\underline{x}^T \cdot \overline{\underline{\rho}} \cdot (1-\gamma) + \underline{x}^T \cdot \underline{\delta} \cdot (1-\tau) - m'\right] - 2z_2' \cdot (\underline{x}^T I - 1),$$

$$m' > m_0'. \tag{C.4.18}$$

408 Die folgenden Ausführungen sind angelehnt an *König* [Besteuerung, 1990], S. 178-179, der allerdings nur den Fall vor Steuern beweist. Zu einem ähnlichen Vorgehen vgl. *Chen* [Rules, 1986], S. 7-8.

409 Vgl. *Black* [Equilibrium, 1972], S. 448; *Merton* [Derivation, 1972], S. 1852; *König* [Besteuerung, 1990], S. 66; ähnlich *Long* [Taxation, 1977], S. 45.

410 Vgl. analog *Merton* [Derivation, 1972], S. 1852; *Black* [Equilibrium, 1972], S. 447-448.

Minimierung der Lagrangefunktion nach $\underline{x}^T$ führt zu (C.4.14):

$$\Sigma \underline{x} \cdot (1-\gamma)^2 - z_1' \cdot \left[\underline{\overline{\rho}} \cdot (1-\gamma) + \underline{\delta} \cdot (1-\tau) \right] - z_2' \cdot I = 0 . \qquad \text{(C.4.19)}$$

Damit ist (C.4.14) fast bewiesen. Zu zeigen ist noch, dass bei Effizienz von $\underline{x}$ auch das Portfolio $\underline{x}_m$ mit der vorgegebenen erwarteten Rendite m unter der Bedingung (C.4.19) effizient ist.[411] Hierzu müssen neben den Erwartungswerten auch die Varianzen von $\underline{x}$ und $\underline{x}_m$ übereinstimmen.[412] Ist $\underline{x}_m$ effizient, so muss es in Analogie zu (C.4.19) die Anforderungen

$$\begin{aligned} &\Sigma \underline{x}_m \cdot (1-\gamma)^2 - z_{m1} \cdot \left[\underline{\overline{\rho}} \cdot (1-\gamma) + \underline{\delta} \cdot (1-\tau) \right] - z_{m2} \cdot I = 0, \\ &\underline{x}_m^T \cdot \overline{\underline{r}'} = m' \end{aligned} \qquad \text{(C.4.20)}$$

erfüllen.[413] Durch Multiplikation von (C.4.20) mit $\underline{x}^T$ und $\underline{x}_m^T$ findet man

$$\underline{x}^T \Sigma \underline{x}_m \cdot (1-\gamma)^2 = z_{m1} \cdot m' + z_{m2} \qquad \text{(C.4.21)}$$

und

$$\underline{x}_m^T \Sigma \underline{x}_m \cdot (1-\gamma)^2 = z_{m1} \cdot m' + z_{m2} , \qquad \text{(C.4.22)}$$

woraus

$$\underline{x}^T \Sigma \underline{x}_m \cdot (1-\gamma)^2 = \underline{x}_m^T \Sigma \underline{x}_m \cdot (1-\gamma)^2 \qquad \text{(C.4.23)}$$

folgt. Multipliziert man (C.4.19) mit $\underline{x}^T$ und $\underline{x}_m^T$, so resultiert

$$\underline{x}_m^T \Sigma \underline{x} \cdot (1-\gamma)^2 = \underline{x}^T \Sigma \underline{x} \cdot (1-\gamma)^2 . \qquad \text{(C.4.24)}$$

Da die linken Seiten der Gleichungen (C.4.23) und (C.4.24) gleichgesetzt werden können, muss dies auch für die rechten Seiten gelten:

$$\underline{x}_m^T \Sigma \underline{x}_m \cdot (1-\gamma)^2 = \underline{x}^T \Sigma \underline{x} \cdot (1-\gamma)^2 . \qquad \text{(C.4.25)}$$

---

411 Vgl. dazu und im Folgenden für den Fall vor Steuern *König* [Besteuerung, 1990], S. 178-179.

412 Anders formuliert ist zu zeigen, dass wenn Anforderung (C.4.19) zu effizienten Portfolios $\underline{x}$ führt, dies auch für $\underline{x}_m$ zu gelten hat.

413 z_{m1} und z_{m2} sind die mit dem Optimierungsproblem für $\underline{x}_m$ verbundenen Schattenpreise.

Formuliert in (C.4.25) ist die zu zeigende Identität der Varianzen der Portfolios $\underline{x}$ und $\underline{x}_m$, womit die Gültigkeit von (C.4.14) gezeigt ist.

Die zu (C.4.17) und (C.4.14) analogen Formulierungen bei Existenz des risikolosen Zinssatzes r_f lauten vor Steuern

$$\Sigma\underline{x} - z_1' \cdot (\underline{\overline{\rho}} + \underline{\delta}) - z_2' \cdot I = 0,$$

$$z_1' \cdot r_f + z_2' = 0, \qquad (C.4.26)$$

$$\underline{x}^T \cdot (\underline{\overline{\rho}} + \underline{\delta}) + x_{r_f} \cdot r_f = m$$

und nach Steuern[414]

$$\Sigma\underline{x} \cdot (1-\gamma)^2 - z_1' \cdot \left[\underline{\overline{\rho}} \cdot (1-\gamma) + \underline{\delta} \cdot (1-\tau)\right] - z_2' \cdot I = 0,$$

$$z_1' \cdot r_f \cdot (1-\hat{s}_e) + z_2' = 0, \qquad (C.4.27)$$

$$\underline{x}^T \overline{\underline{r}'} = m' \left(> m_{r_f}' = r_f \cdot (1-\hat{s}_e) \right).$$

Mit (C.4.17) und (C.4.26) sind – sowohl bei Nicht-Existenz als auch bei Vorhandensein der risikolosen Anlage – Bedingungen für die Effizienz von Portfolios im Fall vor Steuern sowie mit (C.4.14) und (C.4.27) im Fall nach Steuern ermittelt worden. Damit können im Folgenden Äquivalenzbedingungen für die Portfoliowahl vor und nach Steuern abgeleitet werden. Diese Äquivalenzforderungen beantworten die Frage, welche formale Beziehung die Gleichheit zwischen den abgeleiteten Komplexen an Optimalitätsbedingungen für den Vor- ((C.4.17), (C.4.26)) und den Nachsteuerfall ((C.4.14), (C.4.27)) herstellt.

---

414 Zum Beweis von (C.4.27) vgl. Anhang 3. Die Ableitung verläuft analog zu derjenigen von (C.4.14). Vgl. *König* [Besteuerung, 1990], S. 66, der den Nachweis nicht ausführt. Für den Fall, dass Kursgewinne unter den in Fn. 307 genannten Bedingungen steuerfrei bleiben, ist in den Gleichungen (C.4.6) und (C.4.7) der Term $\underline{x}^T \cdot \underline{\rho}$ und in den Bedingungen (C.4.8) bis (C.4.11) sowie (C.4.13), (C.4.14) und (C.4.27) der Parameter γ gleich 0 zu setzen. Entsprechendes gilt für die Ableitungen in Anhang 3.

4.1.3 Äquivalenz ohne risikolose Anlage

Mit Ergebnis (C.4.14) können für den Fall ohne risikolose Anlage Bedingungen gewonnen werden, unter welchen Portfolios, die effizient vor Steuern sind, diese Eigenschaft auch nach Steuern behalten und umgekehrt.[415] Dies ist im Allgemeinen nicht der Fall: Während die Ordnung von Portfolios nach der Varianz der Renditen unabhängig davon ist, ob Steuern erhoben werden oder nicht, kann die Besteuerung die Reihung der Portfolios nach der erwarteten Rendite verändern. Folglich werden Investoren mit unterschiedlichen Steuersätzen die Portfolios – trotz homogener Erwartungen über die Bruttorenditen – in ihrem Nettokalkül grundsätzlich anders ordnen als vor Steuern. Derartige Äquivalenzanforderungen sind bisher nur für Steuersysteme mit zwei Steuersätzen erarbeitet worden[416] und sollen im Folgenden auf das hier unterstellte System mit drei Sätzen erweitert werden. Für die Vorsteuer-Nachsteuer-Effizienz ist zu fordern, dass folgende lineare Beziehung zwischen den Dividenden- und Kursrenditen jedes Portfolios herrscht:

$$\underline{x} \in E \text{ und } \underline{x} \in F(\gamma, \tau) \Leftrightarrow \underline{\delta} = a \cdot \underline{\rho} + b \cdot I. \qquad \text{(C.4.28)}$$

Hält diese spezielle Beziehung, so ist die Ordnung der Portfolios nach der erwarteten Rendite bei allen Steuersätzen gleich. Die Parameter a und b bestimmen sich als:[417]

$$a = \frac{z_1' - w_1' \cdot (1-\gamma)}{w_1' \cdot (1-\tau)}, \quad b = \frac{z_2' - w_2'}{w_1' \cdot (1-\tau)}. \qquad \text{(C.4.29)}$$

Um (C.4.28) und (C.4.29) zu beweisen[418], ist zunächst zu zeigen, dass wenn die rechte Seite von (C.4.28) erfüllt ist, $\underline{x} \in E$ und $\underline{x} \in F(\gamma, \tau)$ gilt. Wenn ein Portfolio $\underline{x} \in E$, mithin vorsteuereffizient ist und $\underline{\delta} = a \cdot \underline{\rho} + b \cdot I$ gilt, dann muss es der Anforderung (C.4.17) genügen. Nach Steuern folgt mit (C.4.14):

---

415 Vgl. *Long* [Taxation, 1977], S. 31; *Weigel* [Steuern, 1989], S. 115-116.

416 Vgl. *Long* [Taxation, 1977], S. 46-47; *König* [Besteuerung, 1990], S. 74-75; *Chen* [Rules, 1986], S. 12.

417 Bei w_1', w_2' (z_1', z_2') handelt es sich um die Schattenpreise des Optimierungsproblems nach (vor) Steuern.

418 Vgl. für ein anderes Steuersystem *König* [Besteuerung, 1990], S. 74-75.

$$\Sigma\underline{x}\cdot(1-\gamma)^2 - w_1'\cdot\left[\underline{\bar{\rho}}\cdot(1-\gamma)+\underline{\delta}\cdot(1-\tau)\right] - w_2'\cdot I =$$

$$\Sigma\underline{x}\cdot(1-\gamma)^2 - w_1'\cdot\left[\underline{\bar{\rho}}\cdot(1-\gamma)+\left(a\cdot\underline{\bar{\rho}}+b\cdot I\right)\cdot(1-\tau)\right] - w_2'\cdot I =$$

$$\Sigma\underline{x}\cdot(1-\gamma)^2 - w_1'\cdot\left[\underline{\bar{\rho}}\cdot\left(1-\gamma+a\cdot(1-\tau)\right)+b\cdot I\cdot(1-\tau)\right] - w_2'\cdot I = \tag{C.4.30}$$

$$\Sigma\underline{x}\cdot(1-\gamma)^2 - w_1'\cdot\left(1-\gamma+a\cdot(1-\tau)\right)\cdot\underline{\bar{\rho}} - \left(w_2'+w_1'\cdot b\cdot(1-\tau)\right)\cdot I = 0.$$

Für die Lagrangemultiplikatoren w_1' und w_2' erhält man

$$w_1' = \frac{z_1'}{1-\gamma+a\cdot(1-\tau)},\ w_2' = z_2' - \frac{z_1'\cdot b\cdot(1-\tau)}{1-\gamma+a\cdot(1-\tau)}. \tag{C.4.31}$$

Damit ist $\underline{x}\in F(\gamma,\tau)$, wenn durch geeignete a und b analog zur Nebenbedingung $\underline{x}^T\cdot\left(\underline{\bar{\rho}}+\underline{\delta}\right)=m$ in (C.4.17) die Restriktion[419]

$$\underline{x}^T\cdot\underline{\bar{\rho}}\cdot(1-\gamma)+\underline{x}^T\cdot\underline{\delta}\cdot(1-\tau) > m_0' \tag{C.4.32}$$

eingehalten wird. Inhaltlich fordert (C.4.32), dass die erwartete Nettorendite auf $\underline{x}$ (C.4.9) größer sein muss als die Nettorendite m_0' auf das Minimum-Varianz-Portfolio.

Nachzuweisen ist weiterhin, dass wenn (C.4.30) und (C.4.31) erfüllt sind, also $\underline{x}\in F(\gamma,\tau)$ ist, auch $\underline{x}\in E$ gilt. Wenn $\underline{x}\in F(\gamma,\tau)$ und $\underline{\delta}=a\cdot\underline{\bar{\rho}}+b\cdot I$ vorausgesetzt wird, dann hat entsprechend (C.4.30) zu gelten:

$$\Sigma\underline{x}\cdot(1-\gamma)^2 - w_1'\cdot\left(1-\gamma+a\cdot(1-\tau)\right)\cdot\underline{\bar{\rho}} - \left(w_2'+w_1'\cdot b\cdot(1-\tau)\right)\cdot I = 0. \tag{C.4.33}$$

419 Aufgrund des hier zugrunde gelegten Steuersystems weicht Forderung (C.4.32) von der Bedingung bei *König* [Besteuerung, 1990], S. 74, deutlich ab.

Setzt man (C.4.31) in (C.4.33) ein, so resultiert nach einigen Umformungen (C.4.17):

$$\Sigma\underline{x}\cdot(1-\gamma)^2-\frac{z_1'}{1-\gamma+a\cdot(1-\tau)}\cdot(1-\gamma+a\cdot(1-\tau))\cdot\underline{\bar{p}}-$$
$$\left(z_2'-\frac{z_1'\cdot b\cdot(1-\tau)}{1-\gamma+a\cdot(1-\tau)}+\frac{z_1'}{1-\gamma+a\cdot(1-\tau)}\cdot b\cdot(1-\tau)\right)\cdot I=$$
$$\Sigma\underline{x}\cdot(1-\gamma)^2-z_1'\cdot\underline{\bar{p}}-\left(\frac{z_2'\cdot(1-\gamma+a\cdot(1-\tau))-z_1'\cdot b\cdot(1-\tau)+z_1'\cdot b\cdot(1-\tau)}{1-\gamma+a\cdot(1-\tau)}\right)\cdot I= \tag{C.4.34}$$
$$\Sigma\underline{x}\cdot(1-\gamma)^2-z_1'\cdot\underline{\bar{p}}-z_2'\cdot I=0.$$

Gleichung (C.4.34) unterscheidet sich von (C.4.17)[420] durch den Term $(1-\gamma)^2$. Dieser ist jedoch insofern irrelevant, als die Rangfolge der Portfolios nach der Nachsteuer-Varianz $\underline{x}^T\Sigma\underline{x}\cdot(1-\gamma)^2$ bei jedem beliebigen Steuersatz γ dieselbe ist.[421] Hiermit ist gezeigt, dass wenn (C.4.31) erhalten bleibt, $\underline{x}\in E$ erfüllt ist, wobei a sowie b der Bedingung $\underline{x}^T\cdot\underline{\bar{p}}+\underline{x}^T\cdot\underline{\delta}>m_0$ zu genügen haben.

Bewiesen werden muss umgekehrt, dass wenn $\underline{x}\in E$ und $\underline{x}\in F(\gamma,\tau)$ gilt, auch $\underline{\delta}=a\cdot\underline{\bar{p}}+b\cdot I$ gültig bleibt. Dann müssen sich (C.4.34) und (C.4.30) gleichsetzen lassen

$$\Sigma\underline{x}\cdot(1-\gamma)^2-z_1'\cdot\underline{\bar{p}}-z_2'\cdot I=\Sigma\underline{x}\cdot(1-\gamma)^2-w_1'\cdot\left[\underline{\bar{p}}\cdot(1-\gamma)+\underline{\delta}\cdot(1-\tau)\right]-w_2'\cdot I, \tag{C.4.35}$$

woraus

[420] Statt des Terms $z_1'\cdot\underline{\bar{p}}$ findet sich in (C.4.17) der Ausdruck $z_1'\cdot(\underline{\bar{p}}+\underline{\delta})$. (C.4.17) entstammt indes einem Kalkül ohne Steuern. Dort ist es irrelevant, ob dem Investor die Erträge aus einem Wertpapier in Form von Kursgewinnen oder Dividenden zufließen. Somit kann $(\underline{\bar{p}}+\underline{\delta})$ in (C.4.17) problemlos durch $\underline{\bar{p}}$ in (C.4.34) ersetzt werden.

[421] Vgl. *Long* [Taxation, 1977], S. 31 und S. 46. Man könnte m.a.W. den Term in (C.4.17) ebenso gut einfügen wie man ihn in (C.4.34) vernachlässigen kann.

$$w_1' \cdot \left[\underline{\bar{\rho}} \cdot (1-\gamma) + \underline{\delta} \cdot (1-\tau)\right] + w_2' \cdot I = z_1' \cdot \underline{\bar{\rho}} + z_2' \cdot I$$

$$w_1' \cdot \underline{\delta} \cdot (1-\tau) = \underline{\bar{\rho}} \cdot \left[z_1' - w_1' \cdot (1-\gamma)\right] + I \cdot (z_2' - w_2')$$

$$\underline{\delta} = \underline{\bar{\rho}} \cdot \left[\frac{z_1' - w_1' \cdot (1-\gamma)}{w_1' \cdot (1-\tau)}\right] + I \cdot \left(\frac{z_2' - w_2'}{w_1' \cdot (1-\tau)}\right) \tag{C.4.36}$$

$$\underline{\delta} = a \cdot \underline{\bar{\rho}} + b \cdot I$$

$$\text{mit } a = \frac{z_1' - w_1' \cdot (1-\gamma)}{w_1' \cdot (1-\tau)}, b = \frac{z_2' - w_2'}{w_1' \cdot (1-\tau)}$$

folgt. Die Bestimmungsgleichung für die Konstanten a und b in (C.4.36) lässt sich in (C.4.31) überleiten, womit (C.4.28) und (C.4.29) nachgewiesen sind.

Der Steigungsparameter a und der Achsenabschnitt b der linearen Beziehung (C.4.28) dürfen indes nicht beliebige Werte annehmen, sondern müssen sich innerhalb gewisser Schranken bewegen. Für die untere Schranke von a erhält man unter der Prämisse *proportionaler* Besteuerung

$$a > \frac{\gamma - 1}{1 - \tau}. \tag{C.4.37}$$

Um (C.4.37) zu beweisen[422], wird von einem Portfolio $\underline{x} \in E$ und einem beliebigen (nicht effizienten) Portfolio $\underline{y}$ ausgegangen, so dass vor Steuern

$$\begin{gathered} \underline{x}^T \underline{\Sigma} \underline{x} = \underline{y}^T \underline{\Sigma} \underline{y}, \\ \underline{x}^T \cdot \underline{\bar{\rho}} + \underline{x}^T \cdot \underline{\delta} > \underline{y}^T \cdot \underline{\bar{\rho}} + \underline{y}^T \cdot \underline{\delta} \end{gathered} \tag{C.4.38}$$

gilt, woraus nach Steuern

$$\underline{x}^T \cdot \underline{\bar{\rho}} \cdot (1-\gamma) + \underline{x}^T \cdot \underline{\delta} \cdot (1-\tau) > \underline{y}^T \cdot \underline{\bar{\rho}} \cdot (1-\gamma) + \underline{y}^T \cdot \underline{\delta} \cdot (1-\tau) \tag{C.4.39}$$

[422] Vgl. zum analogen Vorgehen mit anderem Steuersystem *König* [Besteuerung, 1990], S. 77-79.

wird. Unter Rückgriff auf die Beziehung $\underline{\delta} = a \cdot \underline{\overline{\rho}} + b \cdot I$ ergibt sich aus (C.4.39) unter der Annahme, dass die Einkommensteuer keiner Progression unterliegt, mithin τ gekürzt werden kann, und für $k_x = \underline{x}^T \cdot \underline{\overline{\rho}}$ und $k_y = \underline{y}^T \cdot \underline{\overline{\rho}}$, dass

$$\begin{aligned} &k_x \cdot (1-\gamma) + \underline{x}^T \cdot \underline{\delta} \cdot (1-\tau) > k_y \cdot (1-\gamma) + \underline{y}^T \cdot \underline{\delta} \cdot (1-\tau), \\ &k_x \cdot (1-\gamma) + \underline{x}^T \cdot \left(a \cdot \underline{\overline{\rho}} + b \cdot I\right) \cdot (1-\tau) > k_y \cdot (1-\gamma) + \underline{y}^T \cdot \left(a \cdot \underline{\overline{\rho}} + b \cdot I\right) \cdot (1-\tau) \end{aligned} \tag{C.4.40}$$

ist. Da gemäß (C.4.3) $\underline{x}^T \cdot I = 1$ gilt, folgt

$$\begin{aligned} &k_x \cdot (1-\gamma) + (k_x \cdot a + b) \cdot (1-\tau) > k_y \cdot (1-\gamma) + \left(k_y \cdot a + b\right) \cdot (1-\tau), \\ &k_x \cdot (1-\gamma) + k_x \cdot a \cdot (1-\tau) + b \cdot (1-\tau) > k_y \cdot (1-\gamma) + k_y \cdot a \cdot (1-\tau) + b \cdot (1-\tau), \\ &k_x \cdot \left[(1-\gamma) + a \cdot (1-\tau)\right] > k_y \cdot \left[(1-\gamma) + a \cdot (1-\tau)\right], \\ &\left(k_x - k_y\right) \cdot \left[(1-\gamma) + a \cdot (1-\tau)\right] > 0. \end{aligned} \tag{C.4.41}$$

Wenn vorausgesetzt werden darf, dass $k_x - k_y > 0$ ist, so folgt für a die in (C.4.37) angegebene Schranke:

$$1 - \gamma + a \cdot (1-\tau) > 0 \Leftrightarrow a > \frac{\gamma - 1}{1 - \tau}. \tag{C.4.42}$$

Dass $k_x - k_y > 0$ vorausgesetzt werden kann, lässt sich mit der Forderung $\underline{x}^T \cdot \underline{\overline{\rho}} + \underline{x}^T \cdot \underline{\delta} > \underline{y}^T \cdot \underline{\overline{\rho}} + \underline{y}^T \cdot \underline{\delta}$ aus (C.4.38) zeigen. Aus ihr resultiert

$$\begin{aligned} &k_x + \underline{x}^T \cdot \underline{\delta} > k_y + \underline{y}^T \cdot \underline{\delta} \Leftrightarrow \\ &k_x \cdot I + \underline{x}^T \cdot I \cdot \underline{\delta} > k_y \cdot I + \underline{y}^T \cdot I \cdot \underline{\delta} \Leftrightarrow \\ &k_x \cdot I + 1 \cdot \underline{\delta} > k_y \cdot I + 1 \cdot \underline{\delta} \Leftrightarrow \\ &k_x \cdot I > k_y \cdot I \Leftrightarrow I \cdot \left(k_x - k_y\right) > 0. \end{aligned} \tag{C.4.43}$$

Die Ergebnisse (C.4.29) und (C.4.37) weichen von denjenigen *Königs*[423] ab, was nicht verwundert, da dieser das Anrechnungsverfahren anstelle des hier zugrunde gelegten Halbeinkünfteverfahrens und keine Besteuerung von Kursgewinnen voraussetzt. Dass das Ungleichheitszeichen in (C.4.37) angebracht ist, sieht man, wenn man es durch ein Gleichheitszeichen ersetzt. Für diesen Fall entspricht die Nachsteuerrendite $\overline{r}'$ auf ein *beliebiges* (auch effizientes) Portfolio im μ-σ-Diagramm einer Parallelen der Form[424]

$$\overline{r}' = b \cdot (1-\tau) \qquad \text{(C.4.44)}$$

zur σ-Achse. Dies schließt die ökonomisch unsinnige Möglichkeit ein, dass dieselbe Portfoliorendite mit keinem und zugleich mit unendlichem Risiko verbunden sein kann. Es bleibt zu klären, welche Obergrenze a einzuhalten hat: Kehrt man in (C.4.37) das Ungleichheitszeichen um, so bleibt die Vorsteuer-Nachsteuer-Effizienz erhalten. Dreht man in (C.4.42) das Ungleichheitszeichen um und geht die in (C.4.41) durchgeführten Schritte rückwärts durch, so wendet sich auch für die Nachsteuerrenditen der Portfolios $\underline{x}$ und $\underline{y}$ in (C.4.40) das Ungleichheitszeichen. Folglich ist $\underline{y}$ effizient nach Steuern, während es $\underline{x}$ nicht mehr ist. Aus (C.4.40) wird also

$$k_x \cdot (1-\gamma) + \underline{x}^T \cdot (a \cdot \underline{\overline{\rho}} + b \cdot I) \cdot (1-\tau) < k_y \cdot (1-\gamma) + \underline{y}^T \cdot (a \cdot \underline{\overline{\rho}} + b \cdot I) \cdot (1-\tau). \qquad \text{(C.4.45)}$$

Da Portfolios vorsteuereffizient sind, wenn sie nach Steuern effizient bei Steuersätzen in Höhe von 0 sind, liefert (C.4.45) für die Beziehung der Vorsteuerrenditen

$$k_x + \underline{x}^T \cdot (a \cdot \underline{\overline{\rho}} + b \cdot I) < k_y + \underline{y}^T \cdot (a \cdot \underline{\overline{\rho}} + b \cdot I), \qquad \text{(C.4.46)}$$

so dass $\underline{y}$ die Effizienzeigenschaft nach Steuern auch vor Steuern nicht verliert. Zu beachten ist allein, dass bei Umkehr des Ungleichheitszeichens andere *optimale* Portfolios als $\underline{x}$ ausgewählt werden. Einer Obergrenze für a bedarf es insoweit nicht.[425]

Für b ergeben sich zunächst keinerlei Grenzen.[426] Allerdings gilt $\delta_j \geq 0$ für sämtliche Wertpapiere j.[427] Damit folgt unmittelbar aus (C.4.28) als Untergrenze für b:[428]

---

423 Vgl. *König* [Besteuerung, 1990], S. 75 und S. 77.

424 Vgl. zum Beweis von (C.4.44) Anhang 3. Vorauszusetzen ist proportionale Besteuerung. Qualitativ das gleiche Ergebnis erzielt *König* [Besteuerung, 1990], S. 78, allerdings mit einer Geraden anderer Gestalt.

425 Vgl. zu einem ähnlichen Ergebnis *König* [Besteuerung, 1990], S. 78, allerdings für die Untergrenze von a und ohne Beweis. Das hier gefundene Ergebnis steht ebenso wie das Resultat von *König* im Widerspruch zu *Long* [Taxation, 1977], S. 46-47.

426 Vgl. dazu Gleichung (C.4.41): Der Parameter b lässt sich aus ihr stets eliminieren, gleichviel, welche Werte er annimmt.

$$b \geq -a \cdot \bar{\rho}_j \; \forall j. \qquad \text{(C.4.47)}$$

Geht man realistischerweise von *progressiven* Dividendensteuersätzen τ_x und τ_y auf die Portfolios $\underline{x}$ und $\underline{y}$ aus, so gehen die einfachen Anforderungen (C.4.37) an a und (C.4.44) an b verloren. Stattdessen müssen a und b *gemeinsam der* Bedingung

$$\left(k_x - k_y\right) \cdot (1-\gamma) > \left(k_y \cdot a + b\right) \cdot \left(1-\tau_y\right) - \left(k_x \cdot a + b\right) \cdot \left(1-\tau_x\right) \qquad \text{(C.4.48)}$$

genügen.[429] Im Gegensatz zum Fall fehlender Progression sind die Parameter a und b folglich von den jeweils betrachteten Portfolios $\underline{x}$ und $\underline{y}$ abhängig.

Zusammenfassend gilt bei fehlender risikofreier Anlageform, dass vor Steuern effiziente Portfolios auch nach Steuern effizient sind und umgekehrt, sofern die Dividendenrendite gemäß (C.4.28) eine lineare Funktion der Aktienrendite ist, deren Achsenabschnitt b und Steigungsparameter a bei fehlender (vorhandener) Progression den Anforderungen (C.4.37) und (C.4.47) ((C.4.48)) genügen.[430] Ist dies erfüllt und halten alle Investoren nachsteuereffiziente Portfolios, so resultiert – obgleich differenzierte persönliche Steuern vorliegen – im Gleichgewicht mit Beziehung (B.3.28) die Grundform des CAPM ohne risikolose Anlage.[431]

4.1.4 Äquivalenz mit risikoloser Anlage

Zu erarbeiten bleiben die Äquivalenzbedingungen für den Fall, dass eine risikolose Anlage r_f vorhanden ist. Die folgende Analyse weicht deutlich von den Arbeiten *Long*s und *König*s ab, da ersterer eine Zinsbesteuerung mit dem Dividendensteuersatz τ annimmt, während letzterer das Anrechnungsverfahren zugrunde legt und steuerfreie Kursgewinne voraussetzt. Ähnlich wie in (C.4.28) lässt sich als Bedingung für die Vorsteuer-Nachsteuer-Effizienz beweisen, dass die Dividendenrendite eine lineare Funktion der Kursrendite sein muss:

---

427 Vgl. *König* [Besteuerung, 1990], S. 78. Eventuelle Nachschusspflichten von Gesellschaftern, die man im Modell formal als negative Dividenden berücksichtigen könnte, werden damit vernachlässigt.

428 Vgl. *König* [Besteuerung, 1990], S. 78.

429 Vgl. zur Ableitung von (C.4.48) Anhang 3.

430 Vgl. dazu auch *König* [Besteuerung, 1990], S. 79. In einer Situation steuerfreier Kursgewinne ist aus den Gleichungen (C.4.29) bis (C.4.48) der Steuersatz γ zu streichen, ebenso wie in den Ableitungen in Anhang 3.

431 Vgl. *Long* [Taxation, 1977], S. 47-48; *Fung* [Taxes, 1981], S. 413.

$$\left(\underline{x}, x_{r_f}\right) \in E \text{ und } \left(\underline{x}, x_{r_f}\right) \in F\left(\gamma, \tau, \hat{s}_e\right) \Leftrightarrow \underline{\delta} = a \cdot \left(\underline{\overline{\rho}} - r_f \cdot I\right) + \frac{\gamma - \hat{s}_e}{\left(1-\tau\right)} \cdot r_f \cdot I. \tag{C.4.49}$$

Der Parameter a ergibt sich als[432]

$$a = \frac{z_1' - \left(1-\gamma\right) \cdot w_1'}{w_1' \cdot \left(1-\tau\right)}, \tag{C.4.50}$$

wobei er bei *proportionaler* Besteuerung die gleiche Restriktion (C.4.37)

$$a > \frac{\gamma - 1}{1 - \tau} \tag{C.4.51}$$

wie im Fall ohne risikolose Anlage zu erfüllen hat.[433] Ersetzte man in (C.4.51) das Ungleichheits- durch ein Gleichheitszeichen, so erhielte man für die erwartete Nachsteuerrendite $\overline{r}'$ eines Portfolios[434]

$$\overline{r}' = r_f \cdot \left(1 - \hat{s}_e\right), \tag{C.4.52}$$

was mit Implikationen verbunden ist, die ebenso widersinnig sind wie die in Kapitel C.4.1.3 hinsichtlich der Gleichung (C.4.44) aufgezeigten. Zu überlegen ist weiterhin, ob a neben der Unter- auch eine Obergrenze einzuhalten hat. Dem ist nicht so.[435]

Es bleibt der im deutschen Steuersystem vorliegende Fall *progressiver* Dividendensteuersätze zu untersuchen. Ähnlich wie in (C.4.48) kann als Bedingung für die Vorsteuer-Nachsteuer-Effizienz nicht mehr gefordert werden als[436]

$$\left(k_x + g_x\right) \cdot \left(1 - \gamma + a \cdot \left(1 - \tau_x\right)\right) > \left(k_y + g_y\right) \cdot \left(1 - \gamma + a \cdot \left(1 - \tau_y\right)\right). \tag{C.4.53}$$

Bündelt man die Ergebnisse, so bedarf es zur Herstellung der Vorsteuer-Nachsteuer-Effizienz analog zur Situation, in der man nicht risikolos investieren kann, einer linea-

---

432 Die Beweise von (C.4.49) und (C.4.50) verlaufen analog zu denjenigen von (C.4.28) und (C.4.37) und finden sich in Anhang 3. Anforderung (C.4.49) unterscheidet sich deutlich von derjenigen von *Long* [Taxation, 1977], S. 34, und *König* [Besteuerung, 1990], S. 80-81.

433 Vgl. zum Beweis von (C.4.51) Anhang 3. Auch *König* [Besteuerung, 1990], S. 82, und *Long* [Taxation, 1977], S. 34, gelangen jeweils zu gleichen Begrenzungen für a wie bei der Nichtexistenz von r_f. Die von ihnen abgeleiteten Schranken weichen allerdings aufgrund der von ihnen unterstellten Steuersysteme von der hier ermittelten ab.

434 Vgl. zum Beweis von (C.4.52) Anhang 3.

435 Das in Kapitel C.4.1.3 Gesagte gilt entsprechend. Der Beweis verläuft gleichgerichtet und ist daher entbehrlich.

436 Die Variablen g_x und g_y sind definiert als $g_x = x_{r_f} \cdot r_f$ und $g_y = y_{r_f} \cdot r_f$. Vgl. dazu a. den Beweis von (C.4.51) in Anhang 3.

ren Beziehung zwischen der Dividenden- und der Kursrendite. Diese weist die Gestalt (C.4.49) auf, wobei der Steigungsparameter a bei proportionaler (progressiver) Besteuerung der Forderung (C.4.51) ((C.4.53)) entsprechen muss.[437] Unter der Annahme, dass alle Investoren effiziente Portfolios nach Steuern halten, resultiert das Gleichgewicht des Standard-CAPM mit risikoloser Anlage (B.3.27).[438]

Es interessiert nun der geometrische Ort der effizienten Portfolios. Vor Steuern ist dies im μ-σ-Diagramm die Gerade, die durch die Renditen der risikolosen Anlage $\underline{x}_{r_f} := (\underline{0}, 1)$ und des Tangentialportfolios $\underline{x}_T := (\underline{x}_M, 0)$ verläuft.[439] Entspricht α $(\alpha \leq 1)$ dem risikolos investierten Budgetanteil, lässt sich ein Portfolio $\underline{x}_\alpha$ kennzeichnen mit:[440]

$$\underline{x}_\alpha = \alpha \cdot \underline{x}_{r_f} + (1-\alpha) \cdot \underline{x}_T, \tag{C.4.54}$$

$$\underline{x}_\alpha^T \cdot \begin{pmatrix} \underline{\bar{\rho}} \\ r_f \end{pmatrix} = \alpha \cdot r_f + (1-\alpha) \cdot \underline{x}_M^T \cdot \underline{\bar{\rho}}, \tag{C.4.55}$$

$$\underline{x}_\alpha^T \cdot \begin{pmatrix} \underline{\delta} \\ 0 \end{pmatrix} = (1-\alpha) \cdot \underline{x}_M^T \cdot \underline{\delta}. \tag{C.4.56}$$

Die erwartete Nachsteuerrendite m_α auf das Marktportfolio lässt sich schreiben als:

$$m_\alpha = \alpha \cdot r_f \cdot (1-\hat{s}_e) + (1-\alpha) \cdot \underline{x}_M^T \cdot \underline{\bar{\rho}} \cdot (1-\gamma) + (1-\alpha) \cdot \underline{x}_M^T \cdot \underline{\delta} \cdot (1-\tau). \tag{C.4.57}$$

Sollen die effizienten Nachsteuerportfolios auf einer Geraden angeordnet sein, so müssen sie

$$m_\alpha = \alpha \cdot m_{r_f} + (1-\alpha) \cdot m_T \tag{C.4.58}$$

erfüllen, wobei $m_T = \underline{x}_M^T \cdot \underline{\bar{\rho}} \cdot (1-\gamma) + \underline{x}_M^T \cdot \underline{\delta} \cdot (1-\tau)$ und $m_{r_f} = r_f \cdot (1-\hat{s}_e)$ gilt. Zu prüfen ist, ob die Progression der Dividendenbesteuerung Abweichungen gegenüber der linearen Beziehung (C.4.58) erzeugt, die in einer unterschiedlichen (fiktiv) *isolierten* Besteuerung von Dividenden einerseits und der Dividendenbesteuerung im Kontext des

---

437 Bei steuerfreien Kursgewinnen ist γ aus (C.4.49) bis (C.4.51) und aus (C.4.53) zu streichen. Analoges gilt für die Beweise in Anhang 3.

438 Vgl. *Long* [Taxation, 1977], S. 32-33.

439 Vgl. grundlegend *Tobin* [Preference, 1958], S. 71-77; *König* [Besteuerung, 1990], S. 83. $\underline{x}_M$ kennzeichnet das Marktportfolio.

440 Vgl. hierzu und im Folgenden analog *König* [Besteuerung, 1990], S. 83.

gesamten Portfolios $\underline{x}_\alpha$ andererseits begründet sind.[441] Hierzu benötigt man Klarheit über die Höhe der Dividendensteuersätze τ_α sowie τ, die mit dem gesamten, durch α gekennzeichneten, Portfolio sowie mit der Dividende allein verbunden sind. Betrachtet man zunächst die Funktion des *durchschnittlichen* Einkommensteuersatzes $\overline{s}_e = l(ZVE)$[442], der die Besteuerung der Dividenden prägt, und erinnert sich an Gleichung (C.4.7), aus der man jene Terme eliminiert, die den Einkommensteuersatz nicht enthalten[443], so folgt

$$\overline{s}_e = \frac{l(ZVE)\cdot ZVE}{ZVE} = \frac{\overline{s}_e \cdot \left(0{,}5\cdot W\cdot \underline{x}^T \cdot \underline{\delta}\right) + \overline{s}_e \cdot \overline{EK}}{W\cdot \underline{x}^T \cdot \underline{\delta} + \overline{EK}}. \tag{C.4.59}$$

Da $\overline{EK}$ unabhängig von Kapitalmarkttransaktionen ist, kann es aus (C.4.59) gestrichen werden:

$$\overline{s}_e = \frac{\overline{s}_e \cdot \left(0{,}5\cdot W\cdot \underline{x}^T \cdot \underline{\delta}\right)}{W\cdot \underline{x}^T \cdot \underline{\delta}} = 0{,}5\cdot \overline{s}_e = \tau. \tag{C.4.60}$$

Ersetzt man in (C.4.60) $\underline{x}$ durch beliebige Portfolios, etwa durch $\underline{x}_\alpha$, so bleibt das Ergebnis erhalten: Folglich wird $\underline{\delta}$ isoliert durchschnittlich gleich besteuert wie im Portfoliozusammenhang. Das Portfolio $\underline{x}_\alpha$ gehorcht also der Forderung (C.4.58) für alle $\alpha \leq 1$. Die Effizienzlinie nach Steuern entspricht einer Geraden durch die Nachsteuerrenditen der risikolosen Anlage und des Tangentialportfolios, die parallel unterhalb zu jener vor Steuern verläuft.

Betrachtet man progressive Steuertarife, so werden die Dividenden ebenso wie im Fall proportionaler Besteuerung innerhalb und außerhalb des Portfoliokontextes gleich belastet. Der Grenzsteuersatz s_e' ist indes abhängig vom betrachteten Portfolio:[444]

---

441 Mithin ist zu untersuchen, ob das gesamte Portfolio eine andere durchschnittliche Einkommensteuerlast generiert als die Summe seiner Komponenten im Falle ihrer fiktiv getrennten Besteuerung. Dies muss nicht nur für das Marktportfolio, sondern auch für jedes andere Portfolio auf der Effizienzlinie gelten.

442 Vgl. *König* [Besteuerung, 1990], S. 67-68. Die Funktion $l(ZVE)$ sei zweimal differenzierbar, monoton steigend und konkav.

443 Da Zinseinkünfte und Kursgewinne annahmegemäß proportional besteuert werden und den durchschnittlichen Dividendensteuersatz nicht prägen, können sie hier vernachlässigt werden.

444 Das Basiseinkommen wird in Beziehung (C.4.61) erneut von der Betrachtung ausgeschlossen.

$$s_e' = \frac{l(ZVE)+l(ZVE)' \cdot ZVE}{ZVE} = \frac{\overline{s}_e + l(ZVE)' \cdot \left(0{,}5 \cdot W \cdot \underline{x}^T \cdot \underline{\delta}\right)}{W \cdot \underline{x}^T \cdot \underline{\delta}}$$

$$= \frac{\overline{s}_e}{W \cdot \underline{x}^T \cdot \underline{\delta}} + 0{,}5 \cdot l(ZVE)'. \qquad \text{(C.4.61)}$$

Bei $l(ZVE)'$ handelt es sich um die erste Ableitung der Funktion des Durchschnittssteuersatzes nach ZVE. Da die Funktion von s_e' in Abhängigkeit des ZVE nichtlinear ist, verläuft die Effizienzlinie in Form einer konkaven Kurve unterhalb der Geraden vor Steuern.[445]

Zusammenfassend gilt, dass die effizienten Portfolios nach Steuern – ebenso wie in einer Welt ohne Steuern – zumindest bei proportionaler Besteuerung auf einer Geraden angesiedelt sind. Vorauszusetzen ist dabei die Gültigkeit von (C.4.49).

4.1.5 Würdigung

4.1.5.1 Implikationen der Äquivalenzbedingungen

Die in den Kapiteln C.4.1.3 und C.4.1.4 entwickelten Bedingungen sind äußerst restriktiv. Sie implizieren insbesondere, dass die Investoren bei einer gegebenen erwarteten Kursrendite $\overline{\underline{\rho}}$ eines Portfolios keine Wahl zwischen alternativen Dividendenrenditen haben.[446] Hätten sie diese, so bestünde zwischen $\overline{\underline{\rho}}$ und $\underline{\delta}$ eine *nicht*-lineare Beziehung. Dass die Linearität jedoch zwingend für die Vorsteuer-Nachsteuer-Effizienz ist, wird deutlich, wenn man sich die Mengen der effizienten Portfolios vor und nach Steuern graphisch vor Augen führt.

---

445 Vgl. mit analogem Ergebnis *König* [Besteuerung, 1990], S. 84-85.
446 Vgl. *Long* [Taxation, 1977], S. 32.

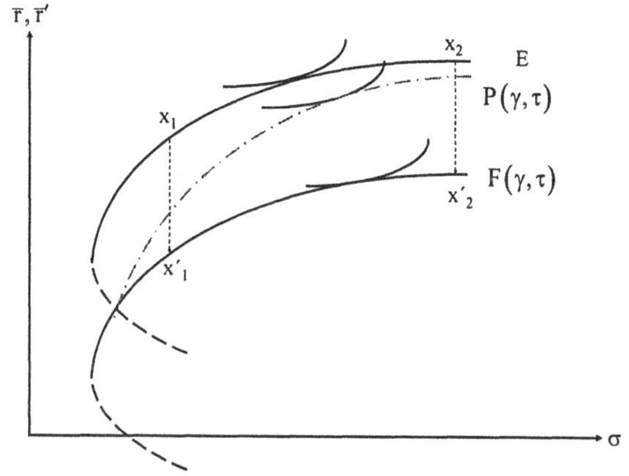

Abbildung 2: Effiziente Portfolios ohne risikolose Anlage vor und nach Steuern[447]

Der effiziente Rand E aus dem Vorsteuer-Kalkül wird nach Steuern zu $F(\gamma,\tau)$, die Risiko-Rendite-Kombinationen x_1 und x_2 werden mithin in x_1' und x_2' transformiert. Besteht der lineare Zusammenhang (C.4.28), so wählen Investoren nach Steuern Portfolios aus der Menge $F(\gamma,\tau)$. Es ist dann gleichgültig, ob sie nach einem Vor- oder Nachsteuer-Kalkül entscheiden, sie realisieren vor wie nach Steuern effiziente Portfolios. Herrscht indes eine *nicht*-lineare Beziehung zwischen $\underline{\overline{\rho}}$ und $\underline{\delta}$, so könnten die Akteure nach Steuern Effizienzgewinne realisieren, indem sie etwa Portfolios aus einer Menge $P(\gamma,\tau)$ wählen. Der Rückgriff auf das Vorsteuer-CAPM führt nach Steuern jedoch – wie gehabt – zur Auswahl von Portfolios aus $F(\gamma,\tau)$ und damit zu suboptimalen Entscheidungen, da $F(\gamma,\tau)$ von $P(\gamma,\tau)$ dominiert wird.[448] Entsprechendes gilt mit Blick auf Bedingung (C.4.49). Dieser grundsätzliche Zusammenhang zeigt, weshalb sich die Forderung nach einer linearen Verknüpfung der Dividenden- mit der Kursrendite durch die verschiedenen, von *Long, König* sowie hier zugrunde gelegten, Steuersysteme wie ein roter Faden zieht: Unterschiede ergeben sich allenfalls aus ab-

[447] Quelle: Eigene Darstellung. Zu einer ähnlichen Darstellung vgl. *König* [Besteuerung, 1990], S. 75. Die zum Ursprung konvex verlaufenden Kurven repräsentieren Indifferenzkurven des betrachteten Investors, $\overline{r}$ bezeichnet die erwartete Portfoliorendite vor, $\overline{r}'$ jene nach Steuern.

[448] Vgl. im gleichen Sinne *Long* [Taxation, 1977], S. 46. Bezogen auf die Portfolios $P(\gamma,\tau)$ würden die Akteure vor wie nach Steuern effizient entscheiden, gäbe es vor Steuern eine Menge von effizienten Risiko-Rendite-Kombinationen, die „parallel" – im Sinne einer konvexen Hülle – oberhalb von $P(\gamma,\tau)$ verliefe.

weichenden Steigungsparametern oder Achsenabschnitten, nicht aber in der Linearität der Äquivalenzbedingungen.

4.1.5.2 Empirische Bewährung der Äquivalenzbedingungen

Mit der Enge der Äquivalenzbedingungen könnte man leben, wenn sie zumindest approximativ eine gute Beschreibung der Realität abgäben. Empirische Untersuchungen zeigen indes, dass dies im Allgemeinen nicht der Fall ist. Derartige Studien müssen testen, ob zwischen der erwarteten Kurs- und der Dividendenrendite ein linearer Zusammenhang besteht. Während *Friend/Puckett* und *Black/Scholes* für den amerikanischen Kapitalmarkt keine derartige Beziehung feststellen können[449], findet *Blume* eine solche, die jedoch allein im kleinen Zeitfenster zwischen 1947 und 1956 signifikant ist.[450] Unabhängig davon gibt es keinen Anhaltspunkt dafür, dass diese lineare Beziehung exakt die gleichen Steigungen und die gleichen Achsenabschnitte aufweist wie die abgeleiteten Äquivalenzforderungen.

4.1.5.3 Bedeutung der Äquivalenzbedingungen für die Unternehmensbewertung

Überträgt man die erarbeiteten Ergebnisse auf den hier im Vordergrund stehenden Kontext der Unternehmensbewertung, so zeigt sich, dass oftmals Renditeforderungen aus dem Vorsteuer-CAPM (B.3.27) mit persönlichen (Misch-)Steuersätzen kombiniert werden.[451] Jene Renditeforderungen sind Ausfluss einer μ-σ-effizienten Portfoliowahl *vor Steuern*. Um sicherzustellen, dass die hinter diesen Eigenkapitalrenditen stehende Portfoliowahl der Akteure auch in einer Welt mit differenzierten Steuern effizient ist[452], müssten nach den hier erarbeiteten Ergebnissen die Bedingungen (C.4.28) oder (C.4.49) erfüllt sein.[453] Damit ist das Vorgehen der Literatur nur unter restriktiven Bedingungen – bei Erfüllung der Äquivalenzbedingungen – zu rechtfertigen. Einen Hinweis darauf findet man in der Literatur nicht.

Die Äquivalenzbedingungen dürfen nicht dahingehend fehlinterpretiert werden, dass sie *Unternehmenswert*neutralität der Besteuerung induzierten. Sie beziehen sich vielmehr auf das (Portfolioauswahl-)Verhalten der Investoren. Gelten sie, so optimieren die Akteure *nach* Steuern, entscheiden dabei jedoch wie im CAPM *vor* Steuern. Die Akteure wählen mithin nach Steuern dieselben Budgetanteile x_j wie im Vorsteuerkal-

---

[449] Vgl. *Friend/Puckett* [Dividends, 1964], S. 670-679, für die Jahre 1956 bis 1958; *Black/Scholes* [Effects, 1974], S. 14, im Zeitraum zwischen 1926 bis 1966, sowie zur Interpretation ihrer Ergebnisse *Long* [Taxation, 1977], S. 35-36.

[450] Vgl. *Blume* [Evidence, 1980], S. 571-572. Er untersucht den Zeitraum von 1936 bis 1976.

[451] Vgl. zu diesem Vorgehen die in Fn. 388 genannten Autoren sowie Gleichung (C.4.131).

[452] Dies dürfte die Literatur regelmäßig (implizit) unterstellen.

kül. Es resultieren strukturgleiche Portfolios in dem Sinne, dass die Investoren bei Einhaltung von (C.4.28) oder (C.4.49) die Portfolios vor und nach Steuern in dieselbe Reihenfolge bringen. Nichtsdestotrotz ist die Zählergröße des Unternehmensbewertungskalküls um Steuern zu vermindern; Irrelevanz der Besteuerung wird somit allein für die Bruttorendite im Nenner erreicht[454], die für Zwecke der Diskontierung um Steuern zu kürzen, mithin in eine Nettorendite umzuwandeln ist.

4.2 Steuerversionen des CAPM

4.2.1 Proportionale Besteuerung

Da sich die in Kapitel C.4.1 erarbeiteten Äquivalenzbedingungen theoretisch wie empirisch als äußerst eng herausgestellt haben, führt die Orientierung am Vorsteuer-CAPM grundsätzlich zu suboptimalen Nettopositionen. Folglich sind für den Regelfall, in dem die Äquivalenzforderungen unerfüllt bleiben, Steuerversionen des CAPM zu untersuchen. Diese umschließen als allgemeine Darstellungen den zuvor abgeleiteten Spezialfall, in dem man mit dem Vorsteuer-CAPM effiziente Portfolios in einer Welt mit differenzierten Steuern auswählen kann. Damit soll zunächst für den Einperiodenfall[455] eine konsistente Integration von Steuern in das CAPM erreicht werden. Derartige Kalküle gehen auf *Brennan* für den Fall proportionaler sowie *Litzenberger/Ramaswamy* bei Vorliegen progressiver Besteuerung zurück[456] und sollen mittlerweile in vereinfachter Form[457] bei der Berechnung des objektivierten Unternehmenswertes nach den berufständischen Grundsätzen des IDW zugrunde gelegt werden.[458] Werden Steuern in das CAPM integriert, so ist es konsequent, auch andere restriktive (steuerlich relevante) Annahmen des Kapitalmarktmodells zu lockern. Daher werden in Kapitel C.4.2.2 aufsetzend auf der Grundversion des Steuer-CAPM Gleichgewichte bei Kreditaufnahme- und Leerverkaufsbeschränkungen sowie stochastischen Dividendenrenditen erarbeitet. Die Übertragung der vorhandenen Modelle auf das in den Kapiteln B.5 und C.4.1.1 zugrunde gelegte Halbeinkünfteverfahren mit drei differenzierten Steuersätzen stellt ein Novum dar.[459] Daneben wird das *Brennan*sche Modell um steuerliche Freigrenzen erweitert.

---

453 Vgl. a. Kapitel C.4.2.5.2.

454 Vgl. in diesem Sinne a. *Litzenberger/Ramaswamy* [Effect, 1979], S. 172.

455 Zur Ausweitung des Modells auf den Mehrperiodenfall vgl. Kapitel C.4.2.3.

456 Vgl. *Brennan* [Valuation, 1970]; *Litzenberger/Ramaswamy* [Effect, 1979]; *Litzenberger/Ramaswamy* [Dividends, 1980].

457 Vgl. zu entsprechenden Vereinfachungen Kapitel C.4.2.5.3.

458 Vgl. *IDW* [IDW S 1, 2005], Tz. 101-102; *Wagner/Jonas/Ballwieser/Tschöpel* [Grundsätze, 2004], S. 890-896; *Jonas/Löffler/Wiese* [CAPM, 2004], S. 900-904.

459 *Brennan* [Valuation, 1970], S. 420, *Litzenberger/Ramaswamy* [Effect, 1979], S. 167, *Litzenberger/Ramaswamy* [Dividends, 1980], S. 471, *Long* [Taxation, 1977], S. 27-29, *Weigel* [Steuern, 1989], S. 119, und *König* [Besteuerung, 1990], S. 103 und S. 113, betrachten jeweils nur zwei dif-

Während in Kapitel C.4.1 die Wirkungen differenzierter Steuern auf das Portfolio eines einzigen Anlegers betrachtet wurden, gilt es diese Überlegungen nun auf den gesamten Kapitalmarkt auszuweiten. Betrachtet werden im Folgenden K Anleger, die mit k (k = 1,...,K) indiziert seien. Abgeleitet werden zuerst Gleichgewichtsbeziehungen für individuelle Anleger k, die anschließend zum Marktgleichgewicht aggregiert werden. Unterstellt ist proportionale Besteuerung, wobei die Steuersätze von Anleger zu Anleger variieren können.[460] Im Gegensatz zur vorhergehenden Analyse und zu den Überlegungen *Brennans* wird ferner die Existenz von Freigrenzen unterstellt, die sich im deutschen Steuersystem finden.[461] Sie lassen sich in den Kalkül integrieren, indem die Steuersätze $\hat{s}_{ek}$, τ_k und γ_k multiplikativ mit (investorenspezifischen) Binärvariablen ς_k und υ_k verknüpft werden. Ein Akteur k entrichtet dann Steuern in Abhängigkeit von der Ausprägung dieser Variablen:[462]

$$\varsigma_k(\upsilon_k) = \begin{cases} 0 \Leftrightarrow \tau_k = \hat{s}_{ek} = 0 \quad (\gamma_k = 0), \\ 1 \Leftrightarrow \tau_k = \tau_k,\ \hat{s}_{ek} = \hat{s}_{ek} \ (\gamma_k = \gamma_k). \end{cases} \tag{C.4.62}$$

Das erwartete Nettoendvermögen $\bar{V}_k$ des Akteurs k aus seinem Portfolio ist dann:[463]

$$\bar{V}_k = \sum_{j=1}^{N} \left[\bar{\pi}_j - \left(\bar{\pi}_j - p_j^0 \right) \cdot \upsilon_k \gamma_k + D_j \cdot \left(1 - \varsigma_k \tau_k \right) \right] \cdot X_{jk} + \left[q - (q-1) \cdot \varsigma_k \hat{s}_{ek} \right] \cdot X_{r_f k}. \tag{C.4.63}$$

Dabei bezeichnet $\bar{\pi}_j$ den Erwartungswert des stochastischen Wertpapierpreises $\tilde{\pi}_j$ in

---

ferenzierte Steuersätze. Vgl. aber die Modelle von *Lally* [Imputation, 1992], S. 32-36 und S. 39-41, und *Ashton* [Imputation, 1989], S. 78-83, die drei Steuersätze – jedoch in Anrechnungssystemen – betrachten.

460 Zu denken ist etwa an regional unterschiedliche Steuersätze. Die Investoren haben somit trotz homogener Erwartungen über die Bruttorenditen nach Steuern heterogene Erwartungen.

461 Die Abbildung steuerlicher Freigrenzen im CAPM ist gegenüber der gesichteten Literatur neu.

462 $\upsilon_k = 0$ tritt ein, wenn die Kursgewinne 512 € unterschreiten, $\varsigma_k = 0$, wenn die Summe der Dividenden- und Zinseinkünfte gem. § 20 IV EStG geringer als 1550 €, zuzüglich eines Werbungskostenpauschbetrags gem. § 9a I Nr. 2 EStG in Höhe von 51 € ist. Einschränkend sei bemerkt, dass das Steuerrecht mit dieser Modellierung nur rudimentär abgebildet wird: Die Binärvariablen υ_k und ς_k bilden Frei*grenzen* ab, was nur für Kursgewinne gem. § 23 III S. 6 EStG zutrifft. Bei Dividenden- und Zinseinkünften kommen dagegen Frei*beträge* zum Tragen, die für $\varsigma_k = 1$ von der Bemessungsgrundlage abzuziehen wären, was hier jedoch vereinfachend unterbleibt.

463 Vgl. zum folgenden Vorgehen *Brennan* [Valuation, 1970], S. 420-421; *Jonas/Löffler/Wiese* [CAPM, 2004], S. 900-906. Die folgenden Ausführungen basieren auf *Wiese* [Unternehmensbewertung, 2004], S. 7-12. Die Formulierung des Modells auf Grundlage von absoluten Einkünften ist aufgrund der Integration von Freigrenzen notwendig, da letztere an ersteren anknüpfen. Es sei daran erinnert, dass die Dividende D_j – wie in Kapitel C.4.1 – als deterministisch angenommen wird. Vgl. a. Fn. 392. Zu einem Modell mit stochastischen Dividenden vgl. Kapitel C.4.2.2.4.

$t=1$. Bei $X_{\bullet k}$ und $X^0_{\bullet k}$ handelt es sich um die Anzahl an Wertpapieren, die ein Entscheider k in t = 1 und t = 0 hält. Ist $\sigma(\tilde{\pi}_j \tilde{\pi}_i)$ (für $j=1,...,N, i=1,...,N$) die Kovarianz der Wertpapierpreise in t = 1, so ergibt sich die Portfolio-Varianz mit

$$\sigma^2_{\tilde{V}_k} = \sum_{j=1}^{N} \sum_{i=1}^{N} \sigma(\tilde{\pi}_j \tilde{\pi}_i) \cdot X_{jk} \cdot X_{ik} \cdot (1 - \upsilon_k \cdot \gamma_k)^2. \tag{C.4.64}$$

Unter Beachtung der Budgetrestriktion

$$\sum_{j=1}^{N} p^0_j \cdot (X_{jk} - X^0_{jk}) + (X_{r_f k} - X^0_{r_f k}) = 0 \tag{C.4.65}$$

maximiert jeder Akteur seinen erwarteten Nutzen von $\tilde{V}_k$, der durch eine (konkave, monoton steigende, zweimal differenzierbare) *von Neumann/Morgenstern*-Nutzenfunktion[464] $u_k(\tilde{V}_k)$ beschrieben ist. Das Nettoendvermögen und die Nettorenditen seien normalverteilt.[465] Daher kann direkt das Präferenzfunktional $Q_k = Q_k(\bar{V}_k, \sigma^2_{\tilde{V}_k})$ maximiert werden. Aus der Lagrangefunktion L_k für (C.4.64) und (C.4.65)[466]

$$L_k = Q_k(\bar{V}_k, \sigma^2_{\tilde{V}_k}) - \lambda_k \cdot \left(\sum_{j=1}^{N} p^0_j \cdot (X_{jk} - X^0_{jk}) + (X_{r_f k} - X^0_{r_f k}) \right) \tag{C.4.66}$$

ergeben sich für $Q'_k = \frac{\partial Q_k(\bar{V}_k, \sigma^2_{\tilde{V}_k})}{\partial \bar{V}_k} > 0$ (Nichtsättigung) und $Q''_k = \frac{\partial Q_k(\bar{V}_k, \sigma^2_{\tilde{V}_k})}{\partial \sigma^2_{\tilde{V}_k}} < 0$ (Varianzaversion)[467] die Bedingungen erster Ordnung $\forall\, j = 1,...,N+1$ gemäß dem totalen Differential

---

[464] Vgl. grundlegend *Neumann/Morgenstern* [Spieltheorie, 1967], S. 24-29 und S. 642-657.

[465] Damit verhalten sich die Entscheider rational im Sinne der *Bernoulli*-Theorie, wenn sie allein auf Basis des Erwartungswerts und der Varianz der Renditen entscheiden. Um dies zu erreichen, kann man alternativ von quadratischen Nutzenfunktionen ausgehen. *Tobin* [Preference, 1958], S. 74-76. Letzteres ist bei Vorliegen nichtlinearer Besteuerungsfunktionen zwingend, da die Nettoendvermögen der Investoren dann nicht normalverteilt sind. Vgl. *Singer* [Model, 1979], S. 611. Allerdings ist die Normalverteilungsannahme für den Kapitalmarkt falsch und die Quadratfunktion unplausibel. Beide Probleme lassen sich umgehen, wenn man das μ-σ-Kriterium nicht dem Bernoulli-Prinzip unterordnet, sondern als alternative Art der Modellierung von Entscheidungen unter Unsicherheit begreift und direkt eine μ-σ-Nutzenfunktion maximiert. Vgl. dazu *Löffler* [Paradox, 2001], S. 51. Für Bedingungen für die Kongruenz der beiden Entscheidungskriterien vgl. Kapitel B.3.2.3. Dieses Problem soll hier indes nicht im Vordergrund stehen.

[466] Vgl. a. *König* [Besteuerung, 1990], S. 98. λ_k bezeichn et den *Lagrange*multiplikator.

[467] Vgl. zu beiden Annahmen im Standard-CAPM *Sharpe* [Prices, 1964], S. 427-428.

$$\frac{\partial L_k}{\partial X_{jk}} = Q_k' \cdot \frac{\partial \bar{V}_k}{\partial X_{jk}} + Q_k'' \cdot \frac{\partial \sigma^2_{\tilde{V}_k}}{\partial X_{jk}} - \lambda_k \cdot p_j^0 = 0, \tag{C.4.67}$$

$$\frac{\partial L_k}{\partial X_{r_f k}} = Q_k' \cdot \left[q - (q-1) \cdot \varsigma_k \cdot \hat{s}_{ek}\right] - \lambda_k = 0. \tag{C.4.68}$$

Aus (C.4.63) und (C.4.64) erkennt man $\forall\ j = 1,\dots,N$[468]

$$\frac{\partial \bar{V}_k}{\partial X_{jk}} = \bar{\pi}_j - \left(\bar{\pi}_j - p_j^0\right) \cdot \upsilon_k \cdot \gamma_k + D_j \cdot \left(1 - \varsigma_k \cdot \tau_k\right), \tag{C.4.69}$$

$$\frac{\partial \sigma^2_{\tilde{V}_k}}{\partial X_{jk}} = 2 \cdot \sum_{i=1}^{N} \sigma\left(\tilde{\pi}_j, \tilde{\pi}_i\right) \cdot X_{ik} \cdot \left(1 - \upsilon_k \cdot \gamma_k\right)^2, \tag{C.4.70}$$

was eingesetzt in (C.4.67) $\forall\ j = 1,\dots,N$ die Optimalitätsbedingung

$$\begin{aligned} \frac{\partial L_k}{\partial X_{jk}} &= Q_k' \cdot \left[\bar{\pi}_j - \left(\bar{\pi}_j - p_j^0\right) \cdot \upsilon_k \cdot \gamma_k + D_j \cdot \left(1 - \varsigma_k \cdot \tau_k\right)\right] \\ &+ Q_k'' \cdot \left[2 \cdot \sum_{i=1}^{N} \sigma\left(\tilde{\pi}_j, \tilde{\pi}_i\right) \cdot X_{ik} \cdot \left(1 - \upsilon_k \cdot \gamma_k\right)^2\right] - \lambda_k \cdot p_j^0 = 0 \end{aligned} \tag{C.4.71}$$

erzeugt. Gleichsetzen von (C.4.71) und (C.4.68) führt auf

$$\begin{aligned} \sum_{i=1}^{N} \sigma\left(\tilde{\pi}_j, \tilde{\pi}_i\right) \cdot X_{ik} &= \frac{t_k}{\left(1 - \upsilon_k \cdot \gamma_k\right)^2} \cdot \\ &\left[\bar{\pi}_j \cdot \left(1 - \upsilon_k \cdot \gamma_k\right) + p_j^0 \cdot \upsilon_k \cdot \gamma_k + D_j \cdot \left(1 - \varsigma_k \cdot \tau_k\right) - \left(q - (q-1) \cdot \varsigma_k \cdot \hat{s}_{ek}\right) \cdot p_j^0\right], \end{aligned} \tag{C.4.72}$$

wobei $t_k = -Q_k'/2 \cdot Q_k''$ die (hälftige) globale Risikotoleranz[469] als Kehrwert der absoluten Risikoaversionsfunktion[470] des Investors k im Optimum ist. Erfüllt der Akteur k (C.4.72) und (C.4.65) $\forall\ j = 1,\dots,N+1$, so befindet er sich individuell im Gleichgewicht. Um zum Kapitalmarktgleichgewicht zu gelangen, ist sicherzustellen, dass der

468 Die Ableitung der Varianz nach $X_{r_f k}$ ist gleich 0. *Brennan* [Valuation, 1970], S. 421, unterläuft bei der Differentiation der Varianz in (C.4.70) ein Fehler. In seiner Rechnung enthält (C.4.70) neben X_{ik} auch X_{jk}.

469 Vgl. *Brennan* [Valuation, 1970], S. 421; *Rubinstein* [Risk, 1973], S. 613-615; *Litzenberger/Ramaswamy* [Effect, 1979], S. 166; *König* [Besteuerung, 1990], S. 99.

470 Vgl. Fn. 135.

Markt geräumt ist. Dies ist gegeben, wenn die Mengen X_{jk}^0 der in $t=0$ angebotenen gleich den Mengen X_{jk} der in $t=1$ nachgefragten Finanztitel sind:[471]

$$\sum_{k=1}^{K} X_{jk} = \sum_{k=1}^{K} X_{jk}^0 := X_j^0 \quad \forall\, j=1,\ldots,N+1. \tag{C.4.73}$$

Durch Aggregation von (C.4.72) über die Anleger k erhält man

$$\begin{aligned}
&\sum_{k=1}^{K}\sum_{i=1}^{N} \sigma\left(\tilde{\pi}_j,\tilde{\pi}_i\right)\cdot X_{ik} = \\
&\sum_{k=1}^{K} \frac{t_k}{\left(1-\upsilon_k\cdot\gamma_k\right)^2}\cdot\left(\bar{\pi}_j + D_j - qp_j^0\right) - \sum_{k=1}^{K} \frac{t_k}{\left(1-\upsilon_k\cdot\gamma_k\right)^2}\cdot\upsilon_k\cdot\gamma_k\cdot\left(\bar{\pi}_j - p_j^0\right) - \\
&\sum_{k=1}^{K} \frac{t_k}{\left(1-\upsilon_k\cdot\gamma_k\right)^2}\cdot D_j\cdot\varsigma_k\cdot\tau_k + \sum_{k=1}^{K} \frac{t_k}{\left(1-\upsilon_k\cdot\gamma_k\right)^2}\cdot(q-1)\cdot p_j^0\cdot\varsigma_k\cdot\hat{s}_{ek},
\end{aligned} \tag{C.4.74}$$

$$\Delta\sum_{i=1}^{N} \sigma\left(\tilde{\pi}_j,\tilde{\pi}_i\right)\cdot X_{ik} = \left(\bar{\pi}_j + D_j - qp_j^0\right) - \theta_{\gamma_k}\cdot\left(\bar{\pi}_j - p_j^0\right) - \theta_{\tau_k}\cdot D_j + \theta_{\hat{s}_{ek}}\cdot p_j^0\cdot(q-1)$$

mit den Substituten[472]

$$\begin{aligned}
&\Delta = \left[\sum_{k=1}^{K} \frac{t_k}{\left(1-\upsilon_k\cdot\gamma_k\right)^2}\right]^{-1},\ \theta_{\gamma_k} = \Delta\cdot\sum_{k=1}^{K} \frac{t_k\cdot\upsilon_k\cdot\gamma_k}{\left(1-\upsilon_k\cdot\gamma_k\right)^2},\ \theta_{\tau_k} = \Delta\cdot\sum_{k=1}^{K} \frac{t_k\cdot\varsigma_k\cdot\tau_k}{\left(1-\upsilon_k\cdot\gamma_k\right)^2}, \\
&\theta_{\hat{s}_{ek}} = \Delta\cdot\sum_{k=1}^{K} \frac{t_k\cdot\varsigma_k\cdot\hat{s}_{ek}}{\left(1-\upsilon_k\cdot\gamma_k\right)^2}.
\end{aligned} \tag{C.4.75}$$

Die Parameter $\theta_{\gamma_k}, \theta_{\tau_k}$ und $\theta_{\hat{s}_{ek}}$ sind gewogene Durchschnitte der Steuersätze der im Markt befindlichen Akteure. Sie sind abhängig von den investorenspezifischen Risikotoleranzen.[473] Zusätzlich werden sie hier durch die Steuerbefreiungsmöglichkeiten der Akteure bestimmt. Da sich das im Weiteren mit M indizierte Marktportfolio (vor Steu-

---

[471] Vgl. hierzu und im Folgenden ohne Freigrenzen *Brennan* [Valuation, 1970], S. 422.

[472] Der Parameter $\theta_{\hat{s}_{ek}}$ tritt bei *Brennan* [Valuation, 1970], S. 422, nicht auf, da dieser von einer Besteuerung der Zinseinkünfte mit dem Dividendensteuersatz ausgeht.

[473] Vgl. *Brennan* [Valuation, 1970], 422; *Fung* [Taxes, 1981], S. 410; *Modigliani* [Taxes, 1982], S. 258-259; *Modigliani* [Past, 1988], S. 154; *Elton/Gruber/Brown/Goetzmann* [Analysis, 2003], S. 330.

ern) als gewichtete Summe der wertmäßigen Beiträge der einzelnen Wertpapiere j darstellen lässt, kann (C.4.74) über[474]

$$\sum_{i=1}^{N} \frac{\sigma(\tilde{\pi}_j, \tilde{\pi}_i)}{p_j^0} \cdot X_i^0 = \sigma(\tilde{\rho}_j, \tilde{\rho}_M) := \sigma_{jM} \tag{C.4.76}$$

auf Basis von Renditen geschrieben werden: Durch Einsetzen von σ_{jM} und Division der restlichen Terme durch p_j^0 wird aus (C.4.74):

$$\Delta\sigma_{jM} = \frac{(\overline{\pi}_j + D_j - qp_j^0)}{p_j^0} - \frac{\theta_{\gamma_k} \cdot (\overline{\pi}_j - p_j^0)}{p_j^0} - \frac{\theta_{\tau_k} \cdot D_j}{p_j^0} + \frac{\theta_{\hat{s}_{ek}} \cdot p_j^0 \cdot (q-1)}{p_j^0},$$

$$\Delta\sigma_{jM} = \frac{(\overline{\pi}_j + D_j - (1+r_f) \cdot p_j^0)}{p_j^0} - \frac{\theta_{\gamma_k} \cdot (\overline{\pi}_j - p_j^0)}{p_j^0} - \theta_{\tau_k} \cdot \delta_j + \theta_{\hat{s}_{ek}} \cdot r_f, \tag{C.4.77}$$

$$\Delta\sigma_{jM} = \frac{(\overline{\pi}_j + D_j - p_j^0)}{p_j^0} - \frac{r_f \cdot p_j^0}{p_j^0} - \frac{\theta_{\gamma_k} \cdot (\overline{\pi}_j - p_j^0)}{p_j^0} - \frac{\theta_{\tau_k} \cdot D_j}{p_j^0} + \theta_{\hat{s}_{ek}} \cdot r_f.$$

Da $\overline{r}_j = \frac{(\overline{\pi}_j + D_j - p_j^0)}{p_j^0}$ die gesamte (erwartete) Bruttorendite eines Wertpapiers j ist, kann (C.4.77) umgeformt werden zu:

$$\Delta\sigma_{jM} = \overline{r}_j - r_f - \theta_{\gamma_k} \cdot (\overline{r}_j - \delta_j) - \frac{\theta_{\tau_k} \cdot D_j}{p_j^0} + \theta_{\hat{s}_{ek}} \cdot r_f,$$

$$\overline{r}_j \cdot (1 - \theta_{\hat{\gamma}_k}) = \Delta\sigma_{jM} - \theta_{\gamma_k} \cdot \delta_j + \theta_{\tau_k} \cdot \delta_j - \theta_{\hat{s}_{ek}} \cdot r_f + r_f,$$

$$\overline{r}_j - r_f = \Omega \cdot \sigma_{jM} + \frac{\theta_{\tau_k} \cdot \delta_j - \theta_{\gamma_k} \cdot \delta_j - \theta_{\hat{s}_{ek}} \cdot r_f + r_f}{(1 - \theta_{\gamma_k})} - r_f, \tag{C.4.78}$$

$$\overline{r}_j - r_f = \Omega \cdot \sigma_{jM} + \frac{\delta_j \cdot (\theta_{\tau_k} - \theta_{\gamma_k}) - r_f \cdot (\theta_{\hat{s}_{ek}} - \theta_{\gamma_k})}{(1 - \theta_{\gamma_k})}.$$

---

[474] Vgl. *Brennan* [Valuation, 1970], 422-423. σ_{jM} bezeichnet die Kovarianz zwischen $\tilde{\rho}_j$ und der Kursrendite des Marktportfolios $\tilde{\rho}_M$.

Ω ist definiert als $\frac{\Delta}{\left(1-\theta_{\gamma_k}\right)}$. Substituiert man schließlich, so folgt:

$$\bar{r}_j - r_f = \Omega \cdot \sigma_{jM} - r_f \cdot \Phi + \delta_j \cdot \Psi \qquad \text{mit } \Phi = \frac{\left(\theta_{\hat{s}_{ek}} - \theta_{\gamma_k}\right)}{\left(1-\theta_{\gamma_k}\right)}, \Psi = \frac{\left(\theta_{\tau_k} - \theta_{\gamma_k}\right)}{\left(1-\theta_{\gamma_k}\right)}. \tag{C.4.79}$$

Damit ist eine vergleichbare Darstellung zum *Brennan*schen Kapitalmarktgleichgewicht[475] erreicht. Abweichungen ergeben sich daraus, dass – im Gegensatz zum Ansatz *Brennans* – Zins- und Dividendeneinkünfte differenziert besteuert werden. Während er die Variablen θ_{γ_k} und θ_{τ_k} in einen einzigen aggregierten Steuersatz zwingen kann, schlägt ein entsprechender Versuch wegen der hier zugrunde gelegten drei Steuerarten fehl.

Vertrauter wird man mit Gleichung (C.4.79), wenn man sie mit Parametern ausdrückt, die im Standard-CAPM gebräuchlich sind. Hierzu ist der Wert Ω genauer zu betrachten. Durch Multiplikation von (C.4.79) mit $p_j^0 \cdot X_j^0$ und Summation über j folgt für Ω[476]

$$\Omega = \frac{\bar{r}_M - r_f + r_f \cdot \Phi - \delta_M \cdot \Psi}{\sigma_M^2}. \tag{C.4.80}$$

Damit stellt sich das Kapitalmarktgleichgewicht als lineare Beziehung der Form[477]

$$\bar{r}_j = r_f \cdot (1-\Phi) + \beta_j \cdot \left(\bar{r}_M - r_f \cdot (1-\Phi) - \delta_M \cdot \Psi\right) + \Psi \cdot \delta_j \tag{C.4.81}$$

---

[475] Vgl. *Brennan* [Valuation, 1970], S. 423. Die Parameter Φ und Ψ drücken die steuerliche Belastungsdifferenz der unterschiedlichen Einkunftsarten aus. Vgl. a. *Stehle* [Risikoprämie, 2004], S. 915.

[476] Vgl. für andere Steuersysteme *Brennan* [Valuation, 1970], S. 422; *Litzenberger/Ramaswamy* [Effect, 1979], S. 164; *Weigel* [Steuern, 1989], S. 119; *Elton/Gruber/Brown/Goetzmann* [Analysis, 2003], S. 331. Bei δ_M handelt es sich um die Dividendenrendite des Marktportfolios.

[477] Dass der Klammerterm in (C.4.81) korrekt ist, kann überprüft werden, indem das Wertpapier j gleich dem Marktportfolio gesetzt wird, was $\beta_j = 1$ und $\delta_M = \delta_j$ impliziert. Dann folgt $\bar{r}_j = \bar{r}_M$. Vgl. *Elton/Gruber/Brown/Goetzmann* [Analysis, 2003], S. 321, und in diesem Sinne a. *Ollmann/Richter* [Perspektive, 1999], S. 169. Ferner muss für $\gamma_k = \tau_k = \hat{s}_{ek} = 0$ das Standard-CAPM (B.3.27) resultieren, was sich leicht zeigen lässt. Für eine Analyse des (Portfoliowahl-)Verhaltens der Investoren, das hinter (C.4.81) steht, vgl. *Elton/Gruber* [Composition, 1978], S. 400-403; *Fung* [Taxes, 1981], S. 416.

dar.[478] Während $\beta_j = \sigma_{jM} \cdot \left(\sigma_M^2\right)^{-1}$ gegenüber der Grundform des CAPM (B.3.27) unverändert bleibt[479], ist der Marktpreis des Risikos abhängig von den (aggregierten) Steuersätzen und -freigrenzen der Investoren. Darüber hinaus prägt als wertpapierspezifische Variable neben β_j die Dividendenrendite δ_j die erwartete Rendite eines Wertpapiers j. Daher lässt sich das Gleichgewicht im Gegensatz zum Standard-CAPM nur im dreidimensionalen Raum, als durch $\bar{r}_j$, β_j sowie δ_j aufgespannte Ebene, abbilden.[480]

Das Gleichgewicht (C.4.81) enthält im Gegensatz zu den in Fn. 459 genannten Modellen drei unterschiedliche Steuersätze (Steuersystem 1).[481] Besteuert man Dividenden und Zinseinkünfte gleich, Kursgewinne jedoch mit einem anderen Satz $\left(0 < \gamma_k \neq \tau_k = \hat{s}_{ek} < 1 \, \forall \, k\right)$ (Steuersystem 2), so folgt aus (C.4.81) das *Brennan*-Modell[482]

$$\bar{r}_j = r_f + \beta_j \cdot \left(\bar{r}_M - r_f \cdot (1 - \Phi) - \Phi \cdot \delta_M\right) + \Phi \cdot \left(\delta_j - r_f\right), \qquad \text{(C.4.82)}$$

wobei Φ wie in (C.4.79) definiert ist.

Darf man Kursgewinnsteuern ausblenden[483], $\left(\gamma_k = 0, 0 < \tau_k \neq \hat{s}_{ek} < 1 \, \forall \, k\right)$ (Steuersystem 3)[484], so wird das Marktgleichgewicht weiterhin durch (C.4.81) beschrieben. We-

---

478 Zu einer sehr ähnlichen Beziehung gelangt *Lally* [Imputation, 1992], S. 39-41, für ein Anrechnungssystem, ohne allerdings die hier gezeigte Optimierung durchzuführen. Folge dessen ist, dass in den Steuerparametern $\theta_{\gamma_k}, \theta_{\hat{s}_{ek}}$ und θ_{τ_k} andere Gewichte die Durchschnittsbildung bestimmen. Während hier die globalen Risikotoleranzen t_k als Gewichte dienen, sind es in *Lally*s Ansatz die im Gleichgewicht von den Investoren gehaltenen Anteile am gesamten Marktwert der riskanten Titel. Anders als bei t_k muss inhaltlich unklar bleiben, wie sich diese Gewichte bilden.

479 Vgl. a. *Löffler* [CAPM, 1998], S. 422. Zu beachten ist, dass β_j nicht nur formal analog zum Vorsteuerfall definiert ist, sondern auch numerisch dieselbe Höhe annimmt wie im Standard-CAPM. Hintergrund dessen ist, dass die in β_j eingehenden Preise und folglich Renditen annahmegemäß aus der Welt des Standard-CAPM stammen, in welcher keine Steuern existieren. Vgl. zur Diskussion dieser Annahme Kapitel C.4.2.5.2.

480 Vgl. *Elton/Gruber/Brown/Goetzmann* [Analysis, 2003], S. 321.

481 Die folgenden Ausführungen basieren auf *Wiese* [Unternehmensbewertung, 2004], S. 11-12.

482 Vgl. *Brennan* [Valuation, 1970], S. 423. Fehlerhaft *Schultze* [Methoden, 2003], S. 275. Dass das Modell von *Brennan* Kursgewinnsteuern erfasst, wird teils übersehen. Vgl. etwa *Schwetzler/Piehler* [Besteuerung, 2004], S. 6; *Richter* [Konzeption, 1999], S. 64.

483 Vgl. zu den hierfür erforderlichen Prämissen Fn. 394. Die dort genannte 1 %-Schwelle für eine wesentliche Beteiligung wird mit Blick auf das Marktportfolio nicht erreichbar sein. Für die Kursrendite des betrachteten Wertpapiers j, die in den Gleichgewichtsbeziehungen enthalten ist, kann diese Grenze jedoch relevant sein.

484 Dieses Steuersystem unterstellt *IDW* [IDW S 1, 2005], Tz. 54 und Tz. 102.

gen $\theta_{\gamma_k} = 0$ resultiert $\Phi = \theta_{\hat{s}_{ek}}$ und $\Psi = \theta_{\tau_k}$. Dabei gilt $\Delta = \left[\sum_{k=1}^{K} t_k\right]^{-1}$, $\theta_{\tau_k} = \Delta\sum_{k=1}^{K} t_k \varsigma_k \tau_k$ und $\theta_{\hat{s}_{ek}} = \Delta\sum_{k=1}^{K} t_k \varsigma_k \hat{s}_{ek}$. In diesem Fall werden die Investoren Wertpapiere präferieren, die bei gleicher (steuerfreier) Kurssteigerung möglichst geringe (steuerlich belastete) Ausschüttungen aufweisen.[485]

Werden Kursgewinne und Zinsen gleich besteuert $\left(0 < \tau_k \neq \gamma_k = \hat{s}_{ek} < 1, \varsigma_k = \upsilon_k = 1\, \forall\, k\right)$[486] (Steuersystem 4), so vereinfacht sich (C.4.81) über $\theta_{\gamma_k} = \theta_{\hat{s}_{ek}} = \Delta\sum_{k=1}^{K} \frac{t_k \hat{s}_{ek}}{\left(1-\hat{s}_{ek}\right)^2}$ und folglich $\Phi = 0$ zu

$$\bar{r}_j = r_f + \left(\bar{r}_M - r_f - \delta_M \cdot \Psi\right) \cdot \beta_j + \delta_j \cdot \Psi. \qquad \text{(C.4.83)}$$

Für die Substitute gilt $\Psi = \frac{\left(\theta_{\tau_k} - \theta_{\hat{s}_{ek}}\right)}{\left(1-\theta_{\hat{s}_{ek}}\right)}$, $\theta_{\tau_k} = \Delta\sum_{k=1}^{K} \frac{t_k \tau_k}{\left(1-\hat{s}_{ek}\right)^2}$ und $\Delta = \left[\sum_{k=1}^{K} \frac{t_k}{\left(1-\hat{s}_{ek}\right)^2}\right]^{-1}$.

Für den Fall, dass Kursgewinne und Dividenden dem gleichen Steuersatz unterliegen $\left(0 < \tau_k = \gamma_k \neq \hat{s}_{ek} < 1, \varsigma_k = \upsilon_k = 1\, \forall\, k\right)$ (Steuersystem 5)[487], verliert die Dividendenpolitik ihren (allein steuerlich bedingten) Einfluss auf die Gleichgewichtsrendite:[488]

$$\bar{r}_j = r_f \cdot (1-\Phi) + \beta_j \cdot \left(\bar{r}_M - r_f \cdot (1-\Phi)\right). \qquad \text{(C.4.84)}$$

Dabei gilt $\Phi = \frac{\left(\theta_{\hat{s}_{ek}} - \theta_{\gamma_k}\right)}{\left(1-\theta_{\gamma_k}\right)}$ mit $\theta_{\gamma_k} = \Delta\sum_{k=1}^{K} \frac{t_k \gamma_k}{\left(1-\gamma_k\right)^2} = \theta_{\tau_k}$, $\Delta = \left[\sum_{k=1}^{K} \frac{t_k}{\left(1-\gamma_k\right)^2}\right]^{-1}$ und $\Psi = 0$. Modell (C.4.84) wird wegen seiner analytischen Handlichkeit in den Kapiteln C.4.2.3 und C.5 wieder aufgegriffen.

485 Vgl. *Richter* [Konzeption, 1999], S. 64-65.

486 Die hier modellierten unterschiedlichen steuerlichen Freigrenzen für Kursgewinne und Zinseinkünfte stehen einer gleichen Besteuerung der beiden Einkunftsarten entgegen. Daher werden Freigrenzen über $\varsigma_k = \upsilon_k = 1$ ausgeblendet.

487 Die Steuersysteme 3 und 5 bilden (idealisierend) die deutschen Verhältnisse ab, wobei System 3 einen Spezialfall von System 1 darstellt. Für die steuerlichen Freigrenzen gilt Fn. 486 analog für Einkünfte aus Dividenden und Kursgewinne.

488 Vgl. in anderem Kontext a. *Hamada/Scholes* [Management, 1985], S. 204.

In den Gleichgewichtsbeziehungen (C.4.81), (C.4.82) und (C.4.83) prägt der Term $\delta_j \cdot \Psi$ die Wertpapierrendite. Dieser steuerliche Einfluss der unternehmensspezifischen Dividendenrendite wird von Teilen der Literatur vernachlässigt.[489] Wie in Kapitel C.4.2.5.2 unter anderem gezeigt wird, ist dies nicht zu rechtfertigen.

4.2.2 Progressive Besteuerung

4.2.2.1 Unbegrenzte Kapitalaufnahmemöglichkeiten

Realitätsgerechter wird das Modell, wenn man progressive Besteuerung unterstellt. Während *Litzenberger/Ramaswamy* von Kursgewinnsteuern abstrahieren[490], sollen sie hier integriert werden. Vereinfachend wird davon ausgegangen, dass Progressionseffekte nur die Steuersätze auf Zins- und Dividendeneinkünfte betreffen, nicht jedoch jene auf Kursgewinne. Abweichend zu Kapitel C.4.2.1 wird wie unter C.4.1.2 bis C.4.1.4 vorausgesetzt, dass der k-te Investor ein deterministisches Basiseinkommen $\overline{EK}_k$ realisiert[491], das seinen durchschnittlichen Einkommensteuersatz $\overline{s}_{ek}$ mitbestimmt. $\overline{s}_{ek}$ sei durch die monoton steigende, konkave, zweifach differenzierbare Funktion

$$\overline{s}_{ek} = l\left(0,5 \cdot \sum_{j=1}^{N} D_j \cdot X_{jk} + \overline{EK}_k\right), \quad l(0) = 0,$$

$$l'\left(0,5 \cdot \sum_{j=1}^{N} D_j \cdot X_{jk} + \overline{EK}_k\right) \begin{cases} = 0 \text{ für } \left(0,5 \cdot \sum_{j=1}^{N} D_j \cdot X_{jk} + \overline{EK}_k\right) \leq 0 \\ > 0 \text{ für } \left(0,5 \cdot \sum_{j=1}^{N} D_j \cdot X_{jk} + \overline{EK}_k\right) > 0 \end{cases} \qquad \text{(C.4.85)}$$

beschrieben, wobei Freigrenzen vernachlässigt werden $(\upsilon_k = \varsigma_k = 1 \,\forall\, k)$.[492] Als marginaler Einkommensteuersatz s'_{ek} folgt[493]

---

489 Vgl. *Drukarczyk/Richter* [Finanzentscheidungen, 1995], S. 562; *Drukarczyk/Schüler* [Kapitalkosten, 2003], S. 338-344; *Richter* [Valuation, 2004], S. 29; *Richter* [Einkommensteuer, 2003], S. 323; *Richter* [Unternehmensbewertung, 2002], S. 335; *Richter* [Finanzierungsprämissen, 1996], S. 1081; *Schüler* [Eigentümerorientierung, 1998], S. 175; *Schmidbauer* [Kapitalisierungszinssatz, 2002], S. 1256; *Dinstuhl* [Halbeinkünfteverfahren, 2002], S. 85; *Dinstuhl* [Unternehmensbewertung, 2003], S. 69.

490 Vgl. *Litzenberger/Ramaswamy* [Effect, 1979], S. 167. Dem folgt *König* [Besteuerung, 1990], S. 94.

491 Vgl. *König* [Besteuerung, 1990], S. 95.

492 Vgl. a. *Litzenberger/Ramaswamy* [Effect, 1979], S. 167.

493 Vgl. analog *Litzenberger/Ramaswamy* [Effect, 1979], S. 167; *Litzenberger/Ramaswamy* [Dividends, 1980], S. 472.

$$0 \leq s'_{ek} = \bar{s}_{ek} + \left(0{,}5 \cdot \sum_{j=1}^{N} D_j \cdot X_{jk} + \overline{EK}_k\right) \cdot 1' \left(0{,}5 \cdot \sum_{j=1}^{N} D_j \cdot X_{jk} + \overline{EK}_k\right) < 1. \quad \text{(C.4.86)}$$

Im Weiteren ist also $\tau_k = 0{,}5275 \cdot s'_{ek}$. Auf die explizite Ableitung des Marktgleichgewichts kann verzichtet werden, da sie analog zu jener der Modelle in Kapitel C.4.2.1 verläuft.[494] Erneut erhält man als Gleichgewicht mit drei Steuersätzen Beziehung (C.4.81), wobei $\upsilon_k = \varsigma_k = 1$ für die unter C. 4.2.1 definierten Substitute Δ, θ_{γ_k}, θ_{τ_k} und $\theta_{\hat{s}_{ek}}$ unterstellt wird.

4.2.2.2 Kapitalaufnahmebeschränkungen

Im Folgenden wird die unrealistische Annahme aufgehoben, wonach die Akteure unbegrenzt Kapital zum risikofreien Zinssatz aufnehmen können.[495] Angenommen sei, dass eine vermögens- und eine einkommensgebundene Kreditaufnahmebeschränkung existiert:[496] Erstens darf jeder Investor nur einen gewissen Prozentsatz φ_k seines riskant zu verausgabenden Vermögens W_k zum risikolosen Zins aufnehmen:[497]

$$-x_{r_f k} \cdot W_k \leq \varphi_k \cdot W_k \Leftrightarrow x_{r_f k} + \varphi_k \geq 0, \quad 0 \leq \varphi_k \leq 1. \quad \text{(C.4.87)}$$

Zweitens ist der Kredit auf einen Anteil χ_k des Dividendeneinkommens limitiert:[498]

$$-x_{r_f k} \cdot W_k \leq W_k \cdot \chi_k \cdot \sum_{j=1}^{N} x_{jk} \cdot \delta_j \Leftrightarrow \chi_k \cdot \sum_{j=1}^{N} x_{jk} \cdot \delta_j + x_{r_f k} \geq 0, \quad \chi_k \geq 0. \quad \text{(C.4.88)}$$

(C.4.87) und (C.4.88) können nicht, einzeln oder gemeinsam binden.[499]

---

494 Vgl. a. *Jensen* [Markets, 1972], S. 382. Vgl. aber Fn. 465.

495 Die folgenden Ausführungen gelten gleichermaßen bei proportionaler und progressiver Besteuerung. Während es in Kapitel C.4.2.1 angebracht war, aufgrund der Einbeziehung steuerlicher Freigrenzen mit absoluten Wertpapierpreisen und Dividenden zu argumentieren, kann hier direkt mit Renditen und Budgetanteilen $x_{.k}$ gerechnet werden.

496 Vgl. a. *Ashton* [Imputation, 1989], S. 79, der zwar mit drei Steuersätzen rechnet, jedoch ein Anrechnungssystem und nur eine vermögensbezogene Verschuldungsbeschränkung betrachtet.

497 Vgl. *König* [Besteuerung, 1990], S. 109-110, und in anderer Formulierung *Litzenberger/Ramaswamy* [Effect, 1979], S. 166-168. Der in die risikolose Anlage investierte Budgetanteil $x_{r_f k}$ ist bei Kreditaufnahme negativ.

498 *Litzenberger/Ramaswamy* [Effect, 1979], S. 166-168, begrenzen die Kreditaufnahme *exakt* auf das Dividendeneinkommen, was *König* [Besteuerung, 1990], S. 111, zu Recht kritisiert. Er knüpft das Kreditlimit stattdessen an das gesamte zu versteuernde Einkommen. Die hier gewählte Formulierung ist rechnerisch einfacher und führt durch geeignete Wahl von χ_k zum gleichen Ergebnis.

499 *König* [Besteuerung, 1990], S. 110-111, verweist darauf, dass in der Regel maximal eine Nebenbedingung bindend sein wird.

Um den Lagrangeansatz anwenden zu können, sind die Nebenbedingungen durch Hilfsvariablen $\varepsilon_1', \varepsilon_2'$ in Gleichungen zu transformieren.[500] Zu maximieren ist das Präferenzfunktional $Q_k\left(\overline{r}_j', \sigma^2_{\overline{r}_j'}\right)$ über die in (C.4.9) definierte Nettowertpapierrendite und deren Varianz $\sigma^2_{\overline{r}_j'}$ aus (C.4.10), wobei die Restriktionen (C.4.4), (C.4.87) und (C.4.88) zu beachten sind:

$$
\begin{aligned}
L_k = {} & Q_k\left(\overline{r}_j', \sigma^2_{\overline{r}_j'}\right) + \lambda_{k1} \cdot \left(1 - \sum_{j=1}^{N} x_{jk} - x_{r_f k}\right) + \lambda_{k2} \cdot \left(x_{r_f k} + \varphi_k - \varepsilon_1'\right) \\
& + \lambda_{k3} \cdot \left(\chi_k \cdot \sum_{j=1}^{N} x_{jk} \cdot \delta_j + x_{r_f k} - \varepsilon_2'\right).
\end{aligned}
\tag{C.4.89}
$$

Als Gleichgewichtsbedingung für den Grenzanleger k erhält man:[501]

$$
\begin{aligned}
\sum_{i=1}^{N} x_{ik} \cdot \sigma\left(\tilde{\rho}_i, \tilde{\rho}_j\right) = {} & \frac{\hat{t}_k}{W_k \cdot \left(1-\gamma_k\right)^2} \cdot \left[\left(1-\gamma_k\right) \cdot \overline{\rho}_j + \left(1-\tau_k\right) \cdot \delta_j - r_f \cdot \left(1 - \hat{s}_{ek}\right)\right] \\
& - \frac{\hat{t}_k}{W_k \cdot \hat{Q}_k' \cdot \left(1-\gamma_k\right)^2} \cdot \left(\lambda_{k2} + \lambda_{k3} \cdot \left(1 - \chi_k \cdot \delta_j\right)\right).
\end{aligned}
\tag{C.4.90}
$$

Für die globale Risikotoleranz gilt dann die Beziehung[502]

$$
-\frac{1}{2} \cdot \frac{\hat{Q}_k'}{\hat{Q}_k''} = -\frac{u_k'}{2 \cdot W_k \cdot u_k''} = \frac{\hat{t}_k}{W_k}
\tag{C.4.91}
$$

mit $\hat{Q}_k' = \dfrac{\partial Q_k\left(\overline{r}_j', \sigma^2_{\overline{r}_j'}\right)}{\partial \overline{r}_j'}$, $\hat{Q}_k'' = \dfrac{\partial Q_k\left(\overline{r}_j', \sigma^2_{\overline{r}_j'}\right)}{\partial \sigma^2_{\overline{r}_j'}}$ und u_k' sowie u_k'' als erste sowie zweite Ableitung der Nutzenfunktion $u_k\left(\tilde{V}_k\right)$ des Investors k nach dem Nettoendvermögen im Optimum.

Die Schattenpreise λ_{k2} und λ_{k3} sind positiv (gleich null), wenn die zugehörige Kreditaufnahmerestriktion bindet (nicht bindet).[503]

---

500 Vgl. hierzu und im Folgenden *König* [Besteuerung, 1990], S. 111-112. ε_1' und ε_2' sind echt positiv (gleich null), wenn die betrachtete Nebenbedingung nicht bindet (bindet).

501 Vgl. zur Ableitung von (C.4.90) Anhang 3.

502 Vgl. *Rubinstein* [Valuation, 1976], S. 412-413; *Litzenberger/Ramaswamy* [Effect, 1979], S. 166; *König* [Besteuerung, 1990], S. 98-99.

503 Vgl. *König* [Besteuerung, 1990], S. 112-113.

Ist der Markt gemäß (C.4.73) geräumt, so ergibt sich durch Summation von (C.4.90) über k analog zu (C.4.74)[504]

$$\hat{\Delta}\cdot\sum_{i=1}^{N} x_{ik}\cdot\sigma\left(\tilde{\rho}_i,\tilde{\rho}_j\right)=\overline{\rho}_j+\delta_j-r_f-\hat{\theta}_{\gamma_k}\cdot\overline{\rho}_j-\hat{\theta}_{\tau_k}\cdot\delta_j+\hat{\theta}_{\hat{s}_{ek}}\cdot r_f$$
$$-\hat{\Delta}\cdot\sum_{k=1}^{K}\frac{\hat{t}_k}{W_k\cdot\hat{Q}_k'\cdot(1-\gamma_k)^2}\cdot\left(\lambda_{k2}+\lambda_{k3}\cdot\left(1-\chi_k\cdot\delta_j\right)\right) \tag{C.4.92}$$

mit den Substituten

$$\hat{\Delta}=\left[\frac{\hat{t}_k}{W_k\cdot(1-\gamma_k)^2}\right]^{-1},\ \hat{\theta}_{\gamma_k}=\hat{\Delta}\cdot\sum_{k=1}^{K}\frac{\hat{t}_k\cdot\gamma_k}{W_k\cdot(1-\gamma_k)^2},\ \hat{\theta}_{\tau_k}=\hat{\Delta}\cdot\sum_{k=1}^{K}\frac{\hat{t}_k\cdot\tau_k}{W_k\cdot(1-\gamma_k)^2},$$
$$\hat{\theta}_{\hat{s}_{ek}}=\hat{\Delta}\cdot\frac{\hat{t}_k\cdot\hat{s}_{ek}}{W_k\cdot(1-\gamma_k)^2}. \tag{C.4.93}$$

Verfährt man weiterhin wie in Kapitel C.4.2.1, so findet man als Marktgleichgewicht:[505]

$$\overline{r}_j=r_f\cdot\left(1-\hat{\Phi}\right)+\left(\overline{r}_M-r_f\cdot\left(1-\hat{\Phi}\right)-\delta_M\cdot\hat{\Psi}\right)\cdot\beta_j+\delta_j\cdot\left(\hat{\Psi}-\Gamma\right)+\Upsilon \tag{C.4.94}$$

$$\text{mit } \Gamma=\hat{\Delta}\cdot\sum_{k=1}^{K}\frac{\hat{t}_k\cdot\lambda_{k3}\cdot\chi_k}{W_k\cdot\hat{Q}_k'\cdot(1-\gamma_k)^2\cdot\left(1-\hat{\theta}_{\gamma_k}\right)},\ \Upsilon=\hat{\Delta}\cdot\sum_{k=1}^{K}\frac{\hat{t}_k\cdot\left(\lambda_{k2}+\lambda_{k3}\right)}{W_k\cdot\hat{Q}_k'\cdot(1-\gamma_k)^2\cdot\left(1-\hat{\theta}_{\gamma_k}\right)}.$$

Wie im Fall ohne Kapitalaufnahmerestriktionen erhält man eine lineare Beziehung zwischen der erwarteten Bruttowertpapierrendite und dem systematischen Risiko sowie der Dividendenrendite. Abweichend von (C.4.81) bis (C.4.84) hat zusätzlich der Parameter Γ, der die einkommensbezogene Restriktion erfasst, Einfluss auf die Dividendenrendite. Ferner tritt ein konstanter Term Υ auf, der beide Verschuldungsbeschränkungen verkörpert. $\Upsilon=0$ gilt wegen $\hat{t}_k>0$ nur dann, wenn beide Restriktionen nicht binden $\left(\lambda_{k2}=\lambda_{k3}=0\right)$, was zugleich $\Gamma=0$ bedeutet und somit auf (C.4.81) zurückführt.

---

[504] Vgl. zur Ableitung von (C.4.92) und (C.4.93) Anhang 3.
[505] Vgl. zur Ableitung von (C.4.94) Anhang 3.

4.2.2.3 Leerverkaufsbeschränkungen

Werden Kapitalaufnahmerestriktionen eingeführt, um dem Modell mehr Realitätsnähe zu geben, so ist es konsequent, auch die Prämisse unbeschränkter Leerverkaufsmöglichkeiten aufzugeben.[506] Man gelangt dann zu einem Kapitalmarktmodell, das man als Steuerklientel-CAPM interpretieren kann. Klienteleffekte können bei differenzierter Besteuerung von Dividenden und Kursgewinnen auftreten, sofern sich die Investoren in unterschiedlichen Steuerklassen befinden. Demnach präferieren Akteure in der gleichen Steuerklasse Wertpapiere mit der gleichen Ausschüttungsquote.[507]

Im Gegensatz zu den in Kapitel C.4.2.2.2 getroffenen Prämissen wird vorausgesetzt, dass die Anteilseigner Kapital in unbegrenzter Höhe aufnehmen, jedoch keine Leerverkäufe tätigen können. Mithin sind Portfolioanteile mit negativem Vorzeichen ausgeschlossen:[508]

$$x_j \geq 0 \quad \forall\, j = 1,\ldots,N. \tag{C.4.95}$$

Jeder Anleger maximiert erneut das Präferenzfunktional $Q_k\left(\bar{r}_j', \sigma_{r_j'}^2\right)$ unter Beachtung von (C.4.4) und, neu hinzutretend, (C.4.95). Durch Einsetzen von (C.4.4) lässt sich die erwartete Nachsteuerrendite $\bar{r}'$ eines Portfolios schreiben als

$$\bar{r}' = \sum_{j=1}^{N} x_{jk} \cdot \left[(1-\gamma_k)\cdot\bar{\rho}_j + (1-\tau_k)\cdot\delta_j\right] + \left(1 - \sum_{j=1}^{N} x_{jk}\right)\cdot r_f \cdot (1-\hat{s}_{ek}). \tag{C.4.96}$$

Die Formulierung hat den Vorteil, dass die Restriktion (C.4.4) wegfällt.[509] Zur Lösung des Problems dienen die $\forall\, j = 1,\ldots,N$ geltenden *Kuhn-Tucker*-Bedingungen[510]

$$(1-\gamma_k)\cdot\bar{\rho}_j + (1-\tau_k)\cdot\delta_j - r_f\cdot(1-\hat{s}_{ek}) - \frac{W_k}{\hat{t}_k}\cdot\sum_{i=1}^{N} x_{ik}\cdot\sigma_{ij}\cdot(1-\gamma_k)^2 \leq 0, \tag{C.4.97}$$

---

506 Vgl. *Black* [Equilibrium, 1972], S. 446. Vgl. im Fall ohne Steuern a. *Ross* [Restrictions, 1977], S. 179-183.

507 Vgl. grundlegend *Miller/Modigliani* [Policy, 1961], S. 431-432. Kritisch *Sarig/Scott* [Clienteles, 1985], S. 1460-1461.

508 Vgl. hierzu und im Folgenden *Litzenberger/Ramaswamy* [Dividends, 1980], S. 471, sowie *König* [Besteuerung, 1990], S. 121, die jedoch Kursgewinnsteuern aussparen. Vgl. a. *Ashton* [Imputation, 1989], S. 79, der ein Anrechnungssystem betrachtet.

509 Vgl. *König* [Besteuerung, 1990], S. 121.

510 Vgl. etwa *Hadley* [Programmierung, 1969], S. 232-233; *Kistner* [Optimierungsmethoden, 1988], S. 102-103. *König* [Besteuerung, 1990], S. 122, unterläuft bei seiner – zu (C.4.98) analogen – Gleichung (103) ein Fehler, da er die linke Seite ≤ 0 und nicht *gleich* 0 setzt.

$$x_{jk} \cdot \left[(1-\gamma_k)\cdot\bar{\rho}_j + (1-\tau_k)\cdot\delta_j - r_f\cdot(1-\hat{s}_{ek}) - \frac{W_k}{\hat{t}_k}\cdot\sum_{i=1}^{N} x_{ik}\cdot\sigma_{ij}\cdot(1-\gamma_k)^2\right] = 0. \qquad \text{(C.4.98)}$$

Dass (C.4.97) gültig ist, zeigt sich daran, dass im Optimum $\forall\, j = 1,\ldots,N$

$$\frac{\partial L_k}{\partial x_{jk}} = \hat{Q}'_k \cdot \frac{\partial \bar{r}'_j}{\partial x_{jk}} + \hat{Q}''_k \cdot \frac{\partial \sigma^2_{\tilde{r}'_j}}{\partial x_{jk}} \leq 0,$$

$$\hat{Q}'_k\left[(1-\gamma_k)\bar{\rho}_j + (1-\tau_k)\delta_j\right] - \hat{Q}'_k r_f\cdot(1-\hat{s}_{ek}) + \hat{Q}''_k\left[2\sum_{i=1}^{N} x_{ik}\sigma_{ij}(1-\gamma_k)^2\right] \leq 0, \qquad \text{(C.4.99)}$$

gelten muss, wobei σ_{ij} die Kovarianz zwischen den Wertpapierrenditen ist. Division von (C.4.99) durch $\hat{Q}'_k > 0$ und Substitution gemäß (C.4.91) mit $-\frac{1}{2}\cdot\frac{\hat{Q}'_k}{\hat{Q}''_k} = \frac{\hat{t}_k}{W_k}$ führt über

$$(1-\gamma_k)\cdot\bar{\rho}_j + (1-\tau_k)\cdot\delta_j - r_f\cdot(1-\hat{s}_{ek}) + 2\cdot\frac{\hat{Q}''_k}{\hat{Q}'_k}\cdot\left[\sum_{i=1}^{N} x_{ik}\cdot\sigma_{ij}\cdot(1-\gamma_k)^2\right] \leq 0 \qquad \text{(C.4.100)}$$

auf (C.4.97).

Damit (C.4.98) erfüllt ist, hat der linke Ausdruck von (C.4.97) für alle $x_{jk} > 0$ den Wert Null anzunehmen. Ist die linke Seite von (C.4.97) negativ und gilt zugleich $x_{jk} = 0$ für (mindestens) ein j, so möchte der Akteur k diese Wertpapiere leerverkaufen, was ihm aber wegen (C.4.95) verboten ist.[511]

Gefragt wird nun, unter welchen Umständen Anleger k eines Klientels g (g = 1,...,G; $G \leq K$) gleiche Portfolios halten. Aus (C.4.97) und (C.4.98) folgt, dass dies gegeben ist, wenn die Investoren $k \in g$ 1) über gleiche (Grenz-)Steuersätze $(\gamma_k = \gamma_g, \tau_k = \tau_g, \hat{s}_{ek} = \hat{s}_{eg} \forall\, k \in g)$ und 2) über das gleiche Verhältnis $W_k/\hat{t}_k$ von eingesetztem Kapital und Risikotoleranz verfügen.[512] Akteure $k \in g$ gehen dann eine Long-Position ($x_{jk} > 0$) für Wertpapiere j ein, wenn für diese

$$(1-\gamma_g)\cdot\bar{\rho}_j + (1-\tau_g)\cdot\delta_j - r_f\cdot(1-\hat{s}_{eg}) = \frac{W_k}{\hat{t}_k}\cdot\left(\sum_{i=1}^{N} x_{ik}\right)\cdot\sigma_{jg}\cdot(1-\gamma_g)^2 \qquad \text{(C.4.101)}$$

---

[511] Vgl. *Litzenberger/Ramaswamy* [Dividends, 1980], S. 472; *König* [Besteuerung, 1990], S. 122.

[512] Vgl. *Litzenberger/Ramaswamy* [Dividends, 1980], S. 474. Die Anforderungen sind hinreichend, aber nicht notwendig. Vielmehr sind Konstellationen denkbar, in denen sie nicht erfüllt sind und die Investoren dennoch gleiche Portfolios halten.

gilt.[513] Gleichung (C.4.101) verdeutlicht die nicht unmittelbar einsichtigen Bezüge zwischen Leerverkaufsverboten und steuerinduzierten Klienteleffekten: Erstere führen dazu, dass einzelne Wertpapiere nur von bestimmten Gruppen g gehalten werden. Welche Klientele dies sind, ist (unter anderem) abhängig von den (Grenz-)Steuersätzen der Akteure. σ_{ig} in (C.4.101) ist die Kovarianz zwischen der Rendite eines Wertpapiers j und der Rendite des aus riskanten Anlagen bestehenden Portfolios g, in welches – analog zum Marktportfolio des Standard-CAPM – sämtliche Entscheider $k \in g$ investieren:

$$\sigma_{jg} = \operatorname{cov}\left(\tilde{\rho}_j, \tilde{\rho}_g\right) = \left(\sum_{i=1}^{N} x_{ik}\right)^{-1} \cdot \sum_{i=1}^{N} x_{ik} \cdot \sigma_{ij} \quad \forall k \in g. \tag{C.4.102}$$

Entsprechend ergibt sich die (Vorsteuer-)Rendite r_g des g-Portfolios als

$$r_g = \left(\sum_{i=1}^{N} x_{ik}\right)^{-1} \cdot \sum_{i=1}^{N} x_{ik} \cdot r_i \quad \forall k \in g, \tag{C.4.103}$$

wobei $r_i = \bar{\rho}_i + \delta_i$ ist. Durch Aggregation von (C.4.101) über $k \in g$ erhält man[514]

$$\bar{r}_j - r_f = \frac{W_g}{\hat{t}_g} \cdot \sigma_g^2 \cdot \left(1 - \gamma_g\right)^2 \cdot \beta_{jg} + \gamma_g \cdot \bar{\rho}_j + \tau_g \cdot \delta_j - r_f \cdot \hat{s}_{eg} \tag{C.4.104}$$

mit $\beta_{jg} = \sigma_{jg} \cdot \left(\sigma_g^2\right)^{-1}$. Dabei bezeichnet W_g das gesamte von den Investoren $k \in g$ riskant eingesetzte Kapital und $\hat{t}_g$ die aggregierte Risikotoleranz des Klientels g. (C.4.104) zeigt, dass die Portfoliowahl der Akteure vom Verhältnis des eingesetzten Vermögens zur Risikotoleranz sowie von der Verteilung der Wertpapierrenditen – ausgedrückt durch $\sigma_g^2 \cdot \left(1 - \gamma_g\right)^2$ – abhängig ist.[515] Um Aussagen über das Marktgleichgewicht treffen zu können, ist anzunehmen, dass 1) $W_k / \hat{t}_k$ identisch für alle $g \in G$

---

[513] Vgl. hierzu und zum folgenden Vorgehen *Litzenberger/Ramaswamy* [Dividends, 1980], S. 474-475; *König* [Besteuerung, 1990], S. 122-124.

[514] Vgl. zur Ableitung von (C.4.104) Anhang 3.

[515] σ_g^2 steht für die Varianz der Nachsteuerrendite jenes Portfolios, welches von allen Investoren $k \in g$ gehalten wird.

und 2) σ_{jg} in folgender Form proportional zum Betafaktor $\beta_j = \sigma_{jM} \cdot \left(\sigma_M^2\right)^{-1}$ des Standard-CAPM ist:[516]

$$\sigma_{jg} = \sigma_{gM} \cdot \beta_j \Leftrightarrow \beta_{jg} = \beta_{gM} \cdot \beta_j, \quad \beta_{gM} = \sigma_{gM} \cdot \left(\sigma_g^2\right)^{-1}. \qquad (C.4.105)$$

Fordert man 3), dass σ_{gM} für alle $g \in G$ gleich ist[517], so folgt als Marktgleichgewicht mit drei Steuersätzen:

$$\bar{r}_j - r_f = \frac{W_g}{\hat{t}_g} \cdot \sigma_g^2 \cdot \left(1-\gamma_g\right)^2 \cdot \beta_{gM} \cdot \beta_j + \sum_{g=1}^{G} \vartheta_{jg} \cdot \left[\gamma_g \cdot \bar{\rho}_j + \tau_g \cdot \delta_j - r_f \cdot \hat{s}_{eg}\right]. \qquad (C.4.106)$$

Bei ϑ_{jg} handelt es sich um eine Binärvariable, für die $\vartheta_{jg} = 1$ gilt, sofern ein (und nur ein) Klientel g das Wertpapier j hält, und andernfalls $\vartheta_{jg} = 0$.[518] Allgemein werden die Gruppen mit der höchsten (niedrigsten) Steuerklasse in jene Wertpapiere mit der niedrigsten (höchsten) Dividendenrendite investieren.[519] Aus (C.4.106) ist ersichtlich, dass *innerhalb* einer Gruppe g ein *linearer* Zusammenhang zwischen der erwarteten Gesamt- und der Dividendenrendite herrscht. Dieser ist über die Gruppen hinaus *nicht-linear*:[520] Da $\hat{s}_e$ und damit τ nicht-linear wachsen, muss δ mit zunehmendem τ nicht-linear abfallen.

4.2.2.4 Stochastische Dividenden(renditen)

Bislang wurde in den Modellen der Kapitel C.4.2.1 bis C.4.2.2.34.2.2.3 unterstellt, dass die Dividenden(renditen) deterministisch sind. Diese Prämisse ist zum einen restriktiv, zum anderen – angesichts der dem CAPM immanenten Unsicherheit – inkonsistent. Daneben ist offenkundig, dass die Ausweitung des Planungshorizonts auf mehrere Perioden Unsicherheit über die künftigen Dividendenrenditen mit sich bringen wird.[521] Ein Steuer-CAPM mit stochastischen Dividenden(renditen) liegt bislang – ab-

---

516 Vgl. *Litzenberger/Ramaswamy* [Dividends, 1980], S. 475; *König* [Besteuerung, 1990], S. 124. σ_{gM} dient somit als Proportionalitätsfaktor zwischen σ_{jg} und β_j.

517 Die rigorosen Annahmen 1) bis 3) ermöglichen die Herleitung der Marktgleichgewichtsbeziehung. Ökonomisch begründbar sind sie indes kaum. *Litzenberger/Ramaswamy* [Dividends, 1980], S. 475, fordern mit Blick auf Annahme 1) zu hart, dass W_g und $\hat{t}_g$ über alle g identisch sein müssen. Die Identität des Quotienten ist hinreichend.

518 Vgl. für andere Steuersysteme *König* [Besteuerung, 1990], S. 125; *Litzenberger/Ramaswamy* [Dividends, 1980], S. 475, sowie kritisch zu deren Modell *Hess* [Discussion, 1980], S. 483-484.

519 Vgl. *Elton/Gruber* [Composition, 1978], S. 402-406.

520 Vgl. *Litzenberger/Ramaswamy* [Tax, 1982], S. 431.

521 Vgl. *Jonas/Löffler/Wiese* [CAPM, 2004], S. 904, sowie Kapitel C.4.2.3.

gesehen von ad hoc-Darstellungen[522] – nicht vor. Diese Lücke zu schließen, ist Ziel der folgenden Überlegungen.

Hierzu werden die auf *Brennan* zurückgehenden, zum Steuer-CAPM führenden Ableitungsschritte analog für den Fall stochastischer Dividenden durchgeführt. Die bisher als sicher angenommene endfällige Dividende D_j des Wertpapiers j ist hier stochastisch ($\tilde{D}_j$) und hat den Erwartungswert $\bar{D}_j$. Daneben wird unterstellt, dass keine steuerlichen Freibeträge oder -grenzen existieren $(\varsigma_k = \upsilon_k = 1)$ und die Besteuerung progressiv erfolgt. Alle übrigen Prämissen und Variablen bleiben gegenüber den Kapiteln C.4.2.1 und C.4.2.2.1 unverändert.

Das erwartete Nettoendvermögen $\bar{V}_k$ des Investors k aus seinem Portfolio errechnet sich als

$$\bar{V}_k = \sum_{j=1}^{N}\left[\bar{\pi}_j - \left(\bar{\pi}_j - p_j^0\right)\cdot\gamma_k + \bar{D}_j\cdot\left(1-\tau_k\right)\right]\cdot X_{jk} + \left[q-(q-1)\cdot\hat{s}_{ek}\right]\cdot X_{r_f k} \tag{C.4.107}$$

mit der Varianz

$$\begin{aligned}\sigma_{\tilde{V}_k}^2 = {} & \sum_{j=1}^{N}\sum_{i=1}^{N}\sigma\left(\tilde{\pi}_j,\tilde{\pi}_i\right)\cdot X_{jk}X_{ik}\cdot\left(1-\gamma_k\right)^2 + \sum_{j=1}^{N}\sum_{i=1}^{N}\sigma\left(\tilde{D}_j,\tilde{D}_i\right)\cdot X_{jk}X_{ik}\cdot\left(1-\tau_k\right)^2 \\ & + 2\cdot\sum_{j=1}^{N}\sum_{i=1}^{N}\sigma\left(\tilde{\pi}_j,\tilde{D}_i\right)\cdot X_{jk}X_{ik}\cdot\left(1-\tau_k\right)\cdot\left(1-\gamma_k\right).\end{aligned} \tag{C.4.108}$$

Der Term (C.4.108) stellt den zentralen Unterschied des hier vorgestellten Ansatzes im Vergleich zu den in den Kapiteln C.4.2.1 bis C.4.2.2.3 diskutierten Modellen mit deterministischen Dividenden(renditen) dar. Neu gegenüber der Portfoliovarianz (C.4.64) ist die Erfassung des zwischen den Dividenden untereinander und zwischen den Preisen sowie Dividenden der Wertpapiere herrschenden stochastischen Verbunds, der in den letzten beiden Termen von (C.4.108) abgebildet ist.

Es lässt sich nun erneut die Lagrangefunktion (C.4.66) aufstellen, die unter Beachtung der Budgetrestriktion (C.4.65) zu maximieren ist. Während die Beziehungen (C.4.67) bis (C.4.69) unverändert bleiben[523], ergibt sich anstelle von (C.4.70)

---

[522] Vgl. *Schwetzler/Piehler* [Besteuerung, 2004], S. 14. Sie vernachlässigen das stochastische Zusammenspiel der unsicheren Dividendenrenditen untereinander sowie der Dividenden- mit den Kursrenditen.

[523] Lediglich in (C.4.69) ist D_j durch $\bar{D}_j$ zu ersetzen.

$$\frac{\partial \sigma^2_{\tilde{V}_k}}{\partial X_{jk}} = 2 \cdot \sum_{i=1}^{N} \sigma\left(\tilde{\pi}_j, \tilde{\pi}_i\right) \cdot X_{ik} \cdot \left(1-\gamma_k\right)^2 + 2 \cdot \sum_{i=1}^{N} \sigma\left(\tilde{D}_j, \tilde{D}_i\right) \cdot X_{ik} \cdot \left(1-\tau_k\right)^2 + 4 \cdot \sum_{i=1}^{N} \sigma\left(\tilde{\pi}_j, \tilde{D}_i\right) \cdot X_{ik} \cdot \left(1-\tau_k\right) \cdot \left(1-\gamma_k\right), \tag{C.4.109}$$

was eingesetzt in (C.4.67) $\forall\ j = 1,\ldots,N$ die Optimalitätsbedingung

$$\frac{\partial L_k}{\partial X_{jk}} = Q'_k \cdot \left[\bar{\pi}_j - \left(\bar{\pi}_j - p_j^0\right) \cdot \gamma_k + \bar{D}_j \cdot \left(1-\tau_k\right)\right] + Q''_k \cdot \left[2\sum_{i=1}^{N} \sigma\left(\tilde{\pi}_j, \tilde{\pi}_i\right) \cdot X_{ik} \cdot \left(1-\gamma_k\right)^2 + 2\sum_{i=1}^{N} \sigma\left(\tilde{D}_j, \tilde{D}_i\right) \cdot X_{ik} \cdot \left(1-\tau_k\right)^2 + 4 \cdot \sum_{i=1}^{N} \sigma\left(\tilde{\pi}_j, \tilde{D}_i\right) \cdot X_{ik} \cdot \left(1-\tau_k\right) \cdot \left(1-\gamma_k\right)\right] - \lambda_k \cdot p_j^0 = 0 \tag{C.4.110}$$

erzeugt. Gleichsetzen von (C.4.110) und (C.4.68) führt auf

$$\sum_{i=1}^{N} \sigma\left(\tilde{\pi}_j, \tilde{\pi}_i\right) \cdot X_{ik} \cdot \left(1-\gamma_k\right)^2 + \sum_{i=1}^{N} \sigma\left(\tilde{D}_j, \tilde{D}_i\right) \cdot X_{ik} \cdot \left(1-\tau_k\right)^2 +2 \cdot \sum_{i=1}^{N} \sigma\left(\tilde{\pi}_j, \tilde{D}_i\right) \cdot X_{ik} \cdot \left(1-\tau_k\right) \cdot \left(1-\gamma_k\right) = t_k \cdot \left[\bar{\pi}_j - \left(\bar{\pi}_j - p_j^0\right) \cdot \gamma_k + \bar{D}_j \cdot \left(1-\tau_k\right) - \left[q - (q-1) \cdot \hat{s}_{ek}\right] \cdot p_j^0\right] \tag{C.4.111}$$

mit $t_k = -Q'_k / 2 \cdot Q''_k$. (C.4.111) kennzeichnet gemeinsam mit (C.4.65) das zu (C.4.72) analoge Gleichgewicht eines Akteurs k. Über die Markträumungsbedingung (C.4.73) erhält man durch Aggregation von (C.4.111) über k:

$$\sum_{k=1}^{K} t_k \cdot \left(\bar{\pi}_j + \bar{D}_j - q \cdot p_j^0\right) - \sum_{k=1}^{K} t_k \cdot \gamma_k \cdot \left(\bar{\pi}_j - p_j^0\right) - \sum_{k=1}^{K} t_k \cdot \tau_k \cdot \bar{D}_j + \sum_{k=1}^{K} t_k \cdot \hat{s}_{ek} \cdot (q-1) \cdot p_j^0 = \sum_{k=1}^{K} \sum_{i=1}^{N} \sigma\left(\tilde{\pi}_j, \tilde{\pi}_i\right) \cdot X_{ik} \cdot \left(1-\gamma_k\right)^2 + \sum_{k=1}^{K} \sum_{i=1}^{N} \sigma\left(\tilde{D}_j, \tilde{D}_i\right) \cdot X_{ik} \cdot \left(1-\tau_k\right)^2 +2 \cdot \sum_{k=1}^{K} \sum_{i=1}^{N} \sigma\left(\tilde{\pi}_j, \tilde{D}_i\right) \cdot X_{ik} \cdot \left(1-\tau_k\right) \cdot \left(1-\gamma_k\right). \tag{C.4.112}$$

Durch Substitution folgt:

$$\left(\bar{\pi}_j+\bar{D}_j-q\cdot p_j^0\right)-\theta_{\gamma_k}\cdot\left(\bar{\pi}_j-p_j^0\right)-\theta_{\tau_k}\cdot\bar{D}_j+\theta_{\hat{s}_{ek}}\cdot(q-1)\cdot p_j^0=$$
$$\Delta_\gamma\sum_{i=1}^{N}\sigma\left(\tilde{\pi}_j,\tilde{\pi}_i\right)\cdot X_{ik}+\Delta_\tau\sum_{i=1}^{N}\sigma\left(\tilde{D}_j,\tilde{D}_i\right)\cdot X_{ik}+\Delta_\gamma^\tau\sum_{i=1}^{N}\sigma\left(\tilde{\pi}_j,\tilde{D}_i\right)\cdot X_{ik} \tag{C.4.113}$$

mit $\Delta=\left[\sum_{k=1}^{K}t_k\right]^{-1}$, $\theta_{\gamma_k}=\Delta\cdot\sum_{k=1}^{K}t_k\cdot\gamma_k$, $\theta_{\tau_k}=\Delta\cdot\sum_{k=1}^{K}t_k\cdot\tau_k$, $\theta_{\hat{s}_{ek}}=\Delta\cdot\sum_{k=1}^{K}t_k\cdot\hat{s}_{ek}$,
$\Delta_\gamma=\Delta\cdot\sum_{k=1}^{K}(1-\gamma_k)^2$, $\Delta_\tau=\Delta\cdot\sum_{k=1}^{K}(1-\tau_k)^2$ und $\Delta_\gamma^\tau=2\cdot\Delta\cdot\sum_{k=1}^{K}(1-\tau_k)\cdot(1-\gamma_k)$.

Da das mit M indizierte Marktportfolio einer gewichteten Summe der wertmäßigen Beiträge der einzelnen Wertpapiere entspricht, kann (C.4.113) über[524]

$$\sum_{i=1}^{N}\frac{\sigma\left(\tilde{\pi}_j,\tilde{\pi}_i\right)}{p_j^0}\cdot X_i^0=\sigma\left(\tilde{\rho}_j,\tilde{\rho}_M\right):=\sigma_{jM}^{\rho},$$

$$\sum_{i=1}^{N}\frac{\sigma\left(\tilde{D}_j,\tilde{D}_i\right)}{p_j^0}\cdot X_i^0=\sigma\left(\tilde{\delta}_j,\tilde{\delta}_M\right):=\sigma_{jM}^{\delta}, \tag{C.4.114}$$

$$\sum_{i=1}^{N}\frac{\sigma\left(\tilde{\pi}_j,\tilde{D}_i\right)}{p_j^0}\cdot X_i^0=\sigma\left(\tilde{\rho}_j,\tilde{\delta}_M\right):=\sigma_{jM}^{\rho,\delta}$$

und Division durch p_j^0 auf Basis von Renditen geschrieben werden[525]

$$\bar{r}_j-r_f=\Omega\cdot\left[\Delta_\gamma\cdot\sigma_{jM}^{\rho}+\Delta_\tau\cdot\sigma_{jM}^{\delta}+\Delta_\gamma^\tau\cdot\sigma_{jM}^{\rho,\delta}\right]-r_f\cdot\Phi+\bar{\delta}_j\cdot\Psi, \tag{C.4.115}$$

wobei $\Phi=\frac{\left(\theta_{\hat{s}_{ek}}-\theta_{\gamma_k}\right)}{\left(1-\theta_{\gamma_k}\right)}$ und $\Psi=\frac{\left(\theta_{\tau_k}-\theta_{\gamma_k}\right)}{\left(1-\theta_{\gamma_k}\right)}$ ist. Ω ist definiert als $\frac{\Delta}{\left(1-\theta_{\gamma_k}\right)}$. Multipliziert man (C.4.115) mit $p_j^0\cdot X_j^0$ und summiert über j, so lässt sich der Parameter Ω auch ausdrücken als

524 Während der erste Kovarianzterm in (C.4.114) bereits in den Modellen mit deterministischer Dividendenrendite enthalten war, sind die übrigen beiden neu.

525 Vgl. zur Ableitung von (C.4.115) Anhang 3. $\bar{\delta}_j$ bezeichnet den Erwartungswert der unsicheren Dividendenrendite.

$$\bar{r}_M - r_f + r_f\Phi - \bar{\delta}_M\Psi = \Omega \cdot \left[\Delta_\gamma \cdot \underbrace{\sigma\left(\tilde{\rho}_M, \tilde{\rho}_M\right)}_{:=\sigma^2_{M,\rho}} + \Delta_\tau \cdot \underbrace{\sigma\left(\tilde{\delta}_M, \tilde{\delta}_M\right)}_{:=\sigma^2_{M,\delta}} + \Delta^\tau_\gamma \cdot \underbrace{\sigma\left(\tilde{\rho}_M, \tilde{\delta}_M\right)}_{:=\sigma_{M,\delta,\rho}} \right],$$

(C.4.116)

$$\Omega = \frac{\bar{r}_M - r_f + r_f \cdot \Phi - \bar{\delta}_M \cdot \Psi}{\Delta_\gamma \cdot \sigma^2_{M,\rho} + \Delta_\tau \cdot \sigma^2_{M,\delta} + \Delta^\tau_\gamma \cdot \sigma_{M,\delta,\rho}}.$$

Damit folgt als Kapitalmarktgleichgewicht die Bruttorendite

$$\bar{r}_j = r_f \cdot (1-\Phi) + \left(\bar{r}_M - r_f \cdot (1-\Phi) - \bar{\delta}_M \Psi\right) \cdot \left(\frac{\Delta_\gamma \sigma^\rho_{jM} + \Delta_\tau \sigma^\delta_{jM} + \Delta^\tau_\gamma \sigma^{\rho,\delta}_{jM}}{\Delta_\gamma \sigma^2_{M,\rho} + \Delta_\tau \sigma^2_{M,\delta} + \Delta^\tau_\gamma \sigma_{M,\delta,\rho}} \right) + \bar{\delta}_j \Psi. \quad \text{(C.4.117)}$$

Wie zu vermuten war, bringt die Annahme unsicherer Dividendenrenditen zusätzliche Komplexität für das Steuer-CAPM mit sich. Dennoch geht die Grundaussage des Modells nicht verloren: Erneut findet man eine lineare Beziehung zwischen der Gleichgewichtsrendite, dem systematischen Risiko und der Dividendenrendite des Wertpapiers j. Im Gegensatz zu den Modellen mit deterministischer Dividendenrendite in den Kapiteln C.4.2.1 bis C.4.2.2.3 ist das systematische Risiko nicht mehr allein durch den Risikofaktor $\beta = \sigma^\rho_{jM} \cdot \left(\sigma^2_{M,\rho}\right)^{-1}$ des Standard-CAPM bestimmt. An seine Stelle tritt aufgrund der Annahme unsicherer Dividenden ein komplexerer Term, der zusätzlich das stochastische Zusammenspiel der Dividendenrenditen untereinander $\left(\sigma^\delta_{jM}\right)$ sowie der Kurs- mit der Dividendenrendite $\left(\sigma^{\rho,\delta}_{jM}\right)$ des Marktportfolios erfasst.

Daneben sind – anders als in den Modellen der *Brennan*schen Prägung – die das systematische Risiko prägenden Kovarianzterme multiplikativ mit den in Δ_γ, Δ_τ und Δ^τ_γ enthaltenen Steuersätzen der Marktteilnehmer verknüpft. Somit ist aufgrund der Stochastizität der Dividenden(renditen) das Niveau des systematischen Risikos nicht mehr unabhängig von der Besteuerung. Unterstellt man hingegen sichere δ_j, so reduziert sich der Risikoterm in (C.4.117) wegen $\sigma^\delta_{jM} = \sigma^{\rho,\delta}_{jM} = \sigma^2_{M,\delta} = \sigma_{M,\delta,\rho} = 0$ zu

$$\left(\frac{\Delta_\gamma \cdot \sigma\left(\tilde{\rho}_j, \tilde{\rho}_M\right)}{\Delta_\gamma \cdot \sigma^2_{M,\rho}} \right) = \left(\frac{\sigma\left(\tilde{\rho}_j, \tilde{\rho}_M\right)}{\sigma^2_{M,\rho}} \right) = \beta_j \quad \text{(C.4.118)}$$

und damit zum Risikofaktor des Standard-CAPM.

Während sich das Steuer-CAPM der *Brennan*schen Prägung derart verproben lässt, dass bei Steuersätzen von $\gamma_k = \tau_k = \hat{s}_{ek} = 0 \; \forall \; k$ das Standard-CAPM resultiert, ist eine solche Überprüfung im hier abgeleiteten Modell zunächst nicht möglich. Zwar verschwinden die steuerlichen Terme aus der Gleichgewichtsbeziehung (C.4.117), nicht jedoch die die Unsicherheit ausdrückenden Parameter σ_{jM}^{δ}, $\sigma_{jM}^{\rho,\delta}$, $\sigma_{M,\delta}^{2}$ und $\sigma_{M,\delta,\rho}$. Hintergrund dessen ist, dass mit der Annahme unsicherer Dividenden(renditen) eine weitere (nicht steuerlich bedingte) Quelle für das unsystematische Risiko eingeführt wurde, die dem Standard-CAPM fremd ist. Beachtet man allerdings, dass in Abwesenheit von Steuern nicht zwischen Kursgewinnen und Dividenden unterschieden werden muss, so resultiert das Standard-CAPM.

4.2.3 Bedingungen für die wiederholte Anwendung des Steuer-CAPM

Während es sich bei Unternehmensbewertungen regelmäßig um mehrperiodige Probleme handelt, ist das Steuer-CAPM einperiodig konzipiert. Mehrperiodenversionen des Modells liegen bislang nicht vor[526], ebenso wenig wie Bedingungen, unter welchen der Einperiodenkalkül wiederholt angewendet werden darf[527], mithin im Mehrperiodenkontext erhalten bleibt. Die folgenden Überlegungen sollen ein Beitrag sein, letztere Lücke zu schließen.

Das zentrale Problem dabei liegt darin, dass die im einperiodigen Steuer-CAPM als deterministisch angenommene Dividendenrendite bei der Verwendung des Modells im Mehrperiodenumfeld stochastisch werden muss:[528] In die Berechnung der Dividendenrendite in Zeitpunkten $t > 1$ gehen künftige Preise des betrachteten Wertpapiers ein. Da letztere unsicher sind, muss auch erstere grundsätzlich stochastisch werden. Andernfalls müsste man unterstellen, dass Aktien risikolos sind.[529] Das Modell mit stochastischen Dividendenrenditen ist indes – wie in Kapitel C.4.2.2.4 gezeigt wurde – bereits in der einperiodigen Version äußerst komplex. Daneben ist zu vermuten, dass die Einführung stochastischer Variablen in das Steuer-CAPM im Mehrperiodenkontext ebenso wie beim CAPM ohne Steuern Anreize für die Investoren schaffen wird, sich gegen die damit verbundenen Risiken abzusichern.[530] Dies wird dazu führen, dass die Gleichgewichtsbeziehung des Steuer-CAPM unter der Annahme eines mehrperiodigen

---

526 Auf diesen Mangel verweisen auch *Niemann/Sureth* [Taxation, 2002], S. 21.

527 Dies ist etwa in IDW S 1 n.F. vorgesehen. Vgl. *IDW* [IDW S 1, 2005], Tz. 101; *Wagner/Jonas/Ballwieser/Tschöpel* [Grundsätze, 2004], S. 896-898.

528 Vgl. *Jonas/Löffler/Wiese* [CAPM, 2004], S. 904; *Modigliani* [Past, 1988], S. 156.

529 Die von *Brennan* [Valuation, 1970], S. 424, Gleichung (3.6), angegebene Rentenformel kann insoweit nicht korrekt sein, da das Rentenmodell aus einem Mehrperiodenkalkül deduziert wird, *Brennan* aber deterministische (konstante) Dividenden unterstellt.

530 Vgl. *Merton* [Model, 1973], S. 875-880; a. *Long* [Inflation, 1974], S. 143-146, und Kapitel C.2.2.

Planungshorizonts im Allgemeinen eine andere Gestalt haben wird als bei einperiodiger Betrachtung.

Damit erscheint eine einfache Übertragung der von *Fama* herausgearbeiteten Bedingungen für die wiederholte Anwendbarkeit des Standard-CAPM[531] auf das Steuer-CAPM nicht möglich. Diesem Problem entgeht man, indem man nach Situationen sucht, in welchen die Dividendenpolitik keinen Einfluss auf die Gleichgewichtsrendite ausübt. Eine derartige Konstellation wurde in Kapitel C.4.2.1 mit Steuersystem 5 $\left(\tau_k = \gamma_k \neq \hat{s}_{ek}, \varsigma_k = \upsilon_k = 1 \,\forall\, k\right)$ vorgestellt.[532] Die dort unterstellte steuerliche Gleichbehandlung von Dividenden und Kursgewinnen entsprechend dem Halbeinkünfteverfahren bildet gegenwärtige deutsche steuerliche Verhältnisse ab, sofern die Spekulationsfrist nicht oder der Freibetrag überschritten wird oder eine (steuerrechtlich) wesentliche Beteiligung vorliegt.[533] Mit dieser Annahme wird die Unterscheidung zwischen sicheren Ergebnisbestandteilen (Dividenden) und unsicheren Kursgewinnen unnötig. Es herrscht m.a.W. Ausschüttungsirrelevanz und die Dividenden dürfen dann unsicher sein. Die in diesem Regime herrschende, aus Kapitel C.4.2.1 bekannte Gleichgewichtsbeziehung (C.4.84)

$$\bar{r}_j = r_f \cdot (1-\Phi) + \beta_j \cdot \left(\bar{r}_M - r_f \cdot (1-\Phi)\right) \qquad \text{(C.4.119)}$$

für die Bruttorendite lässt sich wegen $\Phi = \left(\theta_{\hat{s}_{ek}} - \theta_{\gamma_k}\right) \cdot \left(1-\theta_{\gamma_k}\right)^{-1}$ umformen zur Nettobeziehung[534]

$$\bar{r}_j \cdot \left(1-\theta_{\gamma_k}\right) = r_f \cdot \left(1-\theta_{\hat{s}_{ek}}\right) + \beta_j \cdot \left(\bar{r}_M \cdot \left(1-\theta_{\gamma_k}\right) - r_f \cdot \left(1-\theta_{\hat{s}_{ek}}\right)\right). \qquad \text{(C.4.120)}$$

---

531 Vgl. *Fama* [Uncertainty, 1977]; Kapitel B.3.2.2.

532 Die steuerliche Gleichbehandlung von Dividenden und Wertzuwächsen weist den Vorteil auf, dass sich die Kapitalkosten nach Steuern $\bar{r}'_{j,t}$ berechtigt als Funktion $\bar{r}'_{j,t} = \bar{r}_{j,t} \cdot \left(1-\theta_{\gamma_k,t}\right)$ der Vorsteuerkapitalkosten $\bar{r}_{j,t}$ darstellen lassen. Vgl. *Wilhelm* [Kapitalkosten, 2004], S. 7.

533 Zur Diskussion der nicht unproblematischen Annahme periodisch zu entrichtender Kursgewinnsteuern vgl. Kapitel C.4.2.5.2. Abweichende Prämissen treffen etwa *Wagner/Jonas/Ballwieser/Tschöpel* [Grundsätze, 2004], S. 893; *Stehle* [Risikoprämie, 2004], S. 915; *IDW* [IDW S 1, 2005], Tz. 102.

534 Vgl. zu dieser Darstellung in vereinfachter Form a. *Braun* [Steuern, 2005], S. 249, m.w.N., oder *Dück-Rath* [Unternehmensbewertung, 2005], S. 72, m.w.N. Damit (C.4.120) einer gleichgewichtigen *Netto*rendite entspricht, ist zu unterstellen, dass die in (C.4.120) eingehenden Bruttorenditen auf Grundlage von Preisen definiert sind, die einem Gleichgewicht unter Einfluss von Steuern entspringen. Vgl. *Jonas/Löffler/Wiese* [CAPM, 2004], S. 902-903, und Kapitel C.4.2.5.2.

Über[535]

$$\bar{r}_{j,t}\cdot\left(1-\theta_{\gamma_k,t}\right)=r_{f,t}\cdot\left(1-\theta_{\hat{s}_{ek},t}\right)+\sigma_{jM,t}\cdot\frac{\left(\bar{r}_{M,t}\cdot\left(1-\theta_{\gamma_k,t}\right)-r_{f,t}\cdot\left(1-\theta_{\hat{s}_{ek},t}\right)\right)}{\sigma_{M,t}^2}$$

$$=r_{f,t}\cdot\left(1-\theta_{\hat{s}_{ek},t}\right)+\mathrm{cov}\left(\frac{\tilde{X}_t}{V_{t-1}},\tilde{r}_{M,t}\right)\cdot\frac{\left(\bar{r}_{M,t}\cdot\left(1-\theta_{\gamma_k,t}\right)-r_{f,t}\cdot\left(1-\theta_{\hat{s}_{ek},t}\right)\right)}{\sigma_{M,t}^2} \tag{C.4.121}$$

und die Risikozuschlagsformulierung

$$V_{T-1}=\frac{E_{T-1}\left(\tilde{X}_T\right)\cdot\left(1-\theta_{\gamma_k,T}\right)}{1+r_{f,T}\cdot\left(1-\theta_{\hat{s}_{ek},T}\right)+\mathrm{cov}\left(\frac{\tilde{X}_T}{V_{T-1}},\tilde{r}_{M,T}\right)\cdot\hat{\phi}_T} \tag{C.4.122}$$

gelangt man über Umformungen zu der dem Steuer-CAPM entsprechenden Sicherheitsäquivalentmethode[536]

$$V_{T-1}=\frac{E_{T-1}\left(\tilde{X}_T\right)\cdot\left(1-\theta_{\gamma_k,T}\right)-\hat{\phi}_T\cdot\mathrm{cov}\left(\tilde{X}_T,\tilde{r}_{M,T}\right)}{1+r_{f,T}\cdot\left(1-\theta_{\hat{s}_{ek},T}\right)}. \tag{C.4.123}$$

Dabei bezeichnet $\tilde{X}_t$ den bewertungsrelevanten Überschuss vor persönlichen Steuern, der allein aus Dividenden bestehen soll und daher mit dem durchschnittlichen Dividenden- und Kursgewinnsteuersatz θ_{γ_k} belastet wird. Man erkennt in (C.4.121) die Analogie zu dem in Kapitel B.3.2.2 definierten Marktpreis des Risikos $\phi_t=\left(\bar{r}_{M,t}-r_{f,t}\right)/\sigma_{M,t}^2$, der hier um die Durchschnittssteuersätze $\theta_{\gamma_k,t}$ und $\theta_{\hat{s}_{ek},t}$ zu $\hat{\phi}_t=\left(\bar{r}_{M,t}\cdot\left(1-\theta_{\gamma_k,t}\right)-r_{f,t}\cdot\left(1-\theta_{\hat{s}_{ek},t}\right)\right)/\sigma_{M,t}^2$ erweitert wird.

---

535 Da der β-Wert im Steuer-CAPM von Steuersätzen unbeeinflusst ist, wird auch der in der Kovarianz in (C.4.121) enthaltene Überschuss $\tilde{X}_T$ nicht mit $\left(1-\theta_{\gamma_k,T}\right)$ belastet.

536 Vgl. analog *Brennan* [Valuation, 1970], S. 423-424, allerdings für das in Kapitel C.4.2.1 gekennzeichnete Steuersystem 2. Dass die Wertermittlung in (C.4.122) – wie bereits beim CAPM ohne Steuern – zirkulär ist, wie *Fischer/Hahnenstein/Heitzer* [Ansätze, 1999], S. 1212-1213, *Obermaier* [Zins, 2004], S. 331, und *Obermaier* [Unternehmensbewertung, 2004], S. 2765, bemerken, ist in folgender Hinsicht zutreffend: Sowohl auf der rechten als auch auf der linken Seite der Gleichung findet sich der zu bestimmende Wert V_{T-1}. Ein Zirkularitäts*problem* erwächst hieraus jedoch nicht: Beziehung (C.4.123) zeigt keine Zirkularität, enthält aber nicht mehr Informationen als (C.4.122). Vgl. hierzu in anderem Kontext a. *Husmann/Kruschwitz/Löffler* [Probleme, 2001], S. 278-279.

Über die von *Fama* verwandten Beziehungen[537]

$$\tilde{X}_t = (1+\tilde{\varepsilon}_t)\cdot E_{t-1}(\tilde{X}_t),$$
$$E_t(\tilde{X}_{t+1}) = (1+\tilde{\varepsilon}_t)\cdot E_{t-1}(\tilde{X}_t) \qquad \text{(C.4.124)}$$

wird (C.4.122) zu

$$V_{T-1} = \frac{E_{T-1}(\tilde{X}_T)\cdot(1-\theta_{\gamma_k,T}) - \hat{\phi}_T \cdot \text{cov}\left((1+\tilde{\varepsilon}_T)\cdot E_{T-1}(\tilde{X}_T), \tilde{r}_{M,T}\right)}{1+r_{f,T}\cdot(1-\theta_{\hat{s}_{ek},T})}$$
$$= \frac{E_{T-1}(\tilde{X}_T)\cdot\left[(1-\theta_{\gamma_k,T}) - \hat{\phi}_T \cdot \sigma_{\varepsilon M,T}\right]}{1+r_{f,T}\cdot(1-\theta_{\hat{s}_{ek},T})} \qquad \text{(C.4.125)}$$

mit $\sigma_{\varepsilon M,t} = \text{cov}(\tilde{\varepsilon}_t, \tilde{r}_{M,t})$. Setzt man die Risikozuschlagsmethode (C.4.122) mit der Sicherheitsäquivalentformulierung (C.4.125) gleich, so ergibt sich die Beziehung

$$\frac{\left[1+r_{f,t}(1-\theta_{\hat{s}_{ek},t})\right]\cdot(1-\theta_{\gamma_k,t})}{\left((1-\theta_{\gamma_k,t})-\hat{\phi}_t\sigma_{\varepsilon M,t}\right)} = 1+\bar{r}_{j,t}(1-\theta_{\gamma_k,t}), \qquad \text{(C.4.126)}$$

welche die Überleitung der beiden Methoden erlaubt.[538] Diese Überführung gelingt mit (C.4.126) allerdings nur im Einperiodenkontext. Überträgt man das Steuer-CAPM auf einen mehrperiodigen Planungshorizont, so tritt neben (C.4.126) die Bedingung

$$\frac{\left[1+r_{f,t}(1-\theta_{\hat{s}_{ek},t})\right]}{\left(1-\hat{\phi}_t\sigma_{\varepsilon M,t}\right)} = 1+\bar{r}_{j,t}(1-\theta_{\gamma_k,t}). \qquad \text{(C.4.127)}$$

Während (C.4.126) bei retrograder Gewinnung des Unternehmenswertes nur einmalig – in der letzten Periode im Übergang vom Planungshorizont T auf T-1 – zur Anwendung kommt, ist (C.4.127) für die übrigen Perioden (T-1,..., t = 0) heranzuziehen.

---

[537] Vgl. *Fama* [Uncertainty, 1977], S. 10, sowie Kapitel B.3.2.2 und C.3.2.1.1; a. *Myers/Turnbull* [News, 1977], S. 322-323.

[538] Vgl. analog für den Fall ohne Steuern *Miles/Ezzell* [Note, 1985], S. 1486.

Hintergrund dessen ist, dass die Überschussgröße $E_{t-1}\left(\tilde{X}_t\right)$ nur einmalig mit $\left(1-\theta_{\gamma_k,t}\right)$ belastet werden darf, bei wiederholter Verwendung von (C.4.126) jedoch wiederholt besteuert würde. Die Notwendigkeit, neben (C.4.127) auch einmalig auf (C.4.126) zurückzugreifen, ergibt sich daraus, dass der Steuersatz $\left(1-\theta_{\gamma_k,t}\right)$ auf die Zählergröße gleichsam nachträglich in den Kalkül eingefügt wurde und aus dem CAPM heraus nicht erklärbar ist. Im Steuer-CAPM ist $\tilde{X}_t$ – wie etwa aus dem Kovarianzausdruck in (C.4.121) erkennbar – eine unversteuerte Größe.

Unter Rückgriff auf (C.4.126) und (C.4.127) ergibt sich der Wert aus Perspektive von T-2 mit[539]

$$V_{T-2}=\frac{E_{T-2}\left(\tilde{X}_{T-1}\right)\left(\left(1-\theta_{\gamma_k,T-1}\right)-\hat{\phi}_{T-1}\sigma_{\varepsilon M,T-1}\right)}{\left[1+r_{f,T-1}\left(1-\theta_{\hat{s}_{ek},T-1}\right)\right]}+\frac{E_{T-2}\left(\tilde{X}_T\right)\cdot\left(\left(1-\theta_{\gamma_k,T}\right)-\hat{\phi}_T\sigma_{\varepsilon M,T}\right)\cdot\left(1-\hat{\phi}_{T-1}\sigma_{\varepsilon M,T-1}\right)}{\left[1+r_{f,T-1}\left(1-\theta_{\hat{s}_{ek},T-1}\right)\right]\cdot\left[1+r_{f,T}\left(1-\theta_{\hat{s}_{ek},T}\right)\right]} \tag{C.4.128}$$

$$=\frac{E_{T-2}\left(\tilde{X}_{T-1}\right)\left(1-\theta_{\gamma_k,T-1}\right)}{\left(1+\bar{r}_{j,T-1}\cdot\left(1-\theta_{\gamma_k,T-1}\right)\right)}+\frac{E_{T-2}\left(\tilde{X}_T\right)\left(1-\theta_{\gamma_k,T}\right)}{\left(1+\bar{r}_{j,T-1}\cdot\left(1-\theta_{\gamma_k,T-1}\right)\right)\left(1+\bar{r}_{j,T}\cdot\left(1-\theta_{\gamma_k,T}\right)\right)},$$

wobei $\bar{r}_{j,t}\cdot\left(1-\theta_{\gamma_k,t}\right)$ der Gleichgewichtsrendite des Einperiodenmodells (C.4.121) entspricht. Aus (C.4.128) erkennt man, dass mit periodenspezifischen Durchschnittssteuersätzen θ_{γ_k} gerechnet wird. Dies ergibt sich aus der Übertragung der in den Kapiteln B.3.2.2 und C.3.2.1 für den Fall ohne Steuern diskutierten Modellmechanik einer wiederholten Anwendung des Einperioden-CAPM auf den Fall mit Steuern über die Beziehungen (C.4.126) und (C.4.127). Im Weiteren wird jedoch – wie in praxi und in der Literatur üblich[540] – mit intertemporal nicht veränderlichen (Durchschnitts-)Steuersätzen gerechnet. Da in den Parametern θ_{γ_k} und $\theta_{\hat{s}_{ek}}$ die Risikopräfe-

[539] Zur Ableitung von (C.4.128) vgl. Anhang 3.

[540] Vgl. *Kruschwitz/Löffler* [Fragen, 2004], S. 87. *Hommel/Dehmel/Pauly* [Steueräquivalenz, 2005], S. 18, fordern den Ansatz eines Risikozuschlags für zeitlich veränderliche Steuersätze. Wie dieser bemessen werden soll, bleibt im Dunkeln.

renzen der Investoren enthalten sind, ist hierfür zudem deren Konstanz zu unterstellen. Führt man unter dieser Annahme den in (C.4.128) bis T-2 angedeuteten Bewertungsprozess bis zum Bewertungszeitpunkt t = 0 fort, so erhält man[541]

$$V_0 = \sum_{t=1}^{T} \frac{E_0\left(\tilde{X}_t\right)\cdot\left(1-\theta_{\gamma_k}\right)}{\prod_{\kappa=1}^{t}\left(1+r_{f,\kappa}\cdot\left(1-\theta_{\hat{s}_{ek}}\right)-\hat{\phi}_{\kappa}\cdot\operatorname{cov}\left(\tilde{r}_{j,\kappa},\tilde{r}_{M,\kappa}\right)\right)} \qquad \text{(C.4.129)}$$

mit $\hat{\phi}_{\kappa} = \left(\bar{r}_{M,\kappa}\cdot\left(1-\theta_{\gamma_k}\right)-r_{f,\kappa}\cdot\left(1-\theta_{\hat{s}_{ek}}\right)\right)/\sigma^2_{M,\kappa}$.

Bei der Ableitung von (C.4.129) wurden (teils implizit) Prämissen beachtet. Dies sind zunächst die in Kapitel B.3.2.2 genannten Bedingungen für die wiederholte Anwendung des Standard-CAPM. Darüber hinaus wurde unterstellt, dass Steuersystem 5 vorliegt, welches die Dividendenpolitik irrelevant werden lässt. Die präferenzgewichteten Durchschnittssteuersätze $\theta_{\gamma_k,t}$ und $\theta_{\hat{s}_{ek,t}}$ müssen sich deterministisch entwickeln, damit sich der Kalkül formal ableiten lässt. Aus Vereinfachungsgründen erscheint es indes sinnvoll, ihre Konstanz zu unterstellen.[542]

Festzuhalten ist, dass die Bedingungen für die wiederholte Anwendung des Steuer-CAPM unter der Annahme eines Steuersystems abgeleitet wurden, in welchem die Dividendenpolitik keinen Einfluss auf die Gleichgewichtsrendite der Wertpapiere ausübt. Welche Bedingungen in anderen Steuersystemen, mithin bei Relevanz der Dividendenpolitik herrschen müssten, ist nach wie vor unklar.[543] Ob sich in diesen Fällen derartige Bedingungen finden lassen werden, muss bezweifelt werden: Stochastische Dividendenrenditen werden – wie in Kapitel C.2.2 bereits angesprochen – vermutlich zu vertikaler Diversifikation[544] führen; Gleichgewichtsbeziehungen, die dieses Absicherungsverhalten der Investoren abbilden, dürften eine andere Gestalt aufweisen als das einperiodige Steuer-CAPM. In diesem Fall müsste man sich gänzlich von dem (hier wiederholt angewandten) Einperiodenkalkül lösen und ein originäres Mehrperiodenmodell entwickeln, was theoretisch befriedigender wäre.

Insoweit wurde hier ein Spezialfall betrachtet, der allerdings deutsche Verhältnisse abbildet, sofern von (periodisch) zu versteuernden Kursgewinnen ausgegangen wird. Mit

---

541 Vgl. analog für den Fall ohne Steuern *Fama* [Uncertainty, 1977], S. 14; *Haley/Schall* [Decisions, 1979], S. 201.

542 Diese Annahme trifft auch *Brennan* [Valuation, 1970], S. 423.

543 Dies trifft auch das vom IDW in *IDW* [IDW S 1, 2005], Tz. 102, zugrunde gelegte Steuersystem 3 $\left(\gamma_k = 0 < \tau_k \neq \hat{s}_{ek} < 1 \;\forall\; k\right)$.

544 Vgl. *Wallmeier* [Aktienrenditen, 1997], S. 87.

dieser Annahme setzt man voraus, dass Kursgewinne zeitlich kongruent mit den Unternehmensüberschüssen besteuert werden. Dies entspricht einer (nicht steueroptimierenden) Anlagestrategie mit periodischem Verkauf und Kauf der Wertpapiere. Die in diesem Kapitel angestellten Überlegungen werden in Kapitel C.5 wieder aufgegriffen.

4.2.4 Steueroptions-CAPM

Im bisher untersuchten einperiodigen CAPM war der Realisationszeitpunkt von Kursgewinnen und der Anfall der damit verbundenen Steuerlast auf t = 1 normiert. In der Realität haben die Investoren indes die Option, diesen Zeitpunkt mehr oder weniger frei zu wählen. Derartige (Aufschub-)Optionen haben stets einen positiven Wert.[545] Dieser kann den Akteuren entgehen, wenn sie gezwungen werden, Kursgewinne in bestimmten Zeitpunkten (etwa t = 1) zu vereinnahmen.[546] Um den optimalen Realisationszeitpunkt zu bestimmen, bietet sich der Übergang auf ein mehrperiodiges CAPM an, das mit der Optionspreistheorie verknüpft wird.[547]

Constantinides unterstellt einen unbegrenzten, sofortigen Ausgleich realisierter Kursverluste und Kursgewinne.[548] Unter dieser Annahme lautet die optimale Liquidationspolitik der Investoren, Kursgewinne (-verluste) möglichst spät (sofort) zu vereinnahmen.[549] Das Ergebnis erscheint trivial und deckt sich mit intuitiven Steuerstundungs- oder -vermeidungsstrategien im deutschen Steuersystem.[550] Interessant ist jedoch, dass diese Strategie auch dann optimal bleibt, wenn ein Akteur nicht alleine nach steuerlichen Gesichtspunkten entscheidet, sondern sein Portfolio etwa für Spekulationszwecke – zu (steuerlich) suboptimalen Liquidationszeitpunkten – umschichtet.[551] Diese Botschaft trägt auch das von *Constantinides* abgeleitete Steuer-CAPM in sich: Es ist strukturgleich zum Standard-CAPM mit risikoloser Anlage (B.3.27), enthält jedoch zusätzlich ein „tax premium". Letzteres drückt aus, dass die geforderte Vorsteuerrendi-

---

545 Vgl. *Constantinides* [Equilibrium, 1983], S. 622-623; *Lewellen/Mauer* [Options, 1988], S. 388.

546 Vgl. *Constantinides* [Equilibrium, 1983], S. 611-612.

547 Vgl. *Constantinides* [Equilibrium, 1983], S. 612. Zum herangezogenen intertemporalen CAPM vgl. *Merton* [Model, 1973], zur Optionspreistheorie grundlegend *Black/Scholes* [Pricing, 1973].

548 Vgl. *Constantinides* [Equilibrium, 1983], S. 613-614. *Stiglitz* [Aspects, 1983], S. 268-269, zeigt Strategien auf, mit denen die Auswirkungen eines beschränkten Verlustausgleichs vermieden werden können.

549 Vgl. *Constantinides/Scholes* [Liquidation, 1980], S. 447; *Constantinides* [Equilibrium, 1983], S. 617; *Constantinides* [Trading, 1984], S. 68; *Stiglitz* [Aspects, 1983], S. 262-264.

550 Vgl. Kapitel C.4.2.5.2.

551 Vgl. *Constantinides* [Equilibrium, 1983], S. 615 und S. 626-627. Allerdings geht dieses komfortable Ergebnis verloren, wenn etwa Leerverkäufe mit erheblichen Transaktionskosten verbunden sind. Vgl. *Dammon/Spatt/Zhang* [Taxes, 2001], S. 592-601.

te c.p. umso höher ist, je öfter die Investoren zu (unfreiwilligen) Realisationen von Kursgewinnen gezwungen werden.[552]

An diesen grundlegenden Einsichten ändert sich wenig, wenn langfristige Kursgewinne einem niedrigeren Steuersatz unterliegen als kurzfristige. Allerdings sind dann differenziertere Kaufs- und Verkaufsstrategien als die angesprochenen optimal.[553] Derartige Verfeinerungen sind für das deutsche Steuersystem von untergeordneter Bedeutung, da Kursgewinne ab einer Halteperiode von einem Jahr gar nicht besteuert werden.[554]

Die Ansätze zeigen, dass ein Übergang auf einen mehrperiodigen Planungshorizont nötig ist, wenn man die Auswirkungen von Kursgewinnsteuern zutreffend abbilden will. Dadurch wird das Optimierungsverhalten der Akteure besser als in den Einperiodenkalkülen aus den Kapiteln C.4.2.1 und C.4.2.2 verarbeitet. Auf der Suche nach der im Vergleich zum Unternehmenskauf bestmöglichen Alternativrendite ist dies wünschenswert. Dennoch ist der praktische Nutzen des Steueroptions-CAPM begrenzt: So müssen für die Entscheidung, welche Option wahrzunehmen ist, Informationsstände künftiger Perioden – etwa *realisierte* Wertpapierpreise – bekannt sein. Diese Voraussetzung ist nicht erfüllbar, da Unternehmen unter dem Informationsstand in $t = 0$ zu bewerten sind.

4.2.5 Würdigung

4.2.5.1 Existenz der Gleichgewichte

Die Gleichgewichte der Kapitel C.4.2.1 und C.4.2.2 lassen sich formal ohne weiteres ableiten. Wie beim Standard-CAPM ist indes unklar, ob solche Gleichgewichte existieren.[555] Hintergrund dessen sind Möglichkeiten zur „Steuer-Arbitrage", die sich bei differenzierter Besteuerung und Investoren, die sich in verschiedenen Steuerklassen befinden, ergeben können:[556] Kann man die Überschussverteilung eines Wertpapiers h durch ein Portfolio anderer Wertpapiere $\underline{x}(h)$ replizieren, so ist Arbitragefreiheit ge-

---

552 Vgl. *Constantinides* [Equilibrium, 1983], S. 633-635.

553 Vgl. *Constantinides* [Trading, 1984], S. 69 und S. 85-88, der seine Ergebnisse aus einem Binomialprozess der Wertpapierpreise ableitet. Vgl. in allgemeinerem Kontext *Dammon/Dunn/Spatt* [Options, 1989], S. 347-370; ferner *Bossaerts/Dammon* [Restrictions, 1994], S. 1349. *Dammon/Spatt* [Trading, 1996], S. 925-934, verweisen darauf, dass der Wert der Aufschuboption umso höher ist, je mehr man sich zeitlich dem Ende der Spekulationsfrist nähert.

554 Vgl. zu den Voraussetzungen Fn. 307. Insoweit reichen die einfachen Strategien von *Constantinides* [Equilibrium, 1983] aus.

555 Vgl. Kapitel B.3.2.3.

556 Vgl. *Schaefer* [Taxes, 1982], S. 160; *Dammon/Green* [Arbitrage, 1987], S. 1143-1144; *Ross* [Martingales, 1987], S. 374-375.

geben, sofern beide Positionen identische Preise haben. Liegen Steuern vor, so liegt das Problem darin, dass h für verschiedene Steuerklassen unterschiedliche Replikationsportfolios mit abweichenden Preisen aufweisen kann.[557] Dieser Umstand eröffnet Arbitragegelegenheiten.

Auswege hieraus liegen 1) in der geeigneten Gestaltung des Steuersystems.[558] Dies wird hier nicht vertieft, da ein gegebenes Steuersystem vorausgesetzt wird. Bei proportionaler Besteuerung kann 2) angenommen werden, dass sämtliche Investoren über den gleichen Grenzsteuersatz verfügen.[559] Progressive Steuersätze schränken Arbitragemöglichkeiten ein. Es lässt sich zeigen, dass ein Gleichgewicht existiert, wenn es *irgendeine* Kombination der investorenspezifischen Steuersätze gibt, in der Arbitrage nicht möglich ist.[560] Ein Gleichgewicht kann 3) durch die Einführung von Friktionen wie Leerverkaufs- oder Verschuldungsbeschränkungen erzeugt werden.[561] Derartige Restriktionen eliminieren Preisunterschiede zwischen h und $\underline{x}(h)$ zwar nicht, verhindern jedoch ihre gewinnbringende Ausnutzung.

---

557 Vgl. *Schaefer* [Taxes, 1982], S. 160; *Wilhelm* [Kapitalkosten, 2004], S. 19. Dies kann auch dann der Fall sein, wenn bei Ausblendung von Steuern Arbitragefreiheit vorliegt. Bedingungen, unter welchen Arbitragefreiheit auf einem Markt mit Steuern herrscht, wenn dies auch auf einem Markt ohne Steuern der Fall ist, leiten *Löffler/Schneider* [Martingales, 2003], S. 4-15, ab. Vgl. ferner Fn. 394.

558 Vgl. *Schaefer* [Taxes, 1982], S. 165-166.

559 Dies ist etwa der Fall, wenn sämtliche Investoren über das gleiche zu versteuernde Einkommen verfügen. Vgl. *Schaefer* [Taxes, 1982], S. 168-171; *Dammon/Green* [Arbitrage, 1987], S. 1155. *Basak/Croitoru* [Prices, 2001], S. 365-367, zeigen in mehrperiodigem Kontext und bei progressiver Besteuerung, unter welchen Bedingungen ein Gleichgewicht auch bei heterogenen Steuersätzen der Akteure existieren kann.

560 Vgl. *Dammon/Green* [Arbitrage, 1987], S. 1156-1158. Arbitrage ist demnach nur möglich, wenn die Arbitragegelegenheit bei *jeder möglichen* Kombination der Grenzsteuersätze der Investoren besteht.

561 Vgl. *Schaefer* [Taxes, 1982], S. 171-176; *Auerbach/King* [Choice, 1983], S. 589-595. Denkbar ist somit, dass durch geeignete Wahl der Kapitalaufnahmebeschränkungen aus Kapitel C.4.2.2.2 die Existenz eines Gleichgewichts gesichert werden kann. Vgl. a. *Ashton* [Imputation, 1989], S. 79. Entsprechendes gilt für das Steuerklientel-Modell (C.4.106) aus Kapitel C.4.2.2.3, wobei Leerverkäufe jedoch nicht vollkommen verboten sein müssen. Vgl. *Talmor* [Arbitrage, 1989], S. 832-837. *Dammon/Green* [Arbitrage, 1987], *Dammon* [Equilibrium, 1988], S. 58-60, und *Jones/Milne* [Arbitrage, 1992], S. 191-194, zeigen, allerdings in allgemeinerem als im CAPM-Kontext, dass derartige Marktunvollkommenheiten für die Existenz des Gleichgewichts nicht notwendig sein müssen.

4.2.5.2 Verwendbarkeit des Steuer-CAPM für die Unternehmensbewertung

Im Folgenden wird untersucht, in welcher Hinsicht das Steuer-CAPM für die Unternehmensbewertung verwendbar ist.[562] Dabei wird auch geprüft, inwieweit sich das Vorgehen von Teilen der Literatur, Nettoüberschüsse mit der durch das Steuer-CAPM erzeugten Alternativrendite zu diskontieren, rechtfertigen lässt. Vorausgesetzt ist Einigkeit darüber, dass Nettoüberschüsse mit Nettorenditen zu diskontieren sind.

Vor diesem Hintergrund ist zunächst festzustellen, dass die aus den Gleichgewichtsbeziehungen der Kapitel C.4.2.1 und C.4.2.2 resultierende risikoadjustierte Alternativrendite $\bar{r}_j$ eine Rendite *vor Steuern* ist.[563] Sie besagt, dass die Akteure eine andere Risikoprämie *vor* Steuern verlangen, wenn differenzierte Besteuerung der betrachteten Einkunftsarten vorliegt, als wenn dies nicht der Fall ist. Ob diese Bruttorendite mit der Annahme differenzierter Steuern höher oder niedriger ist als die sich ohne diese Annahme aus dem Standard-CAPM ergebende Bruttorendite, ist abhängig vom komplexen Zusammenspiel der Parameter Φ, Ψ, Υ, Γ sowie vom β-Wert und dem Verhältnis der Dividendenrenditen des betrachteten Wertpapiers und des Marktportfolios. Konstellationen, in denen differenzierte Steuern eine nach dem Standard-CAPM gegebene Bruttorendite senken, sind ebenso denkbar wie der umgekehrte Fall.[564] Es handelt sich bei $\bar{r}_j$ gemäß (C.4.81) bis (C.4.84), (C.4.94) und (C.4.106) somit nicht um eine *Netto*rendite, sondern um eine um die Annahme der Existenz differenzierter Steuern adjustierte *Brutto*rendite.[565] Hintergrund dessen ist, dass die Preise p_j^0, $\tilde{\pi}_j$ und q, auf deren Grundlage die Dividenden- und Kursrendite sowie die Rendite der risikolosen Anlagemöglichkeit bestimmt werden, aus einer Welt stammen, in welcher keine Steuern existieren.

Mit Blick auf die Unternehmensbewertung stellt sich nun das Problem, dass Nettoüberschüsse nicht mit (gegebenenfalls adjustierten) Renditen *vor*, sondern mit solchen *nach* Steuern zu diskontieren sind. Letztere liefert das Steuer-CAPM in der oben diskutierten Form jedoch nicht. Dies zeigt sich, wenn man unterstellt, dass Zinsen, Kursgewinne und Dividenden einem für alle Anleger einheitlichen Steuersatz s unterliegen.

---

[562] Die folgenden Ausführungen basieren in Teilen auf *Wiese* [Unternehmensbewertung, 2004], S. 12-19.

[563] Vgl. *Brennan* [Valuation, 1970], S. 422-423; a. *Jensen* [Markets, 1972], S. 382. $\bar{r}_j$ ist definiert als $\bar{r}_j = (\bar{\pi}_j + D_j - p_j^0) \cdot (p_j^0)^{-1}$.

[564] Vgl. Kapitel C.4.2.5.3

[565] Dies zeigt sich auch an den Überlegungen von *Brennan* [Valuation, 1970], S. 423-424, der mit Hilfe des Steuer-CAPM Marktwerte *vor* persönlichen Steuern ermittelt.

In diesem Fall folgt aus Modell (C.4.81) die Bruttorendite aus dem Vorsteuer-CAPM (B.3.27):[566]

$$\bar{r}_j = r_f + (\bar{r}_M - r_f) \cdot \beta_j . \tag{C.4.130}$$

Unbestreitbar ist jedoch, dass den Investoren auch bei einheitlicher Besteuerung nicht die Vorsteuerrendite (C.4.130), sondern eine um Steuern verminderte Rendite zufließen muss. Wenn das Steuer-CAPM in der bisher diskutierten Form jedoch Brutto- und keine Nettorenditen erzeugt, so ist offen, wie man zu letzteren gelangen kann.

Die Literatur beschreitet hierzu teils den Weg, den aus dem Standard-CAPM (C.4.130) gewonnenen risikoadjustierten Bruttozinssatz um einen einheitlichen Steuersatz s zu kürzen, womit sich die erwartete Nachsteuerrendite $\bar{r}_j'$ als

$$\bar{r}_j' = \left[r_f + \beta_j \cdot (\bar{r}_M - r_f) \right] \cdot (1 - s) \tag{C.4.131}$$

ergibt.[567] Dies ist jedoch nur unter engen Annahmen möglich, die gewährleisten, dass die Renditeforderung vor Steuern (C.4.130) nicht durch die Einführung der Besteuerung verändert wird, da man sonst zu den in den Kapiteln C.4.2.1 und C.4.2.2 abgeleiteten Versionen des Steuer-CAPM überzugehen hätte.[568] Bedingungen dafür sind[569]

1) die bereits diskutierte Besteuerung von Zinsen, Kursgewinnen und Dividenden mit dem gleichen Satz s $(0 \leq \gamma_k = \tau_k = \hat{s}_{ek} := s < 1 \; \forall \, k)$[570] oder

---

[566] Wie sich leicht nachvollziehen lässt, hat $0 < \gamma_k = \tau_k = \hat{s}_{ek} := s < 1 \; \forall \, k$ zur Folge, dass $\theta_{\gamma_k} = \theta_{\tau_k} = \theta_{\hat{s}_{ek}} := \theta_s$ und somit $\Phi = \Psi = 0$ ist. Damit ergibt sich das Vorsteuer-CAPM. Dies ist konsistent mit den Ergebnissen von *Miller/Modigliani* [Policy, 1961], S. 412-415, die auf „perfekten Kapitalmärkten" und gleicher Besteuerung von Dividenden und Kursgewinnen die Irrelevanz der Dividendenpolitik nachweisen.

[567] Vgl. die in Fn. 388 genannten Autoren.

[568] Vgl. *Sureth/König* [Steuern, 2000], S. 84.

[569] Der Katalog ist nicht abschließend. Es existieren weitere realitätsferne Parameterkonstellationen, die (C.4.130) bei Existenz von differenzierten Steuern erzeugen. Unterstellt wird, dass keine Steuerfreigrenzen vorliegen $(\upsilon_k = \varsigma_k = 0 \; \forall \, k)$. Betont sei, dass die im Folgenden diskutierten Anforderungen 1) bis 5) allein auf die Irrelevanz der Besteuerung für den (Brutto-)Zinssatz, nicht aber für den Unternehmenswert gerichtet sind. Letztere lässt sich etwa erzielen, wenn der ökonomische Gewinn als Bemessungsgrundlage dient und ein Einheitssteuersatz vorliegt. Vgl. *Samuelson* [Valuations, 1964], S. 605; a. *Richter* [Valuation, 2004], S. 30-31. Daneben lässt sich Steuerneutralität erreichen, indem man das Steuersystem durch Wahl geeigneter Bemessungsgrundlagen oder Abschreibungsmuster gestaltet. Vgl. *König* [Wurzel, 1997] für konstante und *Löffler* [Steuersysteme, 1999] für intertemporal veränderliche Steuersätze.

[570] Für Beziehung (C.4.83) muss für Bedingung 1) wegen $\gamma_k = 0$ der (triviale) Spezialfall s = 0 gelten.

2) das Vorliegen von Steuersystem 2, wobei zusätzlich die Dividendenrenditen des Wertpapiers und des Marktportfolios dem risikolosen Zins entsprechen müssen $(\delta_j = \delta_M = r_f)$ oder
3) die Erfüllung der äußerst spezifischen linearen Beziehungen (C.4.28) oder (C.4.49) zwischen der Kurs- und der Dividendenrendite sämtlicher Wertpapierportfolios, die in den Kapiteln C.4.1.3 und C.4.1.4 abgeleitet wurden.

In diesen Spezialfällen stellt das Standard-CAPM (C.4.130) auch in einer Welt mit differenzierten Steuern die korrekte Bruttorendite dar und man kann wie in (C.4.131) rechnen. In Fall 2) bleibt die Vorsteuerrendite (C.4.130) – ebenso wie bei Bedingung 3) – trotz differenzierter Besteuerung erhalten. Die zu erfüllende Anforderung $(\delta_j = \delta_M = r_f)$ erscheint indes sehr restriktiv. Den Bedingungen 1) und 2) ist gemeinsam, dass sie am deutschen Steuersystem scheitern.

Für das deutsche Regime (Steuersysteme 3 und 5) konnte hier keine Bedingung gefunden werden, die sicherstellt, dass unter differenzierten Steuern (C.4.130) resultiert, und die zugleich als näherungsweise erfüllt angesehen werden könnte. Folgende Beispiele mögen dies verdeutlichen:

4) Unterstellt man Steuersystem 3, so lässt sich (C.4.130) etwa dann aus (C.4.81) gewinnen, wenn $\beta_j = 1$ und $\delta_M = \delta_j$ ist und $\Phi = \theta_{\hat{s}_{ek}} = \Delta \sum_{k=1}^{K} t_k \hat{s}_{ek}$ gegen 0 läuft. Letzteres resultiert nur, wenn $\hat{s}_{ek}$ bei allen Investoren gegen 0 geht, mithin Zinsen nicht versteuert werden.
5) Liegt Steuersystem 5 vor, so folgt (C.4.130) dann aus (C.4.84), wenn Bedingung 1) erfüllt ist.

Während man in den Fällen 1) und 5) problemlos mit dem (annahmegemäß herrschenden) Einheitssteuersatz s rechnen kann, muss das s aus (C.4.131) in den Fällen 2) bis 4) einem Durchschnitt aus unterschiedlichen Steuersätzen für die verschiedenen Einkunftsarten entsprechen. Um diesen Durchschnittssteuersatz bestimmen zu können, bräuchte man jedoch die Wertpapierrendite nach Steuern im Gleichgewicht und müsste damit bereits das gesuchte Ergebnis kennen.

Wenn im Regelfall die engen Bedingungen 1) bis 5) nicht erfüllt sind, liefert das Standard-CAPM (C.4.130) nicht die korrekte Bruttorendite. Vielmehr sind steueradjustierte *Vorsteuer*renditen gemäß (C.4.81) bis (C.4.84), (C.4.94) oder (C.4.106) zu verwenden und in gleichgewichtige *Nachsteuer*renditen zu transformieren. Wie letzteres gelingt, ist bislang nicht abschließend geklärt. Um dies zu zeigen, wird (C.4.82) etwas anders dargestellt:[571]

$$\bar{r}_j = r_f + \beta_j \cdot \left(\bar{r}_M - r_f \cdot (1-\Phi) - \Phi \cdot \delta_M\right) + \Phi \cdot \left(\delta_j - r_f\right),$$

$$\bar{r}_j = r_f + z_b^{adj.}. \qquad \text{(C.4.132)}$$

Da es sich bei $\bar{r}_j$ um eine Bruttorendite handelt, müssen auf der rechten Seite von (C.4.132) sämtliche Terme außer r_f einer Prämie $z_b^{adj.}$ entsprechen, die nicht nur durch das systematische Risiko, sondern auch durch die steuerliche Ungleichbehandlung der Einkunftsarten geprägt ist. Der Index b drückt aus, dass es sich bei $z_b^{adj.}$ um einen (steueradjustierten) *Brutto*zuschlag handelt. Um zu einer Nachsteuerrendite $\bar{r}_j'$ zu gelangen, mit der Nettoerträge diskontiert werden dürften, wäre

$$\bar{r}_j' = r_{f,n} + z_n^{adj.} \qquad \text{(C.4.133)}$$

zu rechnen, wobei n Nettogrößen indiziert. Wie man von (C.4.132) zu (C.4.133) – insbesondere von $z_b^{adj.}$ zu $z_n^{adj.}$ – gelangen kann und welche Probleme sich dabei ergeben, soll im Folgenden diskutiert werden.

Ollmann/Richter schlagen vor, die Steuerlast auf die Dividende $\tau \cdot \delta_j$ in (C.4.132) von $\bar{r}_j$ abzuziehen, womit $\bar{r}_j'$ resultiere.[572] Durch diese Operation wird jedoch der Bruttozuschlag $z_b^{adj.}$ aus folgenden Gründen nicht zum Nettozuschlag $z_n^{adj.}$:

1) Betrachtet man (C.4.132), so würden *Ollmann/Richter* nicht $\tau \cdot \delta_j$, sondern den Term $\Phi \cdot \delta_j$ von $\bar{r}_j$ zu subtrahieren haben. Bei Φ handelt es sich jedoch nicht – wie bei τ – um einen Steuer*satz*, sondern um einen Steuer*korrekturfaktor*. Dies zeigt sich, wenn man Zins- und Dividendeneinkünfte steuerlich gleich behandelt, zusätzlich jedoch Kursgewinnsteuern einbezieht. Als Gleichgewichtsbeziehung resultiert dann das *Brennan*-Modell (C.4.132). Würde man *Ollmann/Richter* folgen und $\Phi \cdot \delta_j$ auf der rechten Seite von (C.4.132) subtrahieren, so hätte man damit nicht nur die Steuerlast auf Dividenden subtrahiert, sondern mit dem Term Φ zusätzlich

---

[571] Die folgenden Ausführungen gelten analog für die anderen Versionen des Modells.

[572] Vgl. *Ollmann/Richter* [Perspektive, 1999], S. 17. Die Autoren gehen vom Anrechnungsverfahren aus, vernachlässigen Kursgewinnsteuern und belasten Zinseinkünfte und Dividenden mit einem für alle Anleger einheitlichen Satz τ.

auch die in θ_{γ_k} enthaltenen Kursgewinnsteuern. Φ ist somit nicht als Dividendensteuersatz interpretierbar, sondern als Adjustierungsfaktor, der dazu dient, *Brutto*renditen aus einer Welt *ohne* Steuern in *Brutto*renditen in einer Welt *mit* Steuern zu transformieren.

2) Da das *Brennan*-Modell (C.4.132) Kursgewinnsteuern erfasst, müsste man konsequenterweise auch die korrespondierende Steuerlast auf die erwartete wertpapierspezifische Kursrendite $\overline{\rho}_j$ von $\overline{r}_j$ absetzen.[573] Auch wäre die Bruttorendite des Marktportfolios $\overline{r}_M$ um die Steuerlast auf Kursgewinne zu vermindern.[574] Da schließlich der gesamte Term $\beta_j \cdot \left(\overline{r}_M - \Phi \cdot \delta_M - r_f \cdot (1-\Phi)\right) + \Phi \cdot \left(\delta_j - r_f\right)$ als um Steuereinflüsse adjustierter, aber unversteuerter Bruttozuschlag $z_b^{adj.}$ auf r_f aufzufassen ist, ist r_f in (C.4.132) keine Nettogröße, sondern vielmehr um Steuern zu vermindern. Derartige Steuerlasten sind in den Marktgleichgewichten der Kapitel C.4.2.1 oder C.4.2.2 jedoch nicht enthalten. Wie man sie in den Kalkül einfügen kann, ist aus der Ableitung des Steuer-CAPM in der bisher diskutierten Form nicht zu erklären.

Verwendet man somit die vom Steuer-CAPM in der *Brennan*schen Prägung erzeugten steueradjustierten Bruttorenditen zur Diskontierung von *Netto*erträgen, so werden diese mit einer *Vorsteuer*rendite abgezinst. Theoretisch begründbare Nettorenditen $\overline{r}_j'$ erhält man aus (C.4.131) nur unter den oben genannten engen Bedingungen. Im Kontext differenzierter Steuern steht man dann jedoch vor dem Problem, den Mischsteuersatz s nicht bestimmen zu können, ohne die korrekte gleichgewichtige Nettorendite zu kennen.

Die Literatur geht daher einen anderen Weg und versucht, differenzierte Steuern im CAPM anzusetzen, um auf diese Weise Nettorenditen zu erzeugen. Dies geschieht in der Form, dass das Standard-CAPM gleichsam „nachträglich" um (u.U. marktdurchschnittliche) differenzierte Steuersätze ergänzt wird[575], wobei teils $\overline{r}_M$ und $\overline{r}_j$ in eine Dividenden- und eine Kursrendite aufgespalten werden. Vernachlässigt wird damit die Tatsache, dass die Investoren bei Vorliegen (u.U. differenzierter) Steuern ihr Nettovermögen maximieren und als Ergebnis dieses Optimierungsprozesses eine andere Bruttorendite verlangen als bei Ausblendung von Steuern. Bei diesem Vorgehen wird

---

573 Schließlich ist $\overline{r}_j$ definiert als $\overline{r}_j = \overline{\rho}_j + \delta_j$.

574 Investiert ein Akteur – entsprechend dem CAPM – sein Budget in die risikolose Anlage sowie in das Marktportfolio, so hat er Einkünfte aus letzterem zu versteuern.

575 Vgl. etwa *Schmidbauer* [Kapitalisierungszinssatz, 2002], S. 1256.

häufig Bezug auf die Gedanken *Brennans*, mithin auf die hier abgeleiteten Gleichgewichtsbeziehungen, genommen. Dabei werden die Anpassungsterme Φ und Ψ, die der Gewinnung einer steueradjustierten *Brutto*rendite dienen, unzulässigerweise mit Steuer*sätzen* gleichgesetzt[576], was zu einer Nettorendite $\bar{r}_j'$ führen soll. Betrachtet man (C.4.81) und interpretiert die Steuersätze $\tau, \hat{s}_e$ und γ als Durchschnittssteuersätze der Investoren, so ergäbe sich nach diesem Vorgehen im System mit drei differenzierten Steuersätzen[577]

$$\bar{r}_j = r_f \cdot (1-\hat{s}_e) + \beta_j \cdot (\bar{r}_M - r_f \cdot (1-\hat{s}_e) - \delta_M \cdot \tau) + \tau \cdot \delta_j, \qquad \text{(C.4.134)}$$

$$(\bar{r}_j') = \bar{r}_j - \tau \cdot \delta_j = r_f \cdot (1-\hat{s}_e) + \beta_j \cdot (\bar{r}_M - r_f \cdot (1-\hat{s}_e) - \delta_M \cdot \tau). \qquad \text{(C.4.135)}$$

Dieses Vorgehen führt nicht zum Ziel:[578] Dadurch, dass die Steuerlast auf die Dividendenrendite $\tau \cdot \delta_j$ von der Bruttorendite (C.4.134) abgesetzt wird, wird keine Nettorendite gewonnen. Dass die Anpassungsparameter Φ und Ψ nicht als Steuersätze interpretiert werden dürfen, zeigt sich am Term $r_f \cdot (1-\Phi)$ aus (C.4.81), der hier durch $r_f \cdot (1-\hat{s}_e)$ ersetzt wurde. Während $\hat{s}_e > 0$ ein Steuersatz ist, der den Bruttozins jedenfalls senkt, ist $\Phi = (\theta_{\hat{s}_{ek}} - \theta_{\gamma_k}) \cdot (1-\theta_{\gamma_k})^{-1}$ ein Korrekturfaktor zur Umwandlung des (Brutto-)Standard-CAPM in ein Brutto-CAPM unter dem Einfluss differenzierter Steuern. Das Vorzeichen von Φ kann – abhängig vom Verhältnis der in den Parameter einfließenden Steuersätze $\hat{s}_e$ und γ – auch negativ sein, so dass sich nach Steuern ein *höherer* Zinssatz ergäbe. Dies erklärt sich daraus, dass der gesamte Term $r_f \cdot (1-\Phi)$ noch immer ein *Brutto*zinssatz ist, der mit dem *Netto*zins $r_f \cdot (1-\hat{s}_e)$ nichts gemeinsam hat.

Bei (C.4.134) handelt es sich somit nicht um ein analytisch ableitbares CAPM, das Nettorenditen erzeugt, sondern um ein pragmatisch um Steuersätze angereichertes

---

[576] Bedingungen, unter denen diese Gleichsetzung erlaubt ist, werden in Kapitel C.4.2.5.3 diskutiert.

[577] Vgl. mit analogem Vorgehen *Drukarczyk/Richter* [Finanzentscheidungen, 1995], S. 562; *Richter* [Finanzierungsprämissen, 1996], S. 1081; *Richter* [Unternehmensbewertung, 2002], S. 335; *Richter* [Einkommensteuer, 2003], S. 323; *Richter* [Valuation, 2004], S. 29; *Schüler* [Eigentümerorientierung, 1998], S. 175; *Ollmann/Richter* [Perspektive, 1999], S. 167; *Drukarczyk/Schüler* [Kapitalkosten, 2003], S. 339; *Schwetzler/Piehler* [Besteuerung, 2004], S. 14; *Breid* [Erfolgspotentialrechnung, 1994], S. 191; *Dinstuhl* [Unternehmensbewertung, 2003], S. 69; *Dinstuhl* [Halbeinkünfteverfahren, 2002], S. 84; *Löffler* [CAPM, 1998], S. 422; *Kruschwitz* [Finanzierung, 2004], S. 218-220. Diese Autoren vernachlässigen Kursgewinnsteuern.

[578] Bei $\bar{r}_j'$ in (C.4.135) handelt es sich folglich nicht um eine Nettorendite. $\bar{r}_j'$ steht daher in Klammern.

Standard-CAPM. Nun wurde oben aber gezeigt, dass das Standard-CAPM im Umfeld differenzierter Besteuerung im Allgemeinen nicht die richtige Bruttorendite liefert und somit nicht in der beschriebenen Form um differenzierte Steuern ergänzt werden darf. Ein theoretisch fundiertes Vorgehen setzte vielmehr voraus, dass die Bruttogleichungen (C.4.81) bis (C.4.84), (C.4.94) oder (C.4.106) verwendet und um Steuern vermindert werden, um gleichgewichtige Nettorenditen zu erhalten. Dies gelingt nicht, indem man Φ und Ψ durch Steuersätze ersetzt.

Auch der denkbare Ausweg, die Gleichgewichtsrendite des Steuer-CAPM mit einem für alle Anleger und Einkunftsquellen einheitlichen Steuersatz s zu belegen, führt nicht weiter: Legt man etwa (C.4.132) zugrunde, so wäre

$$\bar{r}_j \cdot (1-s) = \left(r_f + \beta_j \cdot \left(\bar{r}_M - r_f \cdot (1-\Phi) - \Phi \cdot \delta_M\right) + \Phi \cdot \delta_j - \Phi \cdot r_f\right) \cdot (1-s)$$

$$\bar{r}_j \cdot (1-s) = \left(r_f + z_b^{adj.}\right) \cdot (1-s) \qquad \text{(C.4.136)}$$

zu rechnen. Der Vorschlag (C.4.136) impliziert indes einen logischen Bruch: Die Unbekannte in (C.4.136) ist s. Läge einerseits tatsächlich ein Steuersystem vor, in dem sämtliche Einkunftsarten mit s besteuert würden, so dürfte man nicht auf das Steuer-CAPM zurückgreifen, sondern hätte direkt gemäß (C.4.131) zu verfahren, da dann das Standard-CAPM die korrekte Bruttorendite erzeugen würde. Andererseits entspricht die Größe s im Kontext differenzierter Steuern einem mit den Anteilen der Renditen der unterschiedlichen Einkunftsarten an der Gesamtrendite gewogenen Durchschnitt der differenzierten Sätze. Um ihn gewinnen zu können, müsste man die mit den einzelnen Einkunftsarten verbundenen Steuerlasten kennen und mitteln. Hierzu sind Steuern jedoch differenziert anzusetzen.

Die bisher diskutierten Versuche, Nettorenditen zu begründen, konnten nicht überzeugen. Ihnen gemeinsam ist der Versuch, die Brücke zwischen dem Standard-CAPM zu einem Kapitalmarktmodell zu schlagen, das gleichgewichtige Nettorenditen erzeugt. Dieser Weg führt entweder – mit Blick auf Gleichung (C.4.131) – über äußerst enge Bedingungen oder über die anhand der Beziehungen (C.4.132) und (C.4.135) erläuterten Fehlinterpretationen des Steuer-CAPM im *Brennan*schen Sinne. Diesen Ansätzen ist der Versuch gemeinsam, in *einem* Schritt gleichgewichtige Nettorenditen zu gewinnen. Analytisch sind – ausgehend vom Standard-CAPM – indes *zwei* Schritte von Nöten: Erstens ist der Übergang von dem in einer Welt ohne Steuern gewonnenen Standard-CAPM (B.3.27) zu einem unter der Annahme von differenzierten Steuern konzipierten Modell (C.4.81) zu leisten. Zweitens wäre diese unter der Existenz von

Steuern gewonnene Bruttorendite (C.4.81) für Zwecke der Unternehmensbewertung in gleichgewichtige Nettorenditen überzuleiten.

Man kann nun annehmen, dass der erste Schritt bereits abgeschlossen ist, und direkt von Preisen ausgehen, die in einem Gleichgewicht mit Steuern herrschen. Hierzu ist – abweichend von den Annahmen *Brennans* – zu unterstellen, dass es sich bei den Preisen p_j^0 und $\tilde{\pi}_j$ sowie der Dividende D_j um Größen handelt, die sich unter Einfluss differenzierter Steuern gebildet haben. Auf Grundlage dieser Preise werden Bruttorenditen formuliert. Diese Renditen sind von Steuern beeinflusst, nicht aber um solche vermindert.[579] Darauf aufbauend lassen sich gleichgewichtige Nettorenditen gewinnen.[580] Über die formal gleichen Ableitungsschritte wie in Kapitel C.4.2.1 ergeben sich strukturell zu den Gleichungen (C.4.81) bis (C.4.84), (C.4.94) oder (C.4.106) identische Gleichgewichtsbeziehungen.[581] Der einzige Unterschied zum Steuer-CAPM in der *Brennan*schen Prägung liegt darin, dass die in Kapitel C.4.2.1 definierten Preise und Dividenden nicht einer (fiktiven) Welt ohne, sondern einer solchen mit differenzierten persönlichen Steuern entspringen. Der β_j-Wert ist dann zwar noch immer strukturell gleich definiert wie im Standard-CAPM. Er nimmt jedoch numerisch eine andere Höhe an als das β_j aus dem Standard-CAPM, da dieses auf Preisen und Renditen basiert, die von Steuern gänzlich unbeeinflusst sind. Unterstellt man, dass Kursgewinne unversteuert bleiben, so folgt als gleichgewichtige Nettorendite[582]

$$\bar{r}_j' = \bar{r}_j - \delta_j \cdot \theta_{\tau_k} = r_f \cdot \left(1 - \theta_{\hat{s}_{ek}}\right) + \beta_j \cdot \left(\bar{r}_M - \delta_M \cdot \theta_{\tau_k} - r_f \cdot \left(1 - \theta_{\hat{s}_{ek}}\right)\right). \qquad \text{(C.4.137)}$$

Gegenüber den in den Kapiteln C.4.2.1 und C.4.2.2 diskutierten Gleichgewichten ist zu beachten, dass die Bruttorenditen r_f, δ_j, δ_M und $\bar{r}_M$ sowie β_j von Steuern beeinflusst, nicht aber um solche vermindert sind.

Der Vorzug dieses Ansatzes liegt in seiner empirischen Umsetzbarkeit:[583] An realen Märkten beobachtbar sind nicht etwa – wie im Standard-CAPM oder in den Kapiteln C.4.2.1 und C.4.2.2 vorausgesetzt – von persönlichen Steuern unbeeinflusste Preise oder Renditen. Vielmehr beobachten wir Preise oder Renditen, die (u.a.) durch Steuern

579 Vgl. *Jonas/Löffler/Wiese* [CAPM, 2004], S. 902-903.

580 Vgl. *Jonas/Löffler/Wiese* [CAPM, 2004], S. 903-906.

581 Diese müssten theoretisch zum gleichen Ergebnis führen wie die nachträgliche Belastung der dem Steuer-CAPM entspringenden Renditen der Kapitel C.4.2.1 und C.4.2.2. Auch an den in den Kapiteln C.4.1.3 und C.4.1.4 erarbeiteten Äquivalenzbedingungen ändert sich abgesehen von der Preisdefinition nichts.

582 Vgl. *Jonas/Löffler/Wiese* [CAPM, 2004], S. 906.

583 Vgl. zu Datenbeschaffungsproblemen aber a. Kapitel C.4.2.5.3.

geprägt sind[584], da die Investoren ihr Einkommen nach Steuern maximieren. Empirisch sollte man damit Brutto-Gleichgewichtsrenditen im Sinne des *Brennan*schen Modells erheben.[585] Die Schwäche des Ansatzes liegt darin, dass der Brückenschlag zwischen der Bruttorendite (B.3.27) in einer Welt ohne zu einer solchen mit Steuern per Annahme als bereits abgeschlossen betrachtet wird. Welcher Zusammenhang zwischen Vor- und Nachsteuerpreisen herrscht, wird somit offen gelassen. Mithin wird der in den Kapiteln C.4.2.1 und C.4.2.2 analytisch gezeigte Übergang vom Standard- zum Steuer-CAPM zwar definiert, aber nicht explizit geleistet.[586]

Im weiteren Verlauf der Arbeit wird dennoch das Netto-CAPM im Sinne von *Jonas/Löffler/Wiese* zugrunde gelegt. Sämtliche Preise und folglich auch Bruttorenditen verstehen sich im Weiteren mithin als von Steuern beeinflusste Größen. Dieses Vorgehen erscheint vertretbar, da zum einen derzeit keine bessere Lösung in Sicht ist. Zum anderen ist der Übergang von Preisen in einer Welt ohne auf eine solche mit Steuern zwar theoretisch interessant, für die Praxis der Unternehmensbewertung ist diese Frage jedoch sekundär.

Unabhängig davon, ob mit dem Steuer-CAPM Brutto- oder Nettorenditen erzeugt werden, ist zu prüfen, ob das Modell die Steuerwirkungen zutreffend erfasst. Im Einperiodenkontext ist dies – sieht man von den Vereinfachungen des zugrunde gelegten Steuersystems[587] ab – der Fall. Ob dies auch für den bei der Unternehmensbewertung regelmäßig unterstellten Mehrperiodenfall – und damit für die in Kapitel C.4.2.3 diskutierte dynamische Version des Steuer-CAPM – gilt, soll im Folgenden untersucht werden.

Darstellungen der Equity-Methode im Mehrperiodenkontext basieren häufig auf dem wiederholten Ansatz risikoadjustierter Kapitalkosten aus dem einperiodigen Standard-CAPM.[588] Dieses Vorgehen ist bereits bei Ausblendung von Steuern problematisch.[589] Die Integration von Steuern in das CAPM bringt zusätzliche Komplikationen mit sich. Unkritisch ist die steuerliche Behandlung der Dividenden: Sie werden jährlich, mithin zeitlich kongruent zu den Unternehmensüberschüssen, besteuert. Dies erscheint mit Blick auf Kurssteigerungen jedoch keineswegs zwingend. Vielmehr können die Inves-

---

584 Vgl. *Jonas/Löffler/Wiese* [CAPM, 2004], S. 903. Vgl. a. Kapitel C.4.2.5.3.

585 Dass sich das Steuer-CAPM empirisch bewährt hat, ist jedoch nicht eindeutig zu belegen. Vgl. dazu Kapitel C.4.2.5.4.

586 Vgl. a. *Jonas/Löffler/Wiese* [CAPM, 2004], S. 902-903.

587 Vgl. Kapitel B.5 und C.4.1.1 sowie Fn. 462.

588 Vgl. etwa *Mandl/Rabel* [Unternehmensbewertung, 1997], S. 369; *Nowak* [Unternehmensbewertung, 2000], S. 29; ferner *Hachmeister* [Unternehmenswertsteigerung, 2000], S. 119, der die Problematik dieses Vorgehens jedoch sieht. Vgl. Kapitel B.3.2.2.

589 Vgl. Kapitel B.3.2.2; a. *Ballwieser* [Verfahren, 1998], S. 82-83.

toren bei mehrperiodiger Betrachtung den Realisationszeitpunkt von Kursgewinnen frei wählen; sie sind nicht dazu gezwungen, Kurssteigerungen jährlich, im gleichen Zeitpunkt wie die zu versteuernden Unternehmenserträge, zu vereinnahmen. Dies wird jedoch – soweit Kursgewinne wie in Kapitel C.4.2.3 annahmegemäß besteuert werden – durch die wiederholte Anwendung des Steuer-CAPM impliziert.

Ein solches Verhalten muss nicht charakteristisch für die Unternehmenseigner[590] sein. Kostenminimierende Akteure werden bestrebt sein, Steuerzahlungen gänzlich zu vermeiden oder zumindest zu stunden. Dies lässt sich grundsätzlich durch Verschieben der Gewinnmitnahmen auf spätere Perioden, etwa durch Abwarten der Spekulationsfrist, erreichen.[591] Damit erfasst das Steuer-CAPM bei mehrperiodiger Betrachtung tendenziell eine zu hohe Steuerlast[592] und verstößt gegen das Postulat der Verfügbarkeitsäquivalenz.[593] Ursächlich hierfür ist die Berücksichtigung periodischer Kursgewinnsteuern, die der Preis dafür ist, dass man das einperiodige Steuer-CAPM theoretisch fundiert wiederholt anwenden darf.

Eben dieses Problem trägt das in Kapitel C.4.2.3 abgeleitete dynamische Steuer-CAPM in sich. Möchte man dies nicht in Kauf nehmen, so wäre zu mehrperiodigen Modellen überzugehen, die überhöhte Kursgewinnsteuern vermeiden. *Richter* schlägt hierzu vor, für Perioden, in welchen Kursgewinne realisiert (nicht realisiert) werden, eine Binärvariable einzuführen, mit deren Hilfe er die damit verbundene Steuerlast erfasst (vernachlässigt).[594] Allerdings kann es sich dabei nur um einen pragmatischen Ansatz handeln, da zum einen die jeweilige Ausprägung der Binärvariable exogen gegeben ist. Das hinter ihr stehende, in Kapitel C.4.2.4 diskutierte Optimierungsverhalten der Entscheider wird damit nicht offenkundig.[595] Zum anderen ergibt sich für Perioden, in welchen Kursgewinne nicht besteuert werden, zwangsläufig eine Relevanz der Ausschüttungspolitik. Damit wäre auf ein mehrperiodiges Modell mit stochastischen Dividendenrenditen überzugehen, welches bislang nicht vorliegt.[596]

Eine ähnliche Problematik wie bei den Kursgewinnsteuern tritt bei der in Kapitel C.4.2.1 vorgeschlagenen Berücksichtigung von steuerlichen Freigrenzen auf. Ist

---

590 „Unternehmenseigner" sind in den Modellen der Kapitel C.4.2.1 bis C.4.2.2.2 und C.4.2.2.4 sämtliche im Markt befindlichen Akteure. Im Steuerklientel-CAPM (C.4.106) aus Kapitel C.4.2.2.3 fallen hierunter jeweils nur Gruppen g, die Wertpapiere des betrachteten Unternehmens halten.

591 Vgl. zu derartigen Strategien a. Kapitel C.4.2.4.

592 Vgl. *Litzenberger/Ramaswamy* [Effect, 1979], S. 167, die dies jedoch für das einperiodige (*Brennan*sche) CAPM bemerken, wo dieser Effekt keine Rolle spielen kann.

593 Vgl. *Moxter* [Grundsätze, 1983], S. 177-178.

594 Vgl. *Richter* [Valuation, 2004], S. 24.

595 Daneben sind die Ergebnisse an einen spezifischen Binomialprozess gebunden. Vgl. *Richter* [Valuation, 2004], S. 24-26.

596 Vgl. hierzu die Diskussion in Kapitel C.4.2.3.

$\varsigma_k = \upsilon_k = 1(0)$, so wird unterstellt, dass ein Investor k *in jeder Periode* – im Grenzfall unendlich lange – steuerpflichtig (steuerbefreit) ist. Verändern sich die Steuerbefreiungsmöglichkeiten der Akteure im Zeitlauf, so bleibt dies im Modell unberücksichtigt.

Bündelt man die Ergebnisse, so zeigt sich, dass man Nettoüberschüsse nicht mit den Diskontierungssätzen (C.4.81) bis (C.4.84), (C.4.94) oder (C.4.106) des Steuer-CAPM nach *Brennan* abzinsen darf, da letztere Bruttorenditen darstellen. Wie diese im Kontext differenzierter Steuern in Nettorenditen umzuwandeln sind, ist noch immer nicht theoretisch befriedigend gezeigt worden. Theoretisch begründbare Nettoalternativrenditen erhält man über (C.4.131) nur unter äußerst rigorosen Bedingungen. Wird in Anwesenheit differenzierter Steuern ein Vorgehen wie in (C.4.131) oder (C.4.136) gewählt, so kann der durchschnittliche Steuersatz s ohne Kenntnis der gesuchten gleichgewichtigen Nettorendite nicht gewonnen werden. Verwendet man (C.4.135) (oder ähnliche Beziehungen) zur Diskontierung der Nettoüberschüsse, so befindet man sich nicht auf dem Boden der Theorie. Setzt man von vornherein von Steuern beeinflusste Bruttorenditen voraus, so erreicht man zwar gleichgewichtige Nettorenditen, vernachlässigt aber per Annahme den Übergang von Bruttorenditen in einer Welt ohne zu denselben in einer Welt mit Steuern. Damit ist das Standard-CAPM (B.3.27) nicht in das von *Jonas/Löffler/Wiese* überleitbar.[597] Dieser Mangel des Kalküls wird indes im weiteren Verlauf der Arbeit in Kauf genommen, da gegenwärtig keine bessere Lösung in Sicht ist.

Man darf dem Steuer-CAPM allerdings zugute halten, dass Steuern insofern konsistent integriert werden, als die zur Marktgleichgewichtsbeziehung führenden Optimierungs- und Aggregationsschritte ausgehend von der Formulierung der Nettorendite eines Wertpapiers in Kapitel C.4.1.2 stringent durchgeführt werden.[598] Diese Geschlossenheit spricht jedoch nur im Einperiodenfall für das Steuer-CAPM. Wird es im Mehrperiodenkontext wiederholt angewandt, so wird insbesondere die Besteuerung von Kursgewinnen unrealistisch abgebildet.

---

[597] Gegenüberstellungen oder Überleitungen von Standard- und Steuer-CAPM von *Peemöller/Beckmann/Meitner,* [Einsatz, 2005], S. 95-96, und *Kozikowski/Dirscherl/Keller* [Implikationen, 2005], S. 71, die diese Zusammenhänge übersehen, erscheinen daher wenig sinnvoll.

[598] Es wird mithin nicht versucht, die Gleichgewichtsbeziehung vor Steuern pragmatisch um Steuersätze anzureichern.

4.2.5.3 Datenbeschaffungsprobleme

Da die Unternehmensbewertung ein Problem mit konkretem Anwendungsbezug ist, dürfen Probleme bei der praktischen Umsetzung der in den Kapiteln C.4.2.1 und C.4.2.2 abgeleiteten Versionen des Steuer-CAPM nicht übersehen werden.[599] Kritisch erscheint hier der nötige Aufwand, um an die erforderlichen Daten für die Implementierung der Modelle zu gelangen. Grundsätzlich darf der Aufwand einer Steuererfassung im Kalkül nicht größer sein als die monetären Effekte der Besteuerung auf den Grenzpreis selbst.[600] Diese Kosten-Nutzen-Abwägung erscheint zwar auf den ersten Blick einleuchtend, ist aber insofern zirkulär, als sowohl der Ermittlung der Kosten als auch des Nutzens der Steuererfassung eine Unternehmensbewertung unter korrekter Berücksichtigung von Steuern vorauszugehen hätte.

Setzt man voraus, dass die Eingangsgrößen des Standard-CAPM (B.3.27) bereits vorliegen, so ist der Aufwand zur Gewinnung der in das Steuer-CAPM einfließenden Parameter $\theta_{\hat{s}_{ek}}, \theta_{\tau_k}$ und θ_{γ_k} offensichtlich beträchtlich. Gründe hierfür sind:

1) Da es sich bei $\theta_{\hat{s}_{ek}}, \theta_{\tau_k}$ und θ_{γ_k} um gewogene Durchschnitte der Investorensteuersätze handelt, müsste der Bewerter die Grenzsteuersätze und Steuerbefreiungsmöglichkeiten aller im Markt aktiven Entscheider[601] kennen. Sind dabei Progressionseffekte zu berücksichtigen, so führt dies zu dem Problem, dass die Einkommensteuer aufgrund der Progression nicht mehr durch das Partialmodell, bestehend aus Unternehmen und Investitionsalternative, erklärt wird. Relevant werden die sonstigen, der Einkommensteuer unterliegenden Einkünfte der Akteure.[602] Die Berücksichtigung eines von Kapitalmarkttransaktionen unabhängigen Basiseinkommens $\overline{EK}_k$ in den Kapiteln C.4.1.2 bis C.4.1.4 und C.4.2.2 trägt zwar dazu bei, diesen Aspekt abzubilden. Vorhandene Datenbeschaffungsprobleme werden damit jedoch nur hinter einem aggregierten – zudem deterministischen – Parameter $\overline{EK}_k$ verborgen. Verschärft werden die Probleme, wenn man Verschuldungsbeschränkungen unterstellt. Man müsste dann die investorenspezifischen Kreditaufnahmegrenzen χ_k und

[599] Vgl. *Ollmann/Richter* [Perspektive, 1999], S. 173; *Weigel* [Steuern, 1989], S. 121. Vgl. zu den folgenden Ausführungen a. *Wiese* [Unternehmensbewertung, 2004], S. 19-21.

[600] Vgl. *Wagner* [Einfluß, 1999], S. 70.

[601] Auch wenn für das Modell (C.4.106) nur verschiedene Klientele anstelle einzelner Investoren zu betrachten wären, würde das Problem nicht entschärft. Um die Untergruppen von Investoren bilden zu können, müsste man nach wie vor die steuerlichen Verhältnisse aller Marktteilnehmer kennen.

[602] Vgl. *Gratz* [Einkommensbesteuerung, 1981], S. 983; *Schreiber* [Unternehmensbesteuerung, 1987], S. 75; *Leuthier* [Interdependenzproblem, 1988], S. 194-196; *Wagner/Rümmele* [Ertragsteuern, 1995], S. 439-440; *Ballwieser* [Steuern, 1995], S. 35.

φ_k kennen. Da das CAPM theoretisch weltweit formuliert ist, wären überdies ausländische Steuersysteme und etwaige Doppelbesteuerungsabkommen zu berücksichtigen.[603] Insoweit stellt die von *Brennan* oder hier vorgenommene Betrachtung einzelner nationaler Steuersysteme bereits eine unzulässige Verengung des CAPM dar. Die in den Kapiteln C.4.2.1 und C.4.2.2 gewonnenen Kapitalmarktmodelle wären entsprechend zu erweitern. Derart umfassende Modelle entwickeln zu wollen, erscheint für die praktische Umsetzung des Kalküls indes fruchtlos, da die hierfür erforderlichen Eingangsparameter empirisch nicht beschaffbar sein dürften.

2) Bekannt sein müssten weiterhin die Risikotoleranzen sämtlicher Marktteilnehmer, die in den Größen $\theta_{\hat{s}_{ek}}, \theta_{\tau_k}$ und θ_{γ_k} enthalten sind.[604] Annahmen darüber sind für die Gleichgewichtsbeziehung des Vorsteuer-CAPM (B.3.27) insoweit entbehrlich, als sie sich gleichsam aus dem Kalkül herauskürzen lassen.[605] Hierin liegt ein wesentlicher Unterschied zwischen dem Vorsteuer- und Nachsteuermodell: Durch die Einführung von differenzierten Steuern wird eine präferenzfreie Ermittlung der Wertpapierrenditen im Gleichgewicht unmöglich.[606] Somit ist ohne Kenntnis der investorenspezifischen Risikotoleranzen die konkrete Höhe der in einer Welt mit differenzierten Steuern anzusetzenden Brutto- oder – im Falle des Ansatzes von *Jonas/Löffler/Wiese* – Nettorendite nicht zu gewinnen. Für die Umsetzung des Steuer-CAPM ist es folglich nicht hinreichend, Annahmen über die marktdurchschnittlichen Steuersätze zu treffen. Letztere sind vielmehr simultan mit den Risikoeinstellungen zu schätzen.

Aufgrund der aufgezeigten Datenbeschaffungsprobleme kann man den Schluss ziehen, persönliche Steuern sollten nicht in Discounted-Cashflow-Verfahren berücksichtigt werden.[607] Die hier vertretene Position lautet anders: Wenn die Wirkungsweise von Steuern auf die Wertpapierrenditen grundsätzlich bekannt ist, sollte pragmatischen Ansätzen zur Datengewinnung der Vorzug vor der gänzlichen Vernachlässigung von Steuern gegeben werden. Zu untersuchen ist mithin, ob oder unter welchen Bedingun-

---

603 Vgl. *Hachmeister* [Unternehmenswertsteigerung, 2000], S. 131.

604 Dies wird von der Literatur teils vernachlässigt. Vgl. Fn. 577. Betont sei, dass die Gewinnung individueller Risikopräferenzen unter dem Gesichtspunkt des Datenbeschaffungsaufwands problematisch ist, nicht jedoch ein grundsätzlich „ungelöstes Problem" darstellt, wie *Peemöller/Beckmann/Meitner* [Einsatz, 2005], S. 93, behaupten.

605 Wie sich aus der Ableitung von Modell (C.4.81) leicht nachvollziehen lässt, nehmen die Parameter $\theta_{\hat{s}_{ek}}, \theta_{\tau_k}$ und θ_{γ_k}, welche die Risikotoleranzen t_k enthalten, den Wert 0 an, wenn für die Steuersätze $\hat{s}_{ek} = \tau_k = \gamma_k = 0 \; \forall \; k$ unterstellt wird. Dies bedeutet allerdings nicht, dass für die Ableitung des Standard-CAPM Annahmen über die Risikopräferenzen der Investoren entbehrlich wären. Vgl. hierzu Kapitel B.3.2.3.

606 Vgl. in diesem Sinne *Long* [Taxation, 1977], S. 30.

607 Vgl. etwa *Hachmeister* [Unternehmenswertsteigerung, 2000], S. 132.

gen 1) Steuern in den vorgestellten Modellen systematisch zu einer Senkung oder Erhöhung der Gleichgewichtsrenditen gegenüber dem Vorsteuerkalkül führen. Darauf aufbauend sind 2) empirische Erhebungsmethoden auf ihre Eignung zu überprüfen, aggregierte Steuersätze zu gewinnen.

Zu 1) Gleichung (C.4.81)[608] zeigt, dass das Vorzeichen der Steuerwirkungen auf eine gegebene Vorsteuerrendite vom komplexen Zusammenspiel der Parameter Φ und Ψ, vom β-Wert sowie von der Dividendenrendite des betrachteten Wertpapiers und des Marktportfolios abhängt. Konstellationen, in denen Steuern eine aus dem Standard-CAPM (B.3.27) gegebene Bruttorendite senken, sind ebenso denkbar wie der umgekehrte Fall. Als zentrale Größe erweist sich dabei die in Φ und Ψ enthaltene aggregierte Risikotoleranz der Marktteilnehmer. Ist ihre Ausprägung unbekannt[609], so verbieten sich Aussagen über die Wirkungsrichtung der Steuern.

Unterstellt man, dass die Risikoeinstellungen der Marktteilnehmer nicht ermittelbar sind, kann man – um zu greifbaren Aussagen zu gelangen – nach Spezialfällen suchen, in denen sich die Variable t_k aus dem Kalkül entfernen lässt.[610] So kann man unterstellen, dass unterschiedliche Einkunftsarten zwar differenziert besteuert werden, die Steuersätze aller Marktteilnehmer jedoch identisch sind $(\gamma_k = \gamma \neq \hat{s}_{ek} = \hat{s}_e \neq \tau_k = \tau \,\forall\, k)$, wobei Freigrenzen vernachlässigt werden $(\varsigma_k = \upsilon_k = 1 \,\forall\, k)$. Es lässt sich leicht zeigen, dass dann für (C.4.81) $\Phi = (\hat{s}_e - \gamma)\cdot(1-\gamma)^{-1}$ und $\Psi = (\tau - \gamma)\cdot(1-\gamma)^{-1}$ folgt. Φ und Ψ sind mithin von t_k unabhängig. Im Fall ohne Kursgewinnsteuern ergibt sich $\Phi = \hat{s}_e$ und $\Psi = \tau$.[611] Unter diesen Voraussetzungen kann man relativ einfach Aussagen über die Wirkungsrichtung von Steuern treffen. So resultiert etwa für $\beta_j = 1$ und $\delta_j < \delta_M$ eine negative Steuerwirkung auf eine mit (B.3.27) gegebene positive Bruttorendite. Im Fall $\beta_j > 0, \neq 1$ muss hierfür $\Psi \cdot (\delta_M \cdot \beta_j - \delta_j) > r_f \cdot \Phi \cdot (\beta_j - 1)$

[608] Im Folgenden sei nur (C.4.81) betrachtet. Ist die Richtung der Steuerwirkung bereits hier nicht eindeutig feststellbar, so ist sie es in den komplexeren Ansätzen der Kapitel C.4.2.2.2 bis C.4.2.2.4 ohnehin nicht.

[609] Über die Risikotoleranz t_k kann man nicht mehr sagen, als dass sie unter den in Kapitel C.4.2.1 gesetzten Prämissen stets positiv ist.

[610] Von solchen Spezialfällen müssen die in Fn. 577 genannten Vertreter pragmatischer Steuer-CAPM-Varianten zumindest implizit ausgehen.

[611] Diesen Fall unterstellen *Jonas/Löffler/Wiese* [CAPM, 2004], S. 903, *Wagner/Jonas/Ballwieser/Tschöpel* [Grundsätze, 2004], S. 893, *Stehle* [Risikoprämie, 2004], S. 915, und *IDW* [IDW S 1, 2005], Tz. 53-54 und Tz. 101-102.

gelten. Setzt man δ_j, δ_M, β_j und r_f als bekannt voraus, so verbleibt der in den Parametern Φ und Ψ enthaltene Einkommensteuersatz als kritische Größe. Seine Ausprägung entscheidet im Grenzfall darüber, ob Steuern die Bruttogleichgewichtsrendite erhöhen oder senken.

Zu 2) Die unter 1) genannten Spezialfälle lassen zwar die Risikoeinstellungen der Marktakteure irrelevant werden, gehen aber von restriktiven Annahmen über deren Steuersätze aus. Umgekehrt könnte man Annahmen über die aggregierte Risikotoleranz treffen und müsste dann einen marktdurchschnittlichen Einkommensteuersatz prognostizieren. Vorschläge zu dessen empirischer Erhebung sind in der Literatur vorhanden.[612] Ihnen ist gemeinsam, dass sie keinen Versuch unternehmen, Risikoeinstellungen der Investoren explizit zu erfassen.

Das IDW setzt bei der Ermittlung des objektivierten Unternehmenswertes einen persönlichen Einkommensteuersatz in Höhe von 35 % an, der die durchschnittlichen Belastungen von Einkünften überwiegend aus Gewerbebetrieb und Kapitalvermögen annähern soll.[613] *Krolle/Knollmann* kritisieren hierzu grundsätzlich zutreffend, dass dieser Satz nicht konsistent mit dem CAPM als Gleichgewichtsmodell gewonnen wurde.[614] Ihr Gegenvorschlag, den persönlichen Steuersatz unter Rückgriff auf einen „preisbestimmenden Grenzanbieter" festzusetzen, kann im Modellrahmen des Steuer-CAPM jedoch nicht überzeugen.[615] *Schüler* bestimmt ein Bruttoeinkommen, das die überwiegende Mehrheit der betrachteten privaten Aktionäre *mindestens* erhält, und errechnet für diese Klasse einen Durchschnittssteuersatz.[616] Seine Schätzung ist relativ grob, da sie Aktionärsgruppen mit höheren Einkommen vernachlässigt. *Ollmann/Richter* diskutieren Versuche, einen „repräsentativen Anleger" in Form einer juristischen oder beschränkt steuerpflichtigen Person zu konstruieren, beurteilen dieses Vorgehen jedoch selbst als nicht weiterführend.[617] Ersterer Versuch bringt weitere Prognoseprobleme mit sich, letzterer definiert die Einkommensteuer ent-

---

612 Es ist nicht Anliegen dieser Arbeit, diese Ansätze erschöpfend darzustellen und zu würdigen.

613 Vgl. *IDW* [IDW S 1, 2005], Tz. 53; *Ballwieser* [Stand, 1999], S. 25-26. Soll ein subjektiver Unternehmenswert berechnet werden, sind grundsätzlich die tatsächlichen steuerlichen Verhältnisse der Eigner zugrunde zu legen. Vgl. *Siepe* [Ertragsteuern, 1997], S. 2, S. 4; *AKU* [Sitzung, 1997], S. 34. Wie man diese gewinnen und bei mehreren Entscheidern aggregieren soll, wird nicht erörtert.

614 Vgl. *Krolle/Knollmann* [Einkommensteuersatz, 2000], S. 78-82.

615 U.a. stützen sich die Autoren auf *Miller* [Debt, 1977], der nicht im Kontext des CAPM argumentiert.

616 Vgl. *Schüler* [Eigentümerorientierung, 1998], S. 258-259. Für diese Gruppe resultiert ein Einkommensteuersatz in Höhe von knapp 38 %.

617 Vgl. *Ollmann/Richter* [Perspektive, 1999], S. 174-176.

weder weg oder scheitert an mangelnder Datenverfügbarkeit bezüglich des Anteils steuerbefreiter Akteure am Kapitalmarkt.

Führt man die Überlegungen unter 1) und 2) zusammen, so kann man – will man für die Umsetzung des Modells pragmatisch vorgehen – erstens marktdurchschnittliche Steuersätze γ, $\hat{s}_e$ und τ ermitteln und zweitens annehmen, dass diese für alle Investoren einheitlich sind. Letztere Prämisse ist angesichts der im deutschen Steuersystem vorliegenden progressiven Steuersätze allerdings nicht realistisch. Zudem impliziert sie einen logischen Bruch: Die Annahme einheitlicher Steuersätze ist Voraussetzung dafür, dass sich t_k aus dem Kalkül kürzen lässt. Die Notwendigkeit zur Durchschnittsbildung setzt jedoch voraus, dass die Sätze unterschiedlich sind und t_k damit nicht vernachlässigt werden darf. Ein Ausweg aus diesem Problem könnte darin liegen, zunächst die aggregierten Risikoeinstellungen am Markt zu schätzen und diese zur Berechnung der Parameter $\theta_{\hat{s}_{ek}}$, θ_{τ_k} und θ_{γ_k} zu verwenden. Entsprechende Untersuchungen liegen vor.[618] Zu leisten wäre dann eine Verknüpfung der empirisch gewonnenen (Durchschnitts-)Steuersätze und Risikoeinstellungen. Betont sei, dass auch dies nur zu einer pragmatischen Nährungslösung führen kann, die theoretisch nicht zu rechtfertigen ist: Die Steuersätze und t_k sind multiplikativ miteinander verknüpft und wären daher *je Investor* simultan zu schätzen.

Weiterhin ist offen, wie man Preise erheben soll, die aus einer fiktiven Welt ohne Steuern stammen.[619] Letztere bräuchte man, wenn man das in den Kapiteln C.4.2.1 und C.4.2.2 diskutierte Steuer-CAPM in der *Brennan*schen Prägung verwenden wollte. Da unklar ist, wie sich Preise im Übergang von einem steuerlosen Umfeld in ein solches mit Steuern verändern, liegt es nahe, direkt empirisch beobachtbare Preise zu erheben, die sich in einer Welt mit differenzierten Steuern gebildet haben. Diese sind vorauszusetzen, wenn man – wie *Jonas/Löffler/Wiese*[620] – zu gleichgewichtigen Nettorenditen gelangen möchte.

Geht man weiterhin von stochastischen Dividenden(renditen) aus, so bringt das entsprechende Modell (C.4.117) zusätzlichen Datenbeschaffungsaufwand mit sich. Dies betrifft insbesondere die Parameter σ^{δ}_{jM} und $\sigma^{\rho,\delta}_{jM}$. Betrachtet man die ohnehin kaum überwindlichen Schwierigkeiten, an die Eingangsparameter des Steuer-CAPM zu gelangen, so ist zu bezweifeln, dass in praxi mit stochastischen Dividenden gerechnet

618 Vgl. *Friend/Blume* [Demand, 1975]; *Cohn/Lewellen/Lease/Schlarbaum* [Aversion, 1975]; im Überblick über weitere Studien *Löffler* [Paradox, 2001], S. 78-79.

619 Vgl. *Richter* [Einkommensteuer, 2003], S. 313 und S. 326; in Bezug auf Fremdkapitalkosten a. *Nippel/Streitferdt* [Wachstum, 2003], S. 412.

620 Vgl. *Jonas/Löffler/Wiese* [CAPM, 2004], S. 903.

wird. Vielmehr zeigt Modell (C.4.117), weshalb es für die praktische Umsetzung des Steuer-CAPM zweckmäßig erscheint, vereinfachend von sicheren Dividenden auszugehen.

Die Ergebnisse erscheinen mit Blick auf den Datenbeschaffungsaufwand zunächst entmutigend. Die dem CAPM immanente atomistische Eignerstruktur schafft Datenbeschaffungsprobleme, welche die exakte Berücksichtigung von Steuern kaum rechtfertigen können. Das Steuer-CAPM ist *in Reinform* nicht umsetzbar. Es wäre indes ein Trugschluss, dem Modell jegliche praktische Relevanz abzusprechen. Die Analyse zeigt immerhin, welche Faktoren die Steuererfassung im Kontext der Mechanik des CAPM theoretisch prägen. Deutlich wird, dass insbesondere die Risikoeinstellungen der Marktakteure im Verbund mit den Steuersätzen die Wirkungsrichtung der Besteuerung auf die Gleichgewichtsrendite mitbestimmen. Blendet man die Risikoeinstellungen der Akteure aus, um zu einem umsetzbaren Modell zu gelangen[621], so darf man nicht vergessen, dass man sich dabei auf einen Grenzfall stützt und zentrale Implikationen des Modells außer Acht lässt. Dies lässt sich nicht allein mit Typisierungsargumenten rechtfertigen. Ebenso wie man den Steuersatz als marktweit einheitlich typisieren kann, könnte man auch vereinfachende Annahmen über die Risikoeinstellungen der Investoren treffen, ohne diese gänzlich zu vernachlässigen.

4.2.5.4 Empirische Bewährung des Steuer-CAPM

Abschließend sei untersucht, ob das Steuer-CAPM die Realität gut beschreibt.[622] Studien zu seiner Überprüfung müssen die Linearität des Zusammenhangs zwischen der erwarteten Wertpapierrendite und dem systematischen Risiko sowie der Dividendenrendite testen. Die Ergebnisse sind uneinheitlich.

Litzenberger/Ramaswamy ermitteln eine hochgradig signifikante lineare Beziehung auf Basis kurzfristiger (monatlicher) Dividendenrenditen.[623] *Miller/Scholes* halten dem entgegen, dass derartige Tests sensibel auf die Definition der Dividendenrendite reagieren. Verwende man kurzfristige Dividendenrenditen, so würden die Ergebnisse durch Ankündigungseffekte verzerrt. Eliminiere man diese und verwende langfristige

---

621 Vgl. Fn. 611.

622 Sämtliche Studien aufnehmen zu wollen, wäre ein fruchtloser Versuch. Daher wird insbesondere ein Überblick über Arbeiten gegeben, die die Diskussion wesentlich geprägt haben. Einen Überblick über weitere, hier nicht betrachtete Studien bieten *Brown/Clarke* [Behaviour, 1993], S. 3-9; *Schulz/Stehle* [Frage, 2005], S. 25-30. Zu grundsätzlichen methodischen Problemen bei der Überprüfung des Steuer-CAPM vgl. *Fung* [Taxes, 1981], S. 411-412.

623 Vgl. *Litzenberger/Ramaswamy* [Effect, 1979], S. 183-184, im Zeitraum zwischen 1936 und 1977; deren Ergebnisse stützend *Elton/Gruber/Rentzler* [Examination, 1983], S. 139-144, für die Jahre von 1937 bis 1976.

Dividendenrenditen, so gelange man zu keinem signifikanten linearen Zusammenhang.[624] Kritisch zur Rolle derartiger Informationseffekte äußert sich *Hess*, der feststellt, dass sie keinen signifikanten Einfluss auf die Beziehung zwischen der Dividenden- und der Gleichgewichtsrendite ausüben.[625] *Rosenberg/Marathe* und *Ang/Peterson* greifen im Gegensatz zu den vorgenannten Autoren auf *Ex-ante*-Schätzungen zurück und finden auf Grundlage langfristiger Dividendenrenditen einen signifikanten linearen Zusammenhang zwischen $\bar{r}_j$, δ_j und β_j.[626] *Keim* stellt einen „Januar-Effekt" fest, der nicht durch das Steuer-CAPM erklärt werden kann.[627] Zu uneindeutigen Ergebnissen gelangt *Morgan*, der abschließend die Existenz eines linearen Zusammenhangs negiert.[628] Während diese Studien auf den US-amerikanischen Kapitalmarkt bezogen sind, kommt *König* in seiner Untersuchung am deutschen Kapitalmarkt zu dem Schluss, dass das Steuer-CAPM nur einen geringen Erklärungsgehalt besitzt.[629] *Schulz/Stehle* finden zwar in Deutschland über den gesamten von ihnen untersuchten Zeitraum von 1968 bis 2002 einen positiven und signifikanten Koeffizienten für die Dividendenrendite, was im Einklang mit dem Steuer-CAPM steht. Allerdings ist der Schätzwert für den Beta-Faktor negativ und damit nicht mit dem Standard- oder Steuer-CAPM vereinbar.[630]

Starke empirische Hinweise auf die Existenz von Klienteleffekten gehen – allerdings nicht im Modellrahmen des CAPM – spätestens auf *Elton/Gruber* zurück.[631] *Litzenberger/Ramaswamy* sowie *Ang/Peterson* erzielen mit Blick auf das Steuerklientel-CAPM signifikante Ergebnisse. Dagegen finden *Hess* und *Morgan/Thomas* keine empirischen Anhaltspunkte für Klienteleffekte.[632]

---

624 Vgl. *Miller/Scholes* [Taxes, 1982], S. 1123-1131; a. *Miller* [Case, 1986], S. 460; *Kalay/Michaely* [Taxes, 2000].

625 Vgl. *Hess* [Behavior, 1982], S. 450-455.

626 Vgl. *Rosenberg/Marathe* [Tests, 1979], S. 202-204, im Zeitraum von 1931 bis 1966; *Ang/Peterson* [Yield, 1985], S. 541-544, zwischen 1973 und 1983, jedoch bei einem Signifikanzniveau von 10 %.

627 Vgl. *Keim* [Yields, 1985], S. 479-487. Zwischen 1931 und 1978 waren die mit der Dividendenrendite verknüpften Regressionskoeffizienten im Januar signifikant größer als in den übrigen Monaten. Vgl. a. *Bhardwaj/Brooks* [Bias, 1992], S. 555-559.

628 Vgl. *Morgan* [Dividends, 1982], S. 1083-1085, im Untersuchungszeitraum von 1936 bis 1977.

629 Vgl. *König* [Besteuerung, 1990], S. 142-173. Der Untersuchungszeitraum erstreckt sich von 1959 bis 1986. *König* verwendet monatliche Daten. Hinweise auf einen „Januar-Effekt" findet er nicht.

630 Vgl. *Schulz/Stehle* [Frage, 2005], S. 32-34.

631 Vgl. *Elton/Gruber* [Clientele, 1970], S. 71-73. Signifikante Hinweise auf Klienteleffekte findet auch *Pettit* [Clientele, 1977], S. 434-435, ebenfalls in weiterem als im CAPM-Kontext. Ein Gegenbeispiel präsentiert *Long* [Dividends, 1978], S. 246-263; zur Diskussion seiner Fallstudie vgl. *Poterba* [Dividends, 1986], S. 396-404.

632 Vgl. *Litzenberger/Ramaswamy* [Dividends, 1980], S. 479-481, für die Jahre 1936 bis 1978, sowie kritisch zu den verwandten Testverfahren *Hess* [Discussion, 1980], S. 484. Vgl. *Litzenberger/Ramaswamy* [Tax, 1982], S. 435-440, in der Zeit zwischen 1940 und 1980; *Ang/Peterson*

Anhand einer weiteren Studie von *Hess* sei zuletzt auf ein Grundproblem bei der empirischen Überprüfung der Modelle hingewiesen. Aus den theoretischen Steuerversionen des CAPM ergeben sich Restriktionen für die Parameterausprägungen, die von den empirisch gewonnenen Regressionskoeffizienten einzuhalten sind.[633] *Hess* zeigt, dass zwar ein statistisch signifikanter Zusammenhang zwischen der Wertpapier- und der Dividendenrendite besteht, die theoretischen Nebenbedingungen jedoch bei jedem der hier untersuchten Modelle durch die Daten verletzt werden.[634]

Abschließend ist anzumerken, dass die angesprochenen Untersuchungen lediglich das CAPM der *Brennan*schen Prägung auf seine empirische Bewährung überprüfen können. Das für Zwecke der Unternehmensbewertung interessierende, gleichgewichtige Nettorenditen erzeugende Steuer-CAPM von *Jonas/Löffler/Wiese* ist demgegenüber nicht testbar, da am Markt nur Brutto-, nicht jedoch Nettorenditen erhebbar sind.

5. Kapitalstruktureinflüsse, Wachstumsabschlag und persönliche Steuern unter unsicheren Erwartungen

5.1 Wertorientierte Finanzierungspolitik

5.1.1 Endlichkeitskalkül

5.1.1.1 Präferenz für Zahlungen des unverschuldeten Unternehmens

Wurden die Einflüsse der Kapitalstruktur auf den Unternehmenswert bislang vernachlässigt, so sollen sie nun im Mittelpunkt der Betrachtung stehen. Dabei werden auch die Ergebnisse der vorhergehenden Kapitel in den Kalkül integriert. Mit Blick auf die Finanzierungsprämissen kann man unterscheiden, ob Fremdkapital*bestände* (autonome Politik)[635] oder Verschuldungs*grade* (wertorientierte Politik)[636] vorgegeben werden.

[Yield, 1985], S. 544-546; *Hess* [Behavior, 1982], S. 450-455, für die Jahre 1962 bis 1979; *Morgan /Thomas* [Taxes, 1998], S. 418-419, im Zeitraum von 1975 bis 1993.

633 Vgl. *Hess* [Effects, 1983], S. 540-542. In diese Richtung argumentiert auch *Fung* [Taxes, 1981], S. 411-412.

634 Vgl. *Hess* [Effects, 1983], S. 545-553. Seine Untersuchung deckt die Jahre 1951 bis 1980 ab.

635 Vgl. grundlegend *Modigliani/Miller* [Cost, 1958]; *Modigliani/Miller* [Correction, 1963]; *Modigliani/Miller* [Estimates, 1966]; ferner *Myers* [Budgeting, 1974]; *Inselbag/Kaufold* [Approaches, 1997], S. 116-118; *Heitzer/Dutschmann* [Finanzierungspolitik, 1999], S. 1465-1469; *Wallmeier* [Kapitalkosten, 1999], S. 1474-1481; *Drukarczyk/Schüler* [Rückstellungen, 2000], S. 12-15; *Steiner/Wallmeier* [Methoden, 1999], S. 8; *Husmann/Kruschwitz/Löffler* [Steuern, 2002], S. 25-40; *Dinstuhl* [Halbeinkünfteverfahren, 2002], S. 85-88; *Cooper/Nyborg* [Tax, 2004], S. 15-18. Vgl. hierzu Kapitel C.5.2.

636 Vgl. grundlegend *Miles/Ezzell* [Clarification, 1980]; *Miles/Ezzell* [Note, 1985]; deren Ansatz erweiternd *Löffler* [Anmerkungen, 2004]. Vgl. weiterhin *Hachmeister* [Finanzierung, 1996], S. 254-261; *Hachmeister* [Unternehmenswert, 1996], S. 361; *Steiner/Wallmeier* [Methoden, 1999], S. 3-7; *Wallmeier* [Kapitalkosten, 1999], S. 1474-1482; *Dinstuhl* [Halbeinkünfteverfahren, 2002], S. 88-90; *Cooper/Nyborg* [Tax, 2004], S. 18-20. Zur Begriffsbildung vgl. *Richter* [Verschuldungsgrad, 1998], S. 380.

Darüber hinaus existieren Ansätze mit einer cashflow-[637], einer buchwert-[638] sowie einer dividendenorientierten[639] Finanzierungsstrategie.

Im Folgenden wird untersucht, welche Gestalt die gewogenen Kapitalkosten (Weighted Average Cost of Capital, WACC) im Umfeld des mehrperiodigen CAPM von *Fama* haben. Auf letzteres greifen *Miles/Ezzell*[640] zurück, unterstellen jedoch einen intertemporal konstanten Verschuldungsgrad. Dass man auch mit zeitlich veränderlichen Fremdkapitalquoten rechnen kann, hat *Löffler* gezeigt.[641] Im Folgenden soll der Ansatz von *Löffler* im Kontext des Mehrperioden-CAPM von *Fama* aufgenommen werden und sowohl um *persönliche Steuern* als auch um *Wachstums*annahmen erweitert werden. Die letzteren beiden Aspekte blenden *Miles/Ezzell* ebenso wie *Löffler* aus ihrer Betrachtung aus.[642] Gleiches gilt für *periodenspezifische* Fremd- und Eigenkapitalkosten des unverschuldeten Unternehmens, die hier berücksichtigt werden.

Zunächst wird der Wert des verschuldeten Unternehmens V_0^ℓ bei wertorientierter Finanzierungspolitik im Endlichkeitskalkül bestimmt. Im Anschluss daran gilt es, Kapitalkostensätze WACC abzuleiten. Wachstumseinflüsse werden in Kapitel C.5.1.2 eingeführt. Ziel ist es, den Wert des aus einem verschuldeten Unternehmen fließenden Zahlungsstroms $\left(\tilde{X}_1+\tilde{\varpi}_1\right),\left(\tilde{X}_2+\tilde{\varpi}_2\right),\ldots,\left(\tilde{X}_T+\tilde{\varpi}_T\right)$ zu bestimmen. Dabei steht $\tilde{X}_t$ für die Free Cashflow-Verteilung eines unverschuldeten Unternehmens *nach* Unternehmens- und *vor* persönlichen Steuern[643], $\tilde{\varpi}_t$ bezeichnet den Barwert des Steuervorteils aus Fremdfinanzierung[644] im Zeitpunkt $t=1,\ldots,T$. Der Verschuldungsgrad $\ell_t=\widetilde{FK}_t/\tilde{V}_t^\ell$ [645] wird als intertemporal veränderlich angenommen. Er soll – obwohl er einen Quotienten zweier Zufallsvariablen darstellt – aus Sicht des Bewertungszeit-

[637] Vgl. *Arzac* [Valuation, 1996]; *Löffler* [LBO, 2000]; *Kruschwitz/Löffler* [Theory, 2006], S. 90-92; *Rosarius* [Erweiterungen, 2004]. Vgl. hierzu Kapitel C.5.4.

[638] Vgl. *Essler/Kruschwitz/Löffler* [Anwendung, 2004]; *Essler/Kruschwitz/Löffler* [Verschuldungsgrad, 2005]; *Kruschwitz/Löffler* [Theory, 2006], S. 79-88; *Scholze* [Finanzierungspolitik, 2005]. Vgl. hierzu Kapitel C.5.3.

[639] Vgl. *Kruschwitz/Löffler* [Theory, 2006], S. 92-95. Diese Form der Finanzierungspolitik wird hier nicht betrachtet.

[640] Vgl. *Miles/Ezzell* [Note, 1985], S. 1485-1488.

[641] Vgl. *Löffler* [Anmerkungen, 2004], S. 934-938; *Löffler* [Arbitrage, 2002], S. 5-8.

[642] *Sick* [Rates, 1990], S. 1441-1444, führt seine Analyse zwar unter der Annahme persönlicher Steuern durch, unterstellt jedoch, dass in dieser Welt das Standard-CAPM als Bruttorenditeforderung erhalten bleibt. Wie in Kapitel C.4.2.5.2 gezeigt wurde, trifft dies nur unter engen Annahmen zu.

[643] Vgl. zur Definition der Überschüsse *Ballwieser* [Unternehmensbewertung, 2004], S. 112; *Dinstuhl* [Unternehmensbewertung, 2003], S. 100.

[644] Vgl. bereits *Durand* [Controversy, 1952], S. 112-114.

[645] $\widetilde{FK}_t$ bezeichnet den stochastischen Fremdkapitalbestand in Periode t.

punktes $t=0$ deterministisch sein.[646] Im Zeitpunkt t setzt sich der Unternehmensgesamtwert zusammen aus dem (unsicheren) Wert des unverschuldeten Unternehmens $\tilde{V}_t^u$ und dem (stochastischen) Steuervorteil $\tilde{\varpi}_t$:[647]

$$\tilde{V}_t^{\ell} = \tilde{V}_t^u + \tilde{\varpi}_t. \tag{C.5.1}$$

In Erweiterung der Gedanken von *Miles/Ezzell* und *Löffler* sollen die Eigner des Unternehmens der persönlichen Besteuerung unterliegen. Um letztere konsistent im Kalkül zu verankern, wird auf die in Kapitel C.4.2.3 erarbeiteten Bedingungen für die wiederholte Anwendung des Steuer-CAPM im gegenwärtig herrschenden deutschen Steuersystem 5 zurückgegriffen. Für den (um Steuern erweiterten) Marktpreis des Risikos in Periode t gilt damit $\hat{\phi}_t = \left(\bar{r}_{M,t} \cdot \left(1-\theta_{\gamma_k}\right) - r_{f,t} \cdot \left(1-\theta_{\hat{s}_{ek}}\right)\right) / \sigma_{M,t}^2$.[648] Unter Rückgriff auf das Steuer-CAPM (C.4.120) erhält man im Zeitpunkt T-1 unmittelbar vor Erreichen des Planungshorizonts:[649]

$$\begin{aligned} V_{T-1}^{\ell} &= \frac{E_{T-1}\left(\tilde{X}_T \cdot \left(1-\theta_{\gamma_k}\right) + \tilde{\varpi}_T\right) - \hat{\phi}_T \cdot \operatorname{cov}\left(\tilde{X}_T + \tilde{\varpi}_T, \tilde{r}_{M,T}\right)}{1 + r_{f,T} \cdot \left(1-\theta_{\hat{s}_{ek}}\right)} \\ &= \frac{E_{T-1}\left(\tilde{X}_T\right)\left(1-\theta_{\gamma_k}\right) - \hat{\phi}_T \operatorname{cov}\left(\tilde{X}_T, \tilde{r}_{M,T}\right)}{1 + r_{f,T} \cdot \left(1-\theta_{\hat{s}_{ek}}\right)} + \frac{E_{T-1}\left(\tilde{\varpi}_T\right) - \hat{\phi}_T \operatorname{cov}\left(\tilde{\varpi}_T, \tilde{r}_{M,T}\right)}{1 + r_{f,T} \cdot \left(1-\theta_{\hat{s}_{ek}}\right)}. \end{aligned} \tag{C.5.2}$$

Periodenspezifische $r_{f,t}$ und $\hat{\phi}_t$ sind zulässig, ihre Schwankungen erfolgen deterministisch. Der Zusammenhang zwischen den Perioden wird über den Martingal-Prozess (C.4.124) geregelt.

[646] Vgl. zu dieser Annahme *Löffler* [Anmerkungen, 2004], S. 936; zur Diskussion der Prämisse a. *Kruschwitz/Löffler* [FTE, 2003], S. 244-245; *Richter* [Verschuldungsgrad, 1998], S. 380. Demgegenüber gehen *Miles/Ezzell* [Clarification, 1980], S. 722, und *Miles/Ezzell* [Note, 1985], S. 1486, von einem intertemporal konstanten Verschuldungsgrad aus. Diese Prämisse erscheint wenig realitätsnah.

[647] Vgl. *Modigliani/Miller* [Correction, 1963], S. 436; *Modigliani/Miller* [Estimates, 1966], S. 340; *Myers* [Budgeting, 1974], S. 21; *Harris/Pringle* [Case, 1985], S. 240; a. *Löffler* [Anmerkungen, 2004], S. 936.

[648] Wie in Kapitel C.4.2.3 wird vorausgesetzt, dass die in θ_{γ_k} und $\theta_{\hat{s}_{ek}}$ eingehenden Steuersätze und Risikotoleranzen der Marktteilnehmer intertemporal konstant sind.

[649] Vgl. hierzu und im Folgenden für das CAPM ohne persönliche Steuern *Miles/Ezzell* [Note, 1985], S. 1485-1486. *Casey* [Aspekte, 2004], S. 149-154, zeigt, dass sich anstelle der hier und im weiteren Verlauf der Arbeit vorgenommenen rekursiven Ableitung des Unternehmenswertes ein lineares Gleichungssystem aufstellen lässt, das die Bestimmung des Unternehmenswertes in einem einzigen Schritt erlaubt.

Aufgrund der Integration persönlicher Steuern in den Bewertungskalkül ist die Unternehmenswertermittlung nicht mehr unabhängig von den Präferenzen der Eigner. Letztere müssen sich vielmehr vor der Bewertung entscheiden, ob sie ihre gewünschte Risikoposition durch private Verschuldung oder Anlage erreichen wollen, mithin eine Präferenz für Zahlungen des verschuldeten oder unverschuldeten Unternehmens aufweisen. In letzterem Fall löst die Verschuldung nach persönlichen Steuern Zahlungen in Höhe von $-r_{f,t} \cdot (1-s) \cdot \left(1-\theta_{\gamma_k}\right)$ je Einheit Fremdkapital aus, eine private Finanzanlage erzielt dagegen die Rendite $r_{f,T} \cdot \left(1-\theta_{\hat{s}_{ek}}\right)$.[650] Summiert man die beiden Zahlungsströme, so folgt für den Steuervorteil in (C.5.2) aus dem gesamten im Unternehmen gebundenen Fremdkapital FK:[651]

$$\begin{aligned} \tilde{\varpi}_T = \varpi_T &= r_{f,T} \cdot \left[s \cdot \left(1-\theta_{\gamma_k}\right) - \theta_{\hat{s}_{ek}} + \theta_{\gamma_k} \right] \cdot \ell_{T-1} \cdot V_{T-1}^{\ell} + \theta_{\gamma_k} \cdot A_T \\ &= r_{f,T} \cdot tsm \cdot FK_{T-1} + \theta_{\gamma_k} \cdot A_T. \end{aligned} \tag{C.5.3}$$

s gibt einen annahmegemäß intertemporal konstanten Mischsatz an, der die Unternehmenssteuern erfasst.[652] Gegenüber den Überlegungen von *Miles/Ezzell* und *Löffler* ist der Steuervorteil um die präferenzgewichteten Durchschnittssteuersätze $\theta_{\hat{s}_{ek}}$ und θ_{γ_k} zu ergänzen.[653] Während der erste Summand in (C.5.3) den aus der Abzugsfähigkeit

[650] Vgl. *Ballwieser* [Unternehmensbewertung, 2004], S. 121-122 und S. 137, m.w.N.; *Lobe* [Marktbewertung, 2001], S. 647-650; *Drukarczyk/Lobe* [Halbeinkünfteverfahren, 2002], S. 4-9; *Drukarczyk/Lobe* [Methoden, 2001], S. 14-23; *Dinstuhl* [Halbeinkünfteverfahren, 2002], S. 81-84; *Baetge/Niemeyer/Kümmel* [DCF-Verfahren, 2005], S. 330; *Castedello/Davidson/Schlumberger* [Halbeinkünfteverfahren, 2004], S. 370-372; *Schultze* [Halbeinkünfteverfahren, 2005], S. 243-245; *Kuhner/Maltry* [Unternehmensbewertung, 2006], S. 211-230; grundlegend *Miller* [Debt, 1977], S. 266-268. Unterstellte man, dass Zinseinkünfte mit dem vollen Einkommensteuersatz $\hat{s}_e$ (und damit im Gleichgewicht mit $\theta_{\hat{s}_{ek}}$) belastet werden und Zinsauszahlungen in vollem Umfang von der Bemessungsgrundlage abzugsfähig sind, so wäre die Wertermittlung nicht präferenzabhängig.

[651] Vgl. für den Fall eines konstanten Verschuldungsgrades und ohne persönliche Steuern *Miles/Ezzell* [Note, 1985], S. 1486. Die Abkürzung tsm in (C.5.3) steht – in Anlehnung an *Dinstuhl* [Unternehmensbewertung, 2003], S. 86 – für Tax Shield-Multiplikator. *Schüler* [Halbeinkünfteverfahren, 2000], S. 1533, verwendet unzutreffend nicht den Steuerfaktor tsm, sondern den hälftigen Einkommensteuersatz zur Berechnung des Steuervorteils.

[652] Zu seiner Berechnung vgl. Kapitel B.5. Werden Unternehmens- und persönliche Steuern gleichzeitig in den Kalkül einbezogen, so wäre im Falle von Personengesellschaften die Abzugsfähigkeit der Gewerbe- von der Einkommensteuer des Eigners zu berücksichtigen. Vgl. hierzu *Husmann/Kruschwitz/Löffler* [Steuern, 2002], S. 27; *Wiese* [Steuern, 2006], S. 6-7. Dies unterbleibt hier vereinfachend.

[653] Vgl. hierzu a. *Laitenberger* [Einkommensteuer, 2003], S. 1227. Anders als bei *Ballwieser* [Unternehmensbewertung, 2004], S. 122 und S. 137, lässt sich der Term $\left[s \cdot \left(1-\theta_{\gamma_k}\right) - \theta_{\hat{s}_{ek}} + \theta_{\gamma_k} \right]$ in (C.5.3) nicht kürzer als $\left[s \cdot \left(1-\theta_{\gamma_k}\right) - \theta_{\gamma_k} \right]$ schreiben, da $\theta_{\gamma_k} \neq 0{,}5 \cdot \theta_{\hat{s}_{ek}}$ ist. Hintergrund dessen ist, dass die Steuersätze $\theta_{\hat{s}_{ek}}$ und θ_{γ_k} *präferenzgewichtet* sind.

von Fremdkapitalzinsen stammenden Vorteil aus Fremdfinanzierung (Kapitalstruktureffekt) angibt, steht $\theta_{\gamma_k} \cdot A_T$ für den Tilgungs- oder Ausschüttungsdifferenzeffekt. Letzterer resultiert aus Änderungen der Ausschüttungspolitik aufgrund von Veränderungen des Fremdkapitalbestands im Unternehmen.[654] Er errechnet sich als $\theta_{\gamma_k} \cdot \widetilde{A}_T = \theta_{\gamma_k} \cdot \left(\ell_{T-1} \cdot \widetilde{V}^{\ell}_{T-1} - \ell_T \cdot \widetilde{V}^{\ell}_T\right) = \theta_{\gamma_k} \cdot \left(\widetilde{FK}_{T-1} - \widetilde{FK}_T\right)$ und stellt grundsätzlich eine Zufallsvariable dar, da er bei wertorientierter Finanzierung – ebenso wie die Fremdkapitalbestände – von den stochastischen Schwankungen des Unternehmenswertes abhängig ist. In der letzten Periode erhält man den Ausschüttungsdifferenzeffekt mit $\theta_{\gamma_k} \cdot FK_{T-1} = \theta_{\gamma_k} \cdot \ell_{T-1} \cdot V^{\ell}_{T-1}$, sofern angenommen wird, dass der letzte Cashflow in T anfällt und folglich für den Wert in T $V^{\ell}_T = 0$ gilt.[655] Dies hat zur Konsequenz, dass A_T in T-1 sicher und folglich über eine Periode mit der risikolosen Nettorendite zu diskontieren ist.[656] Gleiches gilt für die übrigen Parameter in (C.5.3). Insbesondere ist V^{ℓ}_{T-1} aus Sicht von T-1 eine deterministische Größe, so dass auch ϖ_T sicher ist.[657] Damit lässt sich (C.5.2) über Einsetzen von (C.4.124) analog zu (C.4.125) als

$$\begin{aligned} V^{\ell}_{T-1} &= \frac{E_{T-1}\left(\tilde{X}_T\right)\left(1-\theta_{\gamma_k}\right) - \hat{\phi}_T \operatorname{cov}\left(\tilde{X}_T, \tilde{r}_{M,T}\right)}{1 + r_{f,T} \cdot \left(1-\theta_{\hat{s}_{ek}}\right)} + \frac{r_{f,T} \cdot tsm \cdot \ell_{T-1} V^{\ell}_{T-1} + \theta_{\gamma_k} A_T}{1 + r_{f,T} \cdot \left(1-\theta_{\hat{s}_{ek}}\right)} \\ &= \frac{E_{T-1}\left(\tilde{X}_T\right)\left[\left(1-\theta_{\gamma_k}\right) - \hat{\phi}_T \operatorname{cov}\left(\tilde{\varepsilon}_T, \tilde{r}_{M,T}\right)\right]}{1 + r_{f,T} \cdot \left(1-\theta_{\hat{s}_{ek}}\right)} + \frac{r_{f,T} \cdot tsm \cdot \ell_{T-1} V^{\ell}_{T-1} + \theta_{\gamma_k} A_T}{1 + r_{f,T} \cdot \left(1-\theta_{\hat{s}_{ek}}\right)} \end{aligned} \tag{C.5.4}$$

schreiben. Formt man die Sicherheitsäquivalentformulierung (C.5.4) zur Risikozuschlagsmethode um, so ergibt sich über (C.4.126)

---

[654] Vgl. *Braun* [Steuern, 2005], S. 202-204; *Dinstuhl* [Unternehmensbewertung, 2003], S. 89-90; *Ballwieser* [Unternehmensbewertung, 2004], S. 135; *Drukarczyk* [Unternehmensbewertung, 2003], S. 250; *Laitenberger* [Einkommensteuer, 2003], S. 1224 und S. 1227; *Husmann/Kruschwitz/Löffler* [Steuern, 2002], S. 33; *Husmann/Kruschwitz/Löffler* [Ertragsteuern, 2001], S. 13-15; *Schüler* [Halbeinkünfteverfahren, 2000], S. 1533. A > bedeutet Tilgung, A < 0 Aufnahme von Fremdkapital. Überschüsse, die zur Tilgung verwandt werden, können nicht ausgeschüttet werden und entgehen folglich der Einkommensteuerbelastung mit θ_{γ_k}. *Schultze* [Methoden, 2003], S. 409, vernachlässigt diesen Teil des Steuervorteils.

[655] Vgl. zu dieser Annahme a. *Myers/Turnbull* [News, 1977], S. 323. Legt man ein Phasenmodell zugrunde, so ließe sich alternativ unterstellen, dass der Fremdkapitalbestandbestand im Planungshorizont T gleich jenem in T+1 ist und folglich A_{T+1} gleich 0 ist. Anderenfalls fiele in der ersten Periode der Rentenphase noch einmalig ein Ausschüttungsdifferenzeneffekt an, was der Rentenannahme zuwider liefe.

[656] Vgl. a. *Laitenberger* [Einkommensteuer, 2003], S. 1230.

[657] Vgl. analog *Miles/Ezzell* [Note, 1985], S. 1486.

$$V^{\ell}_{T-1} = \frac{E_{T-1}\left(\tilde{X}_T\right)\cdot\left(1-\theta_{\gamma_k}\right)}{1+\bar{r}_{j,T}\cdot\left(1-\theta_{\gamma_k}\right)} + \frac{r_{f,T}\cdot tsm\cdot\ell_{T-1}V^{\ell}_{T-1}+\theta_{\gamma_k}A_T}{1+r_{f,T}\cdot\left(1-\theta_{\hat{s}_{ek}}\right)}, \qquad \text{(C.5.5)}$$

wobei $\bar{r}_{j,T}\cdot\left(1-\theta_{\gamma_k}\right)$ der Renditeforderung aus dem einperiodigen Steuer-CAPM (C.4.120) entspricht. Löst man (C.5.5) nach V^{ℓ}_{T-1} auf, dann erhält man[658]

$$V^{\ell}_{T-1} = \frac{E_{T-1}\left(\tilde{X}_T\right)\cdot\left(1-\theta_{\gamma_k}\right)}{\left(1+\bar{r}_{j,T}\cdot\left(1-\theta_{\gamma_k}\right)\right)\cdot\Pi_T} + \frac{\theta_{\gamma_k}A_T}{\left(1+r_{f,T}\cdot\left(1-\theta_{\hat{s}_{ek}}\right)\right)\cdot\Pi_T} \qquad \text{(C.5.6)}$$

mit $\Pi_t = \left(1-\frac{r_{f,t}\cdot tsm\cdot\ell_{t-1}}{1+r_{f,t}\cdot\left(1-\theta_{\hat{s}_{ek}}\right)}\right)$. Aus Perspektive von T-2 lässt sich der Wert des verschuldeten Unternehmens V^{ℓ}_{T-2} zunächst allgemein durch

$$V^{\ell}_{T-2} = \pi_{T-2}\left(\tilde{X}_{T-1}\right)+\pi_{T-2}\left(\tilde{\varpi}_{T-1}\right)+\pi_{T-2}\left(\tilde{V}^{\ell}_{T-1}\right) \qquad \text{(C.5.7)}$$

kennzeichnen.[659] Für das erste Bewertungsfunktional $\pi_t(\cdot)$ ergeben sich keine Besonderheiten gegenüber dem gekennzeichneten einperiodigen Problem, so dass analog zu (C.5.5)

$$\pi_{T-2}\left(\tilde{X}_{T-1}\right) = \frac{E_{T-2}\left(\tilde{X}_{T-1}\right)\cdot\left(1-\theta_{\gamma_k}\right)}{1+\bar{r}_{j,T-1}\cdot\left(1-\theta_{\gamma_k}\right)} \qquad \text{(C.5.8)}$$

gilt.[660] Mit Blick auf den Steuervorteil ist zu beachten, dass der Ausschüttungsdifferenzeffekt mit risikoadjustierten Kapitalkosten zu diskontieren ist, da der in $\tilde{A}_{T-1}$ enthaltene Wert $\tilde{V}^{\ell}_{T-1}$ aus Sicht von $T-2$ stochastisch ist:

$$\pi_{T-2}\left(\tilde{\varpi}_{T-1}\right) = \pi_{T-2}\left(\varpi_{T-1}\right) = \frac{r_{f,T-1}\cdot tsm\cdot\ell_{T-2}V^{\ell}_{T-2}}{1+r_{f,T-1}\cdot\left(1-\theta_{\hat{s}_{ek}}\right)} + \frac{\theta_{\gamma_k}E_{T-2}\left(\tilde{A}_{T-1}\right)}{1+\bar{r}_{j,T-1}\cdot\left(1-\theta_{\gamma_k}\right)}. \qquad \text{(C.5.9)}$$

---

658 Vgl. analog *Miles/Ezzell* [Clarification, 1980], S. 725.
659 Vgl. *Miles/Ezzell* [Note, 1985], S. 1486.
660 Erneut ist ϖ_{T-1} aus Sicht von T-2 deterministisch.

Dabei wird angenommen, dass $\widetilde{A}_{T-1}$ die gleiche Risikoklasse wie $\tilde{X}_{T-1}$ besitzt, so dass beide Überschussbestandteile mit dem gleichen Kapitalkostensatz $\overline{r}_{j,T-1}$ diskontiert werden können. Für $\pi_{T-2}\left(\tilde{V}_{T-1}^{\ell}\right)$ erhält man zunächst[661]

$$\pi_{T-2}\left(\tilde{V}_{T-1}^{\ell}\right)=\frac{E_{T-2}\left(\tilde{V}_{T-1}^{\ell}\right)-\hat{\phi}_{T-1}\cdot \operatorname{cov}\left(\tilde{V}_{T-1}^{\ell},\tilde{r}_{M,T-1}\right)}{1+r_{f,T-1}\cdot\left(1-\theta_{\hat{s}_{ek}}\right)} \tag{C.5.10}$$

mit

$$\tilde{V}_{T-1}^{\ell}=\frac{\widetilde{E}_{T-1}\left(\tilde{X}_T\right)\cdot\left[\left(1-\theta_{\gamma_k}\right)-\hat{\phi}_T \operatorname{cov}\left(\tilde{\varepsilon}_T,\tilde{r}_{M,T}\right)\right]+r_{f,T}\cdot tsm\cdot \ell_{T-1}\tilde{V}_{T-1}^{\ell}+\theta_{\gamma_k}\widetilde{A}_T}{1+r_{f,T}\cdot\left(1-\theta_{\hat{s}_{ek}}\right)}. \tag{C.5.11}$$

Einsetzen von (C.5.11) in (C.5.10) liefert nach einigen Umformungen[662]

$$\begin{aligned}\pi_{T-2}\left(\tilde{V}_{T-1}^{\ell}\right)=&\frac{E_{T-2}\left(\tilde{X}_T\right)\cdot\left(\left(1-\theta_{\gamma_k}\right)-\hat{\phi}_T\cdot\sigma_{\varepsilon M,T}\right)\cdot\left(1-\hat{\phi}_{T-1}\cdot\sigma_{\varepsilon M,T-1}\right)}{\left(1+r_{f,T}\cdot\left(1-\theta_{\hat{s}_{ek}}\right)\right)\cdot\left(1+r_{f,T-1}\cdot\left(1-\theta_{\hat{s}_{ek}}\right)\right)}\\&+\frac{E_{T-2}\left[r_{f,T}\cdot tsm\cdot \ell_{T-1}\tilde{V}_{T-1}^{\ell}+\theta_{\gamma_k}\widetilde{A}_T\right]\cdot\left(1-\hat{\phi}_{T-1}\cdot\sigma_{\varepsilon M,T-1}\right)}{\left(1+r_{f,T}\cdot\left(1-\theta_{\hat{s}_{ek}}\right)\right)\cdot\left(1+r_{f,T-1}\cdot\left(1-\theta_{\hat{s}_{ek}}\right)\right)},\end{aligned} \tag{C.5.12}$$

woraus wegen (C.4.126) und (C.4.127)

$$\begin{aligned}\pi_{T-2}\left(\tilde{V}_{T-1}^{\ell}\right)=&\frac{E_{T-2}\left(\tilde{X}_T\right)\cdot\left(1-\theta_{\gamma_k}\right)}{\left(1+\overline{r}_{j,T}\cdot\left(1-\theta_{\gamma_k}\right)\right)\cdot\left(1+\overline{r}_{j,T-1}\cdot\left(1-\theta_{\gamma_k}\right)\right)}\\&+\frac{E_{T-2}\left(r_{f,T}\cdot tsm\cdot \ell_{T-1}\tilde{V}_{T-1}^{\ell}+\theta_{\gamma_k}\cdot\widetilde{A}_T\right)}{\left(1+r_{f,T}\cdot\left(1-\theta_{\hat{s}_{ek}}\right)\right)\cdot\left(1+\overline{r}_{j,T-1}\cdot\left(1-\theta_{\gamma_k}\right)\right)}\end{aligned} \tag{C.5.13}$$

wird. Damit ergibt sich der Unternehmenswert aus Perspektive von T-2 als

---

661 Vgl. hierzu und im Folgenden für einen konstanten Verschuldungsgrad *Miles/Ezzell* [Note, 1985], S. 1487.

662 Vgl. zur Ableitung von (C.5.12) Anhang 4.

$$V_{T-2}^{\ell}=\frac{E_{T-2}\left(\tilde{X}_{T-1}\right)\cdot\left(1-\theta_{\gamma_k}\right)}{1+\overline{r}_{j,T-1}\cdot\left(1-\theta_{\gamma_k}\right)}+\frac{r_{f,T-1}\cdot tsm\cdot\ell_{T-2}V_{T-2}^{\ell}}{1+r_{f,T-1}\cdot\left(1-\theta_{\hat{s}_{ek}}\right)}+\frac{\theta_{\gamma_k}E_{T-2}\left(\widetilde{A}_{T-1}\right)}{1+\overline{r}_{j,T-1}\cdot\left(1-\theta_{\gamma_k}\right)}$$

$$+\frac{E_{T-2}\left(\tilde{X}_{T}\right)\cdot\left(1-\theta_{\gamma_k}\right)}{\left(1+\overline{r}_{j,T}\cdot\left(1-\theta_{\gamma_k}\right)\right)\cdot\left(1+\overline{r}_{j,T-1}\cdot\left(1-\theta_{\gamma_k}\right)\right)} \tag{C.5.14}$$

$$+\frac{r_{f,T}\cdot tsm\cdot\ell_{T-1}\cdot E_{T-2}\left(\tilde{V}_{T-1}^{\ell}\right)+\theta_{\gamma_k}\cdot E_{T-2}\left(\widetilde{A}_{T}\right)}{\left(1+r_{f,T}\cdot\left(1-\theta_{\hat{s}_{ek}}\right)\right)\cdot\left(1+\overline{r}_{j,T-1}\cdot\left(1-\theta_{\gamma_k}\right)\right)}$$

mit $\overline{r}_{j,t}\cdot\left(1-\theta_{\gamma_k}\right)$ aus dem Steuer-CAPM (C.4.120). Löst man (C.5.14) nach V_{T-2}^{ℓ} auf, so gelangt man über Umformungen zu[663]

$$V_{T-2}^{\ell}=\frac{E_{T-2}\left(\tilde{X}_{T-1}\right)\cdot\left(1-\theta_{\gamma_k}\right)}{\left(1+\overline{r}_{j,T-1}\cdot\left(1-\theta_{\gamma_k}\right)\right)\cdot\Pi_{T-1}}+\frac{\theta_{\gamma_k}E_{T-2}\left(\widetilde{A}_{T-1}\right)}{\left(1+\overline{r}_{j,T-1}\cdot\left(1-\theta_{\gamma_k}\right)\right)\cdot\Pi_{T-1}}$$

$$+\frac{E_{T-2}\left(\tilde{X}_{T}\right)\left(1-\theta_{\gamma_k}\right)}{\left(1+\overline{r}_{j,T}\cdot\left(1-\theta_{\gamma_k}\right)\right)\cdot\Pi_{T}\cdot\left(1+\overline{r}_{j,T-1}\cdot\left(1-\theta_{\gamma_k}\right)\right)\cdot\Pi_{T-1}} \tag{C.5.15}$$

$$+\frac{\theta_{\gamma_k}\cdot E_{T-2}\left(\widetilde{A}_{T}\right)}{\left(1+r_{f,T}\cdot\left(1-\theta_{\hat{s}_{ek}}\right)\right)\cdot\Pi_{T}\cdot\left(1+\overline{r}_{j,T-1}\cdot\left(1-\theta_{\gamma_k}\right)\right)\cdot\Pi_{T-1}}.$$

Den Unternehmensgesamtwert erhält man, indem die Rekursion bis auf t = 0 fortgeführt wird:

$$V_{0}^{\ell}=\sum_{t=1}^{T}\frac{E_{0}\left(\tilde{X}_{t}\right)\cdot\left(1-\theta_{\gamma_k}\right)}{\prod_{\kappa=1}^{t}\left(1+\overline{r}_{j,\kappa}\cdot\left(1-\theta_{\gamma_k}\right)\right)\cdot\Pi_{\kappa}}+\sum_{t=1}^{T-1}\frac{\theta_{\gamma_k}E_{0}\left(\widetilde{A}_{t}\right)}{\prod_{\kappa=1}^{t}\left(1+\overline{r}_{j,\kappa}\cdot\left(1-\theta_{\gamma_k}\right)\right)\cdot\Pi_{\kappa}}$$

$$+\frac{\theta_{\gamma_k}E_{0}\left(\widetilde{A}_{T}\right)}{\left(1+r_{f,T}\cdot\left(1-\theta_{\hat{s}_{ek}}\right)\right)\cdot\Pi_{T}\cdot\prod_{\kappa=1}^{T-1}\left(1+\overline{r}_{j,\kappa}\cdot\left(1-\theta_{\gamma_k}\right)\right)\cdot\Pi_{\kappa}}. \tag{C.5.16}$$

[663] Vgl. zur Ableitung von (C.5.15) Anhang 4. Eine zu (C.5.15) strukturgleiche Beziehung findet sich bei *Löffler* [Anmerkungen, 2004], S. 937, und *Löffler* [Arbitrage, 2002], S. 8.

Dabei ist $\overline{r}_{j,\kappa}\cdot\left(1-\theta_{\gamma_k}\right)=r_{f,\kappa}\cdot\left(1-\theta_{\hat{s}_{ek}}\right)+\beta_{j,\kappa}\cdot\left(\overline{r}_{M,\kappa}\cdot\left(1-\theta_{\gamma_k}\right)-r_{f,\kappa}\cdot\left(1-\theta_{\hat{s}_{ek}}\right)\right)$. Der erste Teil der Bewertungsgleichung (C.5.16) entspricht strukturell dem Ergebnis von *Löffler*[664], der jedoch - ebenso wie *Miles/Ezzell* – vereinfachend intertemporal konstante Kapitalkosten $\overline{r}_j$ und r_f voraussetzt und persönliche Steuern vernachlässigt.[665] Der zweite Term in (C.5.16) zeigt, dass der Ausschüttungsdifferenzterm $\theta_{\gamma_k} E_0\left(\widetilde{A}_t\right)$ grundsätzlich mit risikoadjustierten Kapitalkosten zu diskontieren ist. Allein in der letzten Periode T ist $\theta_{\gamma_k} E_0\left(\widetilde{A}_T\right)$ einmalig mit dem risikolosen und in allen übrigen Perioden mit dem risikoadjustierten Zinsfuß nach t = 0 zu befördern. Letzteres ergibt sich aus der Annahme, dass das betrachtete Unternehmen in T liquidiert wird.

Abschließend ist zu zeigen, dass es sich bei den Diskontierungssätzen[666]

$$1+k_\tau=\left(1+\overline{r}_{j,\kappa}\cdot\left(1-\theta_{\gamma_k}\right)\right)\cdot\left(1-\frac{r_{f,\kappa}\cdot tsm\cdot\ell_{\kappa-1}}{1+r_{f,\kappa}\cdot\left(1-\theta_{\hat{s}_{ek}}\right)}\right) \qquad \text{(C.5.17)}$$

in (C.5.16) um periodenspezifische WACC k_κ handelt. Dieser Nachweis wird hier deswegen nochmals explizit erbracht, weil sowohl die Darstellungen von *Miles/Ezzell* als auch von *Löffler* persönliche Steuern unbeachtet lassen. Der erwartete Cashflow der Periode $\kappa+1$ aus dem Unternehmen an die Eigentümer ist[667]

$$\left[E_\kappa\left(\tilde{X}^{vSt.}_{\kappa+1}\right)-r_{f,\kappa}\cdot FK_\kappa\right]\cdot(1-s_c)\cdot\left(1-\theta_{\gamma_k}\right)+FK_{\kappa+1}-FK_\kappa+\left(1-\ell_{\kappa+1}\right)V^\ell_{\kappa+1} \qquad \text{(C.5.18)}$$

mit $\tilde{X}^{vSt.}_{\kappa+1}$ als Cashflow vor persönlichen und Unternehmenssteuern. Für den Unternehmenssteuersatz gilt $s_c=s_{Gew}+s_{KSt}\left(1-s_{Gew}\right)$.[668] Werden FK_κ und $FK_{\kappa+1}$ durch $\ell_\kappa V^\ell_\kappa$ und $\ell_{\kappa+1}V^\ell_{\kappa+1}$ ersetzt, dann folgt

---

664 Vgl. *Löffler* [Anmerkungen, 2004], S. 936 und S. 938; *Löffler* [Arbitrage, 2002], S. 8; vgl. a. *Kruschwitz/Löffler* [Steuervorteile, 1999], S. 12.

665 Daneben nimmt *Löffler* [Ratio, 1998], S. 4, an, dass der Bewerter in t = 0 nur den Fremdkapitalbestand, in t > 0 dagegen den Verschuldungsgrad kennt. Dem wird hier nicht gefolgt.

666 Werden persönliche Steuern vernachlässigt, so reduziert sich (C.5.17) zum Ergebnis von *Miles/Ezzell*. Vgl. *Miles/Ezzell* [Clarification, 1980], S. 726. *Löffler* [Kapitalkosten, 2002], S. 296-300, und *Löffler* [Arbitrage, 2002], S. 3-5, zeigt, dass die *Miles/Ezzell*-Anpassung Arbitragegelegenheiten erzeugen kann. Vgl. hierzu a. *Schwetzler/Rapp* [Arbitrage, 2002], S. 503-505; *Löffler* [WACC, 2002], S. 507-509; *Streitferdt* [Verschuldungsgrad, 2004], S. 46-49.

667 Vgl. hierzu und zum folgenden Vorgehen *Miles/Ezzell* [Clarification, 1980], S. 726-727.

668 Vgl. Kapitel B.5.

$$\left[E_\kappa\left(\tilde{X}^{\text{vSt.}}_{\kappa+1}\right)-r_{f,\kappa}\cdot\ell_\kappa V^\ell_\kappa\right]\cdot(1-s_c)\cdot\left(1-\theta_{\gamma_k}\right)+\ell_{\kappa+1}V^\ell_{\kappa+1}-\ell_\kappa V^\ell_\kappa+(1-\ell_{\kappa+1})V^\ell_{\kappa+1},$$

$$E_\kappa\left(\tilde{X}_{\kappa+1}\right)\cdot\left(1-\theta_{\gamma_k}\right)-\ell_\kappa V^\ell_\kappa\cdot\left[1+r_{f,\kappa}\cdot(1-s_c)\cdot\left(1-\theta_{\gamma_k}\right)\right]+V^\ell_{\kappa+1}. \tag{C.5.19}$$

Bei der Ableitung dieser Darstellung unterläuft *Miles/Ezzell* ein Fehler;[669] sie rechnen allerdings mit der richtigen Gleichung (C.5.19) weiter. Dividieren von (C.5.19) durch $(1-\ell_\kappa)V^\ell_\kappa$ liefert[670]

$$1+\overline{r}^{\ell,s}_{j,\kappa+1}=\frac{E_\kappa\left(\tilde{X}_{\kappa+1}\right)\left(1-\theta_{\gamma_k}\right)+V^\ell_{\kappa+1}}{(1-\ell_\kappa)V^\ell_\kappa}-\frac{\ell_\kappa V^\ell_\kappa\left[1+r_{f,\kappa}(1-s_c)\left(1-\theta_{\gamma_k}\right)\right]}{(1-\ell_\kappa)V^\ell_\kappa},$$

$$1+\overline{r}^{\ell,s}_{j,\kappa+1}=\frac{(1+k_{\kappa+1})}{(1-\ell_\kappa)}-\frac{\ell_\kappa\left[1+r_{f,\kappa}\cdot(1-s_c)\cdot\left(1-\theta_{\gamma_k}\right)\right]}{(1-\ell_\kappa)}, \tag{C.5.20}$$

wobei $\overline{r}^{\ell,s}_{j,\kappa+1}$ die Eigenkapitalkosten des verschuldeten Unternehmens nach persönlichen Steuern bezeichnet. Auflösen nach $k_{\kappa+1}$ erzeugt die gewogenen Kapitalkosten WACC:[671]

$$(1+k_{\kappa+1})=\left(1+\overline{r}^{\ell,s}_{j,\kappa+1}\right)\cdot(1-\ell_\kappa)+\ell_\kappa\left(1+r_{f,\kappa}\cdot(1-s_c)\cdot\left(1-\theta_{\gamma_k}\right)\right),$$

$$k_{\kappa+1}=\overline{r}^{\ell,s}_{j,\kappa+1}\cdot(1-\ell_\kappa)+\ell_\kappa r_{f,\kappa}\cdot(1-s_c)\cdot\left(1-\theta_{\gamma_k}\right). \tag{C.5.21}$$

Dies entspricht erneut strukturell den Ergebnissen von *Löffler*.[672] Allerdings periodisiert er den Verschuldungsgrad in (C.5.21) unzutreffend mit $\ell_{\kappa+1}$ anstatt mit ℓ_κ. Wie sich der Eigenkapitalkostensatz des verschuldeten Unternehmens $\overline{r}^{\ell,s}_{j,\kappa+1}$ in (C.5.21) errechnet, wird hier zunächst offen gelassen und in Kapitel C.5.2.1 nachgetragen.

---

669 Vgl. die der Beziehung (21) vorausgehende Gleichung bei *Miles/Ezzell* [Clarification, 1980], S. 727.

670 Vgl. hierzu und zum Folgenden *Miles/Ezzell* [Clarification, 1980], S. 727.

671 Vgl. *Ballwieser* [Unternehmensbewertung, 2004], S. 156 und S. 160; im Ergebnis a. *Laitenberger* [Einkommensteuer, 2003], S. 1233.

672 Vgl. *Löffler* [Ratio, 1998], S. 6.

5.1.1.2 Präferenz für Zahlungen des verschuldeten Unternehmens

Weist der Entscheider eine Präferenz für Zahlungen eines verschuldeten Unternehmens auf, so muss er sich zur Erreichung seiner gewünschten Risikoposition privat verschulden, wobei die hälftige Abzugsfähigkeit privater Zinsauszahlungen von der Bemessungsgrundlage der Einkommensteuer zu beachten ist. Hieraus resultiert in Abweichung zu (C.5.3) mit

$$\tilde{\varpi}_T = \varpi_T = r_{f,T} \cdot s \cdot \left(1-\theta_{\gamma_k}\right) \cdot \ell_{T-1} \cdot V_{T-1}^{\ell} + \theta_{\gamma_k} \cdot A_T = r_{f,T} \cdot tsm^v \cdot FK_{T-1} + \theta_{\gamma_k} \cdot A_T \qquad \text{(C.5.22)}$$

der Steuervorteil bei Präferenz für Zahlungen des verschuldeten Unternehmens mit tsm^v als entsprechendem Tax Shield-Multiplikator.[673] Dabei ist zu beachten, dass der risikolose Zinssatz zur Abzinsung der Vorteile aus Fremdfinanzierung und Ausschüttungsdifferenzen nicht mehr – wie in Kapitel C.5.1.1.1 – mit $\theta_{\hat{s}_{ek}}$, sondern mit θ_{γ_k} zu belasten ist.

Die zum Unternehmensgesamtwert führende Ableitung wird im Folgenden nur in großen Schritten durchgeführt, da sie analog zur Herleitung des Modells in Kapitel C.5.1.1.1 verläuft. So resultiert unter den getroffenen Annahmen anstelle von (C.5.6)

$$V_{T-1}^{\ell} = \frac{E_{T-1}\left(\tilde{X}_T\right) \cdot \left(1-\theta_{\gamma_k}\right)}{\left(1+\bar{r}_{j,T} \cdot \left(1-\theta_{\gamma_k}\right)\right) \cdot \Pi_T^v} + \frac{\theta_{\gamma_k} A_T}{\left(1+r_{f,T} \cdot \left(1-\theta_{\gamma_k}\right)\right) \cdot \Pi_T^v} \qquad \text{(C.5.23)}$$

mit $\Pi_t^v = \left(1 - \frac{r_{f,t} \cdot tsm^v \cdot \ell_{t-1}}{1+r_{f,t} \cdot \left(1-\theta_{\gamma_k}\right)}\right)$. Eine wesentliche Veränderung des Kalküls ergibt sich bei der Bestimmung des Bewertungsfunktionals $\pi_{T-2}\left(\tilde{V}_{T-1}^{\ell}\right)$ aus (C.5.7). Hier muss die (C.5.11) entsprechende Beziehung

$$\tilde{V}_{T-1}^{\ell} = \frac{\tilde{E}_{T-1}\left(\tilde{X}_T\right)\left[\left(1-\theta_{\gamma_k}\right) - \hat{\phi}_T \operatorname{cov}\left(\tilde{\varepsilon}_T, \tilde{r}_{M,T}\right)\right]}{1+r_{f,T} \cdot \left(1-\theta_{\hat{s}_{ek}}\right)} + \frac{r_{f,T} tsm^v \ell_{T-1} \tilde{V}_{T-1}^{\ell} + \theta_{\gamma_k} \tilde{A}_T}{1+r_{f,T} \cdot \left(1-\theta_{\gamma_k}\right)} \qquad \text{(C.5.24)}$$

[673] Vgl. *Drukarczyk* [Unternehmensbewertung, 2003], S. 253; *Ballwieser* [Unternehmensbewertung, 2004], S. 125-127 und S. 138.

lauten. Der Diskontierungssatz im ersten Term ist – den getroffenen Annahmen zum Steuer-CAPM entsprechend[674] – um den Faktor $\left(1-\theta_{\hat{s}_{ek}}\right)$ zu vermindern. Demgegenüber ist der Zinssatz im zweiten Term von (C.5.24) aufgrund der Übertragung des Arbitragebeweises von *Modigliani/Miller* auf das Halbeinkünfteverfahren nur mit $\left(1-\theta_{\gamma_k}\right)$ zu kürzen. Aus diesem Grund ist (C.5.12) durch

$$\pi_{T-2}\left(\tilde{V}^{\ell}_{T-1}\right)=\frac{E_{T-2}\left(\tilde{X}_T\right)\cdot\left[\left(1-\theta_{\gamma_k}\right)-\hat{\phi}_T\cdot\sigma_{\varepsilon M,T}\right]\cdot\left(1-\hat{\phi}_{T-1}\cdot\sigma_{\varepsilon M,T-1}\right)}{\left(1+r_{f,T-1}\cdot\left(1-\theta_{\hat{s}_{ek}}\right)\right)\cdot\left(1+r_{f,T}\cdot\left(1-\theta_{\hat{s}_{ek}}\right)\right)}$$
$$+\frac{E_{T-2}\left[\left(r_{f,T}\cdot tsm^{v}\cdot\ell_{T-1}\tilde{V}^{\ell}_{T-1}+\theta_{\gamma_k}\widetilde{A}_T\right)\right]\cdot\left(1-\hat{\phi}_{T-1}\cdot\sigma_{\varepsilon M,T-1}\right)}{\left(1+r_{f,T-1}\cdot\left(1-\theta_{\hat{s}_{ek}}\right)\right)\cdot\left(1+r_{f,T}\cdot\left(1-\theta_{\gamma_k}\right)\right)}, \tag{C.5.25}$$

zu ersetzen. Aus Sicht von T-2 stellt sich der Unternehmensgesamtwert damit als[675]

$$V^{\ell}_{T-2}=\frac{E_{T-2}\left(\tilde{X}_{T-1}\right)\cdot\left(1-\theta_{\gamma_k}\right)}{\left(1+\bar{r}_{j,T-1}\cdot\left(1-\theta_{\gamma_k}\right)\right)\cdot\Pi^{v}_{T-1}}+\frac{\theta_{\gamma_k}E_{T-2}\left(\widetilde{A}_{T-1}\right)}{\left(1+\bar{r}_{j,T-1}\cdot\left(1-\theta_{\gamma_k}\right)\right)\cdot\Pi^{v}_{T-1}}$$
$$+\frac{E_{T-2}\left(\tilde{X}_T\right)\cdot\left(1-\theta_{\gamma_k}\right)}{\left(1+\bar{r}_{j,T}\cdot\left(1-\theta_{\gamma_k}\right)\right)\cdot\left(1+\bar{r}_{j,T-1}\cdot\left(1-\theta_{\gamma_k}\right)\right)\cdot\Pi^{v}_{T}\cdot\Pi^{v}_{T-1}} \tag{C.5.26}$$
$$+\frac{\theta_{\gamma_k}\cdot E_{T-2}\left(\widetilde{A}_T\right)}{\left(1+r_{f,T}\cdot\left(1-\theta_{\gamma_k}\right)\right)\cdot\left(1+\bar{r}_{j,T-1}\cdot\left(1-\theta_{\gamma_k}\right)\right)\cdot\Pi^{v}_{T}\cdot\Pi^{v}_{T-1}}.$$

und in t = 0 als

[674] Das in den Kapiteln C.4.2.1 bis C.4.2.3 diskutierte Steuer-CAPM bildet eine asymmetrische Behandlung von Zinseinkünften und -auszahlungen nicht ab.

[675] Vgl. zur Ableitung von (C.5.26) Anhang 4. Zur Diskussion dieses Aspekts vgl. Kapitel C.5.1.3.

$$V_0^\ell = \sum_{t=1}^{T} \frac{E_0\left(\tilde{X}_t\right)\cdot\left(1-\theta_{\gamma_k}\right)}{\prod_{\kappa=1}^{t}\left(1+\overline{r}_{j,\kappa}\cdot\left(1-\theta_{\gamma_k}\right)\right)\cdot\Pi_\kappa} + \sum_{t=1}^{T-1} \frac{\theta_{\gamma_k} E_0\left(\widetilde{A}_t\right)}{\prod_{\kappa=1}^{t}\left(1+\overline{r}_{j,\kappa}\cdot\left(1-\theta_{\gamma_k}\right)\right)\cdot\Pi_\kappa}$$
$$+ \frac{\theta_{\gamma_k} E_0\left(\widetilde{A}_T\right)}{\left(1+r_{f,T}\cdot\left(1-\theta_{\gamma_k}\right)\right)\cdot\Pi_T\cdot\prod_{\kappa=1}^{T-1}\left(1+\overline{r}_{j,\kappa}\cdot\left(1-\theta_{\gamma_k}\right)\right)\cdot\Pi_\kappa}. \quad \text{(C.5.27)}$$

dar. Gegenüber Beziehung (C.5.16) ist im Nenner des zweiten Terms von (C.5.27) der risikolose Zins um θ_{γ_k} statt um $\theta_{\hat{s}_{ek}}$ zu kürzen.

5.1.2 Wachstum

Im Folgenden sollen die Modelle (C.5.16) und (C.5.27) unter der aus den Kapiteln B.4 und C.3.2.1 bekannten Annahme unendlichen konstanten geometrischen Wachstums abgeleitet werden. Für diesen Fall ist die Prämisse periodenspezifischer Verschuldungsgrade und Kapitalkosten aufzugeben. Zentral für die folgenden Überlegungen ist der Zusammenhang[676]

$$E_t\left(\tilde{X}_{t+1}\right) = \left(1+\tilde{\varepsilon}_t\right)\cdot E_{t-1}\left(\tilde{X}_t\right)\cdot\left(1+w\right) \quad \forall\, t \quad \text{(C.5.28)}$$

zwischen den Perioden, der ein systematisches Wachstum des Erwartungswerts der Free Cashflows mit einer konstanten Rate w zum Ausdruck bringt. Wenn der Free Cashflow mit w wächst, so wächst auch der Wert des verschuldeten Unternehmens

$$V_0^\ell = \frac{E_0\left(\tilde{X}_1\right)\cdot\left(1-\theta_{\gamma_k}\right)}{k-w} \quad \text{(C.5.29)}$$

mit Fortschreiten der Zeit um jede Periode mit der gleichen Rate. Daher müssen – um den Verschuldungsgrad im Unendlichkeitskalkül konstant halten zu können – der Fremdkapitalbestand sowie die mit ihm verbundenen Steuervorteile wegen $\ell \equiv \widetilde{FK}_1/\tilde{V}_1^\ell$ ebenfalls mit der Rate w wachsen. Gleiches hat für den Marktwert des Eigenkapitals zu gelten. Das Wachstum ist bei unterstellter Vollausschüttung vollständig fremdfinanziert.[677] Dies aber bedeutet, dass auch in der Rentenphase von periodenspezifischen Fremdkapitalbeständen und folglich Steuervorteilen auszugehen ist. Auf die

---

676 Vgl. analog *Myers/Turnbull* [News, 1977], S. 325, die Finanzierungseinflüsse außer Acht lassen, sowie Kapitel C.3.2.1.1, Gleichung (C.3.10).

677 Vgl. *Ballwieser* [Unternehmensbewertung, 2004], S. 65.

in Kapitel C.5.1.1.1 aus Perspektive von T-1 gewonnenen Werte V_{T-1}^{ℓ} hat die Wachstumsprämisse keinen Einfluss. Man kann daher direkt an Beziehung (C.5.14) anknüpfen und auf ihrer Grundlage den Wert aus Sicht von T-2 als

$$V_{T-2}^{\ell} = \frac{E_{T-2}\left(\tilde{X}_{T-1}\right)\cdot\left(1-\theta_{\gamma_k}\right)}{1+\overline{r}_j\cdot\left(1-\theta_{\gamma_k}\right)} + \frac{E_{T-2}\left(\tilde{X}_{T-1}\right)\cdot\left(1-\theta_{\gamma_k}\right)\cdot(1+w)}{\left(1+\overline{r}_j\cdot\left(1-\theta_{\gamma_k}\right)\right)^2}$$

$$+\frac{\theta_{\gamma_k} E_{T-2}\left(\tilde{A}_{T-1}\right)}{1+\overline{r}_j\cdot\left(1-\theta_{\gamma_k}\right)} + \frac{\theta_{\gamma_k} E_{T-2}\left(\tilde{A}_{T-1}\right)\cdot(1+w)}{\left(1+\overline{r}_j\cdot\left(1-\theta_{\gamma_k}\right)\right)^2} \tag{C.5.30}$$

$$+\frac{r_f\cdot tsm\cdot\ell\cdot V_{T-2}^{\ell}}{1+r_f\cdot\left(1-\theta_{\hat{s}_{ek}}\right)} + \frac{r_f\cdot tsm\cdot\ell\cdot E_{T-2}\left(\tilde{V}_{T-1}^{\ell}\right)}{\left(1+r_f\cdot\left(1-\theta_{\hat{s}_{ek}}\right)\right)\cdot\left(1+\overline{r}_j\cdot\left(1-\theta_{\gamma_k}\right)\right)}$$

mit $\overline{r}_j\cdot\left(1-\theta_{\gamma_k}\right)$ aus dem Steuer-CAPM (C.4.120) formulieren. Die ersten beiden Komponenten des Unternehmenswertes (C.5.30) – der Wert des unverschuldeten Unternehmens sowie der Ausschüttungsdifferenzeffekt – gehen bei unendlichem Planungshorizont in

$$\frac{E_0\left(\tilde{X}_1\right)\cdot\left(1-\theta_{\gamma_k}\right)}{\overline{r}_j\cdot\left(1-\theta_{\gamma_k}\right)-w} + \frac{\theta_{\gamma_k} E_0\left(\tilde{A}_1\right)}{\overline{r}_j\cdot\left(1-\theta_{\gamma_k}\right)-w} \tag{C.5.31}$$

über.[678] Mit Blick auf den Kapitalstruktureffekt ist zu differenzieren: Aus Perspektive von t = 0 ist der Steuervorteil in t = 1 deterministisch, da V_0^{ℓ} sicher ist. Demgegenüber sind die künftigen Unternehmenswerte, der wertorientierten Finanzierungspolitik entsprechend, unsicher und daher mit $E_t\left(\tilde{V}_{t+1}^{\ell}\right)\forall\, t>0$ zu notieren. Infolgedessen ist der Kapitalstruktureffekt aus Sicht von t = 0 in allen Zeitpunkten t > 1 stochastisch und über t-1 Perioden mit risikoadjustierten Kapitalkosten zu diskontieren. Aus der Wachstumsprämisse folgt, dass im Übergang vom (sicheren) Steuervorteil in t = 1 auf jenen in t = 2 $E_0\left(\tilde{V}_1^{\ell}\right)=V_0^{\ell}\cdot(1+w)$ gelten muss. In allen Perioden t > 2 entwickeln sich die

[678] Dabei ist, abweichend zu der Ableitung von (C.5.27), zu unterstellen, dass es keine letzte Periode T gibt, zu deren Beginn der Ausschüttungsdifferenzeffekt deterministisch bekannt ist. Vielmehr wird dem *Gordon/Shapiro*-Modell entsprechend ein unendlicher Planungshorizont vorausgesetzt.

Werte mit $E_0\left(\tilde{V}_{t+1}^{\ell}\right)=E_0\left(\tilde{V}_t^{\ell}\right)\cdot(1+w)$. Damit kann man den Kapitalstruktureffekt berechnen mit

$$\frac{r_f\cdot tsm\cdot\ell\cdot V_0^{\ell}}{1+r_f\cdot\left(1-\theta_{\hat{s}_{ek}}\right)}+\frac{r_f\cdot tsm\cdot\ell\cdot E_0\left(\tilde{V}_1^{\ell}\right)\cdot\left(1+\overline{r}_j\cdot\left(1-\theta_{\gamma_k}\right)\right)}{\left(1+r_f\cdot\left(1-\theta_{\hat{s}_{ek}}\right)\right)\cdot\left(\overline{r}_j\cdot\left(1-\theta_{\gamma_k}\right)-w\right)}\cdot\frac{1}{\left(1+r_f\cdot\left(1-\theta_{\hat{s}_{ek}}\right)\right)}. \qquad (C.5.32)$$

Der erste Term stellt den Steuervorteil der ersten Periode dar, der zweite repräsentiert die entsprechenden Wertbeiträge der Perioden t > 1 und ist auf t = 1 bezogen.[679] Um letzteren nach t = 0 zu befördern, ist er um eine Periode mit der risikolosen Nettorendite $r_f\cdot\left(1-\theta_{\hat{s}_{ek}}\right)$ zu diskontieren. Addiert man (C.5.32) und (C.5.31), so resultiert der Gesamtunternehmenswert V_0^{ℓ} unter der Wachstumsprämisse.

Die Bewertungsgleichungen (C.5.30) und (C.5.32) gelten, sofern die Eigner eine Präferenz für Zahlungen des rein eigenfinanzierten Unternehmens aufweisen. Bevorzugen sie dagegen Zahlungen des verschuldeten Unternehmens, so ist tsm in (C.5.30) und (C.5.32) durch tsm^v und $r_f\cdot\left(1-\theta_{\hat{s}_{ek}}\right)$ durch $r_f\cdot\left(1-\theta_{\gamma_k}\right)$ zu ersetzen. Wie in Kapitel C.3.2.1.2 lässt sich auch stochastisches Wachstum problemlos im Kalkül abbilden, sofern die Annahme erfüllt ist, dass die Kovarianz zwischen der Wachstumsrate und den Überschüssen gleich null ist. In diesem Fall kann w in (C.5.30) bis (C.5.32) durch den Erwartungswert der unsicheren Wachstumsrate $E_0\left(\tilde{w}_1\right)$ ersetzt werden.

5.1.3 Würdigung

Als Nachteil der wertorientierten Finanzierungsstrategie wird deren Starrheit genannt: Verändert sich der Gesamtunternehmenswert, so hat dies eine sofortige proportionale Anpassung der Fremdkapitalbestände zur Folge. Damit wären wesentliche Teile der Unternehmenspolitik abhängig vom Bewertungsverfahren, was wenig realistisch erscheint.[680] Dieses Problem stellt sich in extremer Form, sofern man – wie *Miles/Ezzell* – einen intertemporal konstanten Verschuldungsgrad zugrunde legt. Es lässt sich je-

---

679 Vgl. zur Ableitung von (C.5.32) Anhang 4 sowie *Dinstuhl* [Unternehmensbewertung, 2003], S. 126, der jedoch ohne persönliche Steuern rechnet.

680 Vgl. *Hachmeister* [Finanzierung, 1996], S. 256-257; *Hachmeister* [Unternehmenswertsteigerung, 2000], S. 105-108, m.w.N.; *Hering* [Unternehmensbewertung, 2006], S. 216-223; *Schildbach* [DCF-Verfahren, 2000], S. 708; *Dinstuhl* [Unternehmensbewertung, 2003], S. 34; *Kruschwitz/Löffler* [Fragen, 2004], S. 89. So auch *Essler/Kruschwitz/Löffler* [Verschuldungsgrad, 2005], S. 595, die allerdings die Börsenkapitalisierung mit dem Marktwert des Eigenkapitals gleichsetzen. Letzterer als interessierende Größe enthält jedoch in der Realität im Gegensatz zur Marktkapitalisierung Paketzuschläge.

doch durch die hier diskutierte Annahme periodenabhängiger Verschuldungsgrade abmildern, wenn auch nicht gänzlich beseitigen. So ließe sich etwa ein Abbau der absoluten Fremdkapitalbestände abbilden, wobei sich diese an den stochastischen Schwankungen des Unternehmenswertes orientieren müssen. Im Gegensatz zu der in Kapitel C.5.2 diskutierten autonomen Finanzierungsstrategie sind die Fremdkapitalbestände folglich grundsätzlich unsicher. Ein „Gleichlauf" der wertorientierten mit der autonomen Politik lässt sich damit nur insofern erreichen, als der *Erwartungswert* der künftigen Fremdkapitalbestände mit den wertunabhängig geplanten *sicheren* Fremdkapitalbeständen in Übereinstimmung gebracht werden kann.

Über die Verwendung des Steuer-CAPM wurde eine konsistente Abbildung persönlicher Steuern im Bewertungskalkül erreicht. Hierzu wurde auf die in Kapitel C.4.2.3 erarbeiteten Bedingungen zurückgegriffen, die eine wiederholte Anwendung des einperiodigen Steuer-CAPM theoretisch rechtfertigen. Die Ergebnisse von *Miles/Ezzell* und *Löffler* bleiben in diesem Modellrahmen strukturell erhalten. Neu hinzu tritt aufgrund der Integration persönlicher Steuern allein der Ausschüttungsdifferenzeffekt. Da er bei wertorientierter Finanzierung eine Zufallsvariable darstellt, ist er grundsätzlich mit den risikoadjustierten Nettokapitalkosten zu diskontieren. Ob er – wie in Kapitel C.5.1.1 und von *Laitenberger*[681] vorausgesetzt wurde – einmalig mit dem *risikolosen* Nettozins abzuzinsen ist, ist abhängig davon, ob ein Endlichkeits- oder Unendlichkeitskalkül zugrunde gelegt wird. Unterstellt man – wie *Dinstuhl* implizit –, dass es keine letzte Periode T gibt, etwa indem ab der Periode T+1 ein Wachstumsmodell angesetzt wird, so kann für den Ausschüttungsdifferenzeffekt durchgehend der risikoadjustierte Satz verwandt werden.[682] Hintergrund dessen ist, dass die Fremdkapitalbestände dann aus Sicht von $t = 0$ in keinem Zeitpunkt deterministisch sind, weil es keine definierte letzte Periode gibt.

Um die Bewertungsgleichungen der Kapitel C.5.1.1 und C.5.1.2 gewinnen zu können, ist sicherzustellen, dass die in Kapitel C.4.2.3 erarbeiteten Bedingungen für die wiederholte Anwendung des Steuer-CAPM eingehalten werden. Wie gezeigt wurde, kann hierfür Modell (C.4.120) herangezogen werden, in welchem Kursgewinne besteuert werden. Fraglich ist, inwieweit diese Kursgewinnsteuern neben den Kapitalkosten weitere Elemente des Bewertungskalküls berühren. So unterstellen *Clubb/Doran*, dass Steuern auf Veränderungen des Gesamtunternehmenswertes $\tilde{V}_t^{\ell}$ erhoben werden.[683] Da die periodischen Fremdkapitalbestände bei atmender Finanzierung an Schwankun-

[681] Vgl. *Laitenberger* [Einkommensteuer, 2003], S. 1230 und S. 1238.

[682] Vgl. *Dinstuhl* [Unternehmensbewertung, 2003], S. 113, Gleichung (2.121); *Dinstuhl* [Halbeinkünfteverfahren, 2002], S. 90, Gleichung (58).

[683] Vgl. *Clubb/Doran* [Cost, 1992], S. 45, die offen lassen, welchem Modell die Nettoeigenkapitalkosten entspringen.

gen von $\tilde{V}_t^{\ell}$ gekoppelt sind, wären Kursgewinnsteuern bei der Berechnung des Ausschüttungsdifferenzeffekts zu berücksichtigen. Dies soll hier unterbleiben. Unterstellt wird, dass das Management die Anpassungen der Kapitalstruktur auf Grundlage der Unternehmenswertänderung *vor* Abzug von Kursgewinnsteuern vornimmt.[684]

Geht man von einer Präferenz der Entscheider für Zahlungen des verschuldeten Unternehmens aus, so trifft man auf eine Bruchstelle: Während die Sicherheitsäquivalente der Free Cashflows mit $r_{f,t} \cdot \left(1-\theta_{\hat{s}_{ek}}\right)$ zu diskontieren sind, ist für die Steuervorteile der Satz $r_{f,t} \cdot \left(1-\theta_{\gamma_k}\right)$ heranzuziehen.[685] Grund dafür ist, dass im Steuer-CAPM der Satz $\theta_{\hat{s}_{ek}}$ für Zinseinkünfte gilt, während die Verknüpfung von $r_{f,t}$ mit dem hälftigen Satz θ_{γ_k} durch die Übertragung des Arbitragebeweises von *Modigliani/Miller* auf das Halbeinkünfteverfahren[686] motiviert ist. Der Nettozinssatz $r_{f,t} \cdot \left(1-\theta_{\gamma_k}\right)$ wird mithin ad hoc in den Kalkül eingeführt, ohne mit dem Steuer-CAPM kompatibel zu sein. Ein Ausweg hieraus läge darin, im Steuer-CAPM Zinseinkünfte annahmegemäß nur mit θ_{γ_k} anstatt mit $\theta_{\hat{s}_{ek}}$ zu belasten. Da dann sämtliche Einkunftsarten mit θ_{γ_k} besteuert werden, reduziert sich das Steuer-CAPM zu[687]

$$\bar{r}_j \cdot \left(1-\theta_{\gamma_k}\right) = \left[r_f + \beta_j \cdot \left(\bar{r}_M - r_f\right)\right] \cdot \left(1-\theta_{\gamma_k}\right), \tag{C.5.33}$$

mithin zum Standard-CAPM, dessen Gleichgewichtsrendite um einen einheitlichen Steuersatz vermindert wird.[688] Diese Prämisse widerspricht dem gegenwärtig herrschenden Steuersystem. Somit wird man mit der unbefriedigenden parallelen Existenz zweier unterschiedlicher risikoloser Nettozinssätze leben müssen, bis ein Steuer-CAPM entwickelt wird, welches eine *volle* Belastung von Zinseinkünften und eine *hälftige* Abzugsfähigkeit von Zinsauszahlungen abbildet. Denkbar hierfür wäre der Rückgriff auf ein CAPM mit divergierenden Soll- und Habenzinssätzen[689], wobei der Unterschied zwischen den Sätzen steuerlich begründet wird.

---

[684] Dies bedeutet nicht, dass Kursgewinnsteuern vernachlässigt werden. So wird der gesamte Überschuss $\tilde{X}_t$, auf dessen Grundlage $\tilde{V}_t^u$ zu berechnen ist, mit dem Steuersatz θ_{γ_k} belastet.

[685] Vgl. die Gleichungen (C.5.22) bis (C.5.27) in Kapitel C.5.1.1.2.

[686] Vgl. *Drukarczyk* [Unternehmensbewertung, 2003], S. 237-251, sowie Fn. 650.

[687] Vgl. hierzu a. die Ausführungen in Kapitel C.4.2.5.2.

[688] Die in (C.5.33) eingehenden Preise stammen aus einer Welt mit differenzierten persönlichen Steuern. Vgl. hierzu a. Kapitel C.4.2.5.2.

[689] Vgl. *Brennan* [Rates, 1971], S. 1198-1204.

Die Einführung von Wachstumseinflüssen in den Kalkül hat zur Folge, dass die Marktwerte sowohl des Fremd- als auch des Eigenkapitals mit einer konstanten Rate zunehmen. Das Wachstum der Überschüsse, die den Eigenkapitalmarktwert prägen, wird in vollem Umfang fremdfinanziert. Diese Annahme erscheint wenig realistisch.

5.2 Autonome Finanzierungspolitik

5.2.1 Endlichkeitskalkül

Im Rahmen dieses Kapitels wird der Fall autonomer Finanzierung zunächst im Endlichkeits- und anschließend im Unendlichkeitskalkül mit Wachstum diskutiert. Die künftig im Unternehmen gebundenen Fremdkapitalbestände sind im Bewertungszeitpunkt annahmegemäß deterministisch und bekannt, können jedoch von Periode zu Periode variieren.[690] Folge dessen ist, dass die Steuervorteile in Gestalt des Kapitalstruktur- sowie des Ausschüttungsdifferenzeffektes – anders als bei wertorientierter Finanzierung – bereits in t = 0 sicher sind.[691] Abgesehen davon werden die gleichen Prämissen wie in Kapitel C.5.1.1 getroffen. Ziel ist es, die gewogenen Kapitalkosten WACC für den Fall sicherer künftiger Fremdkapitalbestände abzuleiten, weshalb implizit vom Free Cashflow-Verfahren ausgegangen wird.[692]

Um den WACC bei autonomer Finanzierungspolitik ableiten zu können, bedarf es einer Hypothese darüber, wie die Eigenkapitalkosten des verschuldeten Unternehmens auf eine Veränderung der periodischen Fremdkapitalbestände FK_t reagieren. Die von *Modigliani/Miller* für intertemporal konstante Fremdkapitalbestände entwickelte An-

---

690 Vgl. etwa *Drukarczyk* [Unternehmensbewertung, 2003], S. 209-210; *Kruschwitz/Löffler* [Steuervorteile, 1999], S. 7.

691 Vgl. etwa *Kruschwitz/Löffler* [Steuervorteile, 1999], S. 8-9. Dass diese Annahme idealisierend ist, bemerken bereits *Modigliani/Miller* [Cost, 1958], S. 274. Den Einfluss von ausfallgefährdetem Fremdkapital auf den Unternehmenswert analysieren *Stiglitz* [Theorem, 1969], S. 788-792, *Stiglitz* [Irrelevance, 1974], S. 862, *Brennan/Schwartz* [Structure, 1978], S. 105-108, *Homburg/Stephan/Weiß* [Insolvenzrisiko, 2004], S. 280-287, *Kruschwitz/Löffler/Lodowicks* [Bewertung, 2005], S. 221-233, m.w.N., und *Laitenberger/Lodowicks* [Fremdkapital, 2004], S. 2-9. Dies wird hier nicht thematisiert. *Schultze* [Halbeinkünfteverfahren, 2005], S. 252-253, misst dem Ausschüttungsdifferenzeffekt dieselbe Risikoklasse wie den Free Cashflows bei, da dieser nicht nur auf (annahmegemäß sichere) Veränderungen der Fremdkapitalbestände, sondern auch auf Ausschüttungen aus den Gewinn- und Kapitalrücklagen sowie aus dem gezeichneten Kapital zurückgehe. Hier wird angenommen, dass entsprechende Veränderungen des Buchwerts des Eigenkapitals bereits aus Sicht von t = 0 sicher sind.

692 Dass man mit dem Adjusted-Present-Value-Verfahren im Falle autonomer Finanzierungspolitik direkter zum Unternehmenswert gelangen kann, sei damit nicht bestritten. Vgl. dazu *Kruschwitz/Löffler* [Missverständnisse, 2003], S. 731-732; *Kruschwitz/Löffler* [WACC, 1998], S. 2-7; *Inselbag/Kaufold* [Approaches, 1997], S. 114; *Richter* [Abweichungen, 1997], S. 231. Dies ist indes allein ein praktisches, nicht aber ein theoretisches Argument. Vgl. *Ballwieser* [Missverständnisse, 2003], S. 734; *Ballwieser* [Unternehmensbewertung, 2004], S. 151, m.w.N.; *Ballwieser* [Verbindungen, 2005], S. 374.

passungsformel[693] ist folglich auf den Nicht-Rentenfall zu übertragen. Sie stellt sich im Umfeld differenzierter persönlicher Steuern und deren Abbildung im Steuer-CAPM (C.4.120) als[694]

$$\overline{r}_{j,t}^{\ell,s} = \overline{r}_{j,t} \cdot \left(1-\theta_{\gamma_k}\right) + \left(\overline{r}_{j,t} \cdot \left(1-\theta_{\gamma_k}\right) - r_f \cdot (1-s) \cdot \left(1-\theta_{\gamma_k}\right)\right) \cdot \frac{FK_{t-1}}{EK_{t-1}} + \frac{\varpi_t - \varpi_{t-1} \cdot \left(1+\overline{r}_{j,t} \cdot \left(1-\theta_{\gamma_k}\right)\right)}{EK_{t-1}} \qquad (C.5.34)$$

dar, wobei EK_{t-1} für den Marktwert des Eigenkapitals in t-1 steht. (C.5.34) unterscheidet sich strukturell nicht von den Überlegungen von *Heitzer/Dutschmann* und *Ballwieser*.[695] Unterschiede ergeben sich hier daraus, dass es sich bei dem Parameter θ_{γ_k} um den *präferenzgewichteten marktdurchschnittlichen* Steuersatz entsprechend dem Steuer-CAPM handelt. Die Nettorendite $\overline{r}_{j,t} \cdot \left(1-\theta_{\gamma_k}\right)$ entspringt ebenfalls dem Steuer-CAPM (C.4.120).

Beziehung (C.5.34) schließt die Lücke, die in Kapitel C.5.1.1.1 im WACC (C.5.21) mit Blick auf den Eigenkapitalkostensatz $\overline{r}_{j,t}^{\ell,s}$ gelassen wurde. Die periodenspezifischen gewogenen Kapitalkosten lassen sich nun mit[696]

$$k_t = \overline{r}_{j,t}^{\ell,s} \cdot \frac{EK_{t-1}}{V_{t-1}^{\ell}} + r_{f,t} \cdot (1-s) \cdot \left(1-\theta_{\gamma_k}\right) \cdot \frac{FK_{t-1}}{V_{t-1}^{\ell}} \qquad (C.5.35)$$

berechnen. Die Bestimmungsgleichung (C.5.34) gilt unabhängig davon, ob der Entscheider eine Präferenz für Zahlungen des verschuldeten oder unverschuldeten Unternehmens aufweist. Allerdings unterscheiden sich die in (C.5.34) eingehenden Steuervorteile ϖ_t je nach gewünschter Risikoposition: Präferieren die Entscheider Zahlungen des unverschuldeten Unternehmens, so errechnen sich die in ϖ_t eingehenden Vorteile aus der Fremdfinanzierung sowie der Ausschüttungsdifferenzeffekt als[697]

---

[693] Vgl. wegweisend *Modigliani/Miller* [Cost, 1958], S. 271, und *Modigliani/Miller* [Correction, 1963], S. 439, die persönliche Steuern außer Acht lassen. Vgl. ferner *Drukarczyk* [Methoden, 2001], S. 7; *Schwetzler/Darijtschuk* [DCF-Methode, 1999], S. 302; *Richter* [Abweichungen, 1997], S. 228.

[694] Vgl. zur Ableitung von (C.5.34) Anhang 4.

[695] Vgl. *Heitzer/Dutschmann* [Finanzierungspolitik, 1999], S. 1465-1466; *Dinstuhl* [Unternehmensbewertung, 2003], S. 103; *Ballwieser* [Unternehmensbewertung, 2004], S. 155 und S. 208-209.

[696] Vgl. *Ballwieser* [Unternehmensbewertung, 2004], S. 156 und S. 160.

[697] Vgl. zur Berechnung von ϖ_t a. Kapitel C.5.1.1.1; *Ballwieser* [Unternehmensbewertung, 2004], S. 137; *Laitenberger* [Einkommensteuer, 2003], S. 1228.

$$\varpi_t = \sum_{\tau=t+1}^{T} \frac{r_{f,\tau} \cdot tsm \cdot FK_{\tau-1} + \theta_{\gamma_k} A_\tau}{\prod_{\kappa=1}^{\tau}\left(1 + r_{f,\kappa} \cdot \left(1 - \theta_{\hat{s}_{ek}}\right)\right)}. \tag{C.5.36}$$

Wird dagegen das Risikoniveau bevorzugt, welches das zum Teil fremdfinanzierte Unternehmen bietet, so erhält man ϖ_t mit

$$\varpi_t = \sum_{\tau=t+1}^{T} \frac{r_{f,\tau} \cdot tsm^v \cdot FK_{\tau-1} + \theta_{\gamma_k} A_\tau}{\prod_{\kappa=1}^{\tau}\left(1 + r_{f,\kappa} \cdot \left(1 - \theta_{\gamma_k}\right)\right)}. \tag{C.5.37}$$

Da die Steuervorteile bei autonomer Finanzierungspolitik sicher sind, kommt in (C.5.36) und (C.5.37) der risikolose Zinssatz zur Anwendung.[698] Letzterer wird – abhängig vom Risikoniveau – unterschiedlich besteuert.

5.2.2 Wachstum

Nun gilt es, den Einfluss unendlichen konstanten Wachstums bei autonomer Finanzierungspolitik zu untersuchen. Zu prüfen ist zunächst, inwieweit der Eigenkapitalkostensatz des verschuldeten Unternehmens unter der Wachstumsprämisse zu modifizieren ist. Da die Fremdkapitalbestände – wie auch bei wertorientierter Finanzierung – mit der Wachstumsrate w wachsen[699], ist mit der Bestimmungsgleichung (C.5.34) für $\overline{r}_{j,t}^{\ell,s}$ bei Vorliegen *periodenspezifischer* Fremdkapitalbestände zu rechnen.[700] Die in (C.5.34) einzusetzenden Steuervorteile (C.5.36) und (C.5.37) entwickeln sich wegen $FK_t = FK_{t-1} \cdot (1+w)\ \forall\, t$ als $\varpi_t = \varpi_{t-1} \cdot (1+w)\ \forall\, t$. Damit bestimmt sich $\overline{r}_{j,t}^{\ell,s}$ als[701]

$$\begin{aligned}\overline{r}_{j,t}^{\ell,s} = {} & \overline{r}_{j,t} \cdot \left(1-\theta_{\gamma_k}\right) + \left(\overline{r}_{j,t} \cdot \left(1-\theta_{\gamma_k}\right) - r_{f,t} \cdot (1-s) \cdot \left(1-\theta_{\gamma_k}\right)\right) \cdot \frac{FK_{t-1}}{EK_{t-1}} \\ & + \frac{\varpi_{t-1} \cdot (1+w) - \varpi_{t-1} \cdot \left(1 + \overline{r}_{j,t} \cdot \left(1-\theta_{\gamma_k}\right)\right)}{EK_{t-1}}.\end{aligned} \tag{C.5.38}$$

---

[698] *Taggart* [Taxes, 1991], S. 13, diskontiert die Steuervorteile mit einem Kostensatz für risikoloses Eigenkapital. Dem wird hier nicht gefolgt.

[699] Während der Fremdkapitalbestand bei wertorientierter Finanzierung *im Erwartungswert* periodisch mit w zunimmt, wächst bei autonomer Strategie ein deterministisches FK.

[700] Vgl. *Dinstuhl* [Unternehmensbewertung, 2003], S. 120-121. *Nippel/Streitferdt* [Wachstum, 2003], S. 407, führen zutreffend aus, dass die Wachstumsrate den Fremdkapitalbestand im Übergang von t = 0 auf t = 1 nicht berührt. Unzutreffend ist jedoch die Folgerung hieraus, der Marktwert des Fremdkapitalbestands könne mit dem Rentenmodell bestimmt werden. Vielmehr muss das *Gordon/Shapiro*-Modell Anwendung finden.

[701] Vgl. *Dinstuhl* [Unternehmensbewertung, 2003], S. 121.

Da hier – in Erweiterung der Gedanken von *Dinstuhl* – persönliche Steuern in den Kalkül integriert werden, ist neben dem Kapitalstruktur- auch der Ausschüttungsdifferenzeffekt im Unendlichkeitsmodell zu berücksichtigen. Dies ist konsequent, da mit dem fortgesetzten Anwachsen des Fremdkapitalbestands auch die damit verbundene zunehmende Steuerbelastung aufgrund steigender (fremdfinanzierter) Ausschüttungen den Unternehmenswert prägen muss. Denkbar wäre indes auch ein entgegen gesetzter, Kredittilgung ausdrückender Ausschüttungsdifferenzeffekt, wenn der Fremdkapitalbestand mit $(1+w)$ fortgeschrieben wird und w negativ ist.

Geht man zur Ableitung des Wachstumskalküls von der Ausgangsgleichung (C.5.29)

$$V_0^{\ell} = \frac{E_0\left(\tilde{X}_1\right)\cdot\left(1-\theta_{\gamma_k}\right)}{k-w} \tag{C.5.39}$$

aus[702], wobei k mit (C.5.35) zu berechnen ist, so folgt über (C.5.38):[703]

$$V_0^{\ell} = \frac{E_0\left(\tilde{X}_1\right)\cdot\left(1-\theta_{\gamma_k}\right)-\varpi_0\cdot\left(w-\bar{r}_j\cdot\left(1-\theta_{\gamma_k}\right)\right)}{\bar{r}_j\cdot\left(1-\theta_{\gamma_k}\right)-w}. \tag{C.5.40}$$

Weil der Steuervorteil (C.5.36) bei Präferenz für Zahlungen des unverschuldeten Unternehmens im Fall unendlichen Wachstums

$$\varpi_0 = \frac{r_f\cdot tsm\cdot FK_0+\theta_{\gamma_k}A_1}{r_f\cdot\left(1-\theta_{\hat{s}_{ek}}\right)-w} \tag{C.5.41}$$

ist und für (C.5.37), mithin bei Präferenz für das partiell fremdfinanzierte Unternehmen,

$$\varpi_0 = \frac{r_f\cdot tsm^v\cdot FK_0+\theta_{\gamma_k}A_1}{r_f\cdot\left(1-\theta_{\gamma_k}\right)-w} \tag{C.5.42}$$

gilt[704], erhält man als Gesamtunternehmenswert

[702] Vgl. etwa *Dinstuhl* [Unternehmensbewertung, 2003], S. 121, und *Aders/Schröder* [Wachstum, 2004], S. 106, für den Fall ohne persönliche Steuern. $\tilde{X}$ steht für die Free Cashflow-Verteilung des unverschuldeten Unternehmens.

[703] Vgl. zur Ableitung von (C.5.40) Anhang 4.

[704] Vgl. entsprechend *Dinstuhl* [Unternehmensbewertung, 2003], S. 121; *Aders/Schröder* [Wachstum, 2004], S. 105.

$$V_0^\ell = \frac{E_0\left(\tilde{X}_1\right)\cdot\left(1-\theta_{\gamma_k}\right)+\frac{r_f\cdot tsm\cdot FK_0+\theta_{\gamma_k}A_1}{r_f\cdot\left(1-\theta_{\hat{s}_{ek}}\right)-w}\cdot\left(\overline{r}_j\cdot\left(1-\theta_{\gamma_k}\right)-w\right)}{\overline{r}_j\cdot\left(1-\theta_{\gamma_k}\right)-w}. \qquad \text{(C.5.43)}$$

Wird vom Risikoniveau des verschuldeten Unternehmens ausgegangen, so ist (C.5.42) anstatt von (C.5.41) in (C.5.40) einzusetzen. Die Bewertungsgleichung (C.5.43) enspricht jener des Adjusted-Present-Value-Ansatzes bei unendlichem Wachstum:[705]

$$V_0^\ell = \frac{E_0\left(\tilde{X}_1\right)\cdot\left(1-\theta_{\gamma_k}\right)}{\overline{r}_j\cdot\left(1-\theta_{\gamma_k}\right)-w}+\frac{r_f\cdot tsm\cdot FK_0+\theta_{\gamma_k}A_1}{r_f\cdot\left(1-\theta_{\hat{s}_{ek}}\right)-w}. \qquad \text{(C.5.44)}$$

Erneut lässt sich unter den in Kapitel C.3.2.1.2 erarbeiteten Bedingungen w in (C.5.43) und (C.5.44) durch die erwartete stochastische Wachstumsrate $E_0\left(\tilde{w}_1\right)$ ersetzen.

5.2.3 Würdigung

Das zentrale Merkmal der autonomen Finanzierungsstrategie liegt in der Sicherheit über die künftigen Fremdkapitalbestände. Dies erscheint insbesondere für die ersten Planungsjahre realitätsnah. In späteren Perioden ist indes schwer vorstellbar, dass die Unternehmensleitung die Kreditbestände völlig losgelöst von der Entwicklung des Werts oder der Cashflows des Unternehmens festsetzt.[706] Insoweit bietet sich für die zeitlich weiter entfernten Planjahre etwa eine wertorientierte Finanzierungsstrategie an, der man insbesondere auf kurze Sicht eine zu große Starrheit vorwerfen kann.[707]

Aus der Sicherheit über die künftigen Fremdkapitalbestände folgt, dass die Steuervorteile der Fremdfinanzierung mit dem risikolosen Zins zu diskontieren sind. Demgegenüber erhält man bei der in Kapitel C.5.1 diskutierten wertorientierten Verschuldungspolitik stochastische Steuervorteile, die grundsätzlich mit dem risikoangepassten Eigenkapitalkostensatz bei reiner Eigenfinanzierung nach t = 0 zu befördern sind. Welche Aussagen lassen sich über das Verhältnis beider Finanzierungsprämissen und der mit ihnen verbundenen Unternehmenswerte treffen? Hierzu wird teils argumentiert, der Barwert der Steuervorteile sei bei wertorientierter Finanzierung aufgrund der Diskontierung mit risikoadjustierten Kapitalkosten niedriger als bei autonomer Strate-

[705] Vgl. analog *Dinstuhl* [Unternehmensbewertung, 2003], S. 121; *Aders/Schröder* [Wachstum, 2004], S. 105.
[706] Vgl. *Kruschwitz/Löffler* [Fragen, 2004], S. 88.
[707] Vgl. Kapitel C.5.1.3.

gie.[708] Derartige Einschätzungen erscheinen insofern problematisch, als kein sinnvoller Bezugspunkt für einen Vergleich beider Strategien erkennbar ist. Unklar ist, welche Verschuldungsgrade mit deterministisch geplanten Fremdkapitalbeständen verbunden sind.[709] Korrespondiert m.a.W. mit einem *sicheren* Fremdkapitalbetrag ein *unsicherer* Bestand mit gleichem Erwartungswert? Dies kann nicht zutreffen: Vergegenwärtigt man sich, dass es sich bei den periodischen Tax Shields um Überschüsse handelt, so würde kein risikoaverser Entscheider einen sicheren gegen einen unsicheren Betrag in gleicher (erwarteter) Höhe eintauschen wollen.

Der behauptete höhere Wert des Steuervorteils bei autonomer Strategie stellt sich jedoch dann ein, wenn man voraussetzt, dass wertorientiert geplant und auf dieser Grundlage erwartete Fremdkapitalbestände bestimmt werden, die schließlich durch annahmegemäß sichere Fremdkapitalbestände ersetzt werden. Dass unter diesen Annahmen mit der autonomen eine „grenzpreismaximierende Finanzierungsstrategie"[710] gewählt wird, erscheint trivial. Der Sinn eines solchen Vorgehens erschließt sich indes nicht. Wird optimal unter wertorientierter Finanzierung geplant, so bedeutet dies nicht, dass man zugleich auch für die autonome Politik optimiert hat. Es handelt sich um „a priori nicht [...] miteinander vergleichbare Annahmen"[711].

5.3 Buchwertorientierte Finanzierungspolitik

5.3.1 Endlichkeitskalkül

In den Kapiteln C.5.1 und C.5.2 wurde unterstellt, dass das Eigen- und Fremdkapital – und damit auch der Verschuldungsgrad ℓ_t – zu *Markt*werten gemessen wird. Da diese regelmäßig nicht beobachtbar sind, könnte dem Praktiker daran gelegen sein, die Kapitalgrößen und deren Relationen in u.U. leichter planbaren *Buch*werten auszudrücken und das Unternehmen auf dieser Grundlage zu bewerten.[712] Ein entsprechender Ansatz wurde jüngst von *Essler/Kruschwitz/Löffler* vorgestellt.[713] Im Folgenden sollen deren Überlegungen aufgegriffen und um persönliche Steuern erweitert werden.

---

[708] Vgl. etwa *Drukarczyk* [Unternehmensbewertung, 2003], S. 286; *Schwetzler/Darijtschuk* [Finanzierungspolitiken, 2000], S. 120.

[709] Vgl. *Kruschwitz/Löffler* [Steuern, 2001], S. 114; in diesem Sinne a. *Kruschwitz/Löffler* [Ungleichung, 2005], S. 421-422.

[710] *Schwetzler/Darijtschuk* [Finanzierungspolitiken, 2000], S. 120.

[711] *Kruschwitz/Löffler* [Steuern, 2001], S. 113.

[712] Die naive Verwendung von Buch- anstelle von Marktwerten führt grundsätzlich zu Bewertungsfehlern. Vgl. etwa *Luehrmann* [APV, 1997], S. 153.

[713] Vgl. *Essler/Kruschwitz/Löffler* [Anwendung, 2004], S. 139-145; *Essler/Kruschwitz/Löffler* [Verschuldungsgrad, 2005], S. 595-598; *Kruschwitz/Löffler* [Theory, 2006], S. 79-88.

Ausgegangen wird von wertorientierter Finanzierungspolitik. Die Buchwerte des Eigen- und Fremdkapitals seien als $\widetilde{EK}_t^B$ und $\widetilde{FK}_t^B$ bezeichnet, wobei unterstellt wird, dass der Markt- mit dem Buchwert des Fremdkapitals übereinstimmt $\left(\widetilde{FK}_t^B = \widetilde{FK}_t\right)$.[714] Dann gilt für den buchwertbasierten Verschuldungsgrad ℓ_t^B und das Verhältnis von Fremd- zu Eigenkapital L_t^B:[715]

$$\ell_t^B = \frac{\widetilde{FK}_t^B}{\widetilde{FK}_t^B + \widetilde{EK}_t^B} = \frac{\widetilde{FK}_t^B}{\widetilde{V}_t^B} = \frac{\widetilde{FK}_t}{\widetilde{V}_t^B}, \quad L_t^B = \frac{\widetilde{FK}_t}{\widetilde{EK}_t^B}. \tag{C.5.45}$$

Sowohl ℓ_t^B als auch L_t^B entwickeln sich annahmegemäß deterministisch. Im Folgenden wird die Entwicklung des Eigenkapitalbuchwertes modelliert. $\widetilde{EK}_t^B$ ändert sich erstens aufgrund von Kapitalerhöhungen oder -herabsetzungen. Der Absolutbetrag, um den das Eigenkapital im Zeitraum zwischen κ und t erhöht wird, sei als $\Theta_{\kappa,t}$ bezeichnet und als sicher angenommen.[716] Zweitens wächst $\widetilde{EK}_t^B$ durch Thesaurierungen. Für den Netto-Gewinn in t gilt

$$\widetilde{EBIT}_t \cdot (1-s_c) - r_{f,t} \cdot \widetilde{FK}_{t-1} \cdot (1-s)\,. \tag{C.5.46}$$

$\widetilde{EBIT}_t$ steht für den Gewinn vor Fremdkapitalzinsen und Steuern. Die persönlichen Steuern üben keinen Einfluss auf die Entwicklung des Buchwertes des Eigenkapitals $\widetilde{EK}_t^B$ aus, an den die künftigen Fremdkapitalbestände gekoppelt werden. Diese spielt sich auf Ebene des Unternehmens ab. Aus bilanzieller Sicht unterliegen weder Thesaurierungen noch Ausschüttungen der persönlichen Besteuerung. Die Ausschüttungen vermindern das Eigenkapital und berechnen sich mit[717]

$$\widetilde{FCF}_t + s \cdot r_{f,t} \cdot \widetilde{FK}_{t-1} - \left(r_{f,t} \cdot \widetilde{FK}_{t-1} - \widetilde{FK}_t + \widetilde{FK}_{t-1}\right). \tag{C.5.47}$$

---

714 Vgl. zur Diskussion dieser Annahme a. *Scholze* [Finanzierungspolitik, 2005], S. 14.

715 Vgl. hierzu und im Folgenden ohne persönliche Steuern *Essler/Kruschwitz/Löffler* [Anwendung, 2004], S. 139-141; *Essler/Kruschwitz/Löffler* [Verschuldungsgrad, 2005], S. 596; *Kruschwitz/Löffler* [Theory, 2006], S. 46-47 und S. 79-81; *Kruschwitz/Löffler* [Fragen, 2004], S. 89. $\widetilde{V}_t^B$ steht für den Buchwert des Gesamtkapitals.

716 Vgl. *Kruschwitz/Löffler* [Theory, 2006], S. 80-81. Unbeachtet bleiben erfolgsneutrale direkte permanente Eigenkapitalbuchungen etwa aufgrund von Fair-Value-Schwankungen.

717 Die (C.5.47) entsprechende Bestimmungsgleichung ist bei *Essler/Kruschwitz/Löffler* [Anwendung, 2004], S. 141, fehlerhaft. Gleiches gilt in der Folge für die zu (C.5.48) analoge Beziehung. Eine korrekte Definition der Ausschüttung findet sich bei *Kruschwitz/Löffler* [Theory, 2006], S. 80.

$\widetilde{FCF}_t$ bezeichnet die freien Cashflows des unverschuldeten Unternehmens. Damit entwickelt sich der Buchwert des Eigenkapitals im Zeitlauf mit

$$\begin{aligned}\widetilde{EK}_t^B &= \widetilde{EK}_{t-1}^B + \Theta_{t-1,t} + \widetilde{EBIT}_t \cdot (1-s_c) - r_{f,t} \cdot \widetilde{FK}_{t-1} \cdot (1-s) \\ &\quad - \left(\widetilde{FCF}_t + s \cdot r_{f,t} \cdot \widetilde{FK}_{t-1} - \left(r_{f,t} \cdot \widetilde{FK}_{t-1} - \widetilde{FK}_t + \widetilde{FK}_{t-1}\right)\right).\end{aligned} \tag{C.5.48}$$

Damit herrscht zwischen den Buchwerten des Gesamtkapitals der Zusammenhang

$$\widetilde{EK}_t^B + \widetilde{FK}_t = \widetilde{EK}_{t-1}^B + \widetilde{FK}_{t-1} + \Theta_{t-1,t} + \widetilde{EBIT}_t \cdot (1-s_c) - \widetilde{FCF}_t \tag{C.5.49}$$

zwischen den Perioden.[718]

Um eine Bewertungsgleichung ableiten zu können, bedarf es einer Annahme darüber, wie die Gewinn- mit den Zahlungsgrößen auf Unternehmensebene zusammenhängen. Bezeichnen $\widetilde{Inv}_t$ die Investitionen und $\widetilde{AfA}_t$ die Abschreibungen der Periode t, so gilt[719]

$$\widetilde{EBIT}_t \cdot (1-s_c) - \widetilde{FCF}_t = \widetilde{Inv}_t - \widetilde{AfA}_t. \tag{C.5.50}$$

Aus (C.5.49) folgt damit

$$\tilde{V}_t^B = \tilde{V}_{t-1}^B + \Theta_{t-1,t} + \widetilde{Inv}_t - \widetilde{AfA}_t. \tag{C.5.51}$$

Im Folgenden wird eine Bewertungsgleichung unter der (engen) Annahme abgeleitet, dass das Unternehmen Vollausschüttung des Gewinns betreibt.[720] In diesem Fall ist der Gewinn (C.5.46) mit der Ausschüttung (C.5.47) identisch. Durch Gleichsetzen von (C.5.46) und (C.5.47) erhält man

$$\widetilde{FCF}_t^u = \widetilde{EBIT}_t \cdot (1-s_c) - \widetilde{FK}_t + \widetilde{FK}_{t-1} \tag{C.5.52}$$

und über (C.5.50)

$$\widetilde{Inv}_t - \widetilde{AfA}_t = \widetilde{FK}_t - \widetilde{FK}_{t-1}. \tag{C.5.53}$$

---

718 Vgl. analog ohne Kapitalerhöhungen *Essler/Kruschwitz/Löffler* [Anwendung, 2004], S. 141, Gleichung (5); *Scholze* [Finanzierungspolitik, 2005], S. 10, Gleichung (15).

719 Vgl. hierzu und im Folgenden *Essler/Kruschwitz/Löffler* [Anwendung, 2004], S. 142; *Essler/Kruschwitz/Löffler* [Verschuldungsgrad, 2005], S. 597. *Scholze* [Finanzierungspolitik, 2005], S. 8, plädiert dafür, $\widetilde{AfA}_t$ in (C.5.52) allgemeiner durch gewinnwirksame operative Periodenabgrenzungen zu ersetzen. Dem folgen *Kruschwitz/Löffler* [Theory, 2006], S. 81-86.

720 Vgl. *Kruschwitz/Löffler* [Theory, 2006], S. 82-83.

Erweiterungsinvestitionen werden damit ausschließlich durch Fremdkapitalaufnahme finanziert.[721] Veränderungen des Eigenkapitals resultieren – wie man unmittelbar aus (C.5.48) erkennt – allein aus Kapitalerhöhungen:

$$\widetilde{EK}_t^B = \widetilde{EK}_{t-1}^B + \Theta_{t-1,t} = EK_0^B + \Theta_{0,t}. \qquad (C.5.54)$$

Da der Buchwert des Eigenkapitals in t = 0 (EK_0^B) und $\Theta_{0,t}$ sicher sind, ist EK_t^B und wegen (C.5.45) auch FK_t im Zeitlauf deterministisch:

$$FK_t^B = \left(EK_0^B + \Theta_{0,t}\right) \cdot L_t^B. \qquad (C.5.55)$$

Dies ist – mit Blick auf den Risikogehalt des Steuervorteils – gleichbedeutend mit autonomer Finanzierungspolitik. Als Gesamtwert des Unternehmens erhält man[722]

$$V_0^\ell = \sum_{t=1}^{T} \frac{E_0\left(\tilde{X}_t\right)\cdot\left(1-\theta_{\gamma_k}\right)}{\prod_{\kappa=1}^{t}\left(1+\bar{r}_{j,\kappa}\cdot\left(1-\theta_{\gamma_k}\right)\right)} + \sum_{t=1}^{T} \frac{r_{f,t}\cdot tsm\cdot\left(EK_0^B+\Theta_{0,t-1}\right)\cdot L_{t-1}^B + \theta_{\gamma_k} A_t}{\prod_{\kappa=1}^{t}\left(1+r_{f,\kappa}\cdot\left(1-\theta_{\hat{s}_{ek}}\right)\right)}, \qquad (C.5.56)$$

sofern die Eigner Zahlungen des unverschuldeten Unternehmens bevorzugen. Werden Zahlungen des verschuldeten Unternehmens präferiert, so ist tsm in (C.5.56) gemäß (C.5.37) durch tsm^v und $r_{f,\kappa}\cdot\left(1-\theta_{\hat{s}_{ek}}\right)$ durch $r_{f,\kappa}\cdot\left(1-\theta_{\gamma_k}\right)$ zu ersetzen.

Neben der Vollausschüttungsannahme kann etwa unterstellt werden, dass die Investitionen prozentual an die freien Cashflows gekoppelt werden[723] oder dass ausschließlich Ersatz-, nicht jedoch Erweiterungsinvestitionen vorgenommen werden[724], mithin $\widetilde{Inv}_t = \widetilde{AfA}_t$ gilt. *Kruschwitz/Löffler* leiten für letzteren Fall den gleichen, zu (C.5.56) analogen Unternehmenswert ab wie unter der Vollausschüttungsannahme.[725]

---

721 Vgl. hierzu und im Folgenden *Kruschwitz/Löffler* [Theory, 2006], S. 82-83.

722 Vgl. ohne persönliche Steuern *Kruschwitz/Löffler* [Theory, 2006], S. 83. Der in der Bewertungsgleichung (C.5.56) enthaltene Ausschüttungsdifferenzeffekt spielt auch bei Vollausschüttung eine Rolle, da er auf Veränderungen des Fremdkapitalbestands zurückgeht, nicht aber an Thesaurierungen gebunden ist. $E_0\left(\tilde{X}_t\right)$ bezeichnet den Free Cashflow des Unternehmens.

723 Vgl. *Essler/Kruschwitz/Löffler* [Anwendung, 2004], S. 142-144; *Essler/Kruschwitz/Löffler* [Verschuldungsgrad, 2005], S. 597; in allgemeinerer Formulierung *Scholze* [Finanzierungspolitik, 2005], S. 14-18. Dies wird hier nicht vertieft.

724 Zu einer weiteren Annnahme vgl. *Kruschwitz/Löffler* [Theory, 2006], S. 85-88; *Essler/Kruschwitz/Löffler* [Anwendung, 2004], S. 142-144.

725 Vgl. *Kruschwitz/Löffler* [Theory, 2006], S. 84-85.

5.3.2 Wachstum

Um die Implikationen unendlichen geometrischen Wachstums bei buchwertorientierter Finanzierungspolitik zu untersuchen, bedarf es nur weniger Modifikationen gegenüber dem Fall autonomer Finanzierung in Kapitel C.5.2.2. So ist FK_t in (C.5.38) und (C.5.41) bis (C.5.44) durch $\left(EK_0^B + \Theta_{0,t}\right) \cdot L_t^B$ zu substituieren. Dann resultiert der (C.5.44) entsprechende Unternehmensgesamtwert

$$V_0^\ell = \frac{E_0\left(\tilde{X}_1\right) \cdot \left(1-\theta_{\gamma_k}\right)}{\bar{r}_j \cdot \left(1-\theta_{\gamma_k}\right) - w} + \frac{r_f \cdot tsm \cdot EK_0^B \cdot L_0^B + \theta_{\gamma_k} A_1}{r_f \cdot \left(1-\theta_{\hat{s}_{ek}}\right) - w}. \tag{C.5.57}$$

Folglich wachsen die durch $EK_0^B \cdot L_0^B$ ausgedrückten Fremdkapitalbestände[726] mit der Rate w. Dies ist – da L_0^B konstant ist – nur möglich, wenn EK_0^B mit w ansteigt. Wie dieses Wachstum der Eigenkapitalgröße inhaltlich begründbar ist, lässt sich formal aus Gleichung (C.5.57) nicht ablesen. Unter den hier getroffenen Annahmen muss indes unterstellt werden, dass EK_0^B durch Kapitalerhöhungen vermehrt wird. Das Unternehmen wächst damit nur, indem die Eigner dem Unternehmen zusätzliche Mittel zuführen.

5.3.3 Würdigung

Ausgangspunkt der Überlegungen von *Essler/Kruschwitz/Löffler* ist die Beobachtung, dass Bewerter in praxi die Kapitalstruktur anhand von Buch- und nicht anhand von Marktwerten planen.[727] Während dies im Allgemeinen zu Bewertungsfehlern führt, erlaubt es der in den Kapiteln C.5.3.1 und C.5.3.2 diskutierte Kalkül, einen theoretisch korrekten Unternehmenswert auf Grundlage einer buchwertbasierten Kapitalstruktur zu ermitteln. Fraglich erscheint jedoch, welche Erleichterung sich der Praktiker davon versprechen kann, wenn er Buch- anstelle von Zahlungsgrößen prognostiziert. Die vergleichsweise einfache Planbarkeit des Terms $\left(EK_0^B + \Theta_{0,t}\right) \cdot L_t^B$, der den periodischen Fremdkapitalbestand fixiert, wird mit harten Annahmen erkauft. In realistischeren Situationen ist erheblich mehr Prognoseaufwand notwendig. So sind etwa Zusatzrechnungen erforderlich, um die Einhaltung des Kongruenzprinzips[728] zu sichern, welches insbesondere durch internationale Rechnungslegungsnormen verletzt wird. Da für

---

726 Etwaige Kapitalerhöhungen $\Theta_{0,0}$ in t = 0 seien bereits in EK_0^B erfasst.

727 Vgl. *Essler/Kruschwitz/Löffler* [Verschuldungsgrad, 2005], S. 595.

728 Vgl. grundlegend *Schmalenbach* [Bilanzlehre, 1919], S. 11-12.

diese Zusatzrechnungen künftige Zahlungsgrößen notwendig sind, könnte man das Unternehmen direkt durch Rückgriff auf sie bewerten.

Zur Integration persönlicher Steuern in den Kalkül von *Essler/Kruschwitz/Löffler* bedarf es nur weniger Modifikationen. Grund hierfür ist, dass sich die Entwicklung des Buchwertes des Eigenkapitals auf Unternehmensebene – und damit vor persönlichen Steuern – vollzieht.

Die Bewertungsgleichungen (C.5.56) und (C.5.57) entsprechen grundsätzlich denjenigen, die bei autonomer Finanzierung abgeleitet wurden:[729] Obwohl eingangs in Kapitel C.5.3.1 wertorientierte Finanzierung (in Sinne einer Orientierung an Verschuldungsquoten) vorausgesetzt wurde, führen die hier getroffenen Annahmen zu einer wert*unabhängigen* Finanzierungsstrategie. Dies betrifft insbesondere die Tatsache, dass der Steuervorteil deterministisch ist. Wenn jedoch ohnehin gleichsam autonom geplant wird, bleibt offen, weshalb man die Einschränkung in Kauf nehmen sollte, die Planung an den Größen EK_0^B und $\Theta_{0,t}$ zu verankern.

Die Annahme unendlichen Wachstums bringt unter den hier getroffenen Prämissen wenig realistische Implikationen mit sich: Die Überschüsse wachsen nur dann mit einer konstanten Rate, wenn in entsprechendem Umfang periodische Kapitalerhöhungen durchgeführt werden. Ein solches Verhalten ist empirisch nicht zu beobachten.

5.4 Zahlungsstromorientierte Finanzierungspolitik

5.4.1 Endlichkeitskalkül

In gewissen Situationen ist es realitätsgerecht anzunehmen, dass die Finanzierungspolitik – zumindest für einen begrenzten Zeitraum – an die periodischen Cashflows des Unternehmens gekoppelt wird. Dies ist typischerweise bei sehr stark verschuldeten Unternehmen, mithin etwa bei Leveraged Buyouts der Fall. Unternehmensbewertungskalküle, welche diese Form der Finanzierung abbilden, sind vorhanden[730], bisher veröffentlichte Literaturbeiträge lassen jedoch persönliche Steuern außer Acht.[731] Diese Lücke soll im Folgenden mit Hilfe des Steuer-CAPM geschlossen werden.

---

[729] Vgl. die Gleichungen (C.5.34) bis (C.5.37), (C.5.38), (C.5.43) sowie (C.5.44) in den Kapiteln C.5.2.1 und C.5.2.2.

[730] Vgl. *Arzac* [Valuation, 1996]; *Löffler* [LBO, 2000]; *Kruschwitz/Löffler* [Theory, 2006], S. 90-92; *Rosarius* [Erweiterungen, 2004].

[731] Vgl. hierzu aber die Überlegungen von *Rosarius* [Bewertung, 2005], S. 31-35.

Ausgangspunkt der Überlegungen ist Gleichung (C.5.1), wonach $\tilde{V}_t^\ell = \tilde{V}_t^u + \tilde{\varpi}_t$ gilt. Die zahlungsstrombasierte Fremdkapitaltilgung wird über die Annahme eingeführt, dass ein (intertemporal konstanter) prozentualer Anteil ξ $(0<\xi\leq 1)$ der periodischen Cashflows des unverschuldeten Unternehmens $\tilde{X}_t$ – zuzüglich des Steuervorteils, abzüglich der Zinslast – zur Tilgung eines zu Beginn des Planungszeitraums aufgenommenen Fremdkapitalbestands FK_0 verwandt wird:[732]

$$\widetilde{FK}_t = \widetilde{FK}_{t-1} - \xi \cdot \left(\tilde{X}_t + r_{f,t} \cdot s \cdot \widetilde{FK}_{t-1} - r_{f,t} \cdot \widetilde{FK}_{t-1}\right). \qquad \text{(C.5.58)}$$

Löffler nimmt im Weiteren implizit an, dass nach der vollständigen Rückführung des Fremdkapitalbetrags FK_0 überschüssige Cashflows ausgeschüttet werden:[733]

$$\widetilde{FK}_t = \max\left(0, FK_0 - \xi \cdot \sum_{k=1}^{t}\left(\tilde{X}_k - r_{f,k} \cdot (1-s) \cdot \widetilde{FK}_{k-1}\right)\right). \qquad \text{(C.5.59)}$$

Die in (C.5.59) ausgedrückte Maximumbedingung führt zu einer Bewertungsgleichung, die einen Term mit der Struktur einer exotischen Verkaufs-Option enthält, welche sich einer exakten Bewertung entzieht.[734] Dieses unbefriedigende Ergebnis lässt sich vermeiden, wenn unterstellt wird, dass überschüssige Cashflows nach Ablösung von FK_0 nicht ausgekehrt, sondern zum risikofreien Zins angelegt werden.[735] Zusätzlich müssen Zinseinnahmen und -ausgaben auf Unternehmensebene annahmegemäß steuerlich symmetrisch behandelt werden. Zinsbelastungen sind mithin in vollem Umfang von den Bemessungsgrundlagen der Unternehmenssteuern abzugsfähig. Rein formal sind damit negative Fremdkapitalbestände in (C.5.59) zulässig, womit die Maximumbedingung obsolet ist.[736]

Werden persönliche Steuern in die Analyse einbezogen, so ist eine Annahme darüber zu treffen, wie der Anteil $(1-\xi)$ der Überschüsse zu verwenden ist, der nicht zur Schuldentilgung eingesetzt wird. Dieser Anteil beläuft sich auf

---

[732] Vgl. *Löffler* [LBO, 2000], S. 5; diesen korrigierend *Rosarius* [Erweiterungen, 2004], S. 5; ferner *Kruschwitz/Löffler* [Steuern, 2001], S. 112-113. Bei den künftigen Fremdkapitalbeständen handelt es sich um Zufallsvariablen, da sie von den unsicheren Cashflows abhängig sind. Die Annahme konstanter ξ dient der Vereinfachung des Kalküls, ist aber nicht zwingend. Auch ließe sich Fremdkapitalaufnahme anstelle der hier einseitig betrachteten Tilgung modellieren.

[733] Vgl. *Rosarius* [Erweiterungen, 2004], S. 5.

[734] Vgl. *Löffler* [LBO, 2000], S. 7; *Kruschwitz/Löffler* [Steuern, 2001], S. 113; *Rosarius* [Erweiterungen, 2004], S. 6-7.

[735] Vgl. *Rosarius* [Erweiterungen, 2004], S. 12.

[736] Liegen negative Fremdkapitalbestände vor, so kehrt sich der bei positivem Fremdkapital gegebene Steuervorteil in einen Steuernachteil um. Vgl. *Rosarius* [Erweiterungen, 2004], S. 24-26.

$$\left(1-\xi\right)\cdot\left(\tilde{X}_t + r_{f,t}\cdot s\cdot\widetilde{FK}_{t-1} - r_{f,t}\cdot\widetilde{FK}_{t-1}\right) \tag{C.5.60}$$

und soll ausgeschüttet werden. Der Ausdruck $\left(1-\xi\right)$ fungiert damit als Ausschüttungsquote. Der Überschuss (C.5.60) unterliegt folglich der Steuerbelastung mit θ_{γ_k}.

Der Gesamtunternehmenswert setzt sich aus vier Komponenten zusammen. Die erste Komponente ist der Wert des unverschuldeten Unternehmens nach Steuern

$$V_0^u = \sum_{t=1}^{T} \frac{E_0\left(\tilde{X}_t\right)\cdot\left(1-\theta_{\gamma_k}\right)}{\prod_{\kappa=1}^{t}\left(1+\overline{r}_{j,\kappa}\cdot\left(1-\theta_{\gamma_k}\right)\right)} \tag{C.5.61}$$

mit $\overline{r}_{j,\kappa}\cdot\left(1-\theta_{\gamma_k}\right)$ als Nettoeigenkapitalkostensatz aus dem Steuer-CAPM (C.4.120). Da nicht nur die Free Cashflows des unverschuldeten Unternehmens ausgeschüttet werden, sondern wegen (C.5.60) auch der Steuervorteil abzüglich der Zinsbelastung, ist (C.5.61) der Wertbeitrag

$$-\sum_{t=1}^{T} \frac{r_{f,t}\cdot E_0\left(\widetilde{FK}_{t-1}\right)\cdot\left(1-s\right)\cdot\left(1-\theta_{\gamma_k}\right)}{\prod_{\kappa=1}^{t}\left(1+\overline{r}_{j,\kappa}\cdot\left(1-\theta_{\gamma_k}\right)\right)} \tag{C.5.62}$$

hinzuzufügen. In (C.5.61) und (C.5.62) wurde unterstellt, dass der *gesamte* Cashflow (C.5.60) an die Eigenkapitalgeber ausgeschüttet wird. Die hiermit verbundene Steuerbelastung ist zu hoch, da den Eignern tatsächlich nur der Anteil $\left(1-\xi\right)$ der Überschüsse (C.5.60) zugeht. Dieser Fehler ist durch den Term

$$\begin{aligned} &-\frac{\theta_{\gamma_k}\cdot\xi\cdot\left(1-s\right)\cdot r_{f,1}\cdot FK_0}{1+r_{f,1}\cdot\left(1-\theta_{\hat{s}_{ek}}\right)} + \frac{\theta_{\gamma_k}\cdot\xi\cdot E_0\left(\tilde{X}_1\right)}{1+\overline{r}_{j,1}\cdot\left(1-\theta_{\gamma_k}\right)} \\ &+\sum_{t=2}^{T} \frac{\theta_{\gamma_k}\cdot\xi\cdot\left(E_0\left(\tilde{X}_t\right)-\left(1-s\right)\cdot r_{f,t}\cdot E_0\left(\widetilde{FK}_{t-1}\right)\right)}{\prod_{\kappa=2}^{t}\left(1+\overline{r}_{j,\kappa}\cdot\left(1-\theta_{\gamma_k}\right)\right)} \end{aligned} \tag{C.5.63}$$

zu korrigieren. (C.5.63) drückt die auf die *thesaurierten* – und damit nicht steuerpflichtigen – Beträge fiktiv zu viel entrichtete Steuerlast aus. Der Ausdruck entspricht inhaltlich dem in den Kapiteln C.5.1 bis C.5.3 diskutierten Ausschüttungsdifferenzeffekt. Da der Fremdkapitalbestand FK_0 im ersten Term von (C.5.63) sicher ist, ist der aus ihm in t = 1 resultierende Steuervorteil deterministisch und mit dem risikolosen Zinssatz nach Steuern zu diskontieren. Demgegenüber sind alle künftigen Fremdkapitalbestände $\widetilde{FK}_{t-1}$ ebenso wie $\tilde{X}_t$ unsicher. Die Diskontierung der erwarteten Fremdkapitalbestände mit den Eigenkapitalkosten nach Steuern liegt darin begründet, dass die $\widetilde{FK}_{t-1}$ die gleiche Risikoklasse besitzen wie die Free Cashflows in (C.5.61). Die vierte Komponente des Unternehmenswertes stellt schließlich der Barwert der Steuervorteile aus der Verschuldung

$$\tilde{\varpi}_0 = \frac{r_{f,1} \cdot tsm \cdot FK_0}{1 + r_{f,1} \cdot \left(1 - \theta_{\tilde{s}_{ek}}\right)} + \sum_{t=2}^{T} \frac{r_{f,t} \cdot tsm \cdot E_0\left(\widetilde{FK}_{t-1}\right)}{\prod_{\kappa=2}^{t}\left(1 + \bar{r}_{j,\kappa} \cdot \left(1 - \theta_{\gamma_k}\right)\right)} \qquad (C.5.64)$$

dar.[737] Bei seiner Berechnung ist der Ausschüttungsdifferenzeffekt zu vernachlässigen, weil dieser bereits über (C.5.63) berücksichtigt wurde. Erneut ist die Differenzierung zwischen dem in t = 0 sicheren und dem stochastischen künftigen Fremdkapital zu beachten. Bevorzugen die Eigner nicht – wie in (C.5.64) vorausgesetzt – Zahlungen des unverschuldeten, sondern des partiell fremdfinanzierten Unternehmens, so ist tsm durch tsm^V und der Steuersatz im Zinssatz entsprechend (C.5.37) auszutauschen.

5.4.2 Wachstum

Auf die Ableitung des *Gordon/Shapiro*-Modells bei zahlungsstromorientierter Finanzierung soll verzichtet werden, da dies mit wenig sinnvollen Implikationen verbunden wäre.[738] Unterstellt man unendliches Wachstum der Überschüsse und akzeptiert zunächst die Maximumbedingung (C.5.59), so wird der Steuervorteil ab einer gewissen Periode den Wert Null annehmen. Es ist nicht einzusehen, weshalb man auf ihn verzichten und das Unternehmen stattdessen rein eigenfinanziert führen sollte. Gleiches gilt für das Vorhaben, nach der Tilgung von FK_0 freiwerdende Mittel zum risikofreien Zinssatz anzulegen, um die Maximumbedingung zu umgehen. Die hieraus resultierenden negativen Steuervorteile wird man kaum in Kauf nehmen wollen. Diese suboptimalen Entwicklungen kann man nur umgehen, indem man sich ab einem gewissen Zeitpunkt von der cashflow-orientierten Finanzierungsform trennt und zu einer ande-

[737] Die Fremdkapitalbestände in (C.5.64) entwickeln sich entsprechend (C.5.58). Die Unsicherheit über die von den Cashflows abhängigen Komponenten des Steuervorteils löst sich in unterschiedlichen Zeitpunkten auf. Daher sind die Steuervorteile in ihre einzelnen Komponenten zu zerlegen und entsprechend ihrer jeweiligen Risikoauflösung über den Planungszeitraum teils mit dem risikolosen Nettozinssatz und teils mit den risikoangepassten Nettokapitalkosten nach t = 0 zu befördern. Vgl. zu Details *Rosarius* [Bewertung, 2005], S. 14-17 und S. 34; *Arzac* [Valuation, 1996], S. 48. Dies wird hier vereinfachend außer Acht gelassen.

[738] Vgl. aber zur Ableitung des Modells bei unendlichem konstanten Wachstum *Löffler* [LBO, 2000], S. 6-7; diesen korrigierend *Rosarius* [Erweiterungen, 2004], S. 4-6.

ren Strategie wechselt. Dies ist jedoch an einen begrenzten Planungshorizont gebunden, unter welchem das Wachstumsmodell nicht ableitbar ist.[739]

5.4.3 Würdigung

Der in Kapitel C.5.4.1 abgeleitete Unternehmensbewertungskalkül führt nur über jenen Zeitraum zu brauchbaren Ergebnissen, in dem Fremdkapital zurückgeführt wird. Wegen der unterschiedlichen Belastung von einbehaltenen und ausgeschütteten Gewinnen mit persönlichen Steuern ist nach der vollständigen Ablösung von FK_0 eine Prämisse über die Verwendung der dann nicht mehr zur Tilgung zu verwendenden Mittel zu treffen: Wird – wie in Kapitel C.5.4.1 – unterstellt, dass diese Mittel zum risikolosen Zins angelegt werden, so ist zur Ermittlung der persönlichen Steuerbelastung weiterhin über die Ausschüttungspolitik zu befinden. Eine derartige Entscheidung wird während der Tilgungsphase in (C.5.61) bis (C.5.64) über den Parameter ξ getroffen, sie fehlt jedoch für die Zeit jenseits der Tilgungsphase.

Insofern wird man durch die Integration persönlicher Steuern zunächst wieder auf die Maximumbedingung (C.5.59) zurückgeworfen. Die mit dieser verbundenen Nachteile lassen sich vermeiden, indem die Eingangsparameter der Gleichungen (C.5.61) bis (C.5.64) geeignet gewählt werden.[740] Zum einen lässt sich bei gegebenem Zustandsbaum der Steuervorteile ein minimales FK_0 gewinnen, das gewährleistet, dass der Fremdkapitalbestand in keinem Zustand negativ wird. Dies kann man zum anderen erreichen, indem man – bei gegebenem FK_0 – einen maximalen Planungshorizont T ermittelt, über den cashflow-orientiert finanziert werden kann.

Im Anschluss an die Tilgungsphase ist auf eine alternative Finanzierungsstrategie überzugehen.[741] Nach Ablauf des Tilgungszeitraums wird man die mit „negativem Fremdkapital" einhergehenden Steuernachteile[742] vermeiden wollen. Allerdings ist grundsätzlich fraglich, ob das Fremdkapital vollkommen abgelöst werden sollte, da man sich damit positive Steuervorteile entgehen lässt.

---

739 Vgl. aber *Kruschwitz/Löffler* [Theory, 2006], S. 91-92 und S. 142-143, zur Ableitung einer Bewertungsgleichung, die unter den Annahmen des Rentenmodells ohne die Maximumbedingung auskommt.

740 Vgl. hierzu und im Folgenden *Rosarius* [Erweiterungen, 2004], S. 26-28.

741 *Arzac* [Valuation, 1996], S. 43, schlägt den Übergang auf eine wertorientierte Finanzierung vor.

742 Vgl. *Rosarius* [Erweiterungen, 2004], S. 24-26.

5.5 Steuer-CAPM und *Modigliani/Miller*-Theoreme

Die Analyse der vorhergehenden Kapitel basierte zum einen wesentlich auf den Theoremen von *Modigliani* und *Miller* über den Einfluss der Verschuldung auf den Wert sowie auf die Eigenkapitalkosten des Unternehmens.[743] Zum anderen wurde auf das Steuer-CAPM (C.4.120) im Steuersystem 5 $\left(\tau_k = \gamma_k \neq \hat{s}_{ek}, \varsigma_k = \upsilon_k = 1 \,\forall\, k\right)$ zurückgegriffen. Da *Modigliani* und *Miller* nicht über das CAPM, sondern über das Konzept der Risikoklassen[744] argumentieren, ist zu klären, ob ihre Ergebnisse auch im Rahmen des Kapitalmarktmodells Bestand haben. Dies wurde bislang implizit unterstellt, nicht aber analytisch gezeigt. Während ein entsprechender Nachweis für das Standard-CAPM vorliegt[745], ist bislang offen, ob sich dieser auch für das Steuer-CAPM (C.4.120) erbringen lässt. Im Folgenden soll dies untersucht werden, indem die Überlegungen *Hamada*s auf das Steuer-CAPM übertragen werden.

Ausgangspunkt ist ein vollständig eigenfinanziertes Unternehmen A, dessen (sicherer) Wert im Gleichgewicht im Zeitpunkt t-1 als $V_{A,t-1}$ und eine Periode später als $E\left(\tilde{V}_{A,t}\right)$ bezeichnet wird.[746] Ist weiterhin D_A die in t ausgeschüttete deterministische[747] Dividende und $E\left(\tilde{X}_{A,t}\right)$ der erwartete Gewinn vor Zinsen und Steuern, so lässt sich die Beziehung

$$E\left(\tilde{X}_{A,t}\right)\cdot\left(1-s_c\right)\cdot\left(1-\theta_{\gamma_k}\right)=\left(D_A+E\left(\tilde{V}_{A,t}\right)-V_{A,t-1}\right)\cdot\left(1-\theta_{\gamma_k}\right) \qquad \text{(C.5.65)}$$

formulieren. Dabei bezeichnet s_c den (Misch-)Steuersatz auf Unternehmensebene. Sowohl die Dividenden als auch die Wertsteigerung $E\left(\tilde{V}_{A,t}\right)-V_{A,t-1}$ werden im unterstellten Steuersystem mit θ_{γ_k} belastet. Über die Rendite-Definition folgt

743 Vgl. *Modigliani/Miller* [Cost, 1958]; *Modigliani/Miller* [Correction, 1963]; in allgemeinerem Umfeld *Stiglitz* [Theorem, 1969], S. 784-786.

744 Vgl. *Modigliani/Miller* [Finance, 1959], S. 662.

745 Vgl. für nicht ausfallgefährdetes Fremdkapital *Hamada* [Analysis, 1969] und bei Existenz von Ausfallrisiken *Haugen/Pappas* [Question, 1971]. Zu beiden Ansätzen vgl. *Rudolph* [Kapitalkosten, 1979], S. 158-182. Insoweit kann der Einschätzung von *Matschke/Brösel* [Unternehmensbewertung, 2005], S. 584, das CAPM und das *Modigliani/Miller*-Konzept seien inkompatibel, nicht gefolgt werden.

746 Vgl. hierzu und zum Folgenden *Hamada* [Analysis, 1969], S. 16-18 und S. 19-20; *Rudolph* [Kapitalkosten, 1979], S. 159-162.

747 *Hamada* [Analysis, 1969], S. 16, geht von unsicheren Dividenden aus. Dies führt im Allgemeinen – wie in Kapitel C.4.2.2.4 gezeigt wurde – zu einer komplexen Form des Steuer-CAPM. Da die Ausschüttungspolitik im zugrunde gelegten Steuersystem 5 keine Rolle spielt, könnte man hier ebenfalls von stochastischen Dividenden(renditen) ausgehen, was jedoch vereinfachend unterbleibt.

$$\tilde{\bar{r}}_{A,t}\cdot\left(1-\theta_{\gamma_k}\right)=\frac{\left(D_A+E\left(\tilde{V}_{A,t}\right)-V_{A,t-1}\right)\cdot\left(1-\theta_{\gamma_k}\right)}{V_{A,t-1}}=\frac{E\left(\tilde{X}_{A,t}\right)\cdot\left(1-s_c\right)\cdot\left(1-\theta_{\gamma_k}\right)}{V_{A,t-1}}. \tag{C.5.66}$$

Nun wird unterstellt, dass A seine Finanzierungsstruktur verändert. Hierzu wird Fremdkapital FK aufgenommen, das mit $r_{f,t}$ zu verzinsen ist. FK wird annahmegemäß voll ausgeschüttet, also nicht für Investitionen eingesetzt. Der leistungswirtschaftliche Bereich bleibt mithin unverändert[748], so dass auch das partiell fremdfinanzierte Unternehmen den Überschuss $E\left(\tilde{X}_{A,t}\right)$ erzielt. Wird dieses Unternehmen als B bezeichnet, so folgt aus (C.5.65) und (C.5.66)

$$\tilde{\bar{r}}_{B,t+1}\cdot\left(1-\theta_{\gamma_k}\right)=\frac{\left(E\left(\tilde{X}_{A,t}\right)\cdot\left(1-s_c\right)-r_{f,t}\cdot FK_B\cdot(1-s)\right)\cdot\left(1-\theta_{\gamma_k}\right)}{V_{B,t-1}}. \tag{C.5.67}$$

Entsprechend dem Steuer-CAPM (C.4.120) erhält man im Gleichgewicht für A und B[749]

$$\frac{E\left(\tilde{X}_{A,t}\right)\left(1-s_c\right)\left(1-\theta_{\gamma_k}\right)}{V_{A,t-1}}=r_{f,t}\left(1-\theta_{\hat{s}_{ek}}\right)+\hat{\phi}_t\operatorname{cov}\left(\tilde{r}_{A,t},\tilde{r}_{M,t}\right), \tag{C.5.68}$$

$$\frac{\left(E\left(\tilde{X}_{A,t}\right)\left(1-s_c\right)-r_{f,t}FK_B\left(1-s\right)\right)\left(1-\theta_{\gamma_k}\right)}{V_{B,t-1}}=r_{f,t}\left(1-\theta_{\hat{s}_{ek}}\right)+\hat{\phi}_t\operatorname{cov}\left(\tilde{r}_{B,t},\tilde{r}_{M,t}\right). \tag{C.5.69}$$

Dabei ist $\hat{\phi}_t=\left(\tilde{\bar{r}}_{M,t}\cdot\left(1-\theta_{\gamma_k,t}\right)-r_{f,t}\cdot\left(1-\theta_{\hat{s}_{ek},t}\right)\right)/\sigma_{M,t}^2$ der in Kapitel C.4.2.3 gekennzeichnete Marktpreis des Risikos unter Einbeziehung persönlicher Steuern. Welche Beziehung zwischen dem Wert des verschuldeten und dem Wert des unverschuldeten Unternehmens besteht, lässt sich durch Gleichsetzen von (C.5.68) und (C.5.69) klären. Zunächst gilt[750]

$$\begin{aligned}&V_{A,t-1}\cdot\left[r_{f,t}\cdot\left(1-\theta_{\hat{s}_{ek}}\right)+\hat{\phi}_t\cdot\operatorname{cov}\left(\tilde{r}_{A,t},\tilde{r}_{M,t}\right)\right]=\\&V_{B,t-1}\cdot\left[r_{f,t}\cdot\left(1-\theta_{\hat{s}_{ek}}\right)+\hat{\phi}_t\cdot\operatorname{cov}\left(\tilde{r}_{B,t},\tilde{r}_{M,t}\right)+r_{f,t}\cdot\frac{FK_B}{V_{B,t-1}}\cdot(1-s)\cdot\left(1-\theta_{\gamma_k}\right)\right].\end{aligned} \tag{C.5.70}$$

---

748 Vgl. *Hamada* [Analysis, 1969], S. 16; *Rudolph* [Kapitalkosten, 1979], S. 159-160.

749 Die Wertpapierrenditen $\tilde{\bar{r}}_{B,t+1}$ und $\tilde{\bar{r}}_{A,t+1}$ sind somit nach Unternehmenssteuern definiert.

750 Vgl. ohne persönliche Steuern *Hamada* [Analysis, 1969], S. 17.

Für die relativen Kovarianzen in (C.5.70) lässt sich wegen (C.5.66) und (C.5.67)[751]

$$\mathrm{cov}\left(\tilde{r}_{A,t},\tilde{r}_{M,t}\right)=\frac{(1-s_c)}{V_{A,t-1}}\cdot \mathrm{cov}\left(\tilde{X}_{A,t},\tilde{r}_{M,t}\right), \tag{C.5.71}$$

$$\mathrm{cov}\left(\tilde{r}_{B,t},\tilde{r}_{M,t}\right)=\frac{(1-s_c)}{V_{B,t-1}}\cdot \mathrm{cov}\left(\tilde{X}_{A,t},\tilde{r}_{M,t}\right) \tag{C.5.72}$$

schreiben, was eingesetzt in (C.5.70) mit

$$\begin{gathered} V_{A,t-1}\left[r_{f,t}\left(1-\theta_{\hat{s}_{ek}}\right)+\hat{\phi}_t\frac{(1-s_c)}{V_{A,t-1}}\mathrm{cov}\left(\tilde{X}_{A,t},\tilde{r}_{M,t}\right)\right]= \\ V_{B,t-1}\left[r_{f,t}\left(1-\theta_{\hat{s}_{ek}}\right)+\hat{\phi}_t\frac{(1-s_c)}{V_{B,t-1}}\mathrm{cov}\left(\tilde{X}_{A,t},\tilde{r}_{M,t}\right)+r_{f,t}\frac{FK_B}{V_{B,t-1}}(1-s)\left(1-\theta_{Y_k}\right)\right] \end{gathered} \tag{C.5.73}$$

den Zusammenhang

$$V_{A,t-1}=\frac{V_{B,t-1}\cdot\left(1-\theta_{\hat{s}_{ek}}\right)+FK_B\cdot(1-s)\cdot\left(1-\theta_{Y_k}\right)}{\left(1-\theta_{\hat{s}_{ek}}\right)}. \tag{C.5.74}$$

zwischen den Werten der Unternehmen A und B bei Vorliegen persönlicher Steuern in Steuersystem 5 erzeugt.[752] Da der Gesamtwert des verschuldeten Unternehmens V_{t-1}^{ℓ} als $V_{t-1}^{\ell}=V_{B,t-1}+FK_B$ ausgedrückt werden kann, erhält man mit (C.5.74):[753]

$$V_{t-1}^{\ell}=V_{A,t-1}+FK_B\cdot\left(s\cdot\left(1-\theta_{Y_k}\right)+\theta_{Y_k}\right). \tag{C.5.75}$$

Weil der Faktor $\left(s\cdot\left(1-\theta_{Y_k}\right)+\theta_{Y_k}\right)$ positiv ist, steigt der Gesamtunternehmenswert V_{t-1}^{ℓ} aufgrund der Abzugsfähigkeit der Fremdkapitalzinsen mit zunehmender Verschuldung. Resultat (C.5.75) zeigt weiterhin, dass V_{t-1}^{ℓ} unabhängig von der Dividendenpolitik ist. Grundsätzlich ist dies in einer Welt mit differenzierten persönlichen Steuern auf

---

751 Die in den Kovarianzen in (C.5.71) und (C.5.72) enthaltenen Überschüsse $\tilde{X}_{A,t}$ und $\tilde{X}_{B,t}$ werden nicht mit θ_{Y_k} belastet. Vgl. dazu Fn. 535.

752 Vgl. entsprechend *Hamada* [Analysis, 1969], S. 20.

753 Vgl. ohne persönliche Steuern *Modigliani/Miller* [Correction, 1963], S. 436; *Hamada* [Analysis, 1969], S. 20.

Kursgewinne und Dividenden nicht der Fall.[754] Diese gespaltene Besteuerung wurde mit Steuersystem 5 jedoch gerade ausgeschlossen.

Mit Ergebnis (C.5.74) lassen sich nun Aussagen über den Einfluss der Verschuldung auf die Eigenkapitalkosten bei Existenz persönlicher Steuern ableiten.[755] Einsetzen von (C.5.71) und (C.5.72) in das Steuer-CAPM führt auf

$$\bar{r}_{A,t+1} \cdot \left(1-\theta_{\gamma_k}\right) = r_{f,t} \cdot \left(1-\theta_{\hat{s}_{ek}}\right) + \hat{\phi}_t \cdot \frac{\left(1-s_c\right)}{V_{A,t-1}} \cdot \mathrm{cov}\left(\tilde{X}_{A,t}, \tilde{r}_{M,t}\right), \tag{C.5.76}$$

$$\bar{r}_{B,t+1} \cdot \left(1-\theta_{\gamma_k}\right) = r_{f,t} \cdot \left(1-\theta_{\hat{s}_{ek}}\right) + \hat{\phi}_t \cdot \frac{\left(1-s_c\right)}{V_{B,t-1}} \cdot \mathrm{cov}\left(\tilde{X}_{A,t}, \tilde{r}_{M,t}\right). \tag{C.5.77}$$

Subtrahiert man (C.5.76) von (C.5.77), so folgt über (C.5.74)[756]

$$\bar{r}_{B,t+1}\left(1-\theta_{\gamma_k}\right) - \bar{r}_{A,t+1}\left(1-\theta_{\gamma_k}\right) = \hat{\phi}_t \left(1-s_c\right) \mathrm{cov}\left(\tilde{X}_{A,t}, \tilde{r}_{M,t}\right) \left[\frac{FK_B \left(1-s\right)\left(1-\theta_{\gamma_k}\right)}{V_{B,t-1} \cdot V_{A,t-1}}\right] \tag{C.5.78}$$

Einsetzen der Gleichgewichtsbeziehung (C.5.76) für A in (C.5.78) führt auf die *Modigliani/Miller*-Anpassung unter Einfluss persönlicher Steuern:[757]

$$\begin{aligned} \bar{r}_{B,t+1} \cdot \left(1-\theta_{\gamma_k}\right) = {} & \bar{r}_{A,t+1} \cdot \left(1-\theta_{\gamma_k}\right) + \left[\bar{r}_{A,t+1} \cdot \left(1-\theta_{\gamma_k}\right) - r_{f,t} \cdot \left(1-\theta_{\hat{s}_{ek}}\right)\right] \\ & \cdot \frac{\left(1-s\right) \cdot \left(1-\theta_{\gamma_k}\right) \cdot FK_B}{V_{B,t-1}}. \end{aligned} \tag{C.5.79}$$

Beziehung (C.5.79) entspricht grundsätzlich Literaturdarstellungen der Eigenkapitalkosten des verschuldeten Unternehmens bei Präferenz des Entscheiders für Zahlungen des teilweise fremdfinanzierten Unternehmens im Unendlichkeitskalkül.[758] Der Unterschied zu diesen Darstellungen besteht zum einen darin, dass aufgrund der getroffenen Annahmen der Fremdkapitalbestand sowohl mit dem Unternehmens- als auch dem persönlichen Steuersatz θ_{γ_k} belastet wird. Zum anderen unterscheidet sich (C.5.79)

[754] Vgl. *Miller/Modigliani* [Policy, 1961], S. 431-432; *Modigliani/Miller* [Estimates, 1966], S. 345-347.

[755] Vgl. zum Folgenden analog *Hamada* [Analysis, 1969], S. 19; *Rudolph* [Kapitalkosten, 1979], S. 162-165.

[756] Vgl. zur Ableitung von (C.5.78) Anhang 4.

[757] Vgl. ohne persönliche Steuern *Modigliani/Miller* [Correction, 1963], S. 439. Zur Ableitung von (C.5.79) vgl. Anhang 4.

[758] Vgl. *Drukarczyk* [Unternehmensbewertung, 2003], S. 431; *Ballwieser* [Unternehmensbewertung, 2004], S. 145 und S. 162.

von den Literaturdarstellungen im Faktor $\left(1-\theta_{\hat{s}_{ek}}\right)$ vor $r_{f,t}$. Die Literaturdarstellungen gehen – steuerrechtlich begründet – von einer nur hälftigen Abzugsfähigkeit privater Zinszahlungen von der Bemessungsgrundlage der Einkommensteuer aus.[759] Dies lässt sich analytisch nicht rechtfertigen, sofern man auf das Steuer-CAPM in der vorliegenden Form (C.4.120) zurückgreift. Dieses Modell unterstellt eine symmetrische Belastung von Zinseinkünften und Abzugsfähigkeit von Zinsauszahlungen mit $\theta_{\hat{s}_{ek}}$. Eine unterschiedliche steuerliche Behandlung von Soll- und Habenzinsen gestattet der Kalkül nicht.[760] Zur Lösung dieses Problems wäre es denkbar, auf ein CAPM mit divergierenden Soll- und Habenzinsen überzugehen.[761]

6. Fazit

Ziel von Kapitel C war es, die in Kapitel B zunächst isoliert diskutierten Zinsfußbestandteile in konsistenter Weise zusammenzuführen. Als Modellrahmen hierfür diente das CAPM, wobei Bedingungen unterstellt wurden, unter welchen sich der Einperiodenkalkül wiederholt anwenden lässt. Den Abschluss des Kapitels bilden konkrete Bewertungskalküle.

Die Komponenten wurden sukzessive miteinander verknüpft. Zunächst wurde geprüft, unter welchen Bedingungen das CAPM mit der Annahme eines stochastischen Basiszinssatzes vereinbar ist. Der hierzu herangezogene Ansatz von *Bogue/Roll* basiert auf der Prämisse, dass sich das Bewertungsproblem auch bei Vorliegen eines stochastischen risikolosen Zinssatzes durch wiederholte Anwendung des Einperioden-CAPM lösen lässt. In derartigen Situationen werden rationale Investoren indes, wie die Überlegungen von *Merton* zeigen, nicht nur zu horizontaler, sondern auch zu vertikaler Diversifikation neigen. Letztere führt zu einer Gleichgewichtsbeziehung, die im Allgemeinen komplexer ist als jene des Standard-CAPM.

Die Literatur überträgt das unter der Annahme sicherer Erwartungen gewonnene *Gordon/Shapiro*-Modell auf den Unsicherheitsfall, indem die einperiodige Gleichgewichtsrendite des CAPM um einen Wachstumsabschlag vermindert wird. Die hierzu erforderlichen Zusatzannahmen werden regelmäßig nicht offengelegt. Da der Wachstumskalkül aus einem mehrperiodigen Cashflow-Prozess zu gewinnen ist, muss sichergestellt werden, dass die Bedingungen für die wiederholte Anwendbarkeit des CAPM erfüllt sind. Ob sich das in der Literatur verbreitete Wachstumsmodell rechtfer-

---

[759] Vgl. *Drukarczyk* [Unternehmensbewertung, 2003], S. 253; *Ballwieser* [Unternehmensbewertung, 2004], S. 125.

[760] Vgl. a. Fn. 674.

[761] Vgl. hierzu die Diskussion in Kapitel C.5.1.3.

tigen lässt, ist abhängig vom Prozess, mit dem sich die Erwartungen im Zeitablauf entwickeln: Die Rechtfertigung gelingt mit dem von *Fama* verwandten Martingal-Prozess. Sie misslingt mit dem Prozess adaptiver Erwartungen, welchen *Myers/Turnbull* zugrunde legen. Weiterhin erscheint es inkonsistent, in der stochastischen Welt des CAPM von deterministischem Wachstum auszugehen. Unsicheres Wachstum konnte nur unter der Restriktion in den Kalkül integriert werden, dass die Kovarianz zwischen der Überschussverteilung und der stochastischen Wachstumsrate gleich null ist. Gibt man diese Einschränkung auf, so wäre auf ein Modell mit periodenspezifischen Wachstumsraten überzugehen. Hierfür müsste man das Unendlichkeitsmodell verlassen.

Das CAPM entstammt einer idealisierten Welt ohne Steuern. Existieren differenzierte persönliche Steuern, so bleibt seine Gleichgewichtsbeziehung formal erhalten, sofern zwischen der Dividenden- und der Kursrendite jedes Portfolios ein spezifischer linearer Zusammenhang herrscht.[762] Die Erfüllung dieser Äquivalenzbedingungen muss die Literatur voraussetzen, wenn sie die Bruttorenditeforderung des Standard-CAPM mit einem Mischsteuersatz vermindert. Weder theoretisch noch empirisch spricht viel dafür, dass die Äquivalenzforderungen in der Realität erfüllt sind. Daher sollte auf ein Steuer-CAPM übergegangen werden, das von vornherein unter der Prämisse differenzierter persönlicher Steuern abgeleitet wird. Dieses Modell weist im Gleichgewicht auch bei drei differenzierten Steuersätzen wie das Standard-CAPM eine lineare Beziehung zwischen der Bruttorendite und dem systematischen Risiko auf. Als zusätzliche erklärende Variablen treten die Dividendenrendite des betrachteten Wertpapiers und diejenige des Marktportfolios hinzu, sofern Dividenden anders als Kurssteigerungen besteuert werden. An dieser Aussage ändert sich grundsätzlich nichts, wenn man Kapitalaufnahme- sowie Leerverkaufsbeschränkungen berücksichtigt. Die Struktur des Modells verändert sich jedoch, wenn die Annahme sicherer Dividenden aufgehoben wird. Geht man von stochastischen Ausschüttungen aus, so wird der Risikofaktor des Standard-CAPM durch einen komplexeren Ausdruck ersetzt, der zusätzlich den stochastischen Verbund der Dividendenrenditen mit den übrigen unsicheren Variablen zum Ausdruck bringt. Bedingungen für die – etwa in IDW S 1 n.F. vorausgesetzte – wiederholte Anwendung des Steuer-CAPM ließen sich hier nur unter der Annahme finden, dass Kursgewinne und Dividenden dem gleichen Steuersatz unterliegen. Dies ist mit Blick auf die Besteuerung von Wertsteigerungen wenig realitätsnah. Akzeptiert man dies indes nicht, so steht man vor der Wahl, das einperiodige Steuer-CAPM entweder nicht wiederholt anwenden zu dürfen oder einen Mehrperiodenkalkül mit stochastischen Dividendenrenditen entwickeln zu müssen.

---

[762] Allerdings bilden sich die Preise in diesem Fall – anders als beim Standard-CAPM – unter der Annahme, dass differenzierte Steuern existieren.

In der *Brennan*schen Prägung ist das Steuer-CAPM nicht für die Unternehmensbewertung verwertbar: Es erzeugt Bruttorenditen, welche zur Diskontierung von Nettoüberschüssen ungeeignet sind. Gegenwärtig scheint der beste Ausweg hieraus darin zu liegen, dass man bei der Ableitung von Nettorenditen von vornherein von Preisen ausgeht, welche sich im Umfeld differenzierter Steuern gebildet haben. Damit wird der Übergang von der Welt des Standard-CAPM auf jene des *Brennan*-CAPM per Definition als abgeschlossen betrachtet, nicht aber analytisch geleistet. Unabhängig davon scheitert die Umsetzung des Steuer-CAPM in Reinform an prohibitivem Datenbeschaffungsaufwand: Für jeden Investor wären Grenzsteuersatz und Risikopräferenzen simultan zu schätzen. In praxi wird man typisierende Annahmen über die Steuersätze sowie die Risikopräferenzen treffen müssen. Die in IDW S 1 n.F. vorgesehene gänzliche Eliminierung der Risikopräferenzen aus der Gleichgewichtsbeziehung erscheint weitergehend als nötig. Die Vermutung, dass das Steuer-CAPM die Realität besser beschreibt als die Grundform des Kapitalmarktmodells, konnte bislang empirisch nicht zweifelsfrei untermauert werden.

Die Ergebnisse der Konsistenzanalyse wurden in Kapitel C.5 im Rahmen der Diskussion unterschiedlicher Finanzierungsstrategien zusammengeführt. Die für den Fall wertorientierter Finanzierung von *Miles/Ezzell* und *Löffler* erarbeiteten Ergebnisse bleiben strukturell erhalten, wenn persönliche Steuern über das Steuer-CAPM Eingang in den Kalkül finden. Unterstellt man dabei eine Präferenz der Entscheider für Überschüsse des verschuldeten Unternehmens, so trifft man auf das Problem, dass Zinseinkünfte und -auszahlungen steuerlich unterschiedlich behandelt werden, das Steuer-CAPM in der diskutierten Form jedoch von ihrer symmetrischen Behandlung ausgeht. Um diesen Mangel zu beseitigen, wäre auf ein Kapitalmarktmodell überzugehen, das Zinseinkünfte und -auszahlungen steuerlich differenziert behandelt. Die der wertorientierten Finanzierung teils vorgeworfene Unflexibilität wird durch die Möglichkeit relativiert, den Verschuldungsgrad auch periodenspezifisch planen zu können. Zudem ist auch die regelmäßig als Alternative vorgeschlagene autonome Verschuldungspolitik begründungsbedürftig: So erscheint es insbesondere in weiter vom Bewertungszeitpunkt entfernten Perioden als unrealistisch, dass die Fremdkapitalbestände unabhängig von der Entwicklung des Wertes oder der Cashflows des Unternehmens fixiert werden. Auch kann der wertorientierten Strategie nicht vorgeworfen werden, sie führe gegenüber der autonomen Planung zu niedrigeren Unternehmenswerten: Zwar ist der Barwert der Steuervorteile bei atmender Finanzierungsstruktur kleiner, sofern man unterstellt, dass an die Stelle eines autonom geplanten (sicheren) Fremdkapitalbestands ein unsicherer Fremdkapitalbestand mit gleichem Erwartungswert bei wertorientierter Planung tritt. Es ist jedoch nicht einzusehen, weshalb diese Austauschbeziehung zwischen sicheren und riskanten Fremdkapitalbeständen herrschen sollte. Die Analyse der von *Essler/Kruschwitz/Löffler* vorgestellten buchwertorientierten Finanzierung zeigt, unter welchen Bedingungen der Bewerter zu theoretisch korrekten Unternehmenswerten gelangen kann, wenn er Buch- anstelle von Marktwerten plant. Berücksichtigt man indes, dass für die Einhaltung des Kongruenzprinzips Zusatzrechnungen auf Basis von Zahlungsgrößen nötig sind, so verschwindet der vermeintliche Vorteil einer Planung von Buch- gegenüber Marktwerten. Die cashfloworientierte Finanzierung stellt nur für einen begrenzten Zeitraum eine sinnvolle Strategie dar. Im Anschluss an die Tilgungsphase ist eine alternative Finanzierungsprämisse zu treffen. Daher ist die Ableitung eines Bewertungskalküls bei unendlichem Wachstum nicht zweckmäßig. Die Theoreme von *Modigliani/Miller* haben im Umfeld des Steuer-CAPM Bestand, sofern eine steuerliche Gleichbehandlung von Dividenden und Kursgewinnen unterstellt wird. Da in diesem Steuersystem die Dividendenpolitik irrelevant ist, lassen sich die Überlegungen *Hamadas* vergleichsweise leicht auf das Steuer-CAPM übertragen.

D. Thesenförmige Zusammenfassung

(1) Um begründbare Unternehmenswerte ermitteln zu können, müssen die einzelnen Komponenten des Zinssatzes erstens aus einem theoretisch fundierten Modellrahmen stammen. Zweitens ist sicherzustellen, dass die Zinsfußelemente hinsichtlich der hinter ihnen stehenden Annahmen widerspruchsfrei miteinander verbunden werden dürfen. Weite Teile der Literatur werfen die Frage, unter welchen Bedingungen dieser Komponentenverbund konsistent erfolgen kann, nicht auf. Ziel der vorliegenden Arbeit war es zum einen, einen Beitrag zur Schließung dieser Lücke zu leisten. Zum anderen galt es zu prüfen, welche Gestalt der Bewertungskalkül bei in sich stimmiger Verbindung der Zinsfußkomponenten annimmt.

(2) Der Basiszins entspricht jener Rendite, die der Investor erzielen kann, wenn er seine Mittel alternativ zur Unternehmenstransaktion in risikolose Wertpapiere anlegt. Er wird theoretisch korrekt durch spot rates operationalisiert. Spotsätze entsprechen jenen periodenspezifischen Zinssätzen, welche mit Nullkuponanleihen realisierbar sind, die vom Bewertungsstichtag bis zu einer betrachteten künftigen Periode laufen. Sie sind aufgrund der Möglichkeit zum Anleihe-Stripping ebenso leicht verfügbar wie die Renditen lang laufender Anleihen. Um die Anschlussverzinsung festzusetzen, muss sich der Entscheider auf Wertungen stützen, deren (Un-)Richtigkeit nicht mit theoretischen Argumenten belegt werden kann. Hier wird dafür plädiert, die spot rate mit der längsten Laufzeit des Detailplanungszeitraums zur Berechnung des Restwerts heranzuziehen. Dafür spricht, dass für beide Planungsphasen des Kalküls auf die gleiche Datenbasis zurückgegriffen wird.

(3) Der Ansatz, Risikozuschläge durch Rückgriff auf *Bernoulli*-Sicherheitsäquivalente zu gewinnen, die durch die Cashflow-Verteilungen impliziert werden, ist nach gegenwärtigem Stand der Diskussion grundsätzlich nur für Entscheider mit exponentiellen Nutzenfunktionen theoretisch zu rechtfertigen. Die Vorschläge zur Weiterentwicklung des Konzepts zielen zum einen darauf, das für die Existenz des risikolosen Zinssatzes vorauszusetzende Kapitalmarktumfeld in die Erwartungsnutzentheorie zu integrieren. Zum anderen wird versucht, die Sicherheitsäquivalentmethode über weniger restriktive Axiomensysteme für eine hinreichend große Klasse an Risikopräferenzen theoretisch zu fundieren. Die von der Literatur behaupteten Zusammenhänge zwischen stochastischen (Un-)Abhängigkeitseigenschaften von Überschussverteilungen und unterschiedlichen Formen der Risikoauflösung lassen sich nachweisen, wenn man Risikoauflösung mit der

Differenz zwischen der Risikoprämie der unbedingten und dem Erwartungswert der Risikoprämien der bedingten Überschussverteilungen misst. Dieses Maß zeigt eine schlagartige (allmähliche) Risikoauflösung für unabhängige (abhängige) Verteilungen an. Es erlaubt – anders als unter dem Informationsstand künftiger Perioden bedingte Risikomaße – eine Einschätzung der aus Sicht des Bewertungszeitpunkts zu erwartenden Risikoauflösung.

(4) Das CAPM als alternativer Ansatz zur Gewinnung von Risikozuschlägen fußt auf rigiden Prämissen. Verwendet man das Modell im mehrperiodigen Kontext der Unternehmensbewertung, so sind die Bedingungen zu klären, unter denen das Bewertungsproblem durch wiederholte Anwendung des Einperiodenkalküls gelöst werden kann. Hierfür ist vorauszusetzen, dass der risikolose Zins, der Marktpreis des Risikos sowie die Kovarianz zwischen der Rendite des Marktportfolios und der die Erwartungsänderung über die Cashflow-Verteilung ausdrückenden Zufallsvariable einem deterministischen Pfad folgen. Dem Widerspruch, dass das CAPM ein Gleichgewicht erzeugt, Unternehmensbewertungen jedoch nur in ungleichgewichtigen Situationen stattfinden, muss sich der Bewerter bewusst sein. Überdies sind Zusatzannahmen zu treffen, welche die Existenz und Eindeutigkeit der formal ermittelten Gleichgewichte sicherstellen. Ungeachtet dieser Kritik ist es bislang nicht gelungen, ein ähnlich geschlossenes und handhabbares Kapitalmarktmodell zu entwickeln, das die Realität besser beschreibt als das CAPM.

(5) Mit Hilfe der risikoneutralen Bewertung lassen sich Sicherheitsäquivalente ermitteln, indem die subjektiven in risikoneutrale Wahrscheinlichkeiten überführt werden. Dieser Ansatz erfordert lediglich die Annahme arbitragefreier Kapitalmärkte. Allerdings muss offen bleiben, wie man ohne ein Entscheidungen unter Unsicherheit und damit Risikoeinstellungen der Investoren explizierendes Modell wie etwa das CAPM zum risikoneutralen Wahrscheinlichkeitsmaß gelangen soll. Insoweit handelt es sich bei der risikoneutralen Bewertung um kein operationales Konzept.

(6) Zur Berechnung des Endwertes in Phasenmodellen wird der Zinssatz häufig um einen Wachstumsabschlag vermindert. Zu seiner theoretischen Fundierung wird auf das *Gordon/Shapiro*-Modell verwiesen, dessen Annahme unendlichen konstanten Wachstums bereits unter sicheren Erwartungen realitätsfern erscheint. Während dieses Wachstum inhaltlich mit Mengen- oder Preiszuwächsen begründet wird, lässt sich im Halbeinkünfteverfahren zeigen, dass auch in Abwesenheit dieser Wachstumsursachen ein steuerlich bedingtes Wachstum durch Thesaurierungen erzeugt werden kann. Nimmt man an, dass sowohl preis- oder mengen-

als auch steuerinduziertes Wachstum vorliegt, so zeigt sich, dass die Bestandteile der Ausschüttung aufgrund unterschiedlicher Ursachen wachsen: Die Ausschüttung der Periode nimmt allein preis- oder mengenbedingt zu, die Erträge aus der unternehmensinternen Anlage einbehaltener Mittel wachsen preis- oder mengensowie steuerinduziert.

(7) Die Annahme deterministischer risikoloser Zinssätze ist intuitiv unvereinbar mit der Welt unsicherer Erwartungen im CAPM. Die Überlegungen von *Merton* zeigen indes, dass man sich bei Unsicherheit über den risikolosen Zins – abgesehen von restriktiven Spezialfällen – vom Standard-CAPM lösen muss. Ist der risikolose Zins stochastisch, so resultiert ein allgemeineres Kapitalmarktmodell, das neben der im einperiodigen CAPM abgebildeten Nachfrage auch eine Hedging-Komponente erfasst. Letztere drückt das Absicherungsverhalten der Investoren gegen Parameteränderungen im Zeitablauf aus.

(8) Teile der Literatur vermindern die aus dem einperiodigen CAPM gewonnene Renditeforderung um deterministische Wachstumsabschläge, um damit das *Gordon/Shapiro*-Modell unter Unsicherheit zu gewinnen. Dieses Vorgehen ist zum einen ohne weitere Prämissen inkonsistent, weil das CAPM ein Einperiodenmodell ist, während sich das *Gordon/Shapiro*-Modell aus einer mehrperiodigen Betrachtung ableitet. Zum anderen erfordert eine widerspruchsfreie Kombination beider Modelle eine Erweiterung des Kalküls auf den Fall unsicherer Wachstumsraten. Im mehrperiodigen CAPM von *Myers/Turnbull* zeigt sich, dass das Wachstumsmodell bei der wiederholten Anwendung des CAPM nicht mit der in der Literatur verbreiteten Bewertungsformel übereinstimmt. Abweichungen von letzterer ergeben sich aus Konstanten, die die Erwartungsbildung über die Ertragsverteilungen ausdrücken. Die Literaturdarstellung des Wachstumsmodells bleibt allein dann strukturell erhalten, wenn man Sicherheit voraussetzt und damit die Notwendigkeit wegdefiniert, auf das CAPM zurückzugreifen. Demgegenüber gelingt es, die Literaturdarstellung mit dem mehrperiodigen Kapitalmarktmodell von *Fama* zu stützen. Die unter der Prämisse deterministischen Wachstums abgeleiteten Modelle haben in ihrer Struktur Bestand, wenn man unterstellt, dass die Überschüsse mit einer stochastischen, stationär verteilten Rate wachsen. Zu beachten ist lediglich, dass an die Stelle der sicheren der Erwartungswert der unsicheren Wachstumsrate tritt. Hierzu muss jedoch die enge Annahme erfüllt sein, dass keine Korrelation zwischen den Cashflows und den Wachstumsraten besteht.

(9) Bei der Ableitung des Standard-CAPM wurden Steuern ausgeblendet. Da Investoren ihr Einkommen nach Steuern maximieren, ist die Frage interessant, unter welchen Bedingungen das Standard-CAPM in einer Welt mit differenzierten persönlichen Steuern die korrekte Bruttorendite erzeugt. Die Antwort hierauf verdeutlicht, warum Steuern im Umfeld des CAPM relevant sind. Das Standard-CAPM bleibt auch bei Vorliegen dreier differenzierter Steuersätze gültig, sofern eine spezifische lineare Beziehung zwischen der Kurs- und der Dividendenrendite jedes einzelnen Portfolios herrscht. Dann wählen die Akteure vor wie nach Steuern gleiche Portfolioanteile. Die Achsenabschnitte und Steigungsparameter dieser linearen Funktion müssen darüber hinaus restriktiven Nebenbedingungen gehorchen. Ein Vergleich mit den Arbeiten von *Long* und *König* offenbart, dass diese Linearität im Modellkontext des CAPM in unterschiedlichen Steuersystemen vorauszusetzen ist. Mit Blick auf die Steigung und den Achsenabschnitt ergeben sich indes unterschiedliche Anforderungen, die dem hier zugrunde gelegten Steuersystem mit drei differenzierten Steuersätzen geschuldet sind. Diese Parameter sind bei proportionaler (progressiver) Besteuerung unabhängig (abhängig) vom betrachteten Portfolio.

(10) Bei Existenz der risikolosen Anlage liegen die effizienten Portfolios nach Steuern bei proportionaler Besteuerung auf einer Geraden, die durch die Nettorenditen der risikofreien Anlage und des Tangentialportfolios zu legen ist. Im Falle progressiver Belastungen weist die Effizienzlinie indes die Form einer konkaven Kurve auf. Grund hierfür ist, dass der Grenzsteuersatz abhängig vom jeweils betrachteten Portfolio ist und die Funktion des Grenzsteuersatzes in Abhängigkeit des zu versteuernden Einkommens nichtlinear verläuft.

(11) Die Äquivalenzforderungen erweisen sich als theoretisch eng, da Investoren bei einer gegebenen Kursrendite nicht zwischen alternativen Dividendenrenditen wählen dürfen. Empirisch finden sich kaum Hinweise auf ihre Erfüllung. Da die Äquivalenzbedingungen im Regelfall nicht erfüllt sind, verwenden Teile der Literatur das auf *Brennan* zurückgehende Steuer-CAPM, um Unternehmenswerte nach persönlichen Steuern zu bestimmen. Hierfür spricht, dass das Modell analytisch geschlossen ist und Steuern nach Einkunftsarten differenziert erfasst. Die Struktur des von *Brennan* und anderen für zwei differenzierte Steuersätze entwickelten Steuer-CAPM bleibt grundsätzlich erhalten, wenn es auf drei unterschiedliche Sätze erweitert wird. Es zeigt im Gleichgewicht eine lineare Beziehung zwischen der Vorsteuerrendite des Wertpapiers und dem systematischen Risiko sowie den Dividendenrenditen des Marktportfolios und des betrachteten Titels.

(12) Die Verwendbarkeit des Steuer-CAPM für die Unternehmensbewertung ist jedoch ohne weitere Annahmen nicht gegeben. Nettocashflows sind mit Nettorenditen abzuzinsen. Letztere erzeugt das Steuer-CAPM in der *Brennan*schen Prägung nicht: Ergebnis des Modells ist eine Bruttorendite, die zum Ausdruck bringt, dass die Investoren bei der Existenz differenzierter Steuern eine höhere oder niedrigere Risikoprämie verlangen als bei Ausblendung gespaltener Steuersätze. Das Steuer-CAPM liefert die im Umfeld differenzierter Steuern theoretisch korrekte Bruttorendite, die für Zwecke der Diskontierung in eine Nettorendite umzuwandeln, mithin um Steuern zu vermindern ist.

(13) Das Vorgehen von Teilen der Literatur, die Bruttorendite des Standard-CAPM mit einem einheitlichen Steuersatz zu belasten, um Nettorenditen zu bestimmen, ist nur unter Bedingungen möglich, die sicherstellen, dass sich bei Existenz differenzierter Steuern das Steuer- zum Standard-CAPM reduziert. Hierzu müssen entweder die abgeleiteten Bedingungen für die Vorsteuer-Steuer-Effizienz von Portfolios oder andere restriktive Anforderungen erfüllt sein, die jedoch am deutschen Steuersystem scheitern. Zudem muss der unterstellte einheitliche Steuersatz bei Vorliegen differenzierter Steuern ein *Misch*satz sein, dessen Höhe man erst bestimmen kann, wenn die gesuchte Nettorendite bereits ermittelt wurde. Gleiches gilt, wenn die Bruttorendite des Steuer-CAPM mit einem einheitlichen Steuersatz belastet wird. Andere Vorschläge, die darauf zielen, das Standard-CAPM um differenzierte Steuersätze zu ergänzen, vernachlässigen die Tatsache, dass im Umfeld differenzierter Steuern nicht dieses Modell, sondern das Steuer-CAPM die korrekte Bruttorendite liefert. Der bislang überzeugendste Weg zur Ableitung von Nettorenditen liegt darin, diese ausgehend von Gleichgewichtspreisen in einer Welt mit differenzierten Steuern zu gewinnen.

(14) Eine Berücksichtigung von Kursgewinnsteuern im Steuer-CAPM unterstellt ein nicht steuerminimierendes Realisationsverhalten der Marktteilnehmer. Die Prämisse deterministischer Dividenden(renditen) läuft der Realität zuwider und impliziert bei mehrperiodiger Betrachtung, dass Aktien risikolos sind. Unterstellt man stochastische Dividendenrenditen, so treten neben den β-Faktor des Standard- und Steuer-CAPM zwei weitere systematische Risikoquellen. Diese entspringen dem stochastischen Verbund zwischen den Dividendenrenditen untereinander sowie zwischen den Kursrenditen und der Dividendenrendite des Marktportfolios. Daneben wird – anders als im Ansatz mit deterministischer Dividendenrendite – das Niveau des systematischen Risikos durch die Ausprägungen der Investorensteuersätze geprägt.

(15) Bedingungen für die wiederholte Anwendbarkeit des einperiodigen Steuer-CAPM lassen sich für den Fall ableiten, dass Kursgewinne und Dividenden – wie im gegenwärtig herrschenden deutschen Steuersystem – gleich besteuert werden und die Dividendenpolitik damit ohne Einfluss auf die Gleichgewichtsrendite bleibt. Neben den von *Fama* für das Standard-CAPM erarbeiteten Anforderungen ist zu unterstellen, dass sich die präferenzgewichteten Durchschnittssteuersätze der Marktteilnehmer im Zeitlauf zumindest deterministisch entwickeln. Geht man – wie etwa IDW S 1 n.F. – von einem Steuersystem aus, das eine Relevanz der Ausschüttungspolitik induziert, so ist der einperiodige Kalkül nicht theoretisch fundiert wiederholt anwendbar.

(16) Die Umsetzung des Steuer-CAPM in Reinform scheitert an prohibitivem Datenbeschaffungsaufwand. Dieser resultiert daraus, dass die Grenzsteuersätze und Steuerbefreiungsmöglichkeiten sämtlicher Marktakteure simultan mit deren Risikoeinstellungen zu bestimmen wären. Die Ausprägungen dieser Eingangsgrößen entscheiden darüber, ob die Besteuerung einen positiven oder negativen Einfluss auf eine nach dem Standard-CAPM gegebene Bruttorendite ausübt. Eindeutige Aussagen über die Wirkungsrichtung der Steuern lassen sich nur in realitätsfernen Spezialfällen treffen, in denen sämtliche Marktteilnehmer über identische, nach Einkunftsarten differenzierte Steuersätze verfügen. Dies unterstellt etwa IDW S 1 n.F. Ansätze zur empirischen Bestimmung marktdurchschnittlicher persönlicher Einkommensteuersätze vermögen bislang nicht zu überzeugen.

(17) Empirische Untersuchungen zum Steuer-CAPM geben ein uneinheitliches Bild ab und können die Bewährung des Modells an der Realität nicht belegen. Die Ergebnisse sind insbesondere davon abhängig, ob die Dividendenrendite kurz- oder langfristig definiert wird. Die Studie von *König* gibt keinen Hinweis darauf, dass das Modell die Wirklichkeit am deutschen Kapitalmarkt gut beschreibt.

(18) Die von *Miles/Ezzell* und *Löffler* für den Fall wertorientierter Finanzierung gefundenen Ergebnisse bleiben strukturell erhalten, wenn über das Steuer-CAPM persönliche Steuern in den Kalkül einbezogen werden. Letztere erzeugen den Ausschüttungsdifferenzeffekt, welcher bei unternehmenswertabhängiger Verschuldung eine Zufallsvariable darstellt und folglich mit den risikoangepassten Kapitalkosten zu diskontieren ist. Die bei intertemporal konstantem Verschuldungsgrad gegebene Starrheit der Finanzierungspolitik wird dadurch relativiert, dass die Quoten auch periodenspezifisch geplant werden können. Geht man von einer Präferenz der Eigner für Zahlungen des verschuldeten Unternehmens aus, so wäre auf ein Steuer-CAPM überzugehen, das eine unterschiedliche steuerliche

Behandlung von Zinseinkünften und -auszahlungen abbildet. Ein solches Modell liegt bislang nicht vor.

(19) Die Vorgabe deterministischer Fremdkapitalbestände bei autonomer Finanzierungsstrategie ist für die ersten Jahre des Planungszeitraums realitätsnah, während für weiter vom Bewertungszeitpunkt entfernte Perioden eine an der Unternehmenswertentwicklung orientierte Finanzierung geeignet erscheint. Ein Vergleich zwischen Unternehmenswerten bei wertorientierter und autonomer Politik ist nicht sinnvoll, da unklar bleiben muss, welcher Verschuldungsgrad mit einem gegebenen Fremdkapitalbestand korrespondiert.

(20) Die buchwertorientierte Finanzierung formuliert Bedingungen, unter welchen man durch Rückgriff auf bilanzielle Größen zu theoretisch korrekten Unternehmenswerten gelangen kann. Ein praktischer Vorteil der Prognose von Buch- anstelle von Zahlungsgrößen ist nicht erkennbar. Die Politik, die Tilgung eines gegebenen Fremdkapitalbestands an die Entwicklung der Cashflows des Unternehmens zu koppeln, ist nur für einen begrenzten Zeitraum zweckmäßig. Die im Falle unendlichen Wachstums zu unterstellende fortgesetzte Rückführung von Fremdkapital erzeugt ab einer gewissen Periode Steuernachteile, welche die Eigner nicht in Kauf nehmen werden. Nach Ablauf der Tilgungsphase ist auf eine alternative Finanzierungspolitik überzugehen.

(21) Die *Modigliani/Miller*-Theoreme über den Einfluss der Fremdfinanzierung auf den Wert und die Eigenkapitalkosten des Unternehmens bleiben im Umfeld des Steuer-CAPM grundsätzlich erhalten. Die Analyse von *Hamada* lässt sich auf diesen Modellrahmen übertragen, wenn ein Steuersystem unterstellt wird, in dem Ausschüttungsirrelevanz herrscht, mithin Dividenden und Kursgewinne steuerlich gleich behandelt werden.

(22) Die durchgeführte Analyse hat die Frage nach der Konsistenz der Modellprämissen im Bewertungskalkül keineswegs vollständig und allgemeingültig beantwortet. Die Ergebnisse haben im Umfeld des CAPM Bestand. In anderem Modellkontext wird man zu anderen als den hier getroffenen Schlussfolgerungen gelangen. Gründe für die Wahl dieses analytischen Rahmens sind weniger im Glauben zu suchen, es handele sich beim CAPM um ein in allen Belangen überlegenes Modell. Man darf dem Kalkül jedoch zugute halten, dass es als Kapitalmarktmodell den bisher gelungensten Kompromiss zwischen Realitätsnähe und Handhabbarkeit darstellt.

Anhang

Anhang 1 zu Kapitel B.5

Ableitung von Beziehung (B.5.10)[763]

Der Wert der thesaurierten Mittel in t-1 lässt sich zunächst mit

$$V_{t-1}^{Th} = \frac{\hat{q} \cdot r_u' \cdot (1-\hat{q}) \cdot Y_t \cdot (1-s_c) \cdot (1-\tau)}{(1+r_f \cdot (1-\hat{s}_e))} \cdot \left(1 + \frac{(1+r_u' \cdot (1-\hat{q}))}{(1+r_f \cdot (1-\hat{s}_e))} + \left(\frac{(1+r_u' \cdot (1-\hat{q}))}{(1+r_f \cdot (1-\hat{s}_e))}\right)^2 + \ldots\right) \quad (E.1.1)$$

berechnen. Ist $\theta = \frac{\hat{q} \cdot r_u' \cdot (1-\hat{q}) \cdot Y_1 \cdot (1-s_c) \cdot (1-\tau)}{(1+r_f \cdot (1-\hat{s}_e))}$ und $\vartheta = \frac{(1+r_u' \cdot (1-\hat{q}))}{(1+r_f \cdot (1-\hat{s}_e))}$, so erhält man[764]

$$V_{t-1}^{Th} = \theta \cdot (1 + \vartheta + \vartheta^2 + \ldots) \quad (E.1.2)$$

oder

$$V_{t-1}^{Th} \cdot \vartheta = \theta \cdot (\vartheta + \vartheta^2 + \vartheta^3 + \ldots). \quad (E.1.3)$$

Zieht man (E.1.3) von (E.1.2) ab, so folgt (B.5.10):

$$V_{t-1}^{Th} \cdot (1-\vartheta) = \theta$$

$$V_{t-1}^{Th} \cdot \left(1 - \frac{(1+r_u' \cdot (1-\hat{q}))}{(1+r_f \cdot (1-\hat{s}_e))}\right) = \frac{\hat{q} \cdot r_u' \cdot (1-\hat{q}) \cdot Y_t \cdot (1-s_c) \cdot (1-\tau)}{(1+r_f \cdot (1-\hat{s}_e))},$$

$$V_{t-1}^{Th} = \frac{\hat{q} \cdot r_u' \cdot (1-\hat{q}) \cdot Y_t \cdot (1-s_c) \cdot (1-\tau)}{(1+r_f \cdot (1-\hat{s}_e)) - (1+r_u' \cdot (1-\hat{q}))}, \quad (E.1.4)$$

$$V_{t-1}^{Th} = \frac{\hat{q} \cdot r_u' \cdot (1-\hat{q}) \cdot Y_t \cdot (1-s_c) \cdot (1-\tau)}{r_f \cdot (1-\hat{s}_e) - r_u' \cdot (1-\hat{q})}.$$

---

763 Vgl. zur folgenden Ableitung *Wiese* [Wachstum, 2005], S. 623.

764 Vgl. analog *Brealey/Myers* [Principles, 2003], S. 37-38.

Anhang 2 zu Kapitel C.3
Ableitung von Beziehung (C.3.11)

Aus (C.3.9) wird unter der Prämisse, dass die Überschüsse unendlich konstant geometrisch mit der Rate w wachsen:

$$V_0 = E_0\left(\tilde{X}_1\right) \cdot \frac{\left(1-\phi c'\sigma_{\iota M}\right)}{\left(1+r_f\right)} \cdot \left(1+\frac{(1+w)\cdot\left(1-\phi\eta c'\sigma_{\iota M}\right)}{\left(1+r_f\right)}+\left(\frac{(1+w)\cdot\left(1-\phi\eta c'\sigma_{\iota M}\right)}{\left(1+r_f\right)}\right)^2+\ldots\right). \quad \text{(E.2.1)}$$

Ist $\theta = \frac{E_0\left(\tilde{X}_1\right)\cdot\left(1-\phi c'\sigma_{\iota M}\right)}{\left(1+r_f\right)}$ und $\vartheta = \frac{(1+w)\cdot\left(1-\phi\eta c'\sigma_{\iota M}\right)}{\left(1+r_f\right)}$, so erhält man[765]

$$V_0 = \theta\cdot\left(1+\vartheta+\vartheta^2+\ldots\right) \quad \text{(E.2.2)}$$

oder

$$V_0\cdot\vartheta = \theta\cdot\left(\vartheta+\vartheta^2+\vartheta^3+\ldots\right). \quad \text{(E.2.3)}$$

Wird (E.2.3) von (E.2.2) subtrahiert, dann folgt (C.3.11):

$$V_0\cdot(1-\vartheta) = \theta,$$

$$V_0\cdot\left(1-\frac{(1+w)\cdot\left(1-\phi\eta c'\sigma_{\iota M}\right)}{\left(1+r_f\right)}\right) = \frac{E_0\left(\tilde{X}_1\right)\cdot\left(1-\phi c'\sigma_{\iota M}\right)}{\left(1+r_f\right)},$$

$$V_0 = \frac{E_0\left(\tilde{X}_1\right)\cdot\left(1-\phi c'\sigma_{\iota M}\right)}{\left(1+r_f\right)-(1+w)\cdot\left(1-\phi\eta c'\sigma_{\iota M}\right)}, \quad \text{(E.2.4)}$$

$$V_0 = \frac{E_0\left(\tilde{X}_1\right)\cdot\left(1-\phi c'\sigma_{\iota M}\right)}{r_f - w + \phi\eta c'\sigma_{\iota M}\cdot(1+w)}.$$

[765] Vgl. analog *Brealey/Myers* [Principles, 2003], S. 37-38.

Ableitung von Beziehung (C.3.17)

Unter den von *Fama* getroffenen Annahmen ergibt sich (E.2.4) mit

$$V_0 \cdot \left(1 - \frac{(1+w)\cdot(1-\phi\sigma_{\varepsilon M})}{(1+r_f)}\right) = \frac{E_0(\tilde{X}_1)\cdot(1-\phi\sigma_{\varepsilon M})}{(1+r_f)}. \tag{E.2.5}$$

Wegen $\frac{1+r_f}{1-\phi\sigma_{\varepsilon M}} = 1+\overline{r}_j$[766] folgt (C.3.17):

$$V_0 \cdot \left(\frac{1+\overline{r}_j - 1 + w}{1+\overline{r}_j}\right) = \frac{E_0(\tilde{X}_1)}{1+\overline{r}_j},$$

$$V_0 = \frac{E_0(\tilde{X}_1)}{(1+\overline{r}_j)\cdot\left(\frac{\overline{r}_j - w}{1+\overline{r}_j}\right)}, \tag{E.2.6}$$

$$V_0 = \frac{E_0(\tilde{X}_1)}{\overline{r}_j - w}.$$

Ableitung von Beziehung (C.3.20)

Aus (C.3.11) folgt

$$Q'_0 = Q'_1 \equiv Q' = \frac{(1-\phi c'\sigma_{\iota M})}{r_f - w + \phi\eta c'\sigma_{\iota M}\cdot(1+w)}, \tag{E.2.7}$$

weshalb sich (C.3.19) zu

$$\beta_{j,1} \equiv \beta = \left[\frac{1}{Q'_1} + \eta\cdot(1+w)\right]\cdot\frac{c'\cdot\sigma_{\iota M}}{\sigma_M^2} \tag{E.2.8}$$

umformen lässt. Durch Einsetzen von (E.2.7) in (E.2.8) gelangt man zu (C.3.20):

---

766 Vgl. *Fama* [Uncertainty, 1977], S. 13; *Miles/Ezzell* [Note, 1985], S. 1486.

$$\beta=\left[\frac{r_f - w + \phi\eta c'\sigma_{\iota M}\cdot(1+w)+(1-\phi c'\sigma_{\iota M})\cdot\eta\cdot(1+w)}{(1-\phi c'\sigma_{\iota M})}\right]\cdot\frac{c'\cdot\sigma_{\iota M}}{\sigma_M^2}$$

$$=\left[\frac{r_f - w + \eta\cdot(1+w)}{(1-\phi c'\sigma_{\iota M})}\right]\cdot\frac{c'\cdot\sigma_{\iota M}}{\sigma_M^2}. \tag{E.2.9}$$

Ableitung von Beziehung (C.3.24)

(C.3.23) lässt sich umformen zu

$$V_{T-2}=\frac{E_{T-2}\left(\tilde{X}_{T-1}\right)\cdot(1-\phi\sigma_{\varepsilon M})}{1+r_f}+\frac{E_{T-2}\left(\tilde{X}_{T-1}+\tilde{X}_{T-1}\cdot\tilde{w}_{T-1}\right)\cdot(1-\phi\sigma_{\varepsilon M})}{(1+r_f)^2}-\frac{\phi\operatorname{cov}\left[E_{T-2}\left(\left(\tilde{X}_{T-1}+\tilde{X}_{T-1}\cdot\tilde{w}_{T-1}\right)\right)\cdot(1-\phi\sigma_{\varepsilon M})\cdot(1+\tilde{\varepsilon}_{T-1}),r_M\right]}{(1+r_f)^2}. \tag{E.2.10}$$

Über den Verschiebungssatz der Kovarianz erhält man für

$$v=E_{T-2}\left(\tilde{X}_{T-1}\cdot\tilde{w}_{T-1}\right)=E_{T-2}\left(\tilde{X}_{T-1}\right)\cdot E_{T-2}\left(\tilde{w}_{T-1}\right)+\operatorname{cov}\left(\tilde{X}_{T-1},\tilde{w}_{T-1}\right) \tag{E.2.11}$$

$$V_{T-2}=\frac{E_{T-2}\left(\tilde{X}_{T-1}\right)\cdot(1-\phi\sigma_{\varepsilon M})}{(1+r_f)}+\frac{\left(E_{T-2}\left(\tilde{X}_{T-1}\right)+v\right)\cdot(1-\phi\sigma_{\varepsilon M})}{(1+r_f)^2}-\frac{\phi\operatorname{cov}\left[\left(E_{T-2}\left(\tilde{X}_{T-1}\right)+v\right)\cdot(1-\phi\sigma_{\varepsilon M})\cdot(1+\tilde{\varepsilon}_{T-1}),r_M\right]}{(1+r_f)^2}. \tag{E.2.12}$$

Da sowohl Erwartungswerte als auch Kovarianzen Skalare sind, kann man $\left(E_{T-2}\left(\tilde{X}_{T-1}\right)+v\right)\cdot(1-\phi\sigma_{\varepsilon M})$ aus dem Kovarianzausdruck in (E.2.12) herausziehen. Durch Resubstitution von v folgt

$$V_{T-2}=\frac{E_{T-2}\left(\tilde{X}_{T-1}\right)\cdot\left(1-\phi\sigma_{\varepsilon M}\right)}{1+r_f}+\left(1-\phi\sigma_{\varepsilon M}\right)\cdot\left(1-\phi\sigma_{\varepsilon M}\right)\cdot \frac{\left(E_{T-2}\left(\tilde{X}_{T-1}\right)\cdot\left(1+E_{T-2}\left(\tilde{w}_{T-1}\right)\right)+\operatorname{cov}\left(\tilde{X}_{T-1},\tilde{w}_{T-1}\right)\right)}{\left(1+r_f\right)^2}, \tag{E.2.13}$$

was zu (C.3.24) wird, wenn man $q'=\left(1-\phi\sigma_{\varepsilon M}\right)/\left(1+r_f\right)$ substituiert.

Anhang 3 zu Kapitel C.4
Ableitung von Beziehung (C.4.10)

Für den in der Varianz in Gleichung (C.4.10) enthaltenen Term $\left(\tilde{r}'-\overline{r'}\right)^2$ ergibt sich:

$$\left(\tilde{r}'-\overline{r'}\right)^2= \left\{\underline{x}^T\cdot\underline{\rho}\cdot(1-\gamma)+\underline{x}^T\cdot\underline{\delta}\cdot(1-\tau)+x_{r_f}\cdot r_f\cdot\left(1-\hat{s}_e\right)- \left[\underline{x}^T\cdot\underline{\bar{\rho}}\cdot(1-\gamma)+\underline{x}^T\cdot\underline{\delta}\cdot(1-\tau)+x_{r_f}\cdot r_f\cdot\left(1-\hat{s}_e\right)\right]\right\}^2. \tag{E.3.1}$$

Da $\underline{\delta}$ sowie r_f deterministisch sind, vereinfacht sich (E.3.1) zu:

$$\left[\underline{x}^T\cdot\underline{\rho}\cdot(1-\gamma)-\underline{x}^T\cdot\underline{\bar{\rho}}\cdot(1-\gamma)\right]^2=\left[\underline{x}^T\cdot(1-\gamma)\cdot\left(\underline{\rho}-\underline{\bar{\rho}}\right)\right]^2. \tag{E.3.2}$$

Für die Varianz folgt damit (C.4.10):

$$\sigma_{\tilde{r}'}^{\,2}=\underline{x}^T\underline{\Sigma}\,\underline{x}\cdot(1-\gamma)^2. \tag{E.3.3}$$

Beweis von Beziehung (C.4.27)

Wenn $\left(\underline{x},x_{r_f}\right)\in\Im_{N+1}$ ein effizientes Portfolio vor Steuern ist und eine risikolose Anlagemöglichkeit zu r_f existiert, dann muss es die Bedingungen (C.4.2) und (C.4.4) erfüllen. Übertragen auf den Nachsteuerfall folgt mit (C.4.10)

$$\operatorname*{Min}_{\underline{x}}\ \underline{x}^T\underline{\Sigma}\,\underline{x}\cdot(1-\gamma)^2 \tag{E.3.4}$$

und unter Berücksichtigung von (C.4.4) in Verbindung mit (C.4.9)

$$\underline{x}^T \cdot \underline{\overline{\rho}} \cdot (1-\gamma) + \underline{x}^T \cdot \underline{\delta} \cdot (1-\tau) + x_{r_f} \cdot r_f \cdot (1-\hat{s}_e) = m' (> m'_{r_f}),$$
$$\underline{x}^T I + x_{r_f} = 1. \tag{E.3.5}$$

Zugleich muss $(\underline{x}, x_{r_f}) \in \mathfrak{I}_{N+1}$ vor Steuern Gewähr leisten, dass es positive Konstanten z'_1 und z'_2 gibt, die den Bedingungen

$$\Sigma \underline{x} - z'_1 \cdot (\underline{\overline{\rho}} + \underline{\delta}) - z'_2 \cdot I = 0,$$
$$z'_1 \cdot r_f + z'_2 = 0, \tag{E.3.6}$$
$$\underline{x}^T \cdot (\underline{\overline{\rho}} + \underline{\delta}) + x_{r_f} \cdot r_f = m$$

genügen.[767] Der Lagrangeansatz für (E.3.4) und (E.3.5) lautet

$$\underset{\underline{x}}{\text{Min}}\ \underline{x}^T \Sigma \underline{x} \cdot (1-\gamma)^2 - 2z'_1 \left[\underline{x}^T \underline{\overline{\rho}} (1-\gamma) + \underline{x}^T \underline{\delta} (1-\tau) + x_{r_f} r_f (1-\hat{s}_e) - m' \right]$$
$$-2z'_2 \left(\underline{x}^T I + x_{r_f} - 1 \right), \tag{E.3.7}$$
$$m' > m'_{r_f}$$

und liefert für die Bedingungen erster Ordnung nach $\underline{x}^T$

$$\Sigma \underline{x} \cdot (1-\gamma)^2 - z'_1 \cdot \left[\underline{\overline{\rho}} \cdot (1-\gamma) + \underline{\delta} \cdot (1-\tau) \right] - z'_2 \cdot I = 0, \tag{E.3.8}$$

also (C.4.19), und nach x_{r_f}

$$-z'_1 \cdot r_f (1-\hat{s}_e) - z'_2 = 0. \tag{E.3.9}$$

Analog zum Nachweis von (C.4.14) ist zu zeigen, dass ein gegebenes Portfolio $(\underline{x}_m, x_{mr}) \in \mathfrak{I}_{N+1}$ mit der erwarteten Rendite m effizient ist. Hierzu muss es (E.3.8)

$$\Sigma \underline{x}_m \cdot (1-\gamma)^2 - z_{m1} \cdot \left[\underline{\overline{\rho}} \cdot (1-\gamma) + \underline{\delta} \cdot (1-\tau) \right] - z_{m2} \cdot I = 0$$
$$\underline{x}_m^T \overline{r'} = m' (> m'_{r_f}) \tag{E.3.10}$$

und (E.3.9)

$$z_{m1} \cdot r_f (1-\hat{s}_e) + z_{m2} = 0 \tag{E.3.11}$$

erfüllen. Multiplikation von (E.3.10) mit $\underline{x}^T$ und $\underline{x}_m^T$ führt auf

767 Vgl. *Black* [Equilibrium, 1972], S. 453; *König* [Besteuerung, 1990], S. 66.

$$\underline{x}^T \Sigma \underline{x}_m \cdot (1-\gamma)^2 = z_{m1} \cdot \left(m' - x_{r_f}\right) + z_{m2} \cdot \left(1 - x_{r_f}\right) \tag{E.3.12}$$

und

$$\underline{x}_m^T \Sigma \underline{x}_m \cdot (1-\gamma)^2 = z_{m1} \cdot \left(m' - x_{r_f}\right) + z_{m2} \cdot \left(1 - x_{r_f}\right). \tag{E.3.13}$$

Wendet man dieselbe Operation auf (E.3.8) an, so resultiert

$$\underline{x}_m^T \Sigma \underline{x} \cdot (1-\gamma)^2 = \underline{x}^T \Sigma \underline{x} \cdot (1-\gamma)^2. \tag{E.3.14}$$

Damit erhält man analog zu (C.4.25) die Identität der Portfoliovarianzen von $\underline{x}$ und $\underline{x}_m$.

Beweis von Beziehung (C.4.44)

Die erwartete Nachsteuerrendite $\overline{r}'$ eines beliebigen Portfolios $\underline{y}$

$$\overline{r}' = \underline{y}^T \cdot \underline{\overline{\rho}}(1-\gamma) + \underline{y}^T \cdot \underline{\delta}(1-\tau) \tag{E.3.15}$$

wird für den Fall $a = \dfrac{\gamma - 1}{1-\tau}$ zu

$$\begin{aligned} \overline{r}' &= \underline{y}^T \cdot \underline{\overline{\rho}} \cdot (1-\gamma) + \underline{y}^T \cdot \left(a \cdot \underline{\overline{\rho}} + b \cdot I\right) \cdot (1-\tau) = \\ &\underline{y}^T \cdot \underline{\overline{\rho}} \cdot (1-\gamma) + \underline{y}^T \cdot \left(\frac{\gamma-1}{1-\tau} \cdot \underline{\overline{\rho}} + b \cdot I\right) \cdot (1-\tau) = \\ &\underline{y}^T \cdot b \cdot I \cdot (1-\tau) \overset{\underline{y}^T \cdot I = 1}{=} \\ &b \cdot (1-\tau). \end{aligned} \tag{E.3.16}$$

Ableitung von Beziehung (C.4.48)

Für die der Progression unterliegenden Steuersätze τ_x und τ_y ergibt sich aus (C.4.41):

$$\begin{aligned} &k_x \cdot (1-\gamma) + (k_x \cdot a + b) \cdot (1-\tau_x) > k_y \cdot (1-\gamma) + \left(k_y \cdot a + b\right) \cdot \left(1-\tau_y\right) \\ &\left(k_x - k_y\right) \cdot (1-\gamma) > \left(k_y \cdot a + b\right) \cdot \left(1-\tau_y\right) - \left(k_x \cdot a + b\right) \cdot \left(1-\tau_x\right). \end{aligned} \tag{E.3.17}$$

Beweis von Beziehung (C.4.49) und (C.4.50)

Zu zeigen ist zunächst, dass wenn die rechte Seite von (C.4.49) erfüllt ist, $\left(\underline{x}, x_{r_f}\right) \in E$ und $\left(\underline{x}, x_{r_f}\right) \in F\left(\gamma, \tau, \hat{s}_e\right)$ gilt. Wenn ein Portfolio $\left(\underline{x}, x_{r_f}\right) \in E$ ist und für die Dividendenrendite $\underline{\delta} = a \cdot \left(\underline{\overline{\rho}} - r_f \cdot I\right) + \frac{\gamma - \hat{s}_e}{(1-\tau)} \cdot r_f \cdot I$ gilt, dann muss es der Anforderung (E.3.6) genügen. Nach Steuern folgt mit (E.3.8):

$$\begin{aligned}
&\Sigma \underline{x} \cdot (1-\gamma)^2 - w_1' \cdot \left[\underline{\overline{\rho}} \cdot (1-\gamma) + \underline{\delta} \cdot (1-\tau)\right] - w_2' \cdot I = \\
&\Sigma \underline{x} \cdot (1-\gamma)^2 - w_1' \cdot \left[\underline{\overline{\rho}} \cdot (1-\gamma) + \left(a \cdot \left(\underline{\overline{\rho}} - r_f \cdot I\right) + \frac{\gamma - \hat{s}_e}{(1-\tau)} \cdot r_f \cdot I\right) \cdot (1-\tau)\right] - w_2' \cdot I = \\
&\Sigma \underline{x} \cdot (1-\gamma)^2 - w_1' \cdot \left(1 - \gamma + a \cdot (1-\tau)\right) \cdot \underline{\overline{\rho}} - \\
&\left(w_1' \cdot \left(\gamma - \hat{s}_e\right) \cdot r_f + w_2' - w_1' \cdot a \cdot r_f \cdot (1-\tau)\right) \cdot I = 0.
\end{aligned} \qquad \text{(E.3.18)}$$

Die Parameter z_1' und z_2' aus (E.3.8) sind also:

$$\begin{aligned}
z_1' &= w_1' \cdot \left(1 - \gamma + a \cdot (1-\tau)\right) \\
z_2' &= w_1' \cdot \left(\gamma - \hat{s}_e\right) \cdot r_f + w_2' - w_1' \cdot a \cdot r_f \cdot (1-\tau).
\end{aligned} \qquad \text{(E.3.19)}$$

Sie müssen Gewähr leisten, dass aus der Bedingung $z_1' \cdot r_f + z_2' = 0$ aus (E.3.6) die analoge Forderung *nach Steuern* (E.3.9) wird. Einsetzen von (E.3.19) in (E.3.9) liefert:

$$\begin{aligned}
&z_1' \cdot r_f + z_2' = \\
&w_1' \cdot r_f \cdot \left((1-\gamma) + a \cdot (1-\tau)\right) + w_1' \cdot \left(\gamma - \hat{s}_e\right) \cdot r_f + w_2' - w_2' \cdot a \cdot r_f \cdot (1-\tau) = \\
&w_1' \cdot r_f \cdot \left(1 - \hat{s}_e\right) + w_2' = 0.
\end{aligned} \qquad \text{(E.3.20)}$$

Damit ist gezeigt, dass $\left(\underline{x}, x_{r_f}\right) \in F\left(\gamma, \tau, \hat{s}_e\right)$ ist. Umgekehrt ist zu prüfen, ob das Portfolio $\left(\underline{x}, x_{r_f}\right) \in F\left(\gamma, \tau, \hat{s}_e\right)$ bei Erfüllung von (E.3.18), (E.3.19) und (E.3.20) auch effizient *vor Steuern* ist. Durch Einsetzen von (E.3.19) in (E.3.18) erhält man:

$$\not\Sigma\underline{x}\cdot(1-\gamma)^2-\frac{z_1'}{\left(1-\gamma+a\cdot(1-\tau)\right)}\cdot\left(1-\gamma+a\cdot(1-\tau)\right)\cdot\underline{\bar{\rho}}-$$

$$\left(\frac{z_1'}{\left(1-\gamma+a\cdot(1-\tau)\right)}\cdot\left(\gamma-\hat{s}_e\right)\cdot r_f+z_2'-w_1'\cdot\left(\gamma-\hat{s}_e\right)\cdot r_f+w_1'\cdot a\cdot r_f\cdot(1-\tau)\right.$$

$$\left.-\frac{z_1'}{\left(1-\gamma+a\cdot(1-\tau)\right)}\cdot a\cdot r_f\cdot(1-\tau)\right)\cdot I=$$

$$\not\Sigma\underline{x}\cdot(1-\gamma)^2-z_1'\cdot\underline{\bar{\rho}}-I\cdot\left(\frac{z_1'\cdot\left(\gamma-\hat{s}_e\right)\cdot r_f}{\left(1-\gamma+a\cdot(1-\tau)\right)}+\right.$$

$$\left.\frac{\left(z_2'-\frac{z_1'\cdot\left(\gamma-\hat{s}_e\right)\cdot r_f+z_1'\cdot a\cdot r_f\cdot(1-\tau)}{\left(1-\gamma+a\cdot(1-\tau)\right)}\right)\cdot\left(1-\gamma+a\cdot(1-\tau)\right)-z_1'\cdot a\cdot r_f\cdot(1-\tau)}{\left(1-\gamma+a\cdot(1-\tau)\right)}\right)= \tag{E.3.21}$$

$$\not\Sigma\underline{x}\cdot(1-\gamma)^2-z_1'\cdot\underline{\bar{\rho}}-z_2'\cdot I=0.$$

Dieser Ausdruck entspricht (E.3.6)[768], wobei der Term $(1-\gamma)^2$ erneut zu vernachlässigen ist.[769] Entsprechend resultiert aus (E.3.20) durch Einsetzen von (E.3.19) ebenfalls (E.3.6):

$$\frac{z_1'\cdot r_f\cdot\left(1-\hat{s}_e\right)-z_1'\cdot r_f\cdot\left(\gamma-\hat{s}_e\right)+z_1'\cdot a\cdot r_f\cdot(1-\tau)}{\left(1-\gamma+a\cdot(1-\tau)\right)}+z_2'=$$

$$\frac{z_1'\cdot r_f\cdot\left(1-\gamma+a(1-\tau)\right)}{\left(1-\gamma+a\cdot(1-\tau)\right)}+z_2'= \tag{E.3.22}$$

$$z_1'\cdot r_f+z_2'=0.$$

Damit ist die umgekehrte Richtung gezeigt, wonach $\left(\underline{x},x_{r_f}\right)\in F\left(\gamma,\tau,\hat{s}_e\right)$ auch $\left(\underline{x},x_{r_f}\right)\in E$ ist. Folglich hat die linke Seite von (C.4.49) Gültigkeit. Wenn dies so ist, muss die lineare Beziehung $\underline{\delta}=a\cdot\left(\underline{\bar{\rho}}-r_f\cdot I\right)+\frac{\gamma-\hat{s}_e}{(1-\tau)}\cdot r_f\cdot I$ erhalten bleiben, was durch

768 Auch hier gelten die Ausführungen in Fn. 420 analog.

769 Vgl. dazu Fn. 421.

Gleichsetzen von (E.3.21) und (E.3.22) mit (E.3.18) und (E.3.20) zu überprüfen ist. Hierfür ist zunächst (E.3.22) in (E.3.21) einzusetzen

$$\Sigma \underline{x} \cdot (1-\gamma)^2 - z_1' \cdot \left(\underline{\rho} - r_f \cdot I\right) = 0 \tag{E.3.23}$$

und (E.3.20) in (E.3.18):

$$\Sigma \underline{x} \cdot (1-\gamma)^2 - w_1' \cdot \left[\underline{\rho} \cdot (1-\gamma) + \underline{\delta} \cdot (1-\tau) - r_f \cdot (1-\hat{s}_e) \cdot I\right] = 0. \tag{E.3.24}$$

Gleichsetzen von (E.3.23) mit (E.3.24) erzeugt:

$$z_1' \cdot \left(\underline{\rho} - r_f \cdot I\right) = w_1' \cdot \left[\underline{\rho} \cdot (1-\gamma) + \underline{\delta} \cdot (1-\tau) - r_f \cdot (1-\hat{s}_e) \cdot I\right]$$

$$\underline{\rho} \cdot \left(\frac{z_1'}{w_1'} - (1-\gamma)\right) - r_f \cdot I \cdot \left(\frac{z_1'}{w_1'} - (1-\hat{s}_e)\right) = \underline{\delta} \cdot (1-\tau)$$

$$\underline{\rho} \cdot \left(\frac{z_1'}{w_1'} - (1-\gamma)\right) - r_f \cdot I \cdot \left(\frac{z_1'}{w_1'} - (1-\gamma)\right) = \underline{\delta} \cdot (1-\tau) - r_f \cdot I \cdot (1-\hat{s}_e) + r_f \cdot I \cdot (1-\gamma) \tag{E.3.25}$$

$$\left(\underline{\rho} - r_f \cdot I\right) \cdot \frac{\left(\frac{z_1'}{w_1'} - (1-\gamma)\right)}{(1-\tau)} + r_f \cdot I \cdot \frac{(\gamma - \hat{s}_e)}{(1-\tau)} = \underline{\delta}$$

$$\underline{\delta} = a \cdot \left(\underline{\rho} - r_f \cdot I\right) + \frac{\gamma - \hat{s}_e}{1-\tau} \cdot r_f \cdot I.$$

Also ist $a = \left(\frac{z_1' - (1-\gamma) \cdot w_1'}{w_1' \cdot (1-\tau)}\right)$. Damit ist (C.4.49) und zugleich (C.4.50) nachgewiesen.

Beweis von Beziehung (C.4.51)[770]

Ausgegangen sei von einem Portfolio $\left(\underline{x}, x_{r_f}\right) \in E$ und einem beliebigen (nicht effizienten) Portfolio $\underline{y}$, so dass vor Steuern

$$\begin{aligned} &\underline{x}^T \Sigma \underline{x} = \underline{y}^T \Sigma \underline{y}, \\ &\underline{x}^T \cdot \underline{\rho} + \underline{x}^T \cdot \underline{\delta} + x_{r_f} \cdot r_f > \underline{y}^T \cdot \underline{\rho} + \underline{y}^T \cdot \underline{\delta} + y_{r_f} \cdot r_f \end{aligned} \tag{E.3.26}$$

und nach Steuern

---

[770] Vgl. zum analogen Vorgehen *König* [Besteuerung, 1990], S. 77-79.

$$\underline{x}^T \cdot \underline{\bar{\rho}} \cdot (1-\gamma) + \underline{x}^T \cdot \underline{\delta} \cdot (1-\tau) + x_{r_f} \cdot r_f \cdot (1-\hat{s}_e) > \\ \underline{y}^T \cdot \underline{\bar{\rho}} \cdot (1-\gamma) + \underline{y}^T \cdot \underline{\delta} \cdot (1-\tau) + y_{r_f} \cdot r_f \cdot (1-\hat{s}_e) \qquad \text{(E.3.27)}$$

gilt. Setzt man die Beziehung $\underline{\delta} = \left(a \cdot \left(\underline{\bar{\rho}} - r_f \cdot I \right) + \frac{\gamma - \hat{s}_e}{(1-\tau)} \cdot r_f \cdot I \right)$ in (E.3.27) ein, geht mit Blick auf τ von proportionaler Besteuerung aus und definiert $k_x = \underline{x}^T \cdot \underline{\bar{\rho}}$, $g_x = x_{r_f} \cdot r_f$ sowie $k_y = \underline{y}^T \cdot \underline{\bar{\rho}}$, $g_y = y_{r_f} \cdot r_f$, so erhält man:

$$\underline{x}^T \cdot \underline{\bar{\rho}} \cdot (1-\gamma) + \underline{x}^T \cdot \underline{\delta} \cdot (1-\tau) + x_{r_f} \cdot r_f \cdot (1-\hat{s}_e) > \\ \underline{y}^T \cdot \underline{\bar{\rho}} \cdot (1-\gamma) + \underline{y}^T \cdot \underline{\delta} \cdot (1-\tau) + y_{r_f} \cdot r_f \cdot (1-\hat{s}_e), \\ k_x + g_x - k_x \cdot \gamma - g_x \cdot \hat{s}_e + \left(\left(k_x \cdot a - \underline{x}^T \cdot a \cdot r_f \cdot I \right) \cdot (1-\tau) + \underline{x}^T \cdot (\gamma - \hat{s}_e) \cdot r_f \cdot I \right) > \\ k_y + g_y - k_y \cdot \gamma - g_y \cdot \hat{s}_e + \left(\left(k_y \cdot a - \underline{y}^T \cdot a \cdot r_f \cdot I \right) \cdot (1-\tau) + \underline{y}^T \cdot (\gamma - \hat{s}_e) \cdot r_f \cdot I \right). \qquad \text{(E.3.28)}$$

Wegen $\underline{x}^T \cdot I + x_{r_f} = 1 \Leftrightarrow \underline{x}^T \cdot I = \left(1 - x_{r_f}\right)$ und analog $\underline{y}^T \cdot I = \left(1 - y_{r_f}\right)$ kann man auch

$$k_x + g_x - k_x \cdot \gamma - g_x \cdot \hat{s}_e + \left(\left(k_x \cdot a - \underline{x}^T \cdot a \cdot r_f \cdot I \right) \cdot (1-\tau) + \underline{x}^T \cdot (\gamma - \hat{s}_e) \cdot r_f \cdot I \right) > \\ k_y + g_y - k_y \cdot \gamma - g_y \cdot \hat{s}_e + \left(\left(k_y \cdot a - \underline{y}^T \cdot a \cdot r_f \cdot I \right) \cdot (1-\tau) + \underline{y}^T \cdot (\gamma - \hat{s}_e) \cdot r_f \cdot I \right) \qquad \text{(E.3.29)}$$

schreiben, woraus nach einigen Umformungen

$$\left(k_x - k_y\right) \cdot \left(1 - \gamma + a \cdot (1-\tau)\right) + \left(g_x - g_y\right) \cdot \left(1 - \gamma + a \cdot (1-\tau)\right) > 0 \qquad \text{(E.3.30)}$$

wird. Daraus lässt sich die Untergrenze für a gewinnen:

$$1 - \gamma + a \cdot (1-\tau) > 0 \Leftrightarrow a > \frac{\gamma - 1}{1-\tau}. \qquad \text{(E.3.31)}$$

Um von (E.3.30) zu (E.3.31) gelangen zu können, muss der Term $\left(k_x - k_y\right) + \left(g_x - g_y\right)$ positiv sein, damit sich das Ungleichheitszeichen im Übergang von der einen zur anderen Bedingung nicht umkehrt. Dass dem so ist, lässt sich mit (E.3.26) zeigen:

$$k_x + \underline{x}^T \cdot \underline{\delta} + g_x > k_y + \underline{y}^T \cdot \underline{\delta} + g_y. \qquad \text{(E.3.32)}$$

Multipliziert man (E.3.32) mit dem Einser-Vektor und bedenkt, dass $\underline{x}^T \cdot I = (1 - x_{r_f})$ sowie $\underline{y}^T \cdot I = (1 - y_{r_f})$ gilt, findet man:

$$k_x \cdot I + (1 - x_{r_f}) \cdot \underline{\delta} + x_{r_f} \cdot r_f \cdot I > k_y \cdot I + (1 - y_{r_f}) \cdot \underline{\delta} + y_{r_f} \cdot r_f \cdot I,$$

$$k_x \cdot I - x_{r_f} \cdot (\underline{\delta} - r_f \cdot I) - k_y \cdot I + y_{r_f} \cdot (\underline{\delta} - r_f \cdot I) > 0, \tag{E.3.33}$$

$$(k_x - k_y) \cdot I + (\underline{\delta} - r_f \cdot I) \cdot (y_{r_f} - x_{r_f}) > 0.$$

Da stets $\underline{\delta} > 0$ gilt[771], ist die Dividendenrendite für die Richtung des Ungleichheitszeichens in (E.3.33) irrelevant. Man kann also

$$(k_x - k_y) \cdot I - r_f \cdot I \cdot (y_{r_f} - x_{r_f}) > 0,$$
$$(k_x - k_y) \cdot I + (g_x - g_y) \cdot I > 0 \tag{E.3.34}$$

schreiben, womit das positive Vorzeichen von $(k_x - k_y) + (g_x - g_y)$ nachgewiesen ist.

Beweis von Beziehung (C.4.52)

Die Nachsteuerrendite $\overline{r}'$ eines beliebigen Portfolios $\underline{y}$

$$\underline{y}^T \cdot \underline{\overline{\rho}} \cdot (1 - \gamma) + \underline{y}^T \cdot \underline{\delta} \cdot (1 - \tau) + y_{r_f} \cdot r_f \cdot (1 - \hat{s}_e) \tag{E.3.35}$$

wird für den Fall $a = \frac{\gamma - 1}{1 - \tau}$ zu

$$\overline{r}' = \underline{y}^T \cdot \underline{\overline{\rho}} \cdot (1 - \gamma) + \underline{y}^T \cdot \left(\frac{\gamma - 1}{(1 - \tau)} \cdot (\underline{\overline{\rho}} - r_f \cdot I) + \frac{\gamma - \hat{s}_e}{(1 - \tau)} \cdot r_f \cdot I \right) \cdot (1 - \tau) +$$
$$y_{r_f} \cdot r_f \cdot (1 - \hat{s}_e) =$$
$$\underline{y}^T \cdot \underline{\overline{\rho}} - \gamma \cdot \underline{y}^T \cdot \underline{\overline{\rho}} + \underline{y}^T \cdot \gamma \cdot \underline{\overline{\rho}} - \underline{y}^T \cdot r_f \cdot I \cdot \gamma - \underline{y}^T \cdot \underline{\overline{\rho}} + \underline{y}^T \cdot r_f \cdot I + \tag{E.3.36}$$
$$\underline{y}^T \cdot \gamma \cdot r_f \cdot I - \underline{y}^T \cdot \hat{s}_e \cdot r_f \cdot I + y_{r_f} \cdot r_f - y_{r_f} \cdot r_f \cdot \hat{s}_e =$$
$$\underline{y}^T \cdot r_f \cdot I - \underline{y}^T \cdot \hat{s}_e \cdot r_f \cdot I + y_{r_f} \cdot r_f - y_{r_f} \cdot r_f \cdot \hat{s}_e.$$

---

771 Vgl. Fn. 427.

Da $\underline{y}^T \cdot I = (1 - y_{r_f})$ gilt, folgt

$$\overline{r'} = (1 - y_{r_f}) \cdot r_f - (1 - y_{r_f}) \cdot \hat{s}_e \cdot r_f + y_{r_f} \cdot r_f - y_{r_f} \cdot r_f \cdot \hat{s}_e = r_f \cdot (1 - \hat{s}_e). \tag{E.3.37}$$

Ableitung von Beziehung (C.4.90)

Da die Zielfunktion $Q_k\left(\overline{r_j'}, \sigma^2_{\overline{r_j'}}\right)$ in (C.4.89) auf Basis von Renditen, die partiellen Ableitungen Q_k' und Q_k'' auf S. 99 jedoch über Vermögensgrößen definiert sind, sind letztere wie folgt zu formulieren:

$$\hat{Q}_k' = \frac{\partial Q_k\left(\overline{r_j'}, \sigma^2_{\overline{r_j'}}\right)}{\partial \overline{r_j'}}, \quad \hat{Q}_k'' = \frac{\partial Q_k\left(\overline{r_j'}, \sigma^2_{\overline{r_j'}}\right)}{\partial \sigma^2_{\overline{r_j'}}}. \tag{E.3.38}$$

Für die globale Risikotoleranz gilt dann die Beziehung:[772]

$$-\frac{1}{2} \cdot \frac{\hat{Q}_k'}{\hat{Q}_k''} = -\frac{u_k'}{W_k \cdot u_k''} = \frac{\hat{t}_k}{W_k}, \tag{E.3.39}$$

wobei $\hat{t}_k = -\frac{u_k'}{u_k''}$ ist. u_k' und u_k'' bezeichnen die über Vermögensgrößen gebildeten ersten und zweiten Ableitungen der Nutzenfunktion eines Investors k. Aus (C.4.89) ergeben sich die Bedingungen erster Ordnung:

$$\frac{\partial L_k}{\partial x_{rk}} = \hat{Q}_k' \cdot r_f \cdot (1 - \hat{s}_{ek}) - \lambda_{k1} + \lambda_{k2} + \lambda_{k3} = 0, \tag{E.3.40}$$

$$\begin{aligned} \frac{\partial L_k}{\partial x_{jk}} &= \hat{Q}_k' \cdot \left[(1-\gamma_k) \cdot \overline{\rho}_j + (1-\tau_k) \cdot \delta_j\right] \\ &\quad + \hat{Q}_k'' \cdot 2 \cdot \sum_i^N x_{ik} \cdot \sigma(\tilde{\rho}_i, \tilde{\rho}_j) \cdot (1-\gamma_k)^2 - \lambda_{k1} + \lambda_{k3} \cdot \chi_k \cdot \delta_j = 0. \end{aligned} \tag{E.3.41}$$

Setzt man (E.3.40) und (E.3.41) gleich und eliminiert λ_{k1}, folgt Beziehung (C.4.90):

---

[772] Vgl. Fn. 502.

$$\hat{Q}_k'' \cdot 2 \cdot \sum_{i=1}^{N} x_{ik} \cdot \sigma(\tilde{\rho}_i, \tilde{\rho}_j) \cdot (1-\gamma_k)^2 =$$
$$-\hat{Q}_k' \cdot \left[(1-\gamma_k) \cdot \overline{\rho}_j + (1-\tau_k) \cdot \delta_j\right] + \hat{Q}_k' \cdot r_f \cdot (1-\hat{s}_{ek}) + \lambda_{k2} + \lambda_{k3} - \lambda_{k3} \cdot \chi_k \cdot \delta_j,$$

$$\sum_{i=1}^{N} x_{ik} \cdot \sigma(\tilde{\rho}_i, \tilde{\rho}_j) = \frac{\hat{t}_k}{W_k \cdot (1-\gamma_k)^2} \cdot \left[(1-\gamma_k) \cdot \overline{\rho}_j + (1-\tau_k) \cdot \delta_j - r_f \cdot (1-\hat{s}_{ek})\right]$$
$$+ \frac{\lambda_{k2} + \lambda_{k3} \cdot (1-\chi_k \cdot \delta_j)}{2 \cdot \hat{Q}_k'' \cdot (1-\gamma_k)^2},$$

$$\sum_{i=1}^{N} x_{ik} \cdot \sigma(\tilde{\rho}_i, \tilde{\rho}_j) = \frac{\hat{t}_k}{W_k \cdot (1-\gamma_k)^2} \cdot \left[(1-\gamma_k) \cdot \overline{\rho}_j + (1-\tau_k) \cdot \delta_j - r_f \cdot (1-\hat{s}_{ek})\right]$$
$$- \frac{\hat{t}_k}{W_k \cdot \hat{Q}_k' \cdot (1-\gamma_k)^2} \cdot \left(\lambda_{k2} + \lambda_{k3} \cdot (1-\chi_k \cdot \delta_j)\right). \tag{E.3.42}$$

Ableitung der Beziehungen (C.4.92) und (C.4.93)

Aggregieren von (C.4.90) über k liefert:

$$\sum_{k=1}^{K} \sum_{i}^{N} x_{ik} \cdot \sigma(\tilde{\rho}_i, \tilde{\rho}_j) = \sum_{k=1}^{K} \frac{\hat{t}_k}{W_k \cdot (1-\gamma_k)^2} \cdot \left[(1-\gamma_k) \cdot \overline{\rho}_j + (1-\tau_k) \cdot \delta_j - r_f \cdot (1-\hat{s}_{ek})\right]$$
$$- \sum_{k=1}^{K} \frac{\hat{t}_k}{W_k \cdot \hat{Q}_k' \cdot (1-\gamma_k)^2} \cdot \left(\lambda_{k2} + \lambda_{k3} \cdot (1-\chi_k \cdot \delta_j)\right). \tag{E.3.43}$$

Folgende Umformungen und Substitutionen führen zu den Gleichungen (C.4.92) und (C.4.93)

$$\sum_{k=1}^{K}\sum_{i}^{N} x_{ik}\cdot\sigma(\tilde{\rho}_i,\tilde{\rho}_j)=\sum_{k=1}^{K}\frac{\hat{t}_k}{W_k\cdot(1-\gamma_k)^2}\cdot\overline{\rho}_j+\sum_{k=1}^{K}\frac{\hat{t}_k}{W_k\cdot(1-\gamma_k)^2}\cdot\delta_j$$
$$-\sum_{k=1}^{K}\frac{\hat{t}_k}{W_k\cdot(1-\gamma_k)^2}\cdot r_f-\sum_{k=1}^{K}\frac{\hat{t}_k\cdot\gamma_k}{W_k\cdot(1-\gamma_k)^2}\cdot\overline{\rho}_j$$
$$-\sum_{k=1}^{K}\frac{\hat{t}_k\cdot\tau_k}{W_k\cdot(1-\gamma_k)^2}\cdot\delta_j+\sum_{k=1}^{K}\frac{\hat{t}_k\cdot\hat{s}_{ek}}{W_k\cdot(1-\gamma_k)^2}\cdot r_f$$
$$-\sum_{k=1}^{K}\frac{\hat{t}_k}{W_k\cdot\hat{Q}'_k\cdot(1-\gamma_k)^2}\cdot\left(\lambda_{k2}+\lambda_{k3}\cdot(1-\chi_k\cdot\delta_j)\right),\qquad\text{(E.3.44)}$$

$$\hat{\Delta}\cdot\sum_{i}^{N} x_{ik}\cdot\sigma(\tilde{\rho}_i,\tilde{\rho}_j)=\overline{\rho}_j+\delta_j-r_f-\hat{\theta}_{\gamma_k}\cdot\overline{\rho}_j-\hat{\theta}_{\tau_k}\cdot\delta_j+\hat{\theta}_{\hat{s}_{ek}}\cdot r_f$$
$$-\hat{\Delta}\cdot\sum_{k=1}^{K}\frac{\hat{t}_k}{W_k\cdot\hat{Q}'_k\cdot(1-\gamma_k)^2}\cdot\left(\lambda_{k2}+\lambda_{k3}\cdot(1-\chi_k\cdot\delta_j)\right).$$

Entsprechend (E.3.39) gilt für die Substitute $\hat{\Delta}=\left[\frac{\hat{t}_k}{W_k\cdot(1-\gamma_k)^2}\right]^{-1}$, $\hat{\theta}_{\gamma_k}=\hat{\Delta}\cdot\sum_{k=1}^{K}\frac{\hat{t}_k\cdot\gamma_k}{W_k\cdot(1-\gamma_k)^2}$, $\hat{\theta}_{\tau_k}=\hat{\Delta}\cdot\sum_{k=1}^{K}\frac{\hat{t}_k\cdot\tau_k}{W_k\cdot(1-\gamma_k)^2}$ und $\hat{\theta}_{\hat{s}_{ek}}=\hat{\Delta}\cdot\frac{\hat{t}_k\cdot\hat{s}_{ek}}{W_k\cdot(1-\gamma_k)^2}$.

Ableitung von Beziehung (C.4.94)

Da $\overline{r}_j=\overline{\rho}_j+\delta_j\Leftrightarrow\overline{r}_j-\delta_j=\overline{\rho}_j$ und $\sum_{i}^{N} x_{ik}\cdot\sigma(\tilde{\rho}_j,\tilde{\rho}_M)=\sigma(\tilde{\rho}_j,\tilde{\rho}_M):=\sigma_{jM}$ gilt, lässt sich (C.4.92) umformen zu:

$$\Delta\cdot\sigma_{jM}=\overline{r}_j-r_f-\hat{\theta}_{\gamma_k}\cdot(\overline{r}_j-\delta_j)-\hat{\theta}_{\tau_k}\cdot\delta_j+\hat{\theta}_{\hat{s}_{ek}}\cdot r_f$$
$$-\hat{\Delta}\cdot\sum_{k=1}^{K}\frac{\hat{t}_k\cdot\left(\lambda_{k2}+\lambda_{k3}\cdot(1-\chi_k\cdot\delta_j)\right)}{W_k\cdot\hat{Q}'_k\cdot(1-\gamma_k)^2},$$

$$\overline{r}_j\cdot(1-\hat{\theta}_{\gamma_k})=\hat{\Delta}\cdot\sigma_{jM}+r_f-\hat{\theta}_{\gamma_k}\cdot\delta_j+\hat{\theta}_{\tau_k}\cdot\delta_j-\hat{\theta}_{\hat{s}_{ek}}\cdot r_f$$
$$+\hat{\Delta}\cdot\sum_{k=1}^{K}\frac{\hat{t}_k\cdot\left(\lambda_{k2}+\lambda_{k3}\cdot(1-\chi_k\cdot\delta_j)\right)}{W_k\cdot\hat{Q}'_k\cdot(1-\gamma_k)^2},$$

$$\overline{r}_j - r_f = \hat{\Omega} \cdot \sigma_{jM} + \frac{\delta_j \cdot \left(\hat{\theta}_{\tau_k} - \hat{\theta}_{\gamma_k}\right) - r \cdot \left(\hat{\theta}_{\hat{s}_{ek}} - \hat{\theta}_{\gamma_k}\right)}{\left(1 - \hat{\theta}_{\gamma_k}\right)}$$

$$+ \hat{\Delta} \cdot \sum_{k=1}^{K} \frac{\hat{t}_k \cdot \left(\lambda_{k2} + \lambda_{k3} \cdot \left(1 - \chi_k \cdot \delta_j\right)\right)}{W_k \cdot \hat{Q}_k' \cdot \left(1 - \gamma_k\right)^2 \cdot \left(1 - \hat{\theta}_{\gamma_k}\right)},$$

(E.3.45)

$$\overline{r}_j - r_f = \hat{\Omega} \cdot \sigma_{jM} + \delta_j \cdot \hat{\Psi} - r_f \cdot \hat{\Phi}$$

$$+ \hat{\Delta} \cdot \sum_{k=1}^{K} \frac{\hat{t}_k \cdot \left(\lambda_{k2} + \lambda_{k3}\right)}{W_k \cdot \hat{Q}_k' \cdot \left(1 - \gamma_k\right)^2 \cdot \left(1 - \hat{\theta}_{\gamma_k}\right)}$$

$$- \hat{\Delta} \cdot \sum_{k=1}^{K} \frac{\hat{t}_k \cdot \lambda_{k3} \cdot \chi_k}{W_k \cdot \hat{Q}_k' \cdot \left(1 - \gamma_k\right)^2 \cdot \left(1 - \hat{\theta}_{\gamma_k}\right)} \cdot \delta_j$$

mit $\frac{\hat{\Delta}}{\left(1 - \hat{\theta}_{\gamma_k}\right)}$, $\hat{\Psi} = \frac{\left(\hat{\theta}_{\tau_k} - \hat{\theta}_{\gamma_k}\right)}{\left(1 - \hat{\theta}_{\gamma_k}\right)}$ und $\hat{\Phi} = \frac{\left(\hat{\theta}_{\hat{s}_{ak}} - \hat{\theta}_{\gamma_k}\right)}{\left(1 - \hat{\theta}_{\gamma_k}\right)}$.

Berücksichtigt man, dass $\hat{\Omega} = \frac{\overline{r}_M - r_f + r_f \cdot \hat{\Phi} - \delta_M \cdot \hat{\Psi}}{\sigma_M^2}$ ist[773], so ergibt sich schließlich (C.4.94):

$$\overline{r}_j = r_f \cdot \left(1 - \hat{\Phi}\right) + \left(\overline{r}_M - r_f \cdot \left(1 - \hat{\Phi}\right) - \delta_M \cdot \hat{\Psi}\right) \cdot \beta_j + \delta_j \cdot \left(\hat{\Psi} - \Gamma\right) + \Upsilon, \qquad \text{(E.3.46)}$$

Für die in (E.3.46) enthaltenen Substitute gilt $\Gamma = \hat{\Delta} \cdot \sum_{k=1}^{K} \frac{\hat{t}_k \cdot \lambda_{k3} \cdot \chi_k}{W_k \cdot \hat{Q}_k' \cdot \left(1 - \gamma_k\right)^2 \cdot \left(1 - \hat{\theta}_{\gamma_k}\right)}$ und

$$\Upsilon = \hat{\Delta} \cdot \sum_{k=1}^{K} \frac{\hat{t}_k \cdot \left(\lambda_{k2} + \lambda_{k3}\right)}{W_k \cdot \hat{Q}_k' \cdot \left(1 - \gamma_k\right)^2 \cdot \left(1 - \hat{\theta}_{\gamma_k}\right)}.$$

---

773 Vgl. S. 103.

Ableitung von Beziehung (C.4.104)[774]

Ist W_g das gesamte von den Akteuren $k \in g$ riskant investierte Kapital

$$W_g = \sum_{k=1}^{K} W_k \cdot \left(\sum_{i=1}^{N} x_{ik} \right) \quad \forall k \in g \tag{E.3.47}$$

und $\hat{t}_g$ die zusammengefasste Risikotoleranz des Klientels g

$$\hat{t}_g = \sum_{k=1}^{K} \hat{t}_k \quad \forall k \in g, \tag{E.3.48}$$

so erhält man durch Summation von (C.4.101) über $k \in g$:

$$\begin{aligned} &\sum_{k=1}^{K} \hat{t}_k \cdot \left[(1-\gamma_g) \cdot \bar{\rho}_j + (1-\tau_g) \cdot \delta_j - r_f \cdot (1-\hat{s}_{eg}) \right] = \sum_{k=1}^{K} W_k \cdot \left(\sum_{i=1}^{N} x_{ik} \right) \cdot \sigma_{jg} \cdot (1-\gamma_g)^2, \\ &(1-\gamma_g) \cdot \bar{\rho}_j + (1-\tau_g) \cdot \delta_j - r_f \cdot (1-\hat{s}_{eg}) = \frac{W_g}{\hat{t}_g} \cdot \sigma_{jg} \cdot (1-\gamma_g)^2. \end{aligned} \tag{E.3.49}$$

Weitere Umformungen führen zu (C.4.104):

$$\begin{aligned} &\bar{\rho}_j + \delta_j - r_f = \frac{W_g}{\hat{t}_g} \cdot \sigma_{jg} \cdot (1-\gamma_g)^2 + \gamma_g \cdot \bar{\rho}_j + \tau_g \cdot \delta_j - r_f \cdot \hat{s}_{eg}, \\ &\bar{r}_j - r_f = \frac{W_g}{\hat{t}_g} \cdot \sigma_g^2 \cdot (1-\gamma_g)^2 \cdot \frac{\sigma_{jg} \cdot (1-\gamma_g)^2}{\sigma_g^2 \cdot (1-\gamma_g)^2} + \gamma_g \cdot \bar{\rho}_j + \tau_g \cdot \delta_j - r_f \cdot \hat{s}_{eg}, \\ &\bar{r}_j - r_f = \frac{W_g}{\hat{t}_g} \cdot \sigma_g^2 \cdot (1-\gamma_g)^2 \cdot \beta_{jg} + \gamma_g \cdot \bar{\rho}_j + \tau_g \cdot \delta_j - r_f \cdot \hat{s}_{eg} \end{aligned} \tag{E.3.50}$$

mit $\beta_{jg} = \dfrac{\sigma_{jg}}{\sigma_g^2}$.

---

[774] Vgl. *Litzenberger/Ramaswamy* [Dividends, 1980], S. 474-475; *König* [Besteuerung, 1990], S. 123-126.

Ableitung von Beziehung (C.4.115)

Aus (C.4.113) wird durch Division durch p_j^0:

$$\frac{\left(\bar{\pi}_j+\bar{D}_j-(1+r_f)\cdot p_j^0\right)}{p_j^0}-\frac{\theta_{\gamma_k}\cdot\left(\bar{\pi}_j-p_j^0\right)}{p_j^0}-\theta_{\tau_k}\cdot\delta_j+\theta_{\hat{s}_{ek}}\cdot r_f=$$
$$\Delta_\gamma\cdot\sigma\left(\tilde{\rho}_j,\tilde{\rho}_M\right)+\Delta_\tau\cdot\sigma\left(\tilde{\delta}_j,\tilde{\delta}_M\right)+\Delta_\gamma^\tau\cdot\sigma\left(\tilde{\rho}_j,\tilde{\delta}_M\right),$$

(E.3.51)

$$\frac{\left(\bar{\pi}_j+\bar{D}_j-p_j^0\right)}{p_j^0}-\frac{r_f\cdot p_j^0}{p_j^0}-\frac{\theta_{\gamma_k}\cdot\left(\bar{\pi}_j-p_j^0\right)}{p_j^0}-\frac{\theta_{\tau_k}\cdot\bar{D}_j}{p_j^0}+\theta_{\hat{s}_{ek}}\cdot r_f=$$
$$\Delta_\gamma\cdot\sigma\left(\tilde{\rho}_j,\tilde{\rho}_M\right)+\Delta_\tau\cdot\sigma\left(\tilde{\delta}_j,\tilde{\delta}_M\right)+\Delta_\gamma^\tau\cdot\sigma\left(\tilde{\rho}_j,\tilde{\delta}_M\right).$$

Da $\frac{\left(\bar{\pi}_j+\bar{D}_j-p_j^0\right)}{p_j^0}$ die gesamte (erwartete) Bruttorendite eines Wertpapiers j ist, kann (E.3.51) umgeformt werden zu (C.4.115):

$$\bar{r}_j-r_f-\theta_{\gamma_k}\cdot\left(\bar{r}_j-\bar{\delta}_j\right)-\frac{\theta_{\tau_k}\cdot\bar{D}_j}{p_j^0}+\theta_{\hat{s}_{ek}}\cdot r_f=$$
$$\Delta_\gamma\cdot\sigma\left(\tilde{\rho}_j,\tilde{\rho}_M\right)+\Delta_\tau\cdot\sigma\left(\tilde{\delta}_j,\tilde{\delta}_M\right)+\Delta_\gamma^\tau\cdot\sigma\left(\tilde{\rho}_j,\tilde{\delta}_M\right),$$

$$\bar{r}_j\cdot\left(1-\theta_{\gamma_k}\right)=\Delta_\gamma\cdot\sigma\left(\tilde{\rho}_j,\tilde{\rho}_M\right)+\Delta_\tau\cdot\sigma\left(\tilde{\delta}_j,\tilde{\delta}_M\right)+$$
$$\Delta_\gamma^\tau\cdot\sigma\left(\tilde{\rho}_j,\tilde{\delta}_M\right)-\theta_{\gamma_k}\cdot\bar{\delta}_j+\theta_{\tau_k}\cdot\bar{\delta}_j-\theta_{\hat{s}_{ek}}\cdot r_f+r_f,$$

(E.3.52)

$$\bar{r}_j-r_f=\Omega\cdot\left[\Delta_\gamma\cdot\sigma\left(\tilde{\rho}_j,\tilde{\rho}_M\right)+\Delta_\tau\cdot\sigma\left(\tilde{\delta}_j,\tilde{\delta}_M\right)+\Delta_\gamma^\tau\cdot\sigma\left(\tilde{\rho}_j,\tilde{\delta}_M\right)\right]$$
$$+\bar{\delta}_j\cdot\frac{\left(\theta_{\tau_k}-\theta_{\gamma_k}\right)}{\left(1-\theta_{\gamma_k}\right)}-r_f\cdot\frac{\left(\theta_{\hat{s}_{ek}}-\theta_{\gamma_k}\right)}{\left(1-\theta_{\gamma_k}\right)}.$$

Ableitung von Beziehung (C.4.128)

Die Risikozuschlagsformulierung

$$V_{T-2}=\frac{E_{T-2}\left(\tilde{X}_{T-1}\right)\cdot\left(1-\theta_{\gamma_k,T-1}\right)}{\left(1+\bar{r}_{j,T-1}\cdot\left(1-\theta_{\gamma_k,T-1}\right)\right)}+\frac{E_{T-2}\left(\tilde{X}_{T}\right)\cdot\left(1-\theta_{\gamma_k,T}\right)}{\left(1+\bar{r}_{j,T-1}\cdot\left(1-\theta_{\gamma_k,T-1}\right)\right)\cdot\left(1+\bar{r}_{j,T}\cdot\left(1-\theta_{\gamma_k,T}\right)\right)} \tag{E.3.53}$$

in (C.4.128) lässt sich über (C.4.126) und (C.4.127) umformen zu

$$\begin{aligned}V_{T-2}&=\frac{E_{T-2}\left(\tilde{X}_{T-1}\right)\cdot\left(1-\theta_{\gamma_k,T-1}\right)}{\frac{\left[1+r_{f,T-1}\left(1-\theta_{\hat{s}_{ek},T-1}\right)\right]\cdot\left(1-\theta_{\gamma_k,T-1}\right)}{\left(\left(1-\theta_{\gamma_k,T-1}\right)-\hat{\phi}_{T-1}\sigma_{\varepsilon M,T-1}\right)}}\\&\quad+\frac{E_{T-2}\left(\tilde{X}_{T}\right)\cdot\left(1-\theta_{\gamma_k,T}\right)}{\frac{\left[1+r_{f,T-1}\left(1-\theta_{\hat{s}_{ek},T-1}\right)\right]}{\left(1-\hat{\phi}_{T-1}\sigma_{\varepsilon M,T-1}\right)}\cdot\frac{\left[1+r_{f,T}\left(1-\theta_{\hat{s}_{ek},T}\right)\right]\cdot\left(1-\theta_{\gamma_k,T}\right)}{\left(\left(1-\theta_{\gamma_k,T}\right)-\hat{\phi}_{T}\sigma_{\varepsilon M,T}\right)}},\end{aligned} \tag{E.3.54}$$

$$\begin{aligned}V_{T-2}&=\frac{E_{T-2}\left(\tilde{X}_{T-1}\right)\left(\left(1-\theta_{\gamma_k,T-1}\right)-\hat{\phi}_{T-1}\sigma_{\varepsilon M,T-1}\right)}{\left[1+r_{f,T-1}\left(1-\theta_{\hat{s}_{ek},T-1}\right)\right]}\\&\quad+\frac{E_{T-2}\left(\tilde{X}_{T}\right)\cdot\left(\left(1-\theta_{\gamma_k,T}\right)-\hat{\phi}_{T}\sigma_{\varepsilon M,T}\right)\cdot\left(1-\hat{\phi}_{T-1}\sigma_{\varepsilon M,T-1}\right)}{\left[1+r_{f,T-1}\left(1-\theta_{\hat{s}_{ek},T-1}\right)\right]\cdot\left[1+r_{f,T}\left(1-\theta_{\hat{s}_{ek},T}\right)\right]},\end{aligned}$$

also zu (C.4.128).

Anhang 4 zu Kapitel C.5
Ableitung von Beziehung (C.5.12)

Einsetzen von (C.5.11) in (C.5.10) erzeugt zunächst

$$\pi_{T-2}\left(\tilde{V}_{T-1}^{\ell}\right)=$$

$$=\frac{E_{T-2}\left[\tilde{E}_{T-1}\left(\tilde{X}_T\right)\cdot\left(\left(1-\theta_{\gamma_k}\right)-\hat{\phi}_T\cdot\operatorname{cov}\left(\tilde{\varepsilon}_T,\tilde{r}_{M,T}\right)\right)+r_{f,T}\cdot tsm\cdot\ell_{T-1}\tilde{V}_{T-1}^{\ell}+\theta_{\gamma_k}\widetilde{A}_T\right]}{\left[1+r_{f,T}\cdot\left(1-\theta_{\hat{s}_{ek}}\right)\right]\cdot\left[1+r_{f,T-1}\cdot\left(1-\theta_{\hat{s}_{ek}}\right)\right]}$$

$$-\frac{\phi_{T-1}\cdot\operatorname{cov}\left[\left(\tilde{E}_{T-1}\left(\tilde{X}_T\right)\cdot\left(\left(1-\theta_{\gamma_k}\right)-\hat{\phi}_T\cdot\operatorname{cov}\left(\tilde{\varepsilon}_T,\tilde{r}_{M,T}\right)\right)\right.\right.}{\left[1+r_{f,T}\cdot\left(1-\theta_{\hat{s}_{ek}}\right)\right]\cdot\left[1+r_{f,T-1}\cdot\left(1-\theta_{\hat{s}_{ek}}\right)\right]}$$

$$\left.+\frac{r_{f,T}\cdot tsm\cdot\ell_{T-1}\cdot\tilde{V}_{T-1}^{\ell}+\theta_{\gamma_k}\widetilde{A}_T\right)\left(1+\tilde{\varepsilon}_{T-1}\right),\tilde{r}_{M,T-1}\right]}{\left[1+r_{f,T}\cdot\left(1-\theta_{\hat{s}_{ek}}\right)\right]\cdot\left[1+r_{f,T-1}\cdot\left(1-\theta_{\hat{s}_{ek}}\right)\right]}. \tag{E.4.1}$$

Stellt man um und verkürzt die Schreibweise für die Kovarianzterme zu $\operatorname{cov}\left(\tilde{\varepsilon}_t,\tilde{r}_{M,t}\right)=\sigma_{\varepsilon M,t}$, so folgt:

$$\pi_{T-2}\left(\tilde{V}_{T-1}^{\ell}\right)=\frac{E_{T-2}\left[\tilde{E}_{T-1}\left(\tilde{X}_T\right)\cdot\left(\left(1-\theta_{\gamma_k}\right)-\hat{\phi}_T\cdot\sigma_{\varepsilon M,T}\right)\right]}{\left[1+r_{f,T}\cdot\left(1-\theta_{\hat{s}_{ek}}\right)\right]\cdot\left[1+r_{f,T-1}\cdot\left(1-\theta_{\hat{s}_{ek}}\right)\right]}$$

$$-\frac{\phi_{T-1}\cdot\operatorname{cov}\left[\tilde{E}_{T-1}\left(\tilde{X}_T\right)\cdot\left(\left(1-\theta_{\gamma_k}\right)-\hat{\phi}_T\cdot\sigma_{\varepsilon M,T}\right)\cdot\left(1+\tilde{\varepsilon}_{T-1}\right),\tilde{r}_{M,T-1}\right]}{\left[1+r_{f,T}\cdot\left(1-\theta_{\hat{s}_{ek}}\right)\right]\cdot\left[1+r_{f,T-1}\cdot\left(1-\theta_{\hat{s}_{ek}}\right)\right]}$$

$$+\frac{E_{T-2}\left[r_{f,T}\cdot tsm\cdot\ell_{T-1}\tilde{V}_{T-1}^{\ell}+\theta_{\gamma_k}\widetilde{A}_T\right]}{\left[1+r_{f,T}\cdot\left(1-\theta_{\hat{s}_{ek}}\right)\right]\cdot\left[1+r_{f,T-1}\cdot\left(1-\theta_{\hat{s}_{ek}}\right)\right]}$$

$$-\frac{\phi_{T-1}\operatorname{cov}\left[\left(r_{f,T}\cdot tsm\cdot\ell_{T-1}\tilde{V}_{T-1}^{\ell}+\theta_{\gamma_k}\widetilde{A}_T\right)\left(1+\tilde{\varepsilon}_{T-1}\right),\tilde{r}_{M,T-1}\right]}{\left[1+r_{f,T}\cdot\left(1-\theta_{\hat{s}_{ek}}\right)\right]\cdot\left[1+r_{f,T-1}\cdot\left(1-\theta_{\hat{s}_{ek}}\right)\right]}. \tag{E.4.2}$$

Schreibt man über das Gesetz der iterierten Erwartungen[775] einfacher $E_{T-2}\left(\tilde{X}_T\right)$ für $E_{T-2}\left(\tilde{E}_{T-1}\left(\tilde{X}_T\right)\right)$ und fasst zusammen, dann resultiert mit

$$\pi_{T-2}\left(\tilde{V}_{T-1}^{\ell}\right)=\frac{E_{T-2}\left(\tilde{X}_T\right)\cdot\left(\left(1-\theta_{\gamma_k}\right)-\hat{\phi}_T\cdot\sigma_{\varepsilon M,T}\right)\cdot\left(1-\hat{\phi}_{T-1}\cdot\sigma_{\varepsilon M,T-1}\right)}{\left[1+r_{f,T}\cdot\left(1-\theta_{\hat{s}_{ek}}\right)\right]\cdot\left[1+r_{f,T-1}\cdot\left(1-\theta_{\hat{s}_{ek}}\right)\right]}$$

$$+\frac{E_{T-2}\left[r_{f,T}\cdot tsm\cdot\ell_{T-1}\tilde{V}_{T-1}^{\ell}+\theta_{\gamma_k}\widetilde{A}_T\right]}{\left[1+r_{f,T}\cdot\left(1-\theta_{\hat{s}_{ek}}\right)\right]\cdot\left[1+r_{f,T-1}\cdot\left(1-\theta_{\hat{s}_{ek}}\right)\right]}$$

$$-\frac{\phi_{T-1}\operatorname{cov}\left[\left(r_{f,T}\cdot tsm\cdot\ell_{T-1}\tilde{V}_{T-1}^{\ell}+\theta_{\gamma_k}\widetilde{A}_T\right)\left(1+\tilde{\varepsilon}_{T-1}\right),\tilde{r}_{M,T-1}\right]}{\left[1+r_{f,T}\cdot\left(1-\theta_{\hat{s}_{ek}}\right)\right]\cdot\left[1+r_{f,T-1}\cdot\left(1-\theta_{\hat{s}_{ek}}\right)\right]},$$

$$\pi_{T-2}\left(\tilde{V}_{T-1}^{\ell}\right)=\frac{E_{T-2}\left(\tilde{X}_T\right)\cdot\left(\left(1-\theta_{\gamma_k}\right)-\hat{\phi}_T\cdot\sigma_{\varepsilon M,T}\right)\cdot\left(1-\hat{\phi}_{T-1}\cdot\sigma_{\varepsilon M,T-1}\right)}{\left[1+r_{f,T}\cdot\left(1-\theta_{\hat{s}_{ek}}\right)\right]\cdot\left[1+r_{f,T-1}\cdot\left(1-\theta_{\hat{s}_{ek}}\right)\right]}$$

$$+\frac{E_{T-2}\left[r_{f,T}\cdot tsm\cdot\ell_{T-1}\tilde{V}_{T-1}^{\ell}+\theta_{\gamma_k}\widetilde{A}_T\right]\cdot\left(1-\hat{\phi}_{T-1}\cdot\sigma_{\varepsilon M,T-1}\right)}{\left[1+r_{f,T}\cdot\left(1-\theta_{\hat{s}_{ek}}\right)\right]\cdot\left[1+r_{f,T-1}\cdot\left(1-\theta_{\hat{s}_{ek}}\right)\right]} \qquad \text{(E.4.3)}$$

Beziehung (C.5.12).

Ableitung von Beziehung (C.5.15)

Weil sich (C.5.11) auch als

$$E_{T-2}\left(\tilde{V}_{T-1}^{\ell}\right)=\frac{E_{T-2}\left(\tilde{X}_T\right)\cdot\left(1-\theta_{\gamma_k}\right)}{\left(1+\overline{r}_{j,T}\cdot\left(1-\theta_{\gamma_k}\right)\right)\cdot\Pi_T}+\frac{\theta_{\gamma_k}E_{T-2}\left(\widetilde{A}_T\right)}{\left(1+r_{f,T}\cdot\left(1-\theta_{\hat{s}_{ek}}\right)\right)\cdot\Pi_T} \qquad \text{(E.4.4)}$$

schreiben lässt, kann man (C.5.14) ausdrücken als

---

[775] Vgl. *Duffie* [Models, 1988], S. 84; *Williams* [Martingales, 1991], S. 88; *Spremann* [Unternehmensbewertung, 2002], S. 223; *Kruschwitz/Löffler* [Theory, 2006], S. 12-13.

$$V_{T-2}^{\ell}\cdot\left(1-\frac{r_{f,T-1}\cdot tsm\cdot\ell_{T-2}}{1+r_{f,T-1}\cdot\left(1-\theta_{\hat{s}_{ek}}\right)}\right)=\frac{E_{T-2}\left(\tilde{X}_{T-1}\right)\cdot\left(1-\theta_{\gamma_k}\right)}{1+\bar{r}_{j,T-1}\cdot\left(1-\theta_{\gamma_k}\right)}+\frac{\theta_{\gamma_k}E_{T-2}\left(\widetilde{A}_{T-1}\right)}{1+\bar{r}_{j,T-1}\cdot\left(1-\theta_{\gamma_k}\right)}$$

$$+\frac{E_{T-2}\left(\tilde{X}_T\right)\cdot\left(1-\theta_{\gamma_k}\right)}{\left(1+\bar{r}_{j,T}\cdot\left(1-\theta_{\gamma_k}\right)\right)\cdot\left(1+\bar{r}_{j,T-1}\cdot\left(1-\theta_{\gamma_k}\right)\right)}$$

$$+\frac{r_{f,T}\cdot tsm\cdot\ell_{T-1}\cdot\dfrac{E_{T-2}\left(\tilde{X}_T\right)\cdot\left(1-\theta_{\gamma_k}\right)}{\left(1+\bar{r}_{j,T}\cdot\left(1-\theta_{\gamma_k}\right)\right)\cdot\Pi_T}}{\left(1+r_{f,T}\cdot\left(1-\theta_{\hat{s}_{ek}}\right)\right)\cdot\left(1+\bar{r}_{j,T-1}\cdot\left(1-\theta_{\gamma_k}\right)\right)}$$

$$+\frac{r_{f,T}\cdot tsm\cdot\ell_{T-1}\cdot\theta_{\gamma_k}\cdot E_{T-2}\left(\widetilde{A}_T\right)}{\left(1+r_{f,T}\cdot\left(1-\theta_{\hat{s}_{ek}}\right)\right)\cdot\left(1+\bar{r}_{j,T-1}\cdot\left(1-\theta_{\gamma_k}\right)\right)}$$

$$+\frac{\theta_{\gamma_k}\cdot E_{T-2}\left(\widetilde{A}_T\right)}{\left(1+r_{f,T}\cdot\left(1-\theta_{\hat{s}_{ek}}\right)\right)\cdot\left(1+\bar{r}_{j,T-1}\cdot\left(1-\theta_{\gamma_k}\right)\right)\cdot\left(1+r_{f,T}\cdot\left(1-\theta_{\hat{s}_{ek}}\right)\right)\cdot\Pi_T}. \tag{E.4.5}$$

Die folgenden Umformungen führen auf (C.5.15):

$$V_{T-2}^{\ell}\cdot\left(1-\frac{r_{f,T-1}\cdot tsm\cdot\ell_{T-2}}{1+r_{f,T-1}\cdot\left(1-\theta_{\hat{s}_{ek}}\right)}\right)=\frac{E_{T-2}\left(\tilde{X}_{T-1}\right)\cdot\left(1-\theta_{\gamma_k}\right)}{1+\bar{r}_{j,T-1}\cdot\left(1-\theta_{\gamma_k}\right)}+\frac{\theta_{\gamma_k}E_{T-2}\left(\widetilde{A}_{T-1}\right)}{1+\bar{r}_{j,T-1}\cdot\left(1-\theta_{\gamma_k}\right)}$$

$$+\frac{E_{T-2}\left(\tilde{X}_T\right)\left(1-\theta_{\gamma_k}\right)\left[\left(1-\dfrac{r_{f,T}\cdot tsm\cdot\ell_{T-1}}{1+r_{f,T}\cdot\left(1-\theta_{\hat{s}_{ek}}\right)}\right)\left(1+r_{f,T}\cdot\left(1-\theta_{\hat{s}_{ek}}\right)\right)+r_{f,T}tsm\ell_{T-1}\right]}{\left(1+\bar{r}_{j,T}\cdot\left(1-\theta_{\gamma_k}\right)\right)\cdot\Pi_T\cdot\left(1+r_{f,T}\cdot\left(1-\theta_{\hat{s}_{ek}}\right)\right)\cdot\left(1+\bar{r}_{j,T-1}\cdot\left(1-\theta_{\gamma_k}\right)\right)} \tag{E.4.6}$$

$$+\frac{\theta_{\gamma_k}\cdot E_{T-2}\left(\widetilde{A}_T\right)\left[\left(1-\dfrac{r_{f,T}\cdot tsm\cdot\ell_{T-1}}{1+r_{f,T}\cdot\left(1-\theta_{\hat{s}_{ek}}\right)}\right)\left(1+r_{f,T}\cdot\left(1-\theta_{\hat{s}_{ek}}\right)\right)+r_{f,T}\cdot tsm\cdot\ell_{T-1}\right]}{\left(1+r_{f,T}\cdot\left(1-\theta_{\hat{s}_{ek}}\right)\right)\cdot\Pi_T\cdot\left(1+r_{f,T}\cdot\left(1-\theta_{\hat{s}_{ek}}\right)\right)\cdot\left(1+\bar{r}_{j,T-1}\cdot\left(1-\theta_{\gamma_k}\right)\right)},$$

$$V_{T-2}^{\ell}=\frac{E_{T-2}\left(\tilde{X}_{T-1}\right)\cdot\left(1-\theta_{\gamma_k}\right)}{\left(1+\bar{r}_{j,T-1}\cdot\left(1-\theta_{\gamma_k}\right)\right)\cdot\Pi_{T-1}}+\frac{\theta_{\gamma_k}E_{T-2}\left(\widetilde{A}_{T-1}\right)}{\left(1+\bar{r}_{j,T-1}\cdot\left(1-\theta_{\gamma_k}\right)\right)\cdot\Pi_{T-1}}$$

$$+\frac{E_{T-2}\left(\tilde{X}_{T}\right)\left(1-\theta_{\gamma_k}\right)}{\left(1+\bar{r}_{j,T}\cdot\left(1-\theta_{\gamma_k}\right)\right)\cdot\Pi_{T}\cdot\left(1+\bar{r}_{j,T-1}\cdot\left(1-\theta_{\gamma_k}\right)\right)\cdot\Pi_{T-1}} \tag{E.4.7}$$

$$+\frac{\theta_{\gamma_k}\cdot E_{T-2}\left(\widetilde{A}_{T}\right)}{\left(1+r_{f,T}\cdot\left(1-\theta_{\hat{s}_{ek}}\right)\right)\cdot\Pi_{T}\cdot\left(1+\bar{r}_{j,T-1}\cdot\left(1-\theta_{\gamma_k}\right)\right)\cdot\Pi_{T-1}}.$$

Ableitung von Beziehung (C.5.26)

Weil sich (C.5.24) auch als

$$E_{T-2}\left(\tilde{V}_{T-1}^{\ell}\right)=\frac{E_{T-2}\left(\tilde{X}_{T}\right)\cdot\left(1-\theta_{\gamma_k}\right)}{\left(1+\bar{r}_{j,T}\cdot\left(1-\theta_{\gamma_k}\right)\right)\cdot\Pi_{T}^{v}}+\frac{\theta_{\gamma_k}E_{T-2}\left(\widetilde{A}_{T}\right)}{\left(1+r_{f,T}\cdot\left(1-\theta_{\gamma_k}\right)\right)\cdot\Pi_{T}^{v}} \tag{E.4.8}$$

schreiben lässt, kann man den Unternehmenswert aus Sicht von T-2 ausdrücken als

$$V_{T-2}^{\ell}\left(1-\frac{r_{f,T-1}\cdot tsm\cdot \ell_{T-2}}{1+r_{f,T-1}\cdot\left(1-\theta_{\gamma_k}\right)}\right)=\frac{E_{T-2}\left(\tilde{X}_{T-1}\right)\cdot\left(1-\theta_{\gamma_k}\right)}{1+\bar{r}_{j,T-1}\cdot\left(1-\theta_{\gamma_k}\right)}+\frac{\theta_{\gamma_k}E_{T-2}\left(\widetilde{A}_{T-1}\right)}{1+\bar{r}_{j,T-1}\cdot\left(1-\theta_{\gamma_k}\right)}$$

$$+\frac{E_{T-2}\left(\tilde{X}_{T}\right)\cdot\left(1-\theta_{\gamma_k}\right)}{\left(1+\bar{r}_{j,T}\cdot\left(1-\theta_{\gamma_k}\right)\right)\cdot\left(1+\bar{r}_{j,T-1}\cdot\left(1-\theta_{\gamma_k}\right)\right)}$$

$$+\frac{r_{f,T}\cdot tsm^{v}\cdot \ell_{T-1}\cdot\dfrac{E_{T-2}\left(\tilde{X}_{T}\right)\cdot\left(1-\theta_{\gamma_k}\right)}{\left(1+\bar{r}_{j,T}\cdot\left(1-\theta_{\gamma_k}\right)\right)\cdot\Pi_T^{v}}}{\left(1+r_{f,T}\cdot\left(1-\theta_{\gamma_k}\right)\right)\cdot\left(1+\bar{r}_{j,T-1}\cdot\left(1-\theta_{\gamma_k}\right)\right)}$$

$$+\frac{r_{f,T}\cdot tsm^{v}\cdot \ell_{T-1}\cdot\theta_{\gamma_k}\cdot E_{T-2}\left(\widetilde{A}_{T}\right)}{\left(1+r_{f,T}\cdot\left(1-\theta_{\gamma_k}\right)\right)\cdot\left(1+\bar{r}_{j,T-1}\cdot\left(1-\theta_{\gamma_k}\right)\right)\cdot\left(1+r_{f,T}\cdot\left(1-\theta_{\gamma_k}\right)\right)\cdot\Pi_T^{v}}$$

$$+\frac{\theta_{\gamma_k}\cdot E_{T-2}\left(\widetilde{A}_{T}\right)}{\left(1+r_{f,T}\cdot\left(1-\theta_{\gamma_k}\right)\right)\cdot\left(1+\bar{r}_{j,T-1}\cdot\left(1-\theta_{\gamma_k}\right)\right)} \tag{E.4.9}$$

und über

$$V_{T-2}^{\ell}\left(1-\frac{r_{f,T-1}\cdot tsm\cdot \ell_{T-2}}{1+r_{f,T-1}\cdot\left(1-\theta_{\gamma_k}\right)}\right)=\frac{E_{T-2}\left(\tilde{X}_{T-1}\right)\cdot\left(1-\theta_{\gamma_k}\right)}{1+\bar{r}_{j,T-1}\cdot\left(1-\theta_{\gamma_k}\right)}+\frac{\theta_{\gamma_k}E_{T-2}\left(\widetilde{A}_{T-1}\right)}{\left(1+\bar{r}_{j,T-1}\cdot\left(1-\theta_{\gamma_k}\right)\right)}$$

$$+\frac{E_{T-2}\left(\tilde{X}_{T}\right)\cdot\left(1-\theta_{\gamma_k}\right)\cdot\left[\left(1+r_{f,T}\cdot\left(1-\theta_{\gamma_k}\right)\right)\cdot\Pi_T^{v}+r_{f,T}\cdot tsm^{v}\cdot \ell_{T-1}\right]}{\left(1+\bar{r}_{j,T}\cdot\left(1-\theta_{\gamma_k}\right)\right)\cdot\left(1+\bar{r}_{j,T-1}\cdot\left(1-\theta_{\gamma_k}\right)\right)\cdot\left(1+r_{f,T}\cdot\left(1-\theta_{\gamma_k}\right)\right)\cdot\Pi_T^{v}} \tag{E.4.10}$$

$$+\frac{\theta_{\gamma_k}\cdot E_{T-2}\left(\widetilde{A}_{T}\right)\cdot\left[r_{f,T}\cdot tsm^{v}\cdot \ell_{T-1}+\left(1+r_{f,T}\cdot\left(1-\theta_{\gamma_k}\right)\right)\cdot\Pi_T^{v}\right]}{\left(1+r_{f,T}\cdot\left(1-\theta_{\gamma_k}\right)\right)\cdot\left(1+\bar{r}_{j,T-1}\cdot\left(1-\theta_{\gamma_k}\right)\right)\cdot\left(1+r_{f,T}\cdot\left(1-\theta_{\gamma_k}\right)\right)\cdot\Pi_T^{v}}$$

umformen zu (C.5.26):

$$V_{T-2}^{\ell} = \frac{E_{T-2}\left(\tilde{X}_{T-1}\right)\cdot\left(1-\theta_{\gamma_k}\right)}{\left(1+\overline{r}_{j,T-1}\cdot\left(1-\theta_{\gamma_k}\right)\right)\cdot\Pi_{T-1}^{v}} + \frac{\theta_{\gamma_k} E_{T-2}\left(\widetilde{A}_{T-1}\right)}{\left(1+\overline{r}_{j,T-1}\cdot\left(1-\theta_{\gamma_k}\right)\right)\cdot\Pi_{T-1}^{v}}$$

$$+\frac{E_{T-2}\left(\tilde{X}_{T}\right)\cdot\left(1-\theta_{\gamma_k}\right)}{\left(1+\overline{r}_{j,T}\cdot\left(1-\theta_{\gamma_k}\right)\right)\cdot\left(1+\overline{r}_{j,T-1}\cdot\left(1-\theta_{\gamma_k}\right)\right)\cdot\Pi_{T}^{v}\cdot\Pi_{T-1}^{v}} \tag{E.4.11}$$

$$+\frac{\theta_{\gamma_k}\cdot E_{T-2}\left(\widetilde{A}_{T}\right)}{\left(1+r_{f,T}\cdot\left(1-\theta_{\gamma_k}\right)\right)\cdot\left(1+\overline{r}_{j,T-1}\cdot\left(1-\theta_{\gamma_k}\right)\right)\cdot\Pi_{T}^{v}\cdot\Pi_{T-1}^{v}}.$$

Ableitung von Beziehung (C.5.32)

Der Steuervorteil aus Fremdfinanzierung $\tilde{\varpi}_1^{FK}$ in t = 1 ergibt sich mit

$$\tilde{\varpi}_1^{FK} = \frac{r_f\cdot tsm\cdot\ell\cdot E_0\left(\tilde{V}_1^{\ell}\right)}{\left(1+r_f\cdot\left(1-\theta_{\hat{s}_{ek}}\right)\right)}\cdot\left(1+\frac{(1+w)}{\left(1+\overline{r}_j\cdot\left(1-\theta_{\gamma_k}\right)\right)}+\left(\frac{(1+w)}{\left(1+\overline{r}_j\cdot\left(1-\theta_{\gamma_k}\right)\right)}\right)^2+\ldots\right). \tag{E.4.12}$$

Er ist aus Sicht von t = 0 unsicher. Ist $\theta = \frac{r_f\cdot tsm\cdot\ell\cdot E_0\left(\tilde{V}_1^{\ell}\right)}{\left(1+r_f\cdot\left(1-\theta_{\hat{s}_{ek}}\right)\right)}$ und $\vartheta = \frac{(1+w)}{\left(1+\overline{r}_j\cdot\left(1-\theta_{\gamma_k}\right)\right)}$,

so erhält man

$$\varpi_1^{FK} = \theta\cdot\left(1+\vartheta+\vartheta^2+\ldots\right) \tag{E.4.13}$$

oder

$$\varpi_1^{FK}\cdot\vartheta = \theta\cdot\left(\vartheta+\vartheta^2+\vartheta^3+\ldots\right). \tag{E.4.14}$$

Wird (E.4.14) von (E.4.13) subtrahiert, dann folgt

$$\varpi_1^{FK}\cdot(1-\vartheta)=\theta,$$

$$\varpi_1^{FK}\cdot\left(1-\frac{(1+w)}{\left(1+\overline{r}_j\cdot\left(1-\theta_{\gamma_k}\right)\right)}\right)=\frac{r_f\cdot tsm\cdot\ell\cdot E_0\left(\tilde{V}_1^{\ell}\right)}{\left(1+r_f\cdot\left(1-\theta_{\hat{s}_{ek}}\right)\right)},$$

$$\varpi_1^{FK}=\frac{r_f\cdot tsm\cdot\ell\cdot E_0\left(\tilde{V}_1^{\ell}\right)}{\left(1+r_f\cdot\left(1-\theta_{\hat{s}_{ek}}\right)\right)\cdot\left(1-\frac{(1+w)}{\left(1+\overline{r}_j\cdot\left(1-\theta_{\gamma_k}\right)\right)}\right)},$$

$$\varpi_1^{FK}=\frac{r_f\cdot tsm\cdot\ell\cdot E_0\left(\tilde{V}_1^{\ell}\right)}{\frac{\left(1+r_f\cdot\left(1-\theta_{\hat{s}_{ek}}\right)\right)\cdot\left(1+\overline{r}_j\cdot\left(1-\theta_{\gamma_k}\right)\right)-\left(1+r_f\cdot\left(1-\theta_{\hat{s}_{ek}}\right)\right)\cdot(1+w)}{\left(1+\overline{r}_j\cdot\left(1-\theta_{\gamma_k}\right)\right)}},\tag{E.4.15}$$

$$\varpi_1^{FK}=\frac{r_f\cdot tsm\cdot\ell\cdot E_0\left(\tilde{V}_1^{\ell}\right)\cdot\left(1+\overline{r}_j\cdot\left(1-\theta_{\gamma_k}\right)\right)}{\left(1+r_f\cdot\left(1-\theta_{\hat{s}_{ek}}\right)\right)\cdot\left(\overline{r}_j\cdot\left(1-\theta_{\gamma_k}\right)-w\right)}.$$

Ableitung von Beziehung (C.5.34)[776]

Der Gesamtwert eines unverschuldeten Unternehmens V_{t-1}^u ergibt sich als

$$V_{t-1}^u=\frac{E_{t-1}\left(\tilde{X}_t^{vSt}\right)\cdot\left(1-s_c\right)\cdot\left(1-\theta_{\gamma_k}\right)+V_t^u}{1+\overline{r}_{j,t}\cdot\left(1-\theta_{\gamma_k}\right)}\tag{E.4.16}$$

mit $\overline{r}_{j,t}\cdot\left(1-\theta_{\gamma_k}\right)$ aus (C.4.120) und $\tilde{X}_t^{vSt}$ als Überschuss vor allen Steuern. s_c steht für den kombinierten Unternehmenssteuersatz für Kapitalgesellschaften.[777] Für den Marktwert des Gesamtkapitals eines verschuldeten Unternehmens V_{t-1}^{ℓ} gilt[778]

---

776 Vgl. hierzu und im Folgenden *Heitzer/Dutschmann* [Finanzierungspolitik, 1999], S. 1465-1466; *Ballwieser* [Unternehmensbewertung, 2004], S. 208-209. Analog ohne persönliche Steuern *Inselbag/Kaufold* [Approaches, 1997], S. 117-118.

777 Vgl. zu seiner Berechnung Kapitel B.5.

778 Der Barwert des Steuervorteils ϖ ist bei autonomer Finanzierungsstrategie deterministisch. Vgl. Fn. 691.

$$V_{t-1}^{\ell} = V_{t-1}^{u} + \varpi_{t-1}, \tag{E.4.17}$$

$$V_{t-1}^{\ell} = EK_{t-1} + FK_{t-1} \tag{E.4.18}$$

mit EK und FK als Marktwerte des Eigen- und Fremdkapitals. Aus (E.4.17) und (E.4.18) folgt

$$V_{t-1}^{u} = EK_{t-1} + FK_{t-1} - \varpi_{t-1}, \tag{E.4.19}$$

was eingesetzt in (E.4.16)

$$\begin{aligned} & E_{t-1}\left(\tilde{X}_t^{vSt}\right)\cdot(1-s_c)\cdot\left(1-\theta_{\gamma_k}\right) = \\ & \left(EK_{t-1} + FK_{t-1} - \varpi_{t-1}\right)\cdot\left(1+\bar{r}_{j,t}\cdot\left(1-\theta_{\gamma_k}\right)\right) - EK_t - FK_t + \varpi_t \end{aligned} \tag{E.4.20}$$

erzeugt. Der Cashflow an die Eigner bei teilweiser Fremdfinanzierung errechnet sich mit[779]

$$\left[E_{t-1}\left(\tilde{X}_t^{vSt}\right)\cdot(1-s_c) - r_f FK_{t-1}\cdot(1-s)\right]\cdot\left(1-\theta_{\gamma_k}\right) + FK_t - FK_{t-1}. \tag{E.4.21}$$

Folglich erhält man als Renditeforderung

$$\bar{r}_{j,t}^{\ell,s} = \frac{\left[E_{t-1}\left(\tilde{X}_t^{vSt}\right)\cdot(1-s_c) - r_f FK_{t-1}\cdot(1-s)\right]\cdot\left(1-\theta_{\gamma_k}\right) + FK_t - FK_{t-1} + EK_t}{EK_{t-1}} - 1, \tag{E.4.22}$$

die sich durch Einsetzen von (E.4.20) zu

$$\begin{aligned} \bar{r}_{j,t}^{\ell,s} = {} & \bar{r}_{j,t}\cdot\left(1-\theta_{\gamma_k}\right) + \left(\bar{r}_{j,t}\cdot\left(1-\theta_{\gamma_k}\right) - r_f\cdot(1-s)\cdot\left(1-\theta_{\gamma_k}\right)\right)\cdot\frac{FK_{t-1}}{EK_{t-1}} \\ & + \frac{\varpi_t - \varpi_{t-1}\left(1+\bar{r}_{j,t}\cdot\left(1-\theta_{\gamma_k}\right)\right)}{EK_{t-1}} \end{aligned} \tag{E.4.23}$$

umformen lässt.

---

[779] In (E.4.21) ergibt sich eine Abweichung zu *Ballwieser* [Unternehmensbewertung, 2004], S. 208, sowie *Heitzer/Dutschmann* [Finanzierungspolitik, 1999], S. 1465, die – anders als hier – den Unternehmensüberschuss mit dem Steuersatz s statt mit s_c belasten. Am Ergebnis (E.4.23) ändert dies nichts.

Ableitung von Beziehung (C.5.40)[780]

Setzt man (C.5.38) und (C.5.35) in (C.5.39), so resultiert

$$V_0^\ell = \frac{E_0\left(\tilde{X}_1\right)\cdot\left(1-\theta_{\gamma_k}\right)}{\left[\bar{r}_j\cdot\left(1-\theta_{\gamma_k}\right)+\left(\bar{r}_j\cdot\left(1-\theta_{\gamma_k}\right)-r_f\cdot(1-s)\cdot\left(1-\theta_{\gamma_k}\right)\right)\cdot\frac{FK_0}{EK_0}\ldots\right.}$$

$$\frac{E_0\left(\tilde{X}_1\right)\cdot\left(1-\theta_{\gamma_k}\right)}{\left.\ldots+\frac{\varpi_0(1+w)-\varpi_0\left(1+\bar{r}_j\cdot\left(1-\theta_{\gamma_k}\right)\right)}{EK_0}\right]\frac{EK_0}{V_0^\ell}+r_f(1-s)\left(1-\theta_{\gamma_k}\right)\frac{FK_0}{V_0^\ell}-w}, \tag{E.4.24}$$

$$V_0^\ell = \frac{E_0\left(\tilde{X}_1\right)\cdot\left(1-\theta_{\gamma_k}\right)}{\bar{r}_j\cdot\left(1-\theta_{\gamma_k}\right)\cdot\frac{V_0^\ell-FK_0}{V_0^\ell}+\left(\bar{r}_j\cdot\left(1-\theta_{\gamma_k}\right)-r_f\cdot(1-s)\cdot\left(1-\theta_{\gamma_k}\right)\right)\cdot\frac{FK_0}{V_0^\ell}}$$

$$+\frac{E_0\left(\tilde{X}_1\right)\cdot\left(1-\theta_{\gamma_k}\right)}{\frac{\varpi_0\cdot\left(w-\bar{r}_j\cdot\left(1-\theta_{\gamma_k}\right)\right)}{V_0^\ell}+r_f\cdot(1-s)\cdot\left(1-\theta_{\gamma_k}\right)\cdot\frac{FK_0}{V_0^\ell}-\frac{V_0^\ell\cdot w}{V_0^\ell}}, \tag{E.4.25}$$

$$V_0^\ell\cdot\left(\bar{r}_j\cdot\left(1-\theta_{\gamma_k}\right)-w\right)=E_0\left(\tilde{X}_1\right)\cdot\left(1-\theta_{\gamma_k}\right)+$$

$$\bar{r}_j\cdot\left(1-\theta_{\gamma_k}\right)\cdot FK_0-\left(\bar{r}_j\cdot\left(1-\theta_{\gamma_k}\right)-r_f\cdot(1-s)\cdot\left(1-\theta_{\gamma_k}\right)\right)\cdot FK_0 \tag{E.4.26}$$

$$-\varpi_0\cdot\left(w-\bar{r}_j\cdot\left(1-\theta_{\gamma_k}\right)\right)-r_f\cdot(1-s)\cdot\left(1-\theta_{\gamma_k}\right)\cdot FK_0,$$

woraus mit

$$V_0^\ell = \frac{E_0\left(\tilde{X}_1\right)\cdot\left(1-\theta_{\gamma_k}\right)-\varpi_0\cdot\left(w-\bar{r}_j\cdot\left(1-\theta_{\gamma_k}\right)\right)}{\bar{r}_j\cdot\left(1-\theta_{\gamma_k}\right)-w} \tag{E.4.27}$$

schließlich (C.5.40) folgt.

---

[780] Vgl. *Dinstuhl* [Unternehmensbewertung, 2003], S. 304, für den Fall ohne persönliche Steuern.

Ableitung von Beziehung (C.5.78)

Subtrahiert man (C.5.76) von (C.5.77), so ergibt sich

$$\bar{r}_{B,t+1}\cdot\left(1-\theta_{\gamma_k}\right)-\bar{r}_{A,t+1}\cdot\left(1-\theta_{\gamma_k}\right)=r_{f,t}\cdot\left(1-\theta_{\hat{s}_{ek}}\right)+\hat{\phi}_t\cdot\frac{\left(1-s_c\right)}{V_{B,t-1}}\cdot cov\left(\tilde{X}_{A,t},\tilde{r}_{M,t}\right)$$
$$-r_{f,t}\cdot\left(1-\theta_{\hat{s}_{ek}}\right)-\hat{\phi}_t\cdot\frac{\left(1-s_c\right)}{V_{A,t-1}}\cdot cov\left(\tilde{X}_{A,t},\tilde{r}_{M,t}\right),$$

$$\bar{r}_{B,t+1}\cdot\left(1-\theta_{\gamma_k}\right)-\bar{r}_{A,t+1}\cdot\left(1-\theta_{\gamma_k}\right)=$$
$$\hat{\phi}_t\cdot\left(1-s_c\right)\cdot cov\left(\tilde{X}_{A,t},\tilde{r}_{M,t}\right)\cdot\left[\frac{1}{V_{B,t-1}}-\frac{1}{V_{A,t-1}}\right]. \tag{E.4.28}$$

Mit Ergebnis (C.5.74) kann (E.4.28) umgeformt werden zu

$$\bar{r}_{B,t+1}\cdot\left(1-\theta_{\gamma_k}\right)-\bar{r}_{A,t+1}\cdot\left(1-\theta_{\gamma_k}\right)=\hat{\phi}_t\cdot\left(1-s_c\right)\cdot cov\left(\tilde{X}_{A,t},\tilde{r}_{M,t}\right)\cdot$$
$$\left[\frac{V_{B,t-1}\cdot\left(1-\theta_{\hat{s}_{ek}}\right)+FK_B\cdot(1-s)\cdot\left(1-\theta_{\gamma_k}\right)-V_{B,t-1}\cdot\left(1-\theta_{\hat{s}_{ek}}\right)}{V_{B,t-1}\cdot\left[V_{B,t-1}\cdot\left(1-\theta_{\hat{s}_{ek}}\right)+FK_B\cdot(1-s)\cdot\left(1-\theta_{\gamma_k}\right)\right]}\right],$$

$$\bar{r}_{B,t+1}\cdot\left(1-\theta_{\gamma_k}\right)-\bar{r}_{A,t+1}\cdot\left(1-\theta_{\gamma_k}\right)=$$
$$\hat{\phi}_t\cdot\left(1-s_c\right)\cdot cov\left(\tilde{X}_{A,t},\tilde{r}_{M,t}\right)\cdot\left[\frac{FK_B\cdot(1-s)\cdot\left(1-\theta_{\gamma_k}\right)}{V_{B,t-1}\cdot V_{A,t-1}}\right]. \tag{E.4.29}$$

Ableitung von Beziehung (C.5.79)

Beziehung (C.5.76) lässt sich umformen zu

$$\left[\bar{r}_{A,t+1}\cdot\left(1-\theta_{\gamma_k}\right)-r_{f,t}\cdot\left(1-\theta_{\hat{s}_{ek}}\right)\right]\cdot V_{A,t-1}=\hat{\phi}_t\cdot\left(1-s_c\right)\cdot cov\left(\tilde{X}_{A,t},\tilde{r}_{M,t}\right), \tag{E.4.30}$$

was eingesetzt in (C.5.78) auf (C.5.79) führt:

$$\bar{r}_{B,t+1}\cdot\left(1-\theta_{\gamma_k}\right)=\bar{r}_{A,t+1}\cdot\left(1-\theta_{\gamma_k}\right)+\left[\bar{r}_{A,t+1}\cdot\left(1-\theta_{\gamma_k}\right)-r_{f,t}\cdot\left(1-\theta_{\hat{s}_{ek}}\right)\right]$$
$$\cdot\frac{(1-s)\cdot\left(1-\theta_{\gamma_k}\right)\cdot FK_B}{V_{B,t-1}}. \tag{E.4.31}$$

Literaturverzeichnis

Die Vornamen der mit * gekennzeichneten Autoren waren nicht ermittelbar.

Aders, Christian [Inflation, 1998]: Unternehmensbewertung bei Preisinstabilität und Inflation, Frankfurt am Main.

Aders, Christian/Schröder, Jakob [Wachstum, 2004]: Konsistente Ermittlung des Fortführungswertes bei nominellem Wachstum, in: *Richter, Frank/Timmreck, Christian* (Hrsg.): Unternehmensbewertung – Moderne Instrumente und Lösungsansätze, Stuttgart, S. 99-116.

Ahn, Dong-Hyun/Gao, Bin [Dynamics, 1999]: A Parametric Nonlinear Model of Term Structure Dynamics, in: RFS, Vol. 12, S. 721-762.

AKU [Basiszinssatz, 2005]: Eckdaten zur Bestimmung des Kapitalisierungszinssatzes bei der Unternehmensbewertung – Basiszinssatz, in: IDW-FN, o.Jg., S. 555-556.

AKU [Sitzung, 1997]: Berichterstattung über die 57. bis 61. Sitzung des Arbeitskreises Unternehmensbewertung, in: IDW-FN, o.Jg., S. 33-34.

Allais, Maurice [Risque, 1953]: Le Comportement de l'Homme Rationell devant le Risque: Critique des Postulats et Axioms de l'Ecole Americaine, in: Ec, Vol. 21, S. 503-546.

Allingham, Michael [Theorems, 1991]: Existence Theorems in the Capital Asset Pricing Model, in: Ec, Vol. 59, S. 1169-1174.

Ang, James S./Peterson, David R. [Yield, 1985]: Return, Risk, and Yield: Evidence From ex ante Data, in: JF, Vol. 40, S. 537-548.

Arrow, Kenneth J. [Aversion, 1971]: The Theory of Risk Aversion, in: *Arrow, Kenneth J.* (Hrsg.): Essays in the Theory of Risk-Bearing, Amsterdam/London, S. 90-120.

Arrow, Kenneth J. [Role, 1971]: The Role of Securities in the Optimal Allocation of Risk-Bearing, in: *Arrow, Kenneth J.* (Hrsg.): Essays in the Theory of Risk-Bearing, Amsterdam/London, S. 121-133.

Arrow, Kenneth J. [Choice, 1963]: Social Choice and Individual Values, 2. Aufl., New Haven/London.

Arrow, Kenneth J. [Approach, 1963]: Comments on Duesenberry's The Portfolio Approach to the Demand for Money and Other Assets, in: REStat, Vol. 45, Supplement, S. 24-27.

Arzac, Enrique R. [Valuation, 1996]: Valuation of Highly Leveraged Firms, in: FAJ, Vol. 52, S. 42-50.

*Ashton, D. J.** [Imputation, 1989]: The Cost of Capital and the Imputation Tax System, in: JBFA, Vol. 16, S. 78-88.

Auerbach, Alan J./King, Mervyn A. [Choice, 1983]: Taxation, Portfolio Choice, and Debt-Equity Ratios: A General Equilibrium Model, in: QJE, Vol. 98, S. 587-610.

Baetge, Jörg/Krause, Clemens [Unternehmensbewertung, 1994]: Die Berücksichtigung des Risikos bei der Unternehmensbewertung, Eine empirisch gestützte Betrachtung des Kalkulationszinses, in: BFuP, 46. Jg, S. 433-456.

Baetge, Jörg/Niemeyer, Kai/Kümmel, Jens [DCF-Verfahren, 2005]: Darstellung der Discounted-Cashflow-Verfahren (DCF-Verfahren) mit Beispiel, in: *Peemöller, Volker H.* (Hrsg.): Praxishandbuch der Unternehmensbewertung, 3. Aufl., Herne/Berlin, S. 265-362.

Bäzner, Bernd/Timmreck, Christian [Überblick, 2004]: Die DCF-Methode im Überblick, in: *Richter, Frank/Timmreck, Christian* (Hrsg.): Unternehmensbewertung – Moderne Instrumente und Lösungsansätze, Stuttgart, S. 3-19.

Ballwieser, Wolfgang [Verbindungen, 2005]: Verbindungen von Ertragswert- und Discounted-Cashflow-Verfahren, in: *Peemöller, Volker H.* (Hrsg.): Praxishandbuch der Unternehmensbewertung, 3. Aufl., Herne/Berlin, S. 363-375.

Ballwieser, Wolfgang [Unternehmensbewertung, 2004]: Unternehmensbewertung – Prozeß, Methoden und Probleme, Stuttgart.

Ballwieser, Wolfgang [Zins, 2003]: Zum risikolosen Zins für die Unternehmensbewertung, in: *Richter, Frank/Schüler, Andreas/Schwetzler, Bernhard* (Hrsg.): Kapitalgeberansprüche, Marktwertorientierung und Unternehmenswert, FS Jochen Drukarczyk, München, S. 20-35.

Ballwieser, Wolfgang [Missverständnisse, 2003]: Ballwiesers Missverständnisse der DCF-Verfahren: Ein Missverständnis?, Erwiderungen zu Kruschwitz/Löffler, Fünf typische Missverständnisse im Zusammenhang mit DCF-Verfahren, in: FB, 5. Jg., S. 734-735.

Ballwieser, Wolfgang [Fragen, 2002]: Aktuelle Fragen der Unternehmensbewertung in Deutschland, in: ST, 76. Jg., S. 745-750.

Ballwieser, Wolfgang [Komponenten, 2002]: Der Kalkulationszinsfuß in der Unternehmensbewertung: Komponenten und Ermittlungsprobleme, in: WPg, 55. Jg., S. 736-743.

Ballwieser, Wolfgang [Ermittlung, 2001]: Zur Ermittlung des Ertragswertes von örtlichen Stromnetzen, Stuttgart u.a.

Ballwieser, Wolfgang [Marktorientierung, 2001]: Unternehmensbewertung, Marktorientierung und Ertragswertverfahren, in: *Wagner, Udo* (Hrsg.): Zum Erkenntnisstand der Betriebswirtschaftslehre am Beginn des 21. Jahrhunderts, FS Erich Loitlsberger, Berlin, S. 17-31.

Ballwieser, Wolfgang [Unternehmensbewertung, 2001]: Unternehmensbewertung, in: *Gerke, Wolfgang/Steiner, Manfred* (Hrsg.): Handwörterbuch des Bank- und Finanzwesens, 3. Aufl., Stuttgart, Sp. 2082-2095.

Ballwieser, Wolfgang [Stand, 1999]: Stand und Entwicklung der Unternehmensbewertung in Deutschland, in: *Egger, Anton* (Hrsg.): Unternehmensbewertung – quo vadis?, FS Geiserich Tichy, Wien, S. 21-40.

Ballwieser, Wolfgang [Verfahren, 1998]: Unternehmensbewertung mit Discounted Cash Flow-Verfahren, in: WPg, 51. Jg., S. 81-92.

Ballwieser, Wolfgang [Kalkulationszinsfuß, 1997]: Kalkulationszinsfuß und Steuern, in: DB, 50. Jg., S. 2393-2396.

Ballwieser, Wolfgang [Steuern, 1995]: Unternehmensbewertung und Steuern, in: *Elschen, Rainer/Siegel, Theodor/Wagner, Franz* (Hrsg.): Unternehmenstheorie und Besteuerung, FS Dieter Schneider, Wiesbaden, S. 15-37.

Ballwieser, Wolfgang [Ansatz, 1994]: Adolf Moxter und der Shareholder Value-Ansatz, in: *Ballwieser, Wolfgang/Böcking, Hans-Joachim/Drukarczyk, Jochen* (Hrsg.): Bilanzrecht und Kapitalmarkt, FS Adolf Moxter, Düsseldorf, S. 1377-1405.

Ballwieser, Wolfgang [Methoden, 1993]: Methoden der Unternehmensbewertung, in: *Gebhardt, Günther/Gerke, Wolfgang/Steiner, Manfred* (Hrsg.): Handbuch des Finanzmanagements, München, S. 151-176.

Ballwieser, Wolfgang [Komplexitätsreduktion, 1990]: Unternehmensbewertung und Komplexitätsreduktion, 3. Aufl., Wiesbaden, Nachdruck 1993.

Ballwieser, Wolfgang [Geldentwertung, 1988]: Unternehmensbewertung bei unsicherer Geldentwertung, in: zfbf, 40. Jg., S. 798-812.

Ballwieser, Wolfgang [Wahl, 1981]: Die Wahl des Kalkulationszinsfußes bei der Unternehmensbewertung unter Berücksichtigung von Risiko und Geldentwertung, in: BFuP, 33. Jg., S. 97-114.

Ballwieser, Wolfgang [Möglichkeiten, 1980]: Möglichkeiten der Komplexitätsreduktion bei einer prognose-orientierten Unternehmensbewertung, in: zfbf, 32. Jg., S. 50-73.

Ballwieser, Wolfgang [Kassendisposition, 1978]: Kassendisposition und Wertpapieranlage, Wiesbaden.

Ballwieser, Wolfgang/Coenenberg, Adolf G./Schultze, Wolfgang [Unternehmensbewertung, 2002]: Unternehmensbewertung, erfolgsorientierte, in: *Ballwieser, Wolfgang/Coenenberg, Adolf G./Wysocki, Klaus v.* (Hrsg.): Handwörterbuch der Rechnungslegung und Prüfung, 3. Aufl., Stuttgart, Sp. 2412-2446.

Ballwieser, Wolfgang/Leuthier, Rainer [Grundprinzipien, 1986]: Grundprinzipien, Verfahren und Probleme der Unternehmensbewertung, in: DStR, 24. Jg., S. 545-551 und S. 604-610.

Bamberg, Günter [Unsicherheitstheorie, 2002]: Unsicherheitstheorie, in: *Küpper, Hans-Ulrich/Wagenhofer, Alfred* (Hrsg.): Handwörterbuch Unternehmensrechnung und Controlling, 4. Aufl., Stuttgart, Sp. 1998-2007.

Bamberg, Günter/Coenenberg, Adolf G. [Entscheidungslehre, 2002]: Betriebswirtschaftliche Entscheidungslehre, 11. Aufl., München.

Bamberg, Günter/Dorfleitner, Gregor/Krapp, Michael [Abhängigkeitsstruktur, 2004]: Zur Bewertung risikobehafteter Zahlungsströme mit intertemporaler Abhängigkeitsstruktur, in: BFuP, 56. Jg., S. 101-118.

Bamberg, Günter/Dorfleitner, Gregor/Krapp, Michael [Unsicherheit, 2003]: Kapitalmarktkompatible Unternehmensbewertung unter Unsicherheit, Arbeitspapier, Augsburg.

Bamberg, Günter/Spremann, Klaus [Implications, 1981]: Implications of Constant Risk Aversion, in: Zeitschrift für Operations Research, Vol. 25, S. 205-224.

Bank, Matthias/Gerke, Wolfgang [Finanzierung, 2005]: Finanzierung II, Grundlegende Theorien, Modelle und Konzepte der neoklassischen Finanzierungstheorie, Stuttgart.

Barthel, Carl W. [Ableitung, 2003]: Unternehmenswert: Berücksichtigungsfähigkeit und Ableitung von Fungibilitätszuschlägen, in: DB, 56. Jg., S. 1181-1186.

Basak, Suleyman/Croitoru, Benjamin [Prices, 2001]: Non-linear Taxation, Tax-Arbitrage and Equilibrium Asset Prices, in: Journal of Mathematical Economics, Vol. 35, S. 347-382.

Behm, Georg [Valuation, 2003]: Valuation of Innovative Companies, Wien.

Beja, Avraham [Structure, 1971]: The Structure of the Cost of Capital Under Uncertainty, in: RESt, Vol. 38, S. 359-368.

Berck, Peter/Sydsæter, Knut [Manual, 1993]: Economists' Mathematical Manual, 2. Aufl., Berlin u.a.

Berk, Jonathan B. [Conditions, 1997]: Necessary Conditions for the CAPM, in: JET, Vol. 73, S. 245-257.

Bernoulli, Daniel [Theorie, 1738]: Entwurf einer neuen Theorie zur Bewertung von Lotterien, „Specimen theoriae novae de mensura sortis", Comentarii Academiae Scientiarum Imperialis Petropolitanae 1738, S. 175-192, aus dem Lateinischen übertragen von *Lutz Kruschwitz* und *Peter Kruschwitz*, in: DBW, 56. Jg. (1996), S. 733-742.

Betsch, Oskar/Groh, Alexander/Lohmann, Lutz [Finance, 2000]: Corporate Finance, 2. Aufl., München.

Beyer, Sven/Gaar, Andreas [Neufassung, 2005]: Neufassung des IDW S 1 „Grundsätze zur Durchführung von Unternehmensbewertungen", in: FB, 7. Jg., S. 240-251.

Bhardwaj, Ravinder K./Brooks, Leroy D. [Bias, 1992]: The January Anomaly: Effects of Low Share Price, Transaction Costs, and Bid-Ask Bias, in: JF, Vol. 47, S. 553-575.

Bierman, Harold/Smidt, Seymour [Application, 1975]: Application of the Capital Asset Pricing Model to Multi-Period Investments, in: JBFA, Vol. 2, S. 327-340.

*Bierwag, Gerald O./Grove, M. A.** [Curves, 1966]: Indifference Curves in Asset Analysis, in: EJ, Vol. 76, S. 337-343.

Bingham, Nicholas H./Kiesel, Rüdiger [Valuation, 2004]: Risk-Neutral Valuation – Pricing and Hedging of Financial Derivatives, 2. Aufl., London u.a.

Bitz, Michael [Entscheidungstheorie, 1981]: Entscheidungstheorie, München.

Black, Fischer [Equilibrium, 1972]: Capital Market Equilibrium With Restricted Borrowing, in: JoB, Vol. 45, S. 444-455.

Black, Fischer/Scholes, Myron [Effects, 1974]: The Effects of Dividend Yield and Dividend Policy on Common Stock Prices and Returns, in: JFE, Vol. 1, S. 1-22.

Black, Fischer/Scholes, Myron [Pricing, 1973]: The Pricing of Options and Corporate Liabilities, in: JPE, Vol. 81, S. 637-654.

Blume, Marshall E. [Evidence, 1980]: Stock Returns and Dividend Yields: Some More Evidence, in: REStat, Vol. 62, S. 567-577.

Bogue, Marcus C./Roll, Richard [Markets, 1974]: Capital Budgeting of Risky Projects With "Imperfect" Markets for Physical Capital, in: JF, Vol. 29, S. 601-613.

Bossaerts, Peter/Dammon, Robert M. [Restrictions, 1994]: Tax-Induced Intertemporal Restrictions on Security Returns, in: JF, Vol. 49, S. 1347-1371.

Bottazzi, Jean-Marc/Hens, Thorsten/Löffler, Andreas [Functions, 1998]: Demand Functions in the Capital Asset Pricing Model, in: JET, Vol. 79, S. 192-206.

Braun, Inga [Steuern, 2005]: Discounted Cashflow-Verfahren und der Einfluss von Steuern, Wiesbaden.

Brealey, Richard A./Myers, Stewart C. [Principles, 2003]: Principles of Corporate Finance, 7. Aufl., New York u.a.

Breid, Volker [Erfolgspotentialrechnung, 1994]: Erfolgspotentialrechnung, Stuttgart.

Brennan, Michael J. [Approach, 1973]: An Approach to the Valuation of Uncertain Income Streams, in: JF, Vol. 28, S. 661-674.

Brennan, Michael J. [Irrelevance, 1971]: A Note on Dividend Irrelevance and the Gordon Valuation Model, in: JF, Vol. 26, S. 1115-1121.

Brennan, Michael J. [Rates, 1971]: Capital Market Equilibrium With Divergent Borrowing and Lending Rates, in: JFQA, Vol. 6, S. 1197-1205.

Brennan, Michael J. [Valuation, 1970]: Taxes, Market Valuation and Corporate Financial Policy, in: NTJ, Vol. 23, S. 417-427.

Brennan, Michael J./Schwartz, Eduardo S. [Structure, 1978]: Corporate Income Taxes, Valuation, and the Problem of Optimal Capital Structure, in: JoB, Vol. 51, S. 103-114.

Bretzke, Wolf-Rüdiger [Berücksichtigung, 1976]: Zur Berücksichtigung des Risikos bei der Unternehmensbewertung, in: zfbf, 28. Jg., S. 153-165.

Brown, Philip/Clarke, Alex [Behaviour, 1993]: The Ex-Dividend Day Behaviour of Australian Share Prices Before and After Dividend Imputation, in: Australian Journal of Management, Vol. 18, S. 1-40.

Campbell, John Y./Shiller, Robert J. [Ratio, 1988]: The Dividend-Price Ratio and Expectations of Future Dividends and Discount Factors, in: RFS, Vol. 3, S. 195-228.

Casey, Christopher [Aspekte, 2004]: Neue Aspekte des Roll Back-Verfahrens in der Unternehmensbewertung, in: ZfB, 74. Jg., S. 139-163.

Cass, David/Stiglitz, Joseph E. [Separability, 1970]: The Structure of Investor Preferences and Asset Returns, and Separability in Portfolio Allocation: A Contribution to the Pure Theory of Mutual Funds, in: JET, Vol. 2, S. 122-160.

Castedello, Marc/Davidson, Ron/Schlumberger, Erik [Halbeinkünfteverfahren, 2004]: Unternehmensbewertung bei Halbeinkünfteverfahren und unsicheren Steuervorteilen, in: FB, 6. Jg., S. 369-376.

Chamberlain, Gary [Distributions, 1983]: A Characterization of the Distributions that Imply Mean-Variance Utility Functions, in: JET, Vol. 29, S. 185-201.

Chen, Andrew H. Y./Boness, James A. [Inflation, 1975]: Effects of Uncertain Inflation on the Investment and Financing Decisions of a Firm, in: JF, Vol. 30, S. 469-483.

Chen, Son-Nan [Rules, 1986]: Optimal Portfolio Selection Under Differential Taxation, Simple Rules, in: QREB, Vol. 26, S. 6-16.

Clubb, Colin D.B./Doran, Paul [Cost, 1992]: On the Weighted Average Cost of Capital With Personal Taxes, in: ABR, Vol. 23, S. 44-48.

Coenenberg, Adolf G./Schultze, Wolfgang [Ertragswertmethode, 2003]: Residualgewinn vs. Ertragswertmethode in der Unternehmensbewertung, in: *Richter, Frank/Schüler, Andreas/Schwetzler, Bernhard* (Hrsg.): Kapitalgeberansprüche, Marktwertorientierung und Unternehmenswert, FS Jochen Drukarczyk, München, S. 117-141.

Cohn, Richard A./Lewellen, Wilbur G./Lease, Ronald C./Schlarbaum, Gary G. [Aversion, 1975]: Individual Investor Risk Aversion and Investment Portfolio Composition, in: JF, Vol. 30, S. 605-620.

Constantinides, George M. [Trading, 1984]: Optimal Stock Trading With Personal Taxes, Implications for Prices and the Abnormal January Returns, in: JFE, Vol. 13, S. 65-89.

Constantinides, George M. [Equilibrium, 1983]: Capital Market Equilibrium With Personal Tax, in: Ec, Vol. 51, S. 611-636.

Constantinides, George M. [Uncertainty, 1980]: Admissible Uncertainty in the Intertemporal Asset Pricing Model, in: JFE, Vol. 8, S. 71-86.

Constantinides, George M./Scholes, Myron S. [Liquidation, 1980]: Optimal Liquidation of Assets in the Presence of Personal Taxes: Implications for Asset Pricing, in: JF, Vol. 35, S. 439-449.

Cooper, Ian A./Nyborg, Kjell G. [Tax, 2004]: Discount Rates and Tax, Arbeitspapier, Version vom August 2004, London.

Copeland, Tom/Koller, Tim/Murrin, Jack [Unternehmenswert, 2002]: Unternehmenswert – Methoden und Strategien für eine wertorientierte Unternehmensführung, 3. Aufl., Frankfurt am Main/New York.

Copeland, Tom/Weston, Fred/Shastri, Kuldeep [Theory, 2005]: Financial Theory and Corporate Policy, 4. Aufl., Boston u.a.

Cox, John C./Ingersoll, Jonathan E./Ross, Stephen A. [Structure, 1985]: A Theory of the Term Structure of Interest Rates, in: Ec, Vol. 53, S. 385-408.

Cox, John C./Ross, Stephen A./Rubinstein, Mark [Approach, 1979]: Option Pricing: A Simplified Approach, in: JFE, Vol. 7, S. 229-263.

Dammon, Robert M. [Equilibrium, 1988]: A Security Market and Capital Market Structure Equilibrium Under Uncertainty With Progressive Personal Taxes, in: RiF, Vol. 7, S. 53-74.

Dammon, Robert M./Dunn, Kenneth B./Spatt, Chester S. [Options, 1989]: A Reexamination of the Value of Tax Options, in: RFS, Vol. 2, S. 341-372.

Dammon, Robert M./Green, Richard C. [Arbitrage, 1987]: Tax Arbitrage and the Existence of Equilibrium Prices for Financial Assets, in: JF, Vol. 42, S. 1143-1166.

Dammon, Robert M./Spatt, Chester S. [Trading, 1996]: The Optimal Trading and Pricing of Securities With Asymmetric Capital Gains Taxes and Transaction Costs, in: RFS, Vol. 9, S. 921-952.

Dammon, Robert M./Spatt, Chester S./Zhang, Harold H. [Taxes, 2001]: Optimal Consumption and Investment With Capital Gain Taxes, in: RFS, Vol. 14, S. 583-616.

Dana, Rose-Anne [Existence, 1999]: Existence, Uniqueness and Determinacy of Equilibrium in C.A.P.M. With a Riskless Asset, in: Journal of Mathematical Economics, Vol. 32, S. 167-175.

Dean, Joel [Capital, 1954]: Measuring the Productivity of Capital, in: HBR, Vol. 32, S. 120-130.

DePamphilis, Donald [Acquisitions, 2003]: Mergers, Acquisitions and Other Restructuring Activities, 2. Aufl., San Diego u.a.

Dermody, Jaime C./Prisman, Eliezer Z. [Arbitrage, 1993]: No Arbitrage and Valuation in Markets With Realistic Transaction Costs, in: JFQA, Vol. 28, S. 65-80.

Deutsche Bundesbank [Monatsbericht, 1997]: Monatsbericht Juli 1997, 49. Jg. Frankfurt am Main.

Dinstuhl, Volkmar [Unternehmensbewertung, 2003]: Konzernbezogene Unternehmensbewertung, Wiesbaden.

Dinstuhl, Volkmar [Halbeinkünfteverfahren, 2002]: Discounted-Cash-flow-Methoden im Halbeinkünfteverfahren, in: FB, 4. Jg., S. 79-90.

Diedrich, Ralf [Sicherheitsäquivalentmethode, 2003]: Die Sicherheitsäquivalentmethode der Unternehmensbewertung: Ein (auch) entscheidungstheoretisch wohlbegründbares Verfahren, Anmerkungen zu dem Beitrag von Wolfgang Kürsten in der zfbf (März 2002, S. 128- 144), in: zfbf, 55. Jg., S. 281-286.

Diedrich, Ralf [Konzeptionen, 1996]: Zur Relevanz alternativer entscheidungstheoretischer Konzeptionen für die ökonomische Forschung, in: BFuP, 48. Jg., S. 617-639.

Dirrigl, Hans [Fundament, 2003]: Unternehmensbewertung als Fundament bereichsorientierter Performancemessung, in: *Richter, Frank/Schüler, Andreas/Schwetzler, Bernhard* (Hrsg.): Kapitalgeberansprüche, Marktwertorientierung und Unternehmenswert, FS Jochen Drukarczyk, München, S. 143-186.

Dreyer, Dirk [Bewertung, 2004]: Bewertung personalintensiver Dienstleistungsunternehmen – Die Integration von Intellektuellem Kapital in die Unternehmensbewertung, Wiesbaden.

Drukarczyk, Jochen [Unternehmensbewertung, 2003]: Unternehmensbewertung, 4. Aufl., München.

Drukarczyk, Jochen [Methoden, 2001]: Discounted Cash Flow-Methoden, in: *Achleitner, Ann-Kristin/Thoma, Georg F.* (Hrsg.): Handbuch Corporate Finance, 2. Aufl., Köln.

Drukarczyk, Jochen [Anmerkungen, 1995]: DCF-Methoden und Ertragswertmethode – einige klärende Anmerkungen, in: WPg, 48. Jg., S. 329-334.

Drukarczyk, Jochen [Politik, 1993]: Theorie und Politik der Finanzierung, 2. Aufl., München.

Drukarczyk, Jochen [Entscheidungsrechnung, 1975]: Probleme individueller Entscheidungsrechnung, Wiesbaden.

Drukarczyk, Jochen [Konsumpräferenz, 1970]: Investitionstheorie und Konsumpräferenz, Berlin.

Drukarczyk, Jochen/Lobe, Sebastian [Halbeinkünfteverfahren, 2002]: Unternehmensbewertung und Halbeinkünfteverfahren – Probleme individueller und marktorientierter Bewertung steuerlicher Vorteile, in: BB, 57. Jg., Beilage Unternehmensbewertung, S. 2-9.

Drukarczyk, Jochen/Lobe, Sebastian [Methoden, 2001]: Discounted Cash Flow-Methoden und Halbeinkünfteverfahren, in: *Achleitner, Ann-Kristin/Thoma, Georg F.* (Hrsg.): Handbuch Corporate Finance, 2. Aufl., Köln.

Drukarczyk, Jochen/Richter, Frank [Finanzentscheidungen, 1995]: Unternehmensgesamtwert, anteilseignerorientierte Finanzentscheidungen und APV-Ansatz, in: DBW, 55. Jg., S. 559-580.

Drukarczyk, Jochen/Schüler, Andreas [Kapitalkosten, 2003]: Kapitalkosten deutscher Aktiengesellschaften – eine empirische Untersuchung, in: FB, 5. Jg., S. 337-347.

Drukarczyk, Jochen/Schüler, Andreas [Rückstellungen, 2000]: Rückstellungen und Unternehmensbewertung, in: *Arnold, Hansjörg/Englert, Joachim/Eube, Steffen* (Hrsg.): Werte messen – Werte schaffen, FS Karl-Heinz Maul, Wiesbaden, S. 5-37.

Dück-Rath, Marijke [Unternehmensbewertung, 2005]: Unternehmensbewertung mit Hilfe von DCF-Methoden und ausgewählten Realoptionsansätzen, Frankfurt am Main.

Duffie, Darrell [Theory, 1992]: Dynamic Asset Pricing Theory, Princeton.

Duffie, Darrell [Models, 1988]: Security Markets, Stochastic Models, San Diego u.a.

Durand, David [Controversy, 1952]: The Cost of Capital Controversy, Reprint 1967 in: *Archer, Stephen H./D'Ambrosio, Charles A.* (Hrsg.): The Theory of Business Finance: A Book of Readings, New York/London.

Dyckhoff, Harald [Unternehmensbewertung, 2005]: Semi-subjektive Unternehmensbewertung aus deskriptiv-entscheidungstheoretischer Sicht, Arbeitspapier, Aachen.

Dyckhoff, Harald [Sicht, 2003]: Subjektive Unternehmensbewertung aus entscheidungs- und messtheoretischer Sicht: Much Ado About Nothing?, Arbeitspapier, Version vom 2.9.2003, Aachen.

Dyckhoff, Harald [Zeitpräferenz, 1988]: Zeitpräferenz, in: zfbf, 40. Jg., S. 990-1008.

Eisenführ, Franz [Zeitpräferenzen, 1988]: Zeitpräferenzen über buchmäßigen Erfolgen, in: *Domsch, Michel/Eisenführ, Franz/Ordelheide, Dieter/Perlitz, Manfred* (Hrsg.): Unternehmenserfolg, FS Walther Busse von Colbe, Wiesbaden, S. 127-139.

Eisenführ, Franz/Weber, Martin [Entscheiden, 2003]: Rationales Entscheiden, 4. Aufl., Berlin u.a.

Eisenführ, Franz/Weber, Martin [Entscheiden, 1999]: Rationales Entscheiden, 3. Aufl., Berlin u.a.

Eisenführ, Franz/Weber, Martin [Entscheiden, 1993]: Rationales Entscheiden, Berlin u.a.

Ellsberg, Daniel [Risk, 1961]: Risk, Ambiguity, and the Savage Axioms, in: QJE, Vol. 75, S. 643-669.

Elton, Edwin J./Gruber, Martin J. [Market, 1984]: Non-Standard C.A.P.M.'s and the Market Portfolio, in: JF, Vol. 19, S. 911-924.

Elton, Edwin J./Gruber, Martin J. [Composition, 1978]: Taxes and Portfolio Composition, in: JFE, Vol. 6, S. 399-410.

Elton, Edwin J./Gruber, Martin J. [Process, 1975]: Finance as a Dynamic Process, New Jersey.

Elton, Edwin J./Gruber, Martin J. [Criteria, 1974]: On the Optimality of Some Multiperiod Portfolio Selection Criteria, in: JoB, Vol. 47, S. 231-243.

Elton, Edwin J./Gruber, Martin J. [Period, 1974]: The Multi-Period Consumption Investment Problem and Single Period Analysis, in: OEP, Vol. 26, S. 289-301.

Elton, Edwin J./Gruber, Martin J. [Relatives, 1974]: Portfolio Theory When Investment Relatives are Lognormally Distributed, in: JF, Vol. 29, S. 1265-1273.

Elton, Edwin J./Gruber, Martin J. [Clientele, 1970]: Marginal Stockholder Tax Rates and the Clientele Effect, in: REStat, Vol. 52, S. 68-74.

Elton, Edwin J./Gruber, Martin J./Brown, Stephen J./Goetzmann, William N. [Analysis, 2003]: Modern Portfolio Theory and Investment Analysis, 6. Aufl., New York u.a.

Elton, Edwin J./Gruber, Martin J./Rentzler, Joel [Examination, 1983]: A Simple Examination of the Empirical Relationship Between Dividend Yields and Deviations from the CAPM, in: JFE, Vol. 7, S. 135-146.

Essler, Wolfgang/Kruschwitz, Lutz/Löffler, Andreas [Verschuldungsgrad, 2005]: Wie sind Unternehmen zu bewerten, wenn ihr Verschuldungsgrad nicht in Markt-, sondern in Buchwerten gemessen wird?, in: BB, 60. Jg., S. 595-600.

Essler, Wolfgang/Kruschwitz, Lutz/Löffler, Andreas [Anwendung, 2004]: Zur Anwendung des WACC-Verfahrens bei vorgegebener bilanzieller Verschuldung, in: BFuP, 56. Jg., S. 134-147.

Fama, Eugene F. [Discounting, 1996]: Discounting Under Uncertainty, in: JoB, Vol. 69, S. 415-428.

Fama, Eugene F. [Pricing, 1996]: Multifactor Portfolio Efficiency and Multifactor Asset Pricing, in: JFQA, Vol. 31, S. 441-465.
Fama, Eugene F. [Uncertainty, 1977]: Risk-Adjusted Discount Rates and Capital Budgeting Under Uncertainty, in: JFE, Vol. 5, S. 3-24.
Fama, Eugene F. [Return, 1971]: Risk, Return, and Equilibrium, in: JPE, Vol. 79, S. 30-55.
Fama, Eugene F. [Decisions, 1970]: Multiperiod Consumption-Investment Decisions, in: AER, Vol. 60, S. 163-174.
Fama, Eugene F. [Comments, 1968]: Risk, Return and Equilibrium: Some Clarifying Comments, in: JF, Vol. 23, S. 29-40.
Fama, Eugene F. [Portfolio, 1965]: Portfolio Analysis in a Stable Paretian Market, in: MSc, Vol. 11, S. 404-419.
Fama, Eugene F./MacBeth, James D. [Tests, 1974]: Tests of the Multiperiod Two-Parameter Model, in: JFE, Vol. 1, S. 43-66.
Fama, Eugene F./Miller, Merton H. [Theory, 1972]: The Theory of Finance, Hinsdale.
Fischer, Kathrin [Entscheidungslehre, 2004]: Aspekte einer empirisch fundierten betriebswirtschaftlichen Entscheidungslehre, Wiesbaden.
Fischer, Thomas R./Hahnenstein, Lutz/Heitzer, Bernd [Ansätze, 1999]: Kapitalmarkttheoretische Ansätze zur Berücksichtigung von Handlungsspielräumen in der Unternehmensbewertung, in: ZfB, 69. Jg., S. 1207-1232.
Fishburn, Peter C. [Utility, 1967]: Bounded Expected Utility, in: Ann. M. Stat., Vol. 38, S. 1054-1060.
Fishburn, Peter C. [Independence, 1965]: Independence in Utility Theory With Whole Product Sets, in: Operations Research, Vol. 13, S. 28-45.
Fishburn, Peter C./Rubinstein, Ariel [Time, 1982]: Time Preference, in: International Economic Review, Vol. 23, S. 677-694.
Fisher, Irving [Zinstheorie, 1932]: Die Zinstheorie, Jena.
Franke, Günter [Conditions, 1984]: Conditions for Myopic Valuation and Serial Independence of the Market Excess Return in Discrete Time Models, in: JF, Vol. 39, S. 425-442.
Franke, Günter [Separation, 1983]: Kapitalmarkt und Separation, in: ZfB, 53. Jg., S. 239-260.
Franke, Günter/Hax, Herbert [Finanzwirtschaft, 2003]: Finanzwirtschaft des Unternehmens und Kapitalmarkt, 5. Aufl., Berlin u.a.
Franke, Jürgen/Härdle, Wolfgang/Hafner, Christian [Statistik, 2001]: Einführung in die Statistik der Finanzmärkte, Berlin u.a.
Friedman, Milton/Savage, Leonard J. [Measurability, 1952]: The Expected-Utility Hypothesis and the Measurability of Utility, in: Ec, Vol. 60, S. 463-474.
Friend, Irwin/Blume, Marshall E. [Demand, 1975]: The Demand for Risky Assets, in: AER, Vol. 65, S. 900-922.

Friend, Irwin/Landskroner, Yoram/Losq, Etienne [Inflation, 1976]: The Demand for Risky Assets Under Uncertain Inflation, in: JF, Vol. 31, S. 1287-1297.

Friend, Irwin/Puckett, Marshall [Dividends, 1964]: Dividends and Stock Prices, in: AER, Vol. 54, S. 656-682.

Fung, William K. H. [Taxes, 1981]: Taxes, Clientele Effect of Dividend and Risk, Return Linearity, in: JBankF, Vol. 5, S. 405-424.

Gampenrieder, Peter/Behrendt, Anneke [Sinnhaftigkeit, 2004]: Zur Sinnhaftigkeit von Fungibilitätszuschlägen, in: Unternehmensbewertung & Management, 2. Jg., S. 85-91.

Gebhardt, Günther/Daske, Holger [Bestimmung, 2005]: Kapitalmarktorientierte Bestimmung von risikofreien Zinssätzen für die Unternehmensbewertung, in: WPg, 58. Jg., S. 649-655.

Gilles, Christian/LeRoy, Stephen F. [Arbitrage, 1991]: On the Arbitrage Pricing Theory, in: Economic Theory, Vol. 1, S. 213-229.

Gordon, Myron J. [Policy, 1963]: Optimal Investment and Financing Policy, in: JF, Vol. 18, S. 264-272.

Gordon, Myron J. [Valuation, 1962]: The Investment, Financing, and Valuation of the Corporation, Westport, Reprint 1982.

Gordon, Myron J. [Dividends, 1959]: Dividends, Earnings, and Stock Prices, in: REStat, Vol. 41, S. 99-105.

Gordon, Myron J./Gould, Lawrence I. [Cost, 1978]: The Cost of Equity Capital With Personal Income Taxes and Flotation Costs, in: JF, Vol. 33, S. 1201-1212.

Gordon, Myron J./Gould, Lawrence I. [Equity, 1978]: The Cost of Equity Capital: A Reconsideration, in: JF, Vol. 33, S. 849-861.

Gordon, Myron J./Shapiro, Eli [Analysis, 1956]: Capital Equipment Analysis: The Required Rate of Profit, in: MSc, Vol. 3, S. 102-110.

Gorny, Christian/Rosenbaum, Dirk [Risikozuschläge, 2002]: Zur Verwendung kapitalmarktbasierter Risikozuschläge in phasenorientierten Unternehmensbewertungsmodellen, in: FB, 4. Jg., S. 486-489.

Gratz, Kurt [Einkommensbesteuerung, 1981]: Unternehmensbewertung bei progressiver Einkommensbesteuerung, in: zfbf, 33. Jg., S. 981-991.

Großfeld, Bernhard [Anteilsbewertung, 2002]: Unternehmens- und Anteilsbewertung im Gesellschaftsrecht, 4. Aufl., Köln.

Günther, Rolf [Implikationen, 2003]: Unternehmensbewertung nach IDW S 1: Steuerliche Implikationen der im Wirtschaftsprüfer-Handbuch 2002 dargestellten Netto-Ertragswertformel, in: FB, 5. Jg., S. 348-355.

Hachmeister, Dirk [Unternehmenswertsteigerung, 2000]: Der Discounted Cash Flow als Maß der Unternehmenswertsteigerung, 4. Aufl., Frankfurt am Main.

Hachmeister, Dirk [Diskontierung, 1998]: Diskontierung bei Unsicherheit, in: *Kruschwitz, Lutz/Löffler, Andreas* (Hrsg.): Ergebnisse des Berliner Workshops „Unternehmensbewertung“ vom 7.2.1998, S. 25-33.

Hachmeister, Dirk [Unternehmenswert, 1996]: Der Discounted Cash Flow als Unternehmenswert, in: WISU, 25. Jg., S. 357-366.

Hachmeister, Dirk [Finanzierung, 1996]: Die Abbildung der Finanzierung im Rahmen verschiedener Discounted Cash Flow-Verfahren, in: zfbf, 48. Jg., S. 251-277.

Hadley, George [Programmierung, 1969]: Nichtlineare und dynamische Programmierung, deutsche Übersetzung von *Hans P. Künzi*, Würzburg/Wien.

Hakansson, Nils H. [Ends, 1977]: The Capital Asset Pricing Model: Some Open and Closed Ends, in: *Friend, Irwin/Bicksler, James L.* (Hrsg.): Risk and Return in Finance, Cambridge, S. 245-260.

Hakansson, Nils H. [Growth, 1971]: Capital Growth and the Mean-Variance Approach to Portfolio Selection, in: JFQA, Vol. 6, S. 517-557.

Hakansson, Nils H. [Policies, 1971]: On Optimal Myopic Portfolio Policies, With and Without Serial Correlation of Yields, in: JoB, Vol. 44, S. 324-334.

Hakansson, Nils H. [Theory, 1971]: Multi-Period Mean-Variance Analysis: Toward a General Theory of Portfolio Choice, in: JF, Vol. 26, S. 857-884.

Hakansson, Nils H. [Functions, 1970]: Optimal Investment and Consumption Strategies Under Risk for a Class of Utility Functions, in: Ec, Vol. 38, S. 587-607.

Hakansson, Nils H. [Risk, 1969]: Optimal Investment and Consumption Strategies Under Risk, an Uncertain Lifetime, and Insurance, in: International Economic Review, Vol. 10, S. 443-466.

Haley, Charles W. [Rates, 1984]: Valuation and Risk-Adjusted Discount Rates, in: JBFA, Vol. 11, S. 347-353.

Haley, Charles W./Schall, Lawrence D. [Decisions, 1979]: The Theory of Financial Decisions, 2. Aufl., New York u.a.

Hamada, Robert S. [Analysis, 1969]: Portfolio Analysis, Market Equilibrium and Corporation Finance, in: JF, Vol. 24, S. 13-31.

Hamada, Robert S./Scholes, Myron S. [Management, 1985]: Taxes and Corporate Financial Management, in: *Altman, Edward I./Subrahmanyam, Marti* (Hrsg.): Recent Advances in Corporate Finance, Homewood, S. 187-226.

Harris, Robert S./Pringle, John J. [Case, 1985]: Risk-Adjusted Discount Rates – Extensions from the Average Risk Case, in: JFR, Vol. 8, S. 237-244.

Harrison, Michael J./Kreps, David M. [Martingales, 1979]: Martingales and Arbitrage in Multiperiod Securities Markets, in: JET, Vol. 20, S. 381-408.

Hart, Oliver D. [Existence, 1974]: On the Existence of Equilibrium in a Securities Model, in: JET, Vol. 9, S. 293-311.

Haugen, Robert A./Heins, A. James [Effects, 1969]: The Effects of the Personal Income Tax on the Stability of Equity Value, in: NTJ, Vol. 22, S. 466-471.

Haugen, Robert A./Pappas, James L. [Question, 1971]: Equilibrium in the Pricing of Capital Assets, Risk-Bearing Debt Instruments and the Question of Optimal Capital Structure, in: JFQA, Vol. 6, S. 943-953.

Hax, Herbert/Laux, Helmut [Investitionstheorie, 1969]: Investitionstheorie, in: *Menges, Günter* (Hrsg.): Beiträge zur Unternehmensforschung – Gegenwärtiger Stand und Entwicklungstendenzen, Würzburg/Wien, S. 227-284.

Heath, David/Jarrow, Robert/Morton, Andrew [Rates, 1992]: Bond Pricing and the Term Structure of Interest Rates: A New Methodology for Contingent Claims Valuation, in: JFQA, Vol. 60, S. 77-105.

Heitzer, Bernd/Dutschmann, Matthias [Finanzierungspolitik, 1999]: Unternehmensbewertung bei autonomer Finanzierungspolitik, in: ZfB, 69. Jg., S. 1463-1471.

Helbling, Carl [Steuern, 1998]: Unternehmensbewertung und Steuern, 9. Aufl., Düsseldorf.

Hens, Thorsten/Laitenberger, Jörg/Löffler, Andreas [Remarks, 2002]: Two Remarks on the Uniqueness of Equilibria in the CAPM, in: Journal of Mathematical Economics, Vol. 37, S. 123-132.

Hering, Thomas [Investitionstheorie, 2003]: Investitionstheorie, 2. Aufl., München/Wien.

Hering, Thomas [Unternehmensbewertung, 2006]: Unternehmensbewertung, München/Wien.

Hess, Patrick J. [Effects, 1983]: Tests for Tax Effects in the Pricing of Financial Assets, in: JoB, Vol. 56, S. 537-554.

Hess, Patrick J. [Behavior, 1982]: The Ex-Dividend Day Behavior of Stock Returns: Further Evidence on Tax Effects, in: JF, Vol. 37, S. 445-456.

Hess, Patrick J. [Discussion, 1980]: Dividends, Short Selling Restrictions, Tax-induced Investor Clienteles and Market Equilibrium: Discussion, in: JF, Vol. 35, S. 482-485.

Hielscher, Udo [Investmentanalyse, 1996]: Investmentanalyse, 2. Aufl., München/Wien.

Hirshleifer, Jack [Uncertainty, 1965]: Investment Decision Under Uncertainty: Choice-Theoretic Approaches, in: QJE, Vol. 79, S. 509-536.

Hirshleifer, Jack [Risk, 1961]: Risk, the Discount Rate, and Investment Decisions, in: AER, Vol. 51, S. 112-120.

Hirshleifer, Jack [Decision, 1958]: On the Theory of Optimal Investment Decision, in: JPE, Vol. 66, S. 329-352.

Hodges, Stewart D./Schaefer, Stephen M. [Model, 1977]: A Model for Bond Portfolio Improvement, in: JFQA, Vol. 12, S. 243-260.

Homburg, Carsten/Stephan, Jörg/Weiß, Matthias [Insolvenzrisiko, 2004]: Unternehmensbewertung bei atmender Finanzierung und Insolvenzrisiko, in: DBW, 64. Jg., S. 276-295.

Hötzel, Oliver/Beckmann, Klaus [Einfluss, 2000]: Einfluss der Unternehmenssteuerreform 2001 auf die Unternehmensbewertung, in: WPg, 53. Jg., S. 696-701.

Hommel, Michael/Dehmel, Inga/Pauly, Denise [Steueräquivalenz, 2005]: Unternehmensbewertung unter dem Postulat der Steueräquivalenz, in: BB-Spezial 7/2005, 60. Jg., S. 13-18.

Hull, John C. [Options, 2000]: Options, Futures, & Other Derivatives, London u.a.

Hull, John/White, Alan [Models, 1993]: One-Factor Interest-Rate Models and the Valuation of Interest-Rate Derivative Securities, in: JFQA, Vol. 28, S. 235-254.

Husmann, Sven/Kruschwitz, Lutz/Löffler, Andreas [Steuern, 2002]: Unternehmensbewertung unter deutschen Steuern, in: DBW, 62. Jg., S. 24-42.

Husmann, Sven/Kruschwitz, Lutz/Löffler, Andreas [Ertragsteuern, 2001]: Diskontierung sicherer Cash-flows unter deutschen Ertragsteuern, Arbeitspapier, Berlin.

Husmann, Sven/Kruschwitz, Lutz/Löffler, Andreas [Probleme, 2001]: Über einige Probleme mit DCF-Verfahren, Kritische Anmerkungen zum Beitrag von Thomas Schildbach im Heft 12/2000 der zfbf, in: zfbf, 53. Jg., S. 277-282.

IDW [IDW S 1, 2005]: IDW Standard: Grundsätze zur Durchführung von Unternehmensbewertungen (IDW S 1), in: IDW-FN, o.Jg., S. 630-718.

IDW [Wirtschaftsprüfer-Handbuch, 2002]: Wirtschaftsprüfer-Handbuch 2002 – Handbuch für Rechnungslegung, Prüfung und Beratung, Bd. II, Düsseldorf.

IDW [IDW S 1, 2000]: IDW Standard: Grundsätze zur Durchführung von Unternehmensbewertungen (IDW S 1), in: WPg, 53. Jg., S. 825-842.

Inselbag, Isik/Kaufold, Howard [Approaches, 1997]: Two DCF Approaches for Valuing Companies Under Alternative Financing Strategies (And how to Choose Between Them), in: JACF, Vol. 10, S. 114-122.

Jackwerth, Jens Carsten [Trees, 1999]: Option-Implied Risk-Neutral Distributions and Implied Binomial Trees: A Literature Review, in: Journal of Derivatives, Vol. 7, S. 66-82.

Jaensch, Günter [Modell, 1966]: Ein einfaches Modell der Unternehmensbewertung ohne Kalkulationszinsfuß, in: zfbf, 18. Jg., S. 660-679.

Jaschke, Stefan/Stehle, Richard/Wernicke, Stephan [Arbitrage, 2000]: Arbitrage und die Gültigkeit des Barwertprinzips im Markt für Bundeswertpapiere, in: zfbf, 52. Jg., S. 440-468.

Jensen, Michael C. [Markets, 1972]: Capital Markets: Theory and Evidence, in: BJEconMSc, Vol. 3, S. 357-398.

Jensen, Michael C. [Risk, 1969]: Risk, the Pricing of Capital Assets, and the Evaluation of Investment Portfolios, in: JoB, Vol. 42, S. 167-247.

Jonas, Martin/Löffler, Andreas/Wiese, Jörg [CAPM, 2004]: Das CAPM mit deutscher Einkommensteuer, in: WPg, 57. Jg., S. 898-906.

Jonas, Martin/Wieland-Blöse, Heike/Schiffarth, Stefanie [Basiszinssatz, 2005]: Basiszinssatz in der Unternehmensbewertung, in: FB, 7. Jg., S. 647-653.

Jones, Chris/Milne, Frank [Arbitrage, 1992]: Tax Arbitrage, Existence of Equilibrium, and Bounded Tax Rebates, in: Mathematical Finance, Vol. 2, S. 189-196.

Kahneman, Daniel/Tversky, Amos [Analysis, 1979]: Prospect Theory: An Analysis of Decision Under Risk, in: Ec, Vol. 47, S. 263-292.

Kalay, Avner/Michaely, Roni [Taxes, 2000]: Dividends and Taxes: A Re-Examination, in: FM, Vol. 29, S. 55-75.

Kazemi, Hossein B. [Valuation, 1991]: The Multi-Period CAPM and the Valuation of Multi-Period Stochastic Cash Flows, in: JFQA, Vol. 26, S. 223-231.

Keeney, Ralph L./Raiffa, Howard [Decisions, 1993]: Decisions With Multiple Objectives, Preferences and Value Tradeoffs, Cambridge.

Keiber, Karl [Modelle, 2004]: Stochastische Modelle der Unternehmensbewertung, in: *Richter, Frank/Timmreck, Christian* (Hrsg.): Unternehmensbewertung – Moderne Instrumente und Lösungsansätze, Stuttgart, S. 421-443.

Keim, Donald E. [Yields, 1985]: Dividend Yields and Stock Returns, Implications of Abnormal January Returns, in: JFE, Vol. 14, S. 473-489.

Kelleners, André [Multiplikatoren, 2004]: Risikoneutrale Unternehmensbewertung und Multiplikatoren, Wiesbaden.

Kistner, Klaus-Peter [Optimierungsmethoden, 1988]: Optimierungsmethoden – Einführung in die Unternehmensforschung für Wirtschaftswissenschaftler, Heidelberg.

König, Rolf Jürgen [Wurzel, 1997]: Ungelöste Probleme einer investitionsneutralen Besteuerung – Gemeinsame Wurzel unterschiedlicher neutraler Steuersysteme und die Berücksichtigung unsicherer Erwartungen, in: zfbf, 49. Jg., S. 42-63.

König, Rolf Jürgen [Besteuerung, 1990]: Ausschüttungsverhalten von Aktiengesellschaften, Besteuerung und Kapitalmarktgleichgewicht, Hamburg.

König, Wolfgang/Zeidler, Gernot W. [Behandlung, 1996]: Die Behandlung von Steuern bei der Unternehmensbewertung, in: DStR, 34. Jg., S. 1098-1103.

Köth, Uwe [Differenzierungsmöglichkeiten, 1979]: Differenzierungsmöglichkeiten individueller Präferenzen und ihre Berücksichtigung bei der Bewertung unsicherer Zahlungsströme, München.

Kohl, Torsten/Schulte, Jörn [IDW S 1, 2000]: Ertragswertverfahren und DCF-Verfahren, Ein Überblick vor dem Hintergrund des IDW S 1, in: WPg, 53. Jg., S. 1147-1164.

Knoll, Leonhard [Rente, 2005]: Wachstum und Ausschüttungsverhalten in der ewigen Rente: Probleme des *IDW ES 1 n. F.?* – Anmerkungen zu *Schwetzler*, WPg 2005, S. 601 ff., und *Wiese*, WPg 2005, S. 617 ff., in: WPg, 58. Jg., S. 1120-1125.

Koller, Tim/Goedhart, Marc/Wessels, David [Valuation, 2005]: Valuation – Measuring and Managing the Value of Companies, 4. Aufl., New York u.a.

Kozikowski, Michael/Dirscherl, Gertraud/Keller, Günther [Implikationen, 2005]: Implikationen der Weiterentwicklung der Grundsätze zur Durchführung von Unternehmensbewertungen, Auswirkungen auf den objektivierten Unternehmenswert und die Beteiligungsbewertung, in: Unternehmensbewertung & Management, 3. Jg., S. 69-74.

Krag, Joachim/Kasperzak, Rainer [Grundzüge, 2000]: Grundzüge der Unternehmensbewertung, München.

Krolle, Sigrid/Knollmann, Jochen [Einkommensteuersatz, 2000]: Überlegungen zum relevanten Einkommensteuersatz bei der Ermittlung des Unternehmenswerts, in: FB, 2. Jg., S. 77-88.

Kromschröder, Bernhard [Risiko, 1979]: Unternehmensbewertung bei Risiko – Der Einfluß des Risikos auf den subjektiven Wert von Unternehmensbeteiligungen im Rahmen einer optimalen Investitions- und Finanzierungspolitik, Berlin u.a.

Kruschwitz, Lutz [Investitionsrechnung, 2005]: Investitionsrechnung, 10. Aufl., München/Wien.

Kruschwitz, Lutz [Finanzierung, 2004]: Finanzierung und Investition, 4. Aufl., München/Wien.

Kruschwitz, Lutz [Nutzenfunktionen, 2004]: Investitionsbeurteilung (mit und) ohne Nutzenfunktionen, in: *Döring, Ulrich/Kußmaul, Heinz* (Hrsg.): Spezialisierung und Internationalisierung: Entwicklungstendenzen der deutschen Betriebswirtschaftslehre, FS Günter Wöhe, München, S. 285-304.

Kruschwitz, Lutz [Fragen, 2002]: Aktuelle Fragen der Unternehmensbewertung, Arbeitspapier, Berlin.

Kruschwitz, Lutz [Kalkulationszinsfuß, 2001]: Kalkulationszinsfuß, in: *Gerke, Wolfgang/Steiner, Manfred* (Hrsg.): Handwörterbuch des Bank- und Finanzwesens, 3. Aufl., Stuttgart, S. 1191-1199.

Kruschwitz, Lutz [Risikozuschläge, 2001]: Risikoabschläge, Risikozuschläge und Risikoprämien in der Unternehmensbewertung, in: DB, 54. Jg., S. 2409-2413.

Kruschwitz, Lutz/Löffler, Andreas [Einkommensteuer, 2005]: Unternehmensbewertung und Einkommensteuer aus Sicht von Theoretikern und Praktikern, in: WPg, 58. Jg., S. 73-79.

Kruschwitz, Lutz/Löffler, Andreas [Theory, 2006]: Discounted Cash Flow, A Theory of the Valuation of Firms, Chichester 2006.

Kruschwitz, Lutz/Löffler, Andreas [Ungleichung, 2005]: Unternehmensbewertung, Zahlenbeispiele und Jensens Ungleichung, in: FB, 7. Jg., S. 419-422.

Kruschwitz, Lutz/Löffler, Andreas [Zugang, 2005]: Ein neuer Zugang zum Konzept des Discounted Cashflow, in: Journal für Betriebswirtschaft, 55. Jg., S. 21-36.

Kruschwitz, Lutz/Löffler, Andreas [Bemerkungen, 2004]: Bemerkungen über Kapitalkosten vor und nach Steuern, in: ZfB, 74. Jg., S. 1175-1190.

Kruschwitz, Lutz/Löffler, Andreas [Fragen, 2004]: Mehr Fragen als Antworten im Zusammenhang mit Steuervorteilen in der Unternehmensbewertung, in: *Dirrigl, Hans/Wellisch, Dietmar/Wenger, Ekkehard* (Hrsg.): Steuern, Rechnungslegung und Kapitalmarkt, FS Franz W. Wagner, Wiesbaden, S. 85-100.

Kruschwitz, Lutz/Löffler, Andreas [Bewertung, 2003]: Semi-subjektive Bewertung, in: ZfB, 73. Jg., S. 1335-1345.

Kruschwitz, Lutz/Löffler, Andreas [FTE, 2003]: DCF = APV + (FTE & TCF & WACC)?, in: *Richter, Frank/Schüler, Andreas/Schwetzler, Bernhard* (Hrsg.): Kapitalgeberansprüche, Marktwertorientierung und Unternehmenswert, FS Jochen Drukarczyk, München, S. 235-253.

Kruschwitz, Lutz/Löffler, Andreas [Missverständnisse, 2003]: Fünf typische Missverständnisse im Zusammenhang mit DCF-Verfahren, in: FB, 5. Jg., S. 731-733.

Kruschwitz, Lutz/Löffler, Andreas [Steuern, 2001]: DCF-Verfahren, Finanzierungspolitik und Steuern, in: *Seicht, Gerhard* (Hrsg.): Jahrbuch für Controlling und Rechnungswesen 2001, Wien, S. 101-116.

Kruschwitz, Lutz/Löffler, Andreas [Steuervorteile, 1999]: Sichere und unsichere Steuervorteile bei der Unternehmensbewertung I, Kritische Anmerkungen (nicht nur) zum WP-Handbuch 1998, Arbeitspapier, Version vom 2.4.1999, Berlin.

Kruschwitz, Lutz/Löffler, Andreas [WACC, 1998]: WACC, APV, and FTE revisited, Arbeitspapier, Version vom August 1998, Berlin.

Kruschwitz, Lutz/Löffler, Andreas [APT, 1997]: Ross' APT ist gescheitert. Was nun?, in: zfbf, 49. Jg., S. 644-651.

Kruschwitz, Lutz/Löffler, Andreas/Lodowicks, Arnd [Bewertung, 2005]: Zur Bewertung insolvenzbedrohter Unternehmen, in: DBW, 65. Jg., S. 221-236.

Kürsten, Wolfgang [Grenzen, 2003]: Grenzen und Reformbedarfe der Sicherheitsäquivalentmethode in der (traditionellen) Unternehmensbewertung, Erwiderung auf die Anmerkungen von Ralf Diedrich und Jörg Wiese in der zfbf, in: zfbf, 55. Jg., S. 306-314.

Kürsten, Wolfgang [Theoriedefizit, 2002]: „Unternehmensbewertung unter Unsicherheit", oder: Theoriedefizit einer künstlichen Diskussion über Sicherheitsäquivalent- und Risikozuschlagsmethode, in: zfbf, 54. Jg., S. 128-144.

Kürsten, Wolfgang [Grundlagen, 1997]: Neoklassische Grundlagen „moderner" Finanzierungstheorie, in: *Pfingsten, Andreas* (Hrsg.): Betriebs- und Volkswirtschaftslehre: Geschwisterliebe und Familienzwist, Homo oeconomicus, Bd. XIV (1/2), München, S. 63-98.

Kuhner, Christoph/Maltry, Helmut [Unternehmensbewertung, 2006]: Unternehmensbewertung, Berlin u.a.

Laitenberger, Jörg [Rendite, 2006]: Rendite und Kapitalkosten, in: ZfB, 76. Jg., S. 79-101.

Laitenberger, Jörg [Bewertung, 2004]: Semi-subjektive Bewertung und intertemporales Hedging, Eine Anmerkung zu dem Beitrag „Semi-subjektive Bewertung" von Lutz Kruschwitz und Andreas Löffler in der Zeitschrift für Betriebswirtschaft, 73. Jg., S. 1335-1345, in: ZfB, 74. Jg., S. 1103-1112.

Laitenberger, Jörg [Einkommensteuer, 2003]: Kapitalkosten, Finanzierungsprämissen und Einkommensteuer, in: ZfB, 73. Jg., S. 1221-1239.

Laitenberger, Jörg [Unternehmensbewertung, 2000]: Die Berücksichtigung von Kursgewinnen bei der Unternehmensbewertung, in: FB, 2. Jg., S. 546-550.

Laitenberger, Jörg [Demand, 1999]: Demand Theory in Models of Financial Markets, Bonn.

Laitenberger, Jörg/Bahr, Christian [Einkommensteuer, 2002]: Die Bedeutung der Einkommensteuer bei der Unternehmensbewertung, in: FB, 4. Jg., S. 703-708.

Laitenberger, Jörg/Lodowicks, Arnd [Fremdkapital, 2004]: Das Modigliani-Miller-Theorem mit ausfallgefährdetem Fremdkapital, Arbeitspapier, Version vom 6.4.2004, Hannover/Berlin.

Laitenberger, Jörg/Tschöpel, Andreas [Vollausschüttung, 2003]: Vollausschüttung und Halbeinkünfteverfahren, in: WPg, 56. Jg., S. 1357-1367.

Lally, Martin [Imputation, 1992]: The CAPM Under Dividend Imputation, in: Pacific Accounting Review, Vol. 4, S. 31-44.

Laux, Helmut [Entscheidungstheorie, 2005]: Entscheidungstheorie, 6. Aufl., Berlin u.a.

Laux, Helmut [CAPM, 1999]: Marktwertmaximierung und CAPM im Ein- und Mehrperioden-Fall, in: *Wagner, Gerd Rainer* (Hrsg.): Unternehmensführung, Ethik und Umwelt, Wiesbaden, S. 226-251.

Laux, Helmut [Unsicherheit, 1971]: Unternehmensbewertung bei Unsicherheit, ZfB, 41. Jg., S. 525-540.

Laux, Helmut [Ertragsteuern, 1969]: Kapitalkosten und Ertragsteuern, Köln u.a.

Lee, Cheng F. [Horizon, 1976]: Investment Horizon and the Functional Form of the Capital Asset Pricing Model, in: REStat, Vol. 58, S. 356-363.

Lehmann, Matthias [Zeitpräferenz, 1975]: Zur Theorie der Zeitpräferenz, Berlin.

Leuthier, Rainer [Besteuerung, 1988]: Zur Berücksichtigung der Besteuerung bei der Unternehmensbewertung, in: BFuP, 40. Jg., S. 505-521.

Leuthier, Rainer [Interdependenzproblem, 1988]: Das Interdependenzproblem in der Unternehmensbewertung, Frankfurt am Main.

Levhari, David/Levy, Haim [Horizon, 1977]: The Capital Asset Pricing Model and the Investment Horizon, in: REStat, Vol. 59, S. 92-104.

Lewellen, Wilbur G./Mauer, David C. [Options, 1988]: Tax Options and Corporate Capital Structures, in: JFQA, Vol. 23, S. 387-400.

Lintner, John [Risk, 1965]: Security Prices, Risk, and Maximal Gains from Diversification, in: JF, Vol. 20, S. 587-615.

Lintner, John [Valuation, 1965]: The Valuation of Risk Assets and the Selection of Risky Investments in Stock Portfolios and Capital Budgets, in: REStat, Vol. 47, S. 13-37.

Lintner, John [Dividends, 1964]: Optimal Dividends and Corporate Growth Under Uncertainty, in: QJE, Vol. 78, S. 49-95.

Lintner, John [Cost, 1963]: The Cost of Capital and Optimal Financing of Corporate Growth, in: JF, Vol. 18, S. 292-310.

Litzenberger, Robert H./Ramaswamy, Krishna [Tax, 1982]: The Effect of Dividends on Common Stock Prices: Tax Effects or Information Effects?, in: JF, Vol. 37, S. 429-443.

Litzenberger, Robert H./Ramaswamy, Krishna [Dividends, 1980]: Dividends, Short Selling Restrictions, Tax-Induced Investor Clienteles and Market Equilibrium, in: JF, Vol. 35, S. 469-482.

Litzenberger, Robert H./Ramaswamy, Krishna [Effect, 1979]: The Effect of Personal Taxes and Dividends on Capital Asset Prices, in: JFE, Vol. 7, S. 163-195.

Lobe, Sebastian [Marktbewertung, 2001]: Marktbewertung des Steuervorteils der Fremdfinanzierung und Unternehmensbewertung, in: FB, 3. Jg., S. 645-652.

Locarek-Junge, Hermann/Berge, Klaus/Kaden, Verena [Unternehmenssteuerreform, 2002]: Auswirkungen der Unternehmenssteuerreform 2001 auf die Finanzierungspolitik von Kapitalgesellschaften, in: FB, 4. Jg., S. 718-725.

Löffler, Andreas [Anmerkungen, 2004]: Zwei Anmerkungen zu WACC, in: ZfB, 74. Jg., S. 933-942.

Löffler, Andreas [Kapitalkosten, 2002]: Gewichtete Kapitalkosten (WACC) in der Unternehmensbewertung, in: FB, 4. Jg., S. 296-300.

Löffler, Andreas [WACC, 2002]: Gewichtete Kapitalkosten (WACC) in der Unternehmensbewertung, Replik zu Schwetzler/Rapp, FB 2002 S. 502-505, in: FB, 4. Jg., S. 505-509.

Löffler, Andreas [Arbitrage, 2002]: Miles-Ezzell´s WACC Approach Yields Arbitrage, Arbeitspapier, Version vom Juli 2002, Hannover.

Löffler, Andreas [Dividenden, 2001]: Die Besteuerung von Kursgewinnen und Dividenden in der Unternehmensbewertung, in: FB, 3. Jg., S. 593-594.

Löffler, Andreas [Paradox, 2001]: Ein Paradox der Portfoliotheorie und vermögensabhängige Nutzenfunktionen, Wiesbaden.

Löffler, Andreas [LBO, 2000]: Tax Shields in an LBO, Arbeitspapier, Version vom 13.3.2000, Berlin.

Löffler, Andreas [Steuersysteme, 1999]: Investitionsneutrale Steuersysteme bei zeitlich veränderbaren Steuersätzen, Arbeitspapier, Version vom April 1999, Hannover.

Löffler, Andreas [CAPM, 1998]: Das CAPM mit Steuern, in: WiSt, 27. Jg., S. 420-422.

Löffler, Andreas [Ratio, 1998]: WACC Approach and Nonconstant Leverage Ratio, Arbeitspapier, Berlin.

Löffler, Andreas [Criterion, 1996]: Variance Aversion Implies μ-σ^2-Criterion, in: JET, Vol. 69, S. 532-539.

Löffler, Andreas [Konsumption, 1996]: Capital Asset Pricing Model mit Konsumtion, Eine gleichgewichtstheoretische Untersuchung, Wiesbaden.

Löffler, Andreas/Schneider, Dirk [Martingales, 2003]: Martingales, Taxes, and Neutrality, Arbeitspapier, Version vom 25.4.2003, Hannover/Berlin.

Long, John B. [Dividends, 1978]: The Market Valuation of Cash Dividends, A Case to Consider, in: JFE, Vol. 6, S. 235-264.

Long, John B. [Taxation, 1977]: Efficient Portfolio Choice With Differential Taxation of Dividends and Capital Gains, in: JFE, Vol. 5, S. 25-53.

Long, John B. [Inflation, 1974]: Stock Prices, Inflation, and the Term Structure of Interest Rates, in: JFE, Vol. 1, S. 131-170.

Long, John B. [Decisions, 1972]: Consumption-Investment Decisions and Equilibrium in the Securities Market, in: *Jensen, Michael C.* (Hrsg.): Studies in the Theory of Capital Markets, New York u.a., S. 146-222.

Luehrmann, Timothy A. [APV, 1997]: Using APV: A Better Tool for Valuing Operations, in: HBR, Vol. 75, S. 145-154.

Machina, Mark J. [Utility, 1982]: "Expected Utility" Analysis Without the Independence Axiom, in: Ec, Vol. 50, S. 277-324.

Maier, Jürgen [Konsistenz, 2002]: Unternehmensbewertung nach IDW S 1 - Konsistenz der steuerlichen Annahmen bei Anwendung des Halbeinkünfteverfahrens, in: FB, 4. Jg., S. 73-79.

Mandl, Klaus [Anforderungen, 1999]: Können die DCF-Verfahren die an die Unternehmensbewertung gestellen Anforderungen besser erfüllen als die Ertragswertmethode?, in: *Egger, Anton* (Hrsg.): Unternehmensbewertung – quo vadis?, FS Geiserich Tichy, Wien, S. 41-64.

Mandl, Klaus/Rabel, Gerwald [Unternehmensbewertung, 2002]: Unternehmensbewertung, in: *Küpper, Hans-Ulrich/Wagenhofer, Alfred* (Hrsg.): Handwörterbuch Unternehmensrechnung und Controlling, 4. Aufl., Stuttgart, Sp. 2008-2016.

Mandl, Klaus/Rabel, Gerwald [Unternehmensbewertung, 1997]: Unternehmensbewertung, Eine praxisorientierte Einführung, Wien.

Markowitz, Harry [Portfolio, 1959]: Portfolio Selection, Efficient Diversification of Investments, New York/London.

Markowitz, Harry [Selection, 1952]: Portfolio Selection, in: JF, Vol. 7, S. 77-91.

Marschak, Jacob [Behavior, 1950]: Rational Behavior, Uncertain Prospects, and Measurable Utility, in: Ec, Vol. 18, S. 111-141.

Matschke, Manfred Jürgen/Brösel, Gerrit [Unternehmensbewertung, 2005]: Unternehmensbewertung, Funktionen – Methoden – Grundsätze, Wiesbaden.

*McDougall, F. M.** [Models, 1981]: Multi-Period Capital Asset Pricing Models – A Review of Development, in: A & F, Vol. 21, S. 33-44.

Mehta, Dileep P./Curley, Michael D./Fung, Hung-Gay [Inflation, 1984]: Inflation, Cost of Capital, and Budgeting Procedures, in: FM, Vol. 13, S. 48-54.

Merton, Robert C. [Reexamination, 1977]: A Reexamination of the Capital Asset Pricing Model, in: *Friend, Irwin/Bicksler, James L.* (Hrsg.): Risk and Return in Finance, Cambridge, S. 141-159.

Merton, Robert C. [Model, 1973]: An Intertemporal Capital Asset Pricing Model, in: Ec, Vol. 41, S. 867-887.

Merton, Robert C. [Derivation, 1972]: An Analytic Derivation of the Efficient Portfolio Frontier, in: JFQA, Vol. 7, S. 1851-1872.

Meyer, Jack [Models, 1987]: Two-Moment Decisions and Expected Utility Maximization, in: AER, Vol. 77, S. 421-430.

Miles, James A./Ezzell, John R. [Note, 1985]: Reformulating Tax Shield Valuation: A Note, in: JF, Vol. 40, S. 1485-1492.

Miles, James A./Ezzell, John R. [Clarification, 1980]: The Weighted Average Cost of Capital, Perfect Capital Markets, and Project Life: A Clarification, in: JFQA, Vol. 15, S. 719-730.

Miller, Merton H. [Case, 1986]: Behavioral Rationality in Finance: The Case of Dividends, in: JoB, Vol. 59, S. 451-468.

Miller, Merton H. [Debt, 1977]: Debt and Taxes, in: JF, Vol. 32, S. 261-275.

Miller, Merton H./Modigliani, Franco [Estimates, 1966]: Some Estimates of the Cost of Capital to the Electric Utility Industry, 1945-57, in: AER, Vol. 56, S. 333-391.

Miller, Merton H./Modigliani, Franco [Policy, 1961]: Dividend Policy, Growth, and the Valuation of Shares, in: JoB, Vol. 34, S. 411-433.

Miller, Merton H./Scholes, Myron S. [Taxes, 1982]: Dividends and Taxes: Some Empirical Evidence, in: JPE, Vol. 90, S. 1118-1141.

Modigliani, Franco [Past, 1988]: MM – Past, Present, Future, in: JEP, Vol. 2, S. 149-158.

Modigliani, Franco [Taxes, 1982]: Debt, Dividend Policy, Taxes, Inflation and Market Valuation, in: JF, Vol. 37, S. 255-273.

Modigliani, Franco/Miller, Merton H. [Correction, 1963]: Corporate Income Taxes and the Cost of Capital: A Correction, in: AER, Vol. 53, S. 433-443.

Modigliani, Franco/Miller, Merton H. [Finance, 1959]: The Cost of Capital, Corporation Finance, and the Theory of Investment: Reply, in: AER, Vol. 49, S. 655-669.

Modigliani, Franco/Miller, Merton H. [Cost, 1958]: The Cost of Capital, Corporation Finance and the Theory of Investment, in: AER, Vol. 48, S. 261-297.

Morgan, Gareth/Thomas, Stephen [Taxes, 1998]: Taxes, Dividend Yields and Returns in the UK Equity Market, in: JBankF, Vol. 22, S. 405-423.

Morgan, Ieuan G. [Dividends, 1982]: Dividends and Capital Asset Prices, in: JF, Vol. 37, S. 1071-1086.

Mossin, Jan [Policies, 1968]: Optimal Multiperiod Portfolio Policies, in: JoB, Vol. 41, S. 215-229.

Mossin, Jan [Equilibrium, 1966]: Equilibrium in a Capital Asset Market, in: Ec, Vol. 34, S. 768-783.

Moxter, Adolf [Bedeutung, 1992]: Die Bedeutung der Grundsätze ordnungsmäßiger Unternehmensbewertung, in: *Busse von Colbe, Walther/Coenenberg, Adolf G.* (Hrsg.): Unternehmensakquisition und Unternehmensbewertung, Stuttgart, S. 46-54.

Moxter, Adolf [Grundsätze, 1983]: Grundsätze ordnungsmäßiger Unternehmensbewertung, 2. Aufl., Wiesbaden, Nachdruck 1991.

Moxter, Adolf [Programmieren, 1963]: Lineares Programmieren und betriebswirtschaftliche Kapitaltheorie, in: ZfhF, 15. Jg., S. 285-309.

Moxter, Adolf [Bestimmung, 1961]: Die Bestimmung des Kalkulationszinsfußes bei Investitionsentscheidungen, in: ZfhF, 13. Jg., S. 186-200.

Münstermann, Hans [Wert, 1970]: Wert und Bewertung der Unternehmung, 3. Aufl., Wiesbaden.

Myers, Stewart C. [Budgeting, 1974]: Interactions of Corporate Financing and Investment Decision-Implications for Capital Budgeting, in: JF, Vol. 29, S. 1-25.

Myers, Stewart C./Turnbull, Stuart M. [News, 1977]: Capital Budgeting and the Capital Asset Pricing Model: Good News and Bad News, in: JF, Vol. 32, S. 321-333.

Nelson, Charles R./Siegel, Andrew F. [Curves, 1987]: Parsimonious Modeling of Yield Curves, in: JoB, Vol. 60, S. 473-489.

Neumann, John von/Morgenstern, Oskar [Spieltheorie, 1967]: Spieltheorie und wirtschaftliches Verhalten, 2. Aufl., Würzburg.

Nielsen, Lars T. [Equilibrium, 1990]: Equilibrium in CAPM Without a Riskless Asset, in: RESt, Vol. 57, S. 315-324.

Nielsen, Lars T. [Existence, 1990]: Existence of Equilibrium in CAPM, in: JET, Vol. 52, S. 223-231.

Nielsen, Lars T. [Asset, 1989]: Asset Market Equilibrium With Short-Selling, in: RESt, Vol. 56, S. 467-473.

Nielsen, Lars T. [Uniqueness, 1988]: Uniqueness of Equilibrium in the Classical Capital Asset Pricing Model, in: JFQA, Vol. 23, S. 329-336.

Nielsen, Lars T. [Selection, 1987]: Portfolio Selection in the Mean-Variance Model: A Note, in: JF, Vol. 42, S. 1371-1376.

Niemann, Rainer/Sureth, Caren [Taxation, 2002]: Taxation Under Uncertainty – Problems of Dynamic Programming and Contingent Claims Analysis in Real Option Theory, Arbeitspapier, Version vom April 2002, München.

Nietert, Bernhard [Unternehmensbewertung, 2005]: Nutzenorientierte versus traditionelle subjektive Unternehmensbewertung, in: ZfB, 75. Jg., S. 541-571.

Nietert, Bernhard [Arbitrage, 2001]: Arbitrage, Pseudowahrscheinlichkeiten und Martingale, Einige klärende Anmerkungen zur Bewertungstheorie, in: WiSt, 30. Jg., S. 202-207.

Nietert, Bernhard/Wilhelm, Jochen [Arbitrage, 1998]: Arbitrage, Pseudowahrscheinlichkeiten und Martingale – ein didaktisch einfacher Zugang zur elementaren Bewertungstheorie für Derivate, Arbeitspapier, Version vom März 1998, Passau.

Nippel, Peter/Streitferdt, Felix [Wachstum, 2003]: Unternehmensbewertung mit dem WACC-Verfahren: Steuern, Wachstum und Teilausschüttung, in: zfbf, 55. Jg., S. 401-422.

Nowak, Karsten [Unternehmensbewertung, 2003]: Marktorientierte Unternehmensbewertung, Discounted Cash Flow, Realoption, Economic Value Added und der Direct Comparison Approach, 2. Aufl., Wiesbaden.

Obermaier, Robert [Risikoauflösung, 2005]: Unternehmensbewertung und „Risikoauflösung im Zeitablauf", Mehrperiodige Unternehmensbewertung im Rahmen einer am individuallen Investor orientierten Bewertungskonzeption, in: *Seicht, Gerhard* (Hrsg.): Jahrbuch für Controlling und Rechnungswesen 2005, Wien, S. 25-56.

Obermaier, Robert [Unternehmensbewertung, 2004]: Unternehmensbewertung bei Auszahlungsüberschüssen – Risikozu- oder -abschlag?, in: DB, 57. Jg., S. 2761-2766.

Obermaier, Robert [Zins, 2004]: Bewertung, Zins und Risiko, Frankfurt am Main.

O'Brian, Thomas J. [Model, 1991]: The Constant Growth Model and Personal Taxes, in: JBFA, Vol. 18, S. 125-132.

Ollmann, Michael/Richter, Frank [Perspektive, 1999]: Kapitalmarktorientierte Unternehmensbewertung und Einkommensteuer – Eine deutsche Perspektive im Kontext internationaler Praxis, in: *Kleineidam, Hans-Jochen* (Hrsg.): Unternehmenspolitik und internationale Besteuerung, FS Lutz Fischer, Berlin, S. 159-178.

Owen, Joel/Rabinovitch, Ramon [Class, 1983]: On the Class of Elliptical Distributions and their Applications to the Theory of Portfolio Choice, in: JF, Vol. 38, S. 745-752.

Peemöller, Volker H./Beckmann, Christoph/Meitner, Matthias [Einsatz, 2005]: Einsatz eines Nachsteuer-CAPM bei der Bestimmung objektivierter Unternehmenswerte – eine kritische Analyse des IDW ES 1 n.F., in: BB, 60. Jg., S. 90-96.

Pedell, Burkhard [Cost, 2004]: Cost of Capital Assessment for Rate Regulated Utilities, A Critical Overview of Methods Used in Regulated Hearings, in: *Piepenbrock, Hermann-Josef* u.a. (Hrsg.): Regulierung und Kapitalmarktbewertung in der Telekommunikation, Lohmar/Köln, S. 51-99.

Perridon, Louis/Steiner, Manfred [Finanzwirtschaft, 2004]: Finanzwirtschaft der Unternehmung, 13. Aufl., München.

Pettit, R. Richardson [Clientele, 1977]: Taxes, Transaction Costs and the Clientele Effect of Dividends, in: JFE, Vol. 5, S. 419-436.

Piltz, Detlev J. [Rechtsprechung, 1994]: Die Unternehmensbewertung in der Rechtsprechung, 3. Aufl., Düsseldorf.

Pliska, Stanley R. [Finance, 1997]: Introduction to Mathematical Finance, Discrete Time Models, Malden/Oxford, Nachdruck 2000.

Poterba, James M. [Dividends, 1986]: The Market Valuation of Cash Dividends, The Citizens Utilities Case Reconsidered, in: JFE, Vol. 15, S. 395-405.

Pratt, John W. [Aversion, 1964]: Risk Aversion in the Small and in the Large, in: Ec, Vol. 32, S. 122-136.

Prokop, Jörg [Bewertung, 2003]: Die Bewertung zukünftiger Unternehmenserfolgen, Konzepte, Möglichkeiten, Grenzen, Wiesbaden.

Richter, Frank [Mergers, 2005]: Mergers & Acquisitions, Investmentanalyse, Finanzierung und Prozessmanagement, München.

Richter, Frank [Unternehmenswert, 2004]: Relativer Unternehmenswert, in: *Richter, Frank/Timmreck, Christian* (Hrsg.): Unternehmensbewertung – Moderne Instrumente und Lösungsansätze, Stuttgart, S. 367-380.

Richter, Frank [Valuation, 2004]: Valuation With or Without Personal Income Taxes?, in: sbr, Vol. 56, S. 20-45.

Richter, Frank [Einkommensteuer, 2003]: Relativer Unternehmenswert und Einkommensteuer oder: Was ist paradox am Steuerparadoxon?, in: *Richter, Frank/Schüler, Andreas/Schwetzler, Bernhard* (Hrsg.): Kapitalgeberansprüche, Marktwertorientierung und Unternehmenswert, FS Jochen Drukarczyk, München, S. 307-329.

Richter, Frank [Wertgrenzen, 2003]: Logische Wertgrenzen und subjektive Punktschätzungen – Zur Anwendung der risikoneutralen (Unternehmens-)Bewertung, in: *Heintzen, Markus/Kruschwitz, Lutz* (Hrsg.): Unternehmen bewerten, Berlin, S. 59-73.

Richter, Frank [Growth, 2002]: Simplified Discounting Rules, Variable Growth, and Leverage, in: sbr, Vol. 54, S. 136-147.

Richter, Frank [Unternehmensbewertung, 2002]: Kapitalmarktorientierte Unternehmensbewertung, Frankfurt am Main.

Richter, Frank [Rules, 2001]: Simplified Discounting Rules in Binomial Models, in: sbr, Vol. 53, S. 175-196.

Richter, Frank [Konzeption, 1999]: Konzeption eines marktwertorientierten Steuerungs- und Monitoringsystems, 2. Aufl., Frankfurt am Main.

Richter, Frank [Verschuldungsgrad, 1998]: Unternehmensbewertung bei variablem Verschuldungsgrad, in: ZBB, 10. Jg., S. 379-389.

Richter, Frank [Abweichungen, 1997]: DCF-Methoden und Unternehmensbewertung: Analyse der systematischen Abweichungen der Bewertungsergebnisse, in: ZBB, 9. Jg., S. 226-237.

Richter, Frank [Finanzierungsprämissen, 1996]: Die Finanzierungsprämissen des Equity-Ansatzes vor dem Hintergrund des APV-Ansatzes zur Bestimmung von Unternehmenswerten, in: zfbf, 48. Jg., S. 1076-1097.

Richter, Frank/Drukarczyk, Jochen [Wachstum, 2001]: Wachstum, Kapitalkosten und Finanzierungseffekte, in: DBW, 61. Jg., S. 627-639.

Richter, Frank/Helmis, Sven [Risikozuschläge, 2001]: Pragmatische Risikozuschläge, Sharpe-Ratio und Wertadditivität, Arbeitspapier, Witten.

Robichek, Alexander A. [Risk, 1969]: Risk in the Value of Securities, in: JFQA, Vol. 4, S. 513-538.

Robichek, Alexander A./Myers, Stewart C. [Problems, 1966]: Conceptual Problems in the Use of Risk-Adjusted Discount Rates, in: JF, Vol. 21, S. 727-730.

Robichek, Alexander A./Myers, Stewart C. [Decisions, 1965]: Optimal Financing Decisions, Englewood Cliffs/New York.

Rockel, Werner [Verpflichtungen, 2004]: Fair Value-Bilanzierung versicherungstechnischer Verpflichtungen, Eine ökonomische Analyse, Wiesbaden.

Röder, Klaus/Müller, Sarah [CAPM, 2001]: Mehrperiodige Anwendung des CAPM im Rahmen von DCF-Verfahren, in: FB, 3. Jg., S. 225-233.

Roll, Richard [Tests, 1977]: A Critique of the Asset Pricing Theory's Tests, Part I: On Past and Potential Testability of the Theory, in: JFE, Vol. 4, S. 129-176.

Roll, Richard [Price, 1973]: Assets, Money, and Commodity Price Inflation Under Uncertainty, in: Journal of Money, Credit and Banking, Vol. 5, S. 903-923.

Rosarius, Stephan [Bewertung, 2005]: Bewertung von Leveraged Buyouts, unveröffentlichtes Arbeitspapier, Ludwig-Maximilians-Universität München.

Rosarius, Stephan [Erweiterungen, 2004]: Anmerkungen und Erweiterungen zu „Tax Shields in an LBO“ von Andreas Löffler, Arbeitspapier, Münchener betriebswirtschaftliche Beiträge, Version vom 17.12.2004, München.

Rosarius, Stephan/Wiese, Jörg [Rules, 2005]: Erweiterungen zu „Simplified Discounting Rules in Binomial Models“ von *Frank Richter*, Arbeitspapier, Münchener betriebswirtschaftliche Beiträge, Version vom 23.8.2005, München.

Rosenberg, Barr/Marathe, Vinay [Tests, 1979]: Tests of Capital Asset Pricing Hypotheses, in: RiF, Vol. 1, S. 115-223.

Ross, Stephen A. [Martingales, 1987]: Arbitrage and Martingales With Taxation, in: JPE, Vol. 95, S. 371-393.

Ross, Stephen A. [Measures, 1981]: Some Stronger Measures of Risk Aversion in the Small and the Large With Applications, in: Ec, Vol. 49, S. 621-638.

Ross, Stephen A. [Fund, 1978]: Mutual Fund Separation in Financial Theory – The Separating Distributions, in: JET, Vol. 17, S. 254-286.

Ross, Stephen A. [Status, 1978]: The Current Status of the Capital Asset Pricing Model (CAPM), in: JF, Vol. 33, S. 885-901.

Ross, Stephen A. [Valuation, 1978]: A Simple Approach to the Valuation of Risky Steams, in: JoB, Vol. 51, S. 453-475.

Ross, Stephen A. [Restrictions, 1977]: The Capital Asset Pricing Model (CAPM), Short-Sale Restrictions and Related Issues, in: JF, Vol. 32, S. 177-183.

Ross, Stephen A. [Risk, 1977]: Risk, Return, and Arbitrage, in: *Friend, Irwin/Bicksler, James L.* (Hrsg.): Risk and Return in Finance, Cambridge, S. 189-218.

Ross, Stephen A. [Arbitrage, 1976]: The Arbitrage Theory of Capital Asset Pricing, in: JET, Vol. 13, S. 341-360.

Ross, Stephen A. [Model, 1975]: Uncertainty and the Heterogeneous Capital Good Model, in: RESt, Vol. 42, S. 133-146.

Rubinstein, Mark E. [Trees, 1994]: Implied Binomial Trees, in: JF, Vol. 49, S. 771-818.

Rubinstein, Mark E. [Case, 1976]: The Strong Case for the Generalized Logarithmic Utility Model as the Premier Model of Financial Markets, in: JF, Vol. 31, S. 551-571.

Rubinstein, Mark E. [Valuation, 1976]: The Valuation of Uncertain Income Streams and the Pricing of Options, in: BJE, Vol. 7, S. 407-425.

Rubinstein, Mark E. [Risk, 1973]: A Comparative Static Analysis of Risk Premiums, in: JoB, Vol. 46, S. 605-615.

Rudolph, Bernd [Investitionsrechnung, 1986]: Klassische Kapitalkostenkonzepte zur Bestimmung des Kalkulationszinsfußes für die Investitionsrechnung, in: zfbf, 38. Jg., S. 608-617.

Rudolph, Bernd [Kapitalkostenkonzepte, 1986]: Neuere Kapitalkostenkonzepte auf der Grundlage der Kapitalmarkttheorie, in: zfbf, 38. Jg., S. 892-898.

Rudolph, Bernd [Bedeutung, 1983]: Zur Bedeutung der kapitaltheoretischen Separationstheoreme für die Investitionsplanung, in: ZfB, 53. Jg., S. 261-287.

Rudolph, Bernd [Kapitalkosten, 1979]: Kapitalkosten bei unsicheren Erwartungen, Berlin u.a.

Rudolph, Bernd [Theorie, 1979]: Zur Theorie des Kapitalmarktes, Grundlagen, Erweiterungen und Anwendungsbereiche des 'Capital Asset Pricing Model (CAPM)', in: ZfB, 49. Jg., S. 1034-1067.

Samuelson, Paul A. [Valuations, 1964]: Tax Deductibility of Economic Depreciation to Insure Invariant Valuations, in: JPE, Vol. 72, S. 604-606.

Sarig, Oded/Scott, James [Clienteles, 1985]: The Puzzle of Financial Leverage Clienteles, in: JF, Vol. 40, S. 1459-1467.

Schaefer, Stephen M. [Taxes, 1982]: Taxes and Security Market Equilibrium, in: *Sharpe, William F./Cootner, Cathryn M.* (Hrsg.): Financial Markets: Essays in Honor of Paul Cootner, New Jersey, S. 159-178.

Scheurle, Florian [Anleihen, 1997]: „Stripped Bonds" – Getrennte Kapital- und Zinsansprüche aus Anleihen, in: DB, 50. Jg., S. 1839-1840.

Schildbach, Thomas [DCF-Verfahren, 2000]: Ein fast problemloses Verfahren zur Unternehmensbewertung, in: zfbf, 52. Jg., S. 707-723.

Schildbach, Thomas/Sieben, Günter [Entscheidungstheorie, 1990]: Betriebswirtschaftliche Entscheidungstheorie, 3. Aufl., Düsseldorf.

Schmalenbach, Eugen [Bilanzlehre, 1919]: Grundlagen dynamischer Bilanzlehre, in: ZfhF, 13. Jg., S. 1-60.

Schmidbauer, Rainer [Spiegel, 2003]: Marktbewertung mithilfe von Multiplikatoren im Spiegel des Discounted-Cashflow-Ansatzes, in: BB, 59. Jg., S. 148-153.

Schmidbauer, Rainer [Kapitalisierungszinssatz, 2002]: Der Kapitalisierungszinssatz in der Unternehmensbewertung nach dem StSenkG – Diskussion auf Irrwegen?, in: BB, 57. Jg., S. 1251-1257.

Schmidbauer, Rainer [Steuern, 2002]: Die Berücksichtigung der Steuern in der Unternehmensbewertung – Analyse der Auswirkungen des StSenkG, in: FB, 4. Jg., S. 209-220.

Schneeweiß, Hans [Entscheidungskriterien, 1967]: Entscheidungskriterien bei Risiko, Berlin u.a.

Schoemaker, Paul J. H. [Utility, 1982]: The Expected Utility Model: Its Variants, Purposes, Evidence and Limitations, in: JEL, Vol. 20, S. 529-563.

Scholze, Andreas [Finanzierungspolitik, 2005]: Bilanzorientierte Finanzierungspolitik in der Unternehmensbewertung, Arbeitspapier, Version vom 8.6.2005, Bielefeld.

Schreiber, Ulrich [Unternehmensbesteuerung, 1987]: Rechtsformabhängige Unternehmensbesteuerung?, Eine Kritik des Verhältnisses von Einkommen- und Körperschaftsteuer auf der Grundlage eines Modells für mehrperiodige Steuerbelastungsvergleiche, Köln.

Schüler, Andreas [Bewertung, 2003]: Zur Bewertung ertrags- und liquiditätsschwacher Unternehmen, in: *Richter, Frank/Schüler, Andreas/Schwetzler, Bernhard* (Hrsg.): Kapitalgeberansprüche, Marktwertorientierung und Unternehmenswert, FS Jochen Drukarczyk, München, S. 361-382.

Schüler, Andreas [Halbeinkünfteverfahren, 2000]: Unternehmensbewertung und Halbeinkünfteverfahren, in: DStR, 38. Jg., S. 1531-1536.

Schüler, Andreas [Eigentümerorientierung, 1998]: Performance-Messung und Eigentümerorientierung, Frankfurt am Main.

Schultze, Wolfgang [Halbeinkünfteverfahren, 2005]: Unternehmensbewertung und Halbeinkünfteverfahren: Steuervorteile aus der Finanzierung deutscher Kapitalgesellschaften, in: DBW, 65. Jg., S. 237-257.

Schultze, Wolfgang [Methoden, 2003]: Methoden der Unternehmensbewertung, Gemeinsamkeiten, Unterschiede, Perspektiven, 2. Aufl., Düsseldorf 2003.

Schulz, Anja/Stehle, Richard [Frage, 2005]: Empirische Untersuchungen zur Frage CAPM vs. Steuer-CAPM, Ein Literaturüberblick mit einer eigenen Untersuchung für Deutschland, in: Die Aktiengesellschaft, 50. Jg., Sonderheft vom 20. November 2005, S. 22-35.

Schwetzler, Bernhard [Ausschüttungsäquivalenz, 2005]: Halbeinkünfteverfahren und Ausschüttungsäquivalenz – die „Übertypisierung" der Ertragswertbestimmung, in: WPg, 58. Jg., S. 601-617.

Schwetzler, Bernhard [Wachstum, 2005]: Ausschüttungsäquivalenz, inflationsbedingtes Wachstum und Nominalrechnung in *IDW ES 1 n. F.* – Replik zum Beitrag von Knoll, WPg 2005, S. 1120 ff., in: WPg, 58. Jg., S. 1125-1129.

Schwetzler, Bernhard [IDW S 1, 2004]: Was impliziert die Wachstumsformel des IDW S 1?, in: FB, 6. Jg., S. 198-203.

Schwetzler, Bernhard [Ende, 2002]: Das Ende des Ertragswertverfahrens?, in: zfbf, 54. Jg., S. 145-158.

Schwetzler, Bernhard [Risiko, 2002]: Unternehmensbewertung und Risiko, in: DB, 55. Jg., S. 390-391.

Schwetzler, Bernhard [Zinsen, 2002]: Zinsen, in: *Küpper, Hans-Ulrich/Wagenhofer, Alfred* (Hrsg.): Handwörterbuch Unternehmensrechnung und Controlling, 4. Aufl., Stuttgart, Sp. 2178-2187.

Schwetzler, Bernhard [Unsicherheit, 2000]: Unternehmensbewertung unter Unsicherheit – Sicherheitsäquivalent- oder Risikozuschlagsmethode?, in: zfbf, 52. Jg., S. 469-486.

Schwetzler, Bernhard [Zinsänderungsrisiko, 1996]: Zinsänderungsrisiko und Unternehmensbewertung: Das Basiszinsfuß-Problem bei der Ertragswertermittlung, in: ZfB, 66. Jg., S. 1081-1101.

Schwetzler, Bernhard/Darijtschuk, Niklas [Finanzierungspolitiken, 2000]: Unternehmensbewertung und Finanzierungspolitiken, Replik zu Stellungnahmen zum Beitrag: Unternehmensbewertung mit Hilfe der DCF-Methode – eine Anmerkung zum „Zirkularitätsproblem", in: Zeitschrift für Betriebswirtschaft, 69. Jg., H. 3, S. 295-318, in: ZfB, 70. Jg., S. 117-134.

Schwetzler, Bernhard/Darijtschuk, Niklas [DCF-Methode, 1999]: Unternehmensbewertung mit Hilfe der DCF-Methode – eine Anmerkung zum „Zirkularitätsproblem", in: ZfB, 69. Jg., S. 295-318.

Schwetzler, Bernhard/Piehler, Maik [Besteuerung, 2004]: Unternehmensbewertung bei Wachstum, Risiko und Besteuerung – die Anwendungsbedingungen der IDW S 1 Wachstumsformel, Arbeitspapier, Version 1/2004, Leipzig.

Schwetzler, Bernhard/Rapp, Marc Steffen [Arbitrage, 2002]: Arbitrage, Kapitalkosten und die Miles/Ezzell-Anpassung im zweiperiodigen Binomialmodell, Erwiderung zu dem Beitrag von Prof. Dr. Dr. Andreas Löffler „Gewichtete Kapitalkosten (WACC) in der Unternehmensbewertung", FB 2002, S. 296-300, in: FB, 4. Jg., S. 502-505.

Senbet, Lemma W./Thompson, Howard E. [Equivalence, 1978]: The Equivalence of Alternative Mean-Variance Capital Budgeting Models, in: JF, Vol. 33, S. 395-401.

Sharpe, William F. [Prices, 1964]: Capital Asset Prices: A Theory of Market Equilibrium Under Conditions of Risk, in: JF, Vol. 19, S. 425-442.

Sick, Gordon A. [Rates, 1990]: Tax-Adjusted Discount Rates, in: MSc, Vol. 36, S. 1432-1450.

Sieben, Günter [Investitionsmodelle, 1967]: Bewertungs- und Investitionsmodelle mit und ohne Kapitalisierungszinsfuß, in: ZfB, 37. Jg., S. 126-147.

Siegel, Theodor [Steuern, 1997]: Steuern in der Unternehmensbewertung bei Wachstum und Risiko, in: DB, 50. Jg., S. 2389-2392.

Siegel, Theodor [Unsicherheit, 1994]: Unternehmensbewertung, Unsicherheit und Komplexitätsreduktion, in: BFuP, 46. Jg., S. 457-476.

Siepe, Günter [Kapitalisierungszinssatz, 1998]: Kapitalisierungszinssatz und Unternehmensbewertung, in: WPg, 51. Jg., S. 325-338.

Siepe, Günter [Ertragsteuern, 1997]: Die Berücksichtigung von Ertragsteuern bei der Unternehmensbewertung, in: WPg, 50. Jg., S. 1-10 und S. 37-44.

Sigloch, Jochen [Steuern, 2003]: Unternehmensbewertung und Steuern, in: *Rathgeber, Andreas/Tebroke, Hermann-Josef/Wallmeier, Martin* (Hrsg.): Finanzwirtschaft, Kapitalmarkt und Banken, FS Manfred Steiner, Stuttgart, S. 119-141.

Singer, Ronald F. [Model, 1979]: Endogenous Marginal Income Tax Rates, Investor Behavior and the Capital Asset Pricing Model, in: JF, Vol. 34, S. 609-616.

Spremann, Klaus [Valuation, 2004]: Valuation, Grundlagen moderner Unternehmensbewertung, München.

Spremann, Klaus [Portfoliomanagement, 2003]: Portfoliomanagement, 2. Aufl., München/Wien.

Spremann, Klaus [Unternehmensbewertung, 2002]: Finanzanalyse und Unternehmensbewertung, München/Wien.

Spremann, Klaus [Zins, 1989]: Konsistente Zins-Tableaus, in: zfbf, 41. Jg., S. 919-943.

Stapleton, Richard C. [Portfolio, 1971]: Portfolio Analysis, Stock Valuation and Capital Budgeting Decision Rules for Risky Projects, in: JF, Vol. 26, S. 95-117.

Stapleton, Richard C./Subrahmanyam, Marti G. [Equilibrium, 1978]: A Multiperiod Equilibrium Asset Pricing Model, in: Ec, Vol. 46, S. 1077-1096.

Stehle, Richard [Risikoprämie, 2004]: Die Festlegung der Risikoprämie von Aktien im Rahmen der Schätzung des Wertes von börsennotierten Kapitalgesellschaften, in: WPg, 57. Jg., S. 906-927.

Steiner, Manfred/Wallmeier, Martin [Methoden, 1999]: Unternehmensbewertung mit Discounted Cash Flow-Methoden und dem Economic Value Added-Konzept, in: FB, 1. Jg., S. 1-10.

Steiner, Peter/Uhlir, Helmut [Wertpapieranalyse, 2001]: Wertpapieranalyse, 4. Aufl., Heidelberg.

Stellbrink, Jörn [Restwert, 2005]: Der Restwert in der Unternehmensbewertung, Düsseldorf.

Stiglitz, Joseph E. [Aspects, 1983]: Some Aspects of the Taxation of Capital Gains, in: Journal of Public Economics, Vol. 21, S. 257-294.

Stiglitz, Joseph E. [Irrelevance, 1974]: On the Irrelevance of Corporate Financial Policy, in: AER, Vol. 64, S. 851-866.

Stiglitz, Joseph E. [Theorem, 1969]: A Re-Examination of the Modigliani-Miller Theorem, in: REStat, Vol. 59, S. 784-793.

Stone, Bernell K. [Risk, 1970]: Risk, Return, and Equilibrium – A General Single-Period Theory of Asset Selection and Capital-Market Equilibrium, Cambridge/London.

Streitferdt, Felix [Verschuldungsgrad, 2004]: Unternehmensbewertung mit dem WACC-Verfahren bei konstantem Verschuldungsgrad, in: FB, 6. Jg., S. 43-49.

Sureth, Caren/König, Rolf Jürgen [Steuern, 2000]: Investitionen, Realoptionen und Steuern unter Unsicherheit, in: WISU, 29. Jg., S. 79-85.

Svensson, Lars E. O. [Rates, 1994]: Estimating and Interpreting Forward Interest Rates: Sweden 1992-1994, Arbeitspapier, Version vom September 1994, Cambridge.

Taggart, Robert A. [Taxes, 1991]: Consistent Valuation and Cost of Capital Expressions With Corporate and Personal Taxes, in: FM, Vol. 21, S. 8-20.

Talmor, Eli [Arbitrage, 1989]: Tax Arbitrage Restrictions and Financial Leverage Clienteles, in: JBankF, Vol. 13, S. 831-838.

Timmreck, Christian [Eigenkapitalkosten, 2004]: Bestimmung der Eigenkapitalkosten, in: *Richter, Frank/Timmreck, Christian* (Hrsg.): Unternehmensbewertung – Moderne Instrumente und Lösungsansätze, Stuttgart, S. 61-75.

Tobin, James [Preference, 1958]: Liquidity Preference as Behavior Towards Risk, in: RESt, Vol. 25, S. 65-86.

Treynor, Jack L. [Theory, 1961]: Towards a Theory of Market Value of Risky Assets, unveröffentlichtes Manuskript, Nachdruck in: *Korajczyk, Robert* (Hrsg.): Asset Pricing and Portfolio Performance, London 1999, S. 15-22.

Tschöpel, Andreas [Risikoberücksichtigung, 2004]: Risikoberücksichtigung bei Grenzpreisbestimmungen im Rahmen der Unternehmensbewertung, Lohmar/Köln.

Turnbull, Stuart M. [Imperfections, 1977]: Market Imperfections and the Capital Asset Pricing Model, in: JBFA, Vol. 4, S. 327-337.

Turnbull, Stuart M. [Value, 1977]: Market Value and Systematic Risk, in: JF, Vol. 32, S. 1125-1142.

Vasicek, Oldrich [Structure, 1977]: An Equilibrium Characterization of the Term Structure, in: JFE, Vol. 5, S. 177-188.

Wagner, Franz W. [Einfluß, 1999]: Der Einfluß idealer und real existierender Steuersysteme auf den Wert der Unternehmung, in: *Egger, Anton* (Hrsg.): Unternehmensbewertung – quo vadis?, FS Geiserich Tichy, Wien, S. 65-88.

Wagner, Franz W./Rümmele, Peter [Ertragsteuern, 1995]: Ertragsteuern in der Unternehmensbewertung: Zum Einfluss von Steuerrechtsänderungen, in: WPg, 48. Jg., S. 433-440.

Wagner, Wolfgang/Jonas, Martin/Ballwieser, Wolfgang/Tschöpel, Andreas [Grundsätze, 2004]: Weiterentwicklung der Grundsätze zur Durchführung von Unternehmensbewertungen (IDW S 1), in: WPg, 57. Jg., S. 889-898.

Wallmeier, Martin [Kapitalkosten, 1999]: Kapitalkosten und Finanzierungsprämissen, in: ZfB, 69. Jg., S. 1473-1490.

Wallmeier, Martin [Aktienrenditen, 1997]: Prognose von Aktienrenditen und -risiken mit Mehrfaktorenmodellen – Eine empirische Untersuchung von erwarteten Renditen und Renditekorrelationen in Deutschland unter besonderer Berücksichtigung von Bilanzinformationen und Renditeanomalien, Bad Soden.

Wameling, Hubertus [Steuern, 2004]: Die Berücksichtigung von Steuern im Rahmen der Unternehmensbewertung, Wiesbaden.

Weber, Martin/Langer, Thomas [Aversion, 2005]: Myopic Prospect Theory vs. Myopic Loss Aversion: How General is the Phenomenon?, in: Journal of Economic Behavior & Organization, Vol. 56, S. 25-38.

Weber, Martin/Langer, Thomas [Theory, 2001]: Prospect Theory, Mental Accounting, and Differences in Aggregated and Segregated Evaluation of Lottery Portfolios, in: MSc, Vol. 47, S. 716-733.

Weber, Martin [Entscheidungen, 1983]: Entscheidungen bei Mehrfachzielen, Verfahren zur Unterstützung von Individual- und Gruppenentscheidungen, Wiesbaden.

Weigel, Winfried [Steuern, 1989]: Steuern bei Investitionsentscheidungen, Ein kapitalmarktorientierter Ansatz, Wiesbaden.

Wenger, Ekkehard [Störfaktor, 2003]: Der unerwünscht niedrige Basiszins als Störfaktor bei der Ausbootung von Minderheiten, in: *Richter, Frank/Schüler, Andreas/Schwetzler, Bernhard* (Hrsg.): Kapitalgeberansprüche, Marktwertorientierung und Unternehmenswert, FS Jochen Drukarczyk, München, S. 475-495.

Werner, Jan [Existence, 1987]: Arbitrage and the Existence of Competitive Equilibrium, in: Ec, Vol. 55, S. 1403-1418.

Widmann, Bernd/Schieszl, Sven/Jeromin, Axel [Unternehmensbewertung, 2003]: Der Kapitalisierungszinssatz in der praktischen Unternehmensbewertung, in: FB, 5. Jg., S. 800-810.

Wiese, Jörg [Steuern, 2006]: Die Berücksichtigung persönlicher Steuern bei der Bewertung von kleinen und mittleren Unternehmen, in: *Baetge, Jörg/Kirsch, Hans-Jürgen* (Hrsg.): Besonderheiten der Bewertung von Unternehmensteilen sowie von kleinen und mittleren Unternehmen, Vorträge und Diskussionen zum 21. Münsterischen Tagesgespräch, Düsseldorf 2006, im Erscheinen begriffen.

Wiese, Jörg [Wachstum, 2005]: Wachstum und Ausschüttungsannahmen im Halbeinkünfteverfahren, in: WPg, 58. Jg., S. 617-623.

Wiese, Jörg [Unternehmensbewertung, 2004]: Unternehmensbewertung mit dem Nachsteuer-CAPM?, Arbeitspapier, Münchener betriebswirtschaftliche Beiträge, Version vom 10.6.2004, Ludwig-Maximilians-Universität München.

Wiese, Jörg [Fundierung, 2003]: Zur theoretischen Fundierung der Sicherheitsäquivalentmethode und des Begriffs der Risikoauflösung bei der Unternehmensbewertung – Anmerkungen zu dem Beitrag von Wolfgang Kürsten in der zfbf (März 2002, S. 128-144), in: zfbf, 55. Jg., S. 287-305.

Wiese, Jörg [Irrelevanz, 2003]: Bedingungen für die Irrelevanz persönlicher Steuern im Capital Asset Pricing Model mit deutschem Steuersystem, Arbeitspapier, Münchener betriebswirtschaftliche Beiträge, Version vom 26.6.2003, Ludwig-Maximilians-Universität München.

Wilhelm, Jochen [Unternehmensbewertung, 2005]: Unternehmensbewertung – Eine finanzmarkttheoretische Untersuchung, in: ZfB, 75. Jg., S. 631-665.

Wilhelm, Jochen [Anmerkungen, 2005]: Bemerkungen über Kapitalkosten vor und nach Steuern – Anmerkungen zu dem gleichnamigen Beitrag von Kruschwitz und Löffler, in: ZfB, 75. Jg., S. 1005-1012.

Wilhelm, Jochen [Kapitalkosten, 2004]: Unternehmensbewertung bei persönlicher Einkommensteuer – Sind die Kapitalkosten ein fruchtbares Konzept?, korrigiertes Reprint aus: *Wildemann, Horst* (Hrsg.): Organisation und Personal, FS Rolf Bühner, München.

Wilhelm, Jochen [Risikoprämien, 2002]: Risikoabschläge, Risikozuschläge und Risikoprämien – Finanzierungstheoretische Anmerkungen zu einem Grundproblem der Unternehmensbewertung, Arbeitspapier, Passau.

Wilhelm, Jochen [Risiko, 2001]: Beta-Risiko, in: *Bühner, Rolf* (Hrsg.): Management-Lexikon, München/Wien, S. 89-91.

Wilhelm, Jochen [Zinsstruktur, 2001]: Zinsstruktur, in: *Gerke, Wolfgang/Steiner, Manfred* (Hrsg.): Handwörterbuch des Bank- und Finanzwesens, Stuttgart, Sp. 2357-2366.

Wilhelm, Jochen [Rates, 1996]: Stochastic Discounting and the Term Structure of Interest Rates in Discrete Time, Arbeitspapier, Passau.

Wilhelm, Jochen [Finanztitelmärkte, 1983]: Finanztitelmärkte und Unternehmensfinanzierung, Berlin u.a.

Wilhelm, Jochen [Verhältnis, 1981]: Zum Verhältnis von Capital Asset Pricing Model, Arbitrage Pricing Theory und Bedingungen der Arbitragefreiheit von Finanzmärkten, in: zfbf, 33. Jg., S. 891-905.

Wilhelm, Jochen/Brüning, Lars [Fristigkeitsstruktur, 1992]: Die Fristigkeitsstruktur der Zinssätze: Theoretisches Konstrukt und empirische Evaluierung, in: Kredit und Kapital, 25. Jg., S. 259-294.

Williams, David [Martingales, 1991]: Probability With Martingales, Cambridge u.a.

Williams, John B. [Theory, 1938]: The Theory of Investment Value, Amsterdam, Nachdruck 1956.

Zimmermann, Heinz [Pricing, 1998]: State-Preference Theorie und Asset Pricing, Eine Einführung, Heidelberg.

Zimmermann, Peter [Schätzung, 1997]: Schätzung und Prognose von Betawerten, Eine Untersuchung am deutschen Kapitalmarkt, Bad Soden.

BETRIEBSWIRTSCHAFTLICHE STUDIEN
RECHNUNGS- UND FINANZWESEN, ORGANISATION UND INSTITUTION

Die Herausgeber wollen in dieser Schriftenreihe Forschungsarbeiten aus dem Rechnungswesen, dem Finanzwesen, der Organisation und der institutionellen Betriebswirtschaftslehre zusammenfassen. Über den Kreis der eigenen Schüler hinaus soll originellen betriebswirtschaftlichen Arbeiten auf diesem Gebiet eine größere Verbreitung ermöglicht werden. Jüngere Wissenschaftler werden gebeten, ihre Arbeiten, insbesondere auch Dissertationen, an die Herausgeber einzusenden.

Band 1 Joachim Hartle: Möglichkeiten der Entobjektivierung der Bilanz - Eine ökonomische Analyse. 1984.

Band 2 Peter Wachendorff: Alternative Vertragsgestaltung bei öffentlichen Aufträgen - Eine ökonomische Analyse. 1984.

Band 3 Doris Zimmermann: Schmalenbachs Aktivierungsgrundsätze. 1985.

Band 4 Elke Michaelis: Organisation unternehmerischer Aufgaben - Transaktionskosten als Beurteilungskriterium. 1985.

Band 5 Arno Schuppert: Die Überwachung betrieblicher Routinetätigkeiten. Ein Erklärungs-Entscheidungsmodell. 1985.

Band 6 Bonaventura Lehertshuber: Unternehmensvertragsrecht und Konzernhandelsbilanz. 1986.

Band 7 Joachim Schindler: Kapitalkonsolidierung nach dem Bilanzrichtlinien-Gesetz. 1986.

Band 8 Gerhard R. Schell: Die Ertragsermittlung für Bankbewertungen. 1988.

Band 9 Ulrich Hein: Analyse der Neubewertungsverfahren im belgischen und französischen Bilanzrecht. 1988.

Band 10 Rainer Leuthier: Das Interdependenzproblem bei der Unternehmensbewertung. 1988.

Band 11 Dieter Pfaff: Gewinnverwendungsregelungen als Instrument zur Lösung von Agency-Problemen. Ein Beitrag zur Diskussion um die Reformierung der Ausschüttungskompetenz in Aktiengesellschaften. 1989.

Band 12 Christian Debus: Haftungsregelungen im Konzernrecht. Eine ökonomische Analyse. 1990.

Band 13 Ralph Otte: Konzernabschlüsse im öffentlichen Bereich. Notwendigkeit und Zwecke konsolidierter Jahresabschlüsse von Gebietskörperschaften dargestellt am Beispiel der Bundesverwaltung der Bundesrepublik Deutschland. 1990.

Band 14 Rüdiger Zaczyk: Interdisziplinarität im Bilanzrecht. Rechtsfindung im Spannungsfeld zwischen Betriebswirtschaftslehre und dogmatischer Rechtswissenschaft. 1991.

Band 15 Oliver Fliess: Konzernabschluß in Großbritannien – Grundlagen, Stufenkonzeption und Kapitalkonsolidierung. 1991.

Band 16 Joachim Faß: Konzernierung und konsolidierte Rechnungslegung. Eine Analyse der Eignung des Konzernabschlusses als Informationsinstrument und als Grundlage der Ausschüttungsbemessung konzernverbundener Unternehmen. 1992.

Band 17 Michael Feldhoff: Die Regulierung der Rechnungslegung. Eine systematische Darstellung der Grundlagen mit einer Anwendung auf die Frage der Publizität. 1992.

Band 18 Uwe Jüttner: GoB-System, Einzelbewertungsgrundsatz und Imparitätsprinzip. 1993.

Band 19 Ralf Häger: Das Publizitätsverhalten mittelgroßer Kapitalgesellschaften. 1993.

Band 20 Jutta Menninger: Financial Futures und deren bilanzielle Behandlung. 1993.

Band 21 Stefan Lange: Die Kompatibilität von Abschlußprüfung und Beratung. Eine ökonomische Analyse. 1994.

Band 22 Hans Klaus: Gesellschafterfremdfinanzierung und Eigenkapitalersatzrecht bei der Aktiengesellschaft und der GmbH. 1994.

Band 23 Vera Marcelle Krisement: Ansätze zur Messung des Harmonisierungs- und Standardisierungsgrades der externen Rechnungslegung. 1994.

Band 24 Helmut Schmid: Leveraged Management Buy-Out. Begriff, Gestaltungen, optimale Kapitalstruktur und ökonomische Bewertung. 1994.

Band 25 Carsten Carstensen: Vermögensverwaltung, Vermögenserhaltung und Rechnungslegung gemeinnütziger Stiftungen. 1994. 2., unveränderte Auflage 1996.

Band 26 Dirk Hachmeister: Der Discounted Cash Flow als Maß der Unternehmenswertsteigerung. 1995. 2., durchgesehene Auflage 1998. 3., korrigierte Auflage 1999. 4., durchgesehene Auflage 2000.

Band 27 Christine E. Lauer: Interdependenzen zwischen Gewinnermittlungsverfahren, Risiken sowie Aktivitätsniveau und Berichtsverhalten des Managers. Eine ökonomische Analyse. 1995.

Band 28 Ulrich Becker: Das Überleben multinationaler Unternehmungen. Generierung und Transfer von Wissen im internationalen Wettbewerb. 1996.

Band 29 Torsten Ganske: Mitbestimmung, Property-Rights-Ansatz und Transaktionskostentheorie. Eine ökonomische Analyse. 1996.

Band 30 Angelika Thies: Rückstellungen als Problem der wirtschaftlichen Betrachtungsweise. 1996.

Band 31 Hans Peter Willert: Das französische Konzernbilanzrecht. Vergleichende Analyse zum deutschen Recht im Hinblick auf die Konzernbilanzzwecke und deren Grundkonzeption. 1996.

Band 32 Christian Leuz: Rechnungslegung und Kreditfinanzierung. Zum Zusammenhang von Ausschüttungsbegrenzung, bilanzieller Gewinnermittlung und vorsichtiger Rechnungslegung. 1996.

Band 33 Gerald Schenk: Konzernbildung, Interessenkonflikte und ökonomische Effizienz. Ansätze zur Theorie des Konzerns und ihre Relevanz für rechtspolitische Schlußfolgerungen. 1997.

Band 34 Johannes G. Schmidt: Unternehmensbewertung mit Hilfe strategischer Erfolgsfaktoren. 1997.

Band 35 Cornelia Ballwießer: Die handelsrechtliche Konzernrechnungslegung als Informationsinstrument. Eine Zweckmäßigkeitsanalyse. 1997.

Band 36 Bert Böttcher: Eigenkapitalausstattung und Rechnungslegung. US-amerikanische und deutsche Unternehmen im Vergleich. 1997.

Band 37 Andreas-Markus Kuhlewind: Grundlagen einer Bilanzrechtstheorie in den USA. 1997.

Band 38 Maximilian Jung: Zum Konzept der Wesentlichkeit bei Jahresabschlußerstellung und -prüfung. Eine theoretische Untersuchung. 1997.

Band 39 Mathias Babel: Ansatz und Bewertung von Nutzungsrechten. 1997.

Band 40 Georg Hax: Informationsintermediation durch Finanzanalysten. Eine ökonomische Analyse. 1998.

Band 41 Georg Schultze: Der spin-off als Konzernspaltungsform. 1998.

Band 42 Christian Aders: Unternehmensbewertung bei Preisinstabilität und Inflation. 1998.

Band 43 Thomas Schröer: Das Realisationsprinzip in Deutschland und Großbritannien. Eine systematische Untersuchung und ihre Anwendung auf langfristige Auftragsfertigung und Währungsumrechnung. 1998.

Band 44 Anne d'Arcy: Gibt es eine anglo-amerikanische oder eine kontinentaleuropäische Rechnungslegung? Klassen nationaler Rechnungslegungssysteme zwischen Politik und statistischer Überprüfbarkeit. 1999.

Band 45 Christian Back: Richtlinienkonforme Interpretation des Handelsbilanzrechts. Abstrakte Vorgehensweise und konkrete Anwendung am Beispiel des EuGH-Urteils vom 27. Juni 1996. 1999.

Band 46 Cornelia Flury: Gewinnerläuterungsprinzipien. 1999.

Band 47 Hanne Böckem: Die Durchsetzung von Rechnungslegungsstandards. Eine kapitalmarktorientierte Untersuchung. 2000.

Band 48 Jens Kengelbach: Unternehmensbewertung bei internationalen Transaktionen. 2000.

Band 49 Ursula Schäffeler: Latente Steuern nach US-GAAP für deutsche Unternehmen. 2000.

Band 50 Rainer Doll: Wahrnehmung und Signalisierung von Prüfungsqualität. 2000.

Band 51 Brigitte Strasser: Informationsasymmetrien bei Unternehmensakquisitionen. 2000.

Band 52 Lars Franken: Gläubigerschutz durch Rechnungslegung nach US-GAAP. Eine ökonomische Analyse. 2001.

Band 53 Oliver Bärtl: Wertorientierte Unternehmenssteuerung. Zum Zusammenhang von Kapitalmarkt, externer und interner Rechnungslegung. 2001.

Band 54 Gabi Ebbers: A Comparative Analysis of Regulatory Strategies in Accounting and their Impact on Corporate Compliance. 2001.

Band 55 Mark Währisch: The Evolution of International Accounting Systems. Accounting System Adoptions by Firms from a Network Perspective. 2001.

Band 56 Jakob Schröder: F&E-Bilanzierung als Einflußfaktor der F&E-Freudigkeit. 2001.

Band 57 Martin Hebertinger: Wertsteigerungsmaße – Eine kritische Analyse. 2002.

Band 58 Rainer Zensen: Die Bewertung von deutschen Universalbanken unter Berücksichtigung rechtsformspezifischer Besonderheiten. 2002.

Band 59 Oliver Beyhs: Impairment of Assets nach International Accounting Standards. Anwendungshinweise und Zweckmäßigkeitsanalyse. 2002.

Band 60 Britta Leippe: Die Bilanzierung von Leasinggeschäften nach deutschem Handelsrecht und US-GAAP. Darstellung und Zweckmäßigkeitsanalyse. 2002.

Band 61 Christian Heitmann: Beurteilung der Bestandsfestigkeit von Unternehmen mit Neuro-Fuzzy. 2002.

Band 62 Bernd Hacker: Segmentberichterstattung – Eine ökonomische Analyse. 2002.

Band 63 Jörg Hoffmann: Das DRSC und die Regulierung der Rechnungslegung. Eine ökonomische Analyse. 2003.

Band 64 Cornelia Stanke: Entscheidungskonsequenzen der Rechnungslegung bei Unternehmenszusammenschlüssen. 2003.

Band 65 Peter Gampenrieder: Squeeze-out. Rechtsvergleich, empirischer Befund und ökonomische Analyse. 2004.

Band 66 Tim Laas: Steuerung internationaler Konzerne. Eine integrierte Betrachtung von Wert und Risiko. 2004.

Band 67 Michael Dobler: Risikoberichterstattung. Eine ökonomische Analyse. 2004.

Band 68 Martina Bentele: Immaterielle Vermögenswerte in der Unternehmensberichterstattung. 2004.

Band 69 Maik Esser: Goodwillbilanzierung nach SFAS 141/142. Eine ökonomische Analyse. 2005.

Band 70 Jörg-Markus Hitz: Rechnungslegung zum fair value. Konzeption und Entscheidungsnützlichkeit. 2005.

Band 71 Christian Schaffer: Führt wertorientierte Unternehmensführung zur messbaren Wertsteigerung? 2005.

Band 72 Marcus Borchert: Die Sicherung von Wechselkursrisiken in der Rechnungslegung nach deutschem Handelsrecht und International Financial Reporting Standards (IFRS). Darstellung und Zweckmäßigkeitsanalyse. 2006.

Band 73 Marcus Bieker: Ökonomische Analyse des Fair Value Accounting. 2006.

Band 74 Jörg Wiese: Komponenten des Zinsfußes in Unternehmensbewertungskalkülen. Theoretische Grundlagen und Konsistenz. 2006.

www.peterlang.de

Robert Obermaier

Bewertung, Zins und Risiko

Anmerkungen zu Grundproblemen der entscheidungsorientierten Unternehmensbewertung und der wertorientierten Unternehmensführung

Frankfurt am Main, Berlin, Bern, Bruxelles, New York, Oxford, Wien, 2004.
XVIII, 401 S., 44 Abb.
Regensburger Beiträge zur betriebswirtschaftlichen Forschung.
Verantwortlicher Herausgeber: Kurt Bohr. Bd. 39
ISBN 3-631-51919-2 · br. € 68.50*

Die Steigerung des Wertes des Eigenkapitals eines Unternehmens gilt als Handlungsmaxime für das Management. Diese als Shareholder Value-Maximierung bezeichnete Zielsetzung basiert auf dem kapitaltheoretischen Konzept des Barwertkalküls. Obwohl seit geraumer Zeit Gegenstand der wissenschaftlichen Diskussion, bestehen nach wie vor Defizite hinsichtlich der ökonomischen Fundierung und der angewendeten Bewertungsmethodik. Im Vordergrund der vom Autor untersuchten Problemstellungen stehen Fragen des betriebswirtschaftlichen Wertbegriffs, der Bestimmung des sicheren Basiszinssatzes und der methodisch korrekten Risikoberücksichtigung im Bewertungskalkül. Das Buch wendet sich an Dozenten und Studenten der Betriebswirtschaftslehre mit den Schwerpunkten Unternehmensbewertung, Investitionsrechnung und Controlling, an Mitarbeiter von Beratungs- und Prüfungsgesellschaften sowie an Führungskräfte in Unternehmen.

Aus dem Inhalt: Steigerung des Unternehmenswertes als zentrale Managementaufgabe (Shareholder Value-Maximierung) · Behandlung von bisher ungelösten, aber auch unlösbaren Problemen im Zusammenhang mit dem Konzept des Barwertkalküls · Fragen des betriebswirtschaftlichen Wertbegriffs, der Bestimmung des sicheren Basiszinssatzes und der methodisch korrekten Risikoberücksichtigung im Bewertungskalkül

Printed by
CPI books GmbH, Leck

FSC
www.fsc.org
MIX
Papier | Fördert
gute Waldnutzung
FSC® C083411

Kolibri 360 GmbH
Ferdinand-Jühlke-Straße 7
99095 Erfurt, Deutschland
produktsicherheit@kolibri360.de